자격증 한 번에 따기

텔레마케팅
관리사

1차 필기

이번에 저자가 교재 작업을 하면서 느낀 것들을 적어보면서 시작해 본다.

기존의 교재들을 살펴보면, 비슷한 말들로 시작하여 텔레마케팅 관리사 공부를 시작하는 수험생들에게 오히려 혼란만 가중시켰다고 본다. 이에 본서에서는 수험생들의 입장에서 생각하는 것과 최대한 가까이 생각에 생각을 거듭하여 책을 구성하게 되었다.

이를 좀 더 구체화시켜보면 아래와 같다.

1. 저자가 직접 최근의 기출문제 분석을 통해 일목요연하게 내용을 정리

2. 개정된 이론에 관련한 필수 내용의 첨가

3. 교재의 확인학습 문제를 첨부하여 학생 혼자가 아닌 저자와 함께 공부 가능하도록 저자의 Tip을 제공

4. 내용별 중요도 체크 (별 표시)

5. 시험장에 들고 가서 마지막 정리할 수 있는 요약본

6. 저자와 함께 하는 텔레마케팅관리사 동영상 강의

7. 본 시험을 처음 접하는 수험생을 위한 과목별 일목요연한 로드맵 (공부법) 제공

특히, 수험생 여러분들에게 교재는 상당히 무겁게 느껴질 것이다. 이에 저자는 과목별로 핵심만을 간추리고, 공부량이 적었던 수험생이라도 1차 필기의 특성상 많은 어려운 내용을 요하지 않는다는 상황에 결부하여 짧은 시간 내 시험에서 중요하게 다루는 내용들을 삽입하였다. 우리 교재와 저자직강의 동영상 강의는 수험생 여러분들에게 남들과 똑같이 주어진 시간적 상황 하에서 조금 더 수월하게 합격할 수 있게끔 많은 Tip을 제공할 것이다. 본 시험은 깊이 있는 학습보다는 어느 정도는 요령이 수반되어야 한다. 이에 저자는 여러분들의 효율적인 학습을 위해 교재에서는 별 표시, 강의에서는 중요도를 강조하게 될 것이다. 아마도 수험생 여러분들에게 많은 도움이 될 것이라 생각한다.

1차 필기시험은 2차 필답형을 치루기 위한 한 과정인 것이다. 이에 수험생 여러분들은 교재를 보면서 개념을 이해하고 별표를 참조하여 중요도의 배분을 잘 할 수 있도록 한다면 많은 시간을 허비하지 않게 될 것이고, 텔레마케팅 관리사 자격시험이 그리 어렵지만은 않다고 여기게 될 것이다.

- 저자 씀

Structure

핵심이론정리

주요 개념을 체계적으로 구성하여 핵심파악
이 쉽고 학습내용에 대한 집중을 높일 수 있
으며 중요내용을 한 눈에 파악할 수 있도록
구성하였습니다.

기출예상문제

단원마다 출제 가능성이 높은 핵심문제들로
구성하여 학습효율 및 적중률을 효과적으로
높이도록 구성하였습니다.

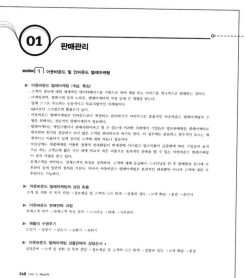

핵심요약

시험에 자주 출제되는 내용을 중심으로 막판 고득점을 취득할 수 있도록 알짜만을 모아 놓아 시험장에서 꺼내 볼 수 있도록 구성하였습니다.

최신 기출문제 수록

가장 최근 시행된 3회분의 기출문제를 모아 텔레마케팅 관리사의 출제경향을 파악할 수 있도록 구성하였습니다.

차례 Contents

PART 01

판매관리

01 아웃바운드 및 인바운드 텔레마케팅 ································· 14
02 마케팅 믹스 ··· 28
03 마케팅 기회의 분석 ·· 52
04 시장세분화, 표적시장 선택 및 포지셔닝 ·························· 66
05 기출예상문제 ·· 79

PART 02

시장조사

01 시장조사의 이해 ·· 92
02 자료수집 ·· 117
03 자료수집 방법 ·· 135
04 자료의 측정 ·· 146
05 기출예상문제 ··· 165

PART 03

텔레마케팅관리

01 텔레마케팅 일반 ··· 178
02 조직관리 ·· 194
03 인사관리 ·· 218
04 성과관리 ·· 253
05 기출예상문제 ··· 291

PART 04

고객관리

01 고객관계관리(CRM)의 기본적 이해 · 304

02 고객상담기술 · 316

03 기출예상문제 · 354

PART 05

핵심요약

01 판매관리 · 368

02 시장조사 · 384

03 텔레마케팅관리 · 393

04 고객관리 · 414

05 핵심 키워드 · 424

PART 06

최근기출문제분석

01 2019년 제1회 기출문제 · 446

02 2019년 제2회 기출문제 · 485

03 2019년 제3회 기출문제 · 522

🎯 **수행직무**

원거리 통신을 이용하여 단순한 전화응대에서부터 컴퓨터를 이용한 최신식 기술까지 동원하여 인바인더와 아웃바인더의 직무를 수행한다.

텔레마케팅에 관한 기초지식을 가지고 판매관리와 시장조사, 텔레마케팅관리, 고객관리 등에 관한 업무를 수행할 수 있는 능력을 갖추어야 한다.

🎯 **취득방법**

① **실시기관** : 한국산업인력공단(http://www.q-net.or.kr)

② **응시자격** : 제한이 없으므로 누구나 응시가 가능하다.

③ **시험과목**

   ㉠ 필기 : 판매관리, 시장조사, 텔레마케팅관리, 고객관리

   ㉡ 실기 : 텔레마케팅 실무

④ **합격기준**

   ㉠ 필기(매과목 100점) : 매과목 40점 이상, 전과목 평균 60점 이상

   ㉡ 실기(100점) : 60점 이상

⑤ **시험시간**

   ㉠ 필기 : 2시간 30분

   ㉡ 실기

    • 작업형 : 1시간 30분

    • 필답형 : 1시간 30분

🎯 **출제경향**

① 텔레마케팅에 관한 숙련된 기능을 가지고 판매·관리를 할 수 있는 능력의 유무

② 시장조사, 고객응대와 관련된 업무를 수행할 수 있는 능력의 유무

〈판매관리 및 텔레마케팅관리〉

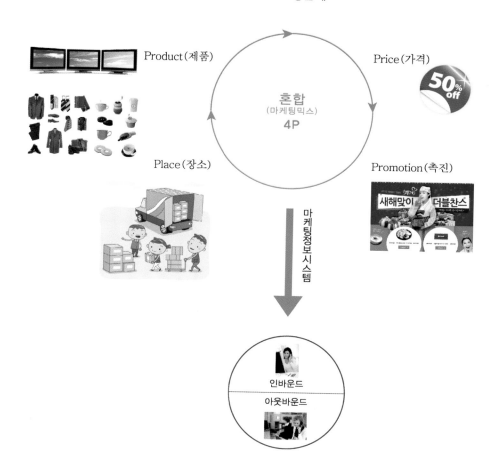

〈시장조사〉

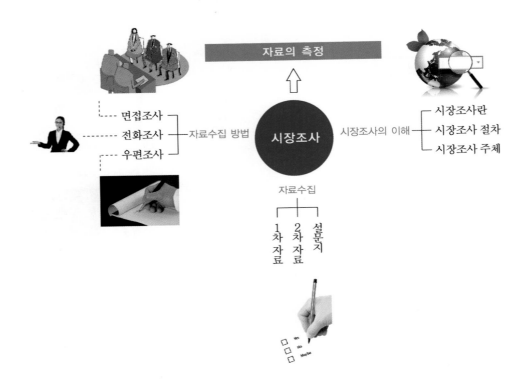

〈고객관리〉

고객상담기술

효율적 상담 기술
고객 파악 기술
의사소통기법
상담처리기술

고객응대

고객관계관리(CRM)

등장배경
CRM의 정의
CRM의 필요성

IT기술발전
－인터넷 등장
－정보기술 발달

변화요구

업무의 다변화

경쟁심화
－공급자 위주에서 소비자 위주로 변화
－고객요구 다양화

판매관리

01

01 아웃바운드 및 인바운드 텔레마케팅
02 마케팅 믹스
03 마케팅 기회의 분석
04 시장세분화, 표적시장 선택 및 포지셔닝
05 기출예상문제

01 아웃바운드 및 인바운드 텔레마케팅

section 1 아웃바운드 텔레마케팅(Outbound telemarketing)

(1) 아웃바운드 텔레마케팅의 개념 ★★★

① 아웃바운드 텔레마케팅은 전화텔레마케팅에서 유래된 용어로 발신호(Outbound call)에서 인용된 것이다. 이는 고객이나 잠재고객에게 전화를 걸거나 videotex에 상품정보와 관련된 메시지를 발송하는 형태로 텔레마케팅을 수행하는 기업은 고객에 대한 DB를 철저히 관리하여 판촉뿐 아니라 고객관리용으로도 충분히 활용할 수 있어야 한다.

② 아웃바운드 텔레마케팅은 고객의 정보에 대한 체계적인 데이터베이스를 기반으로 하여 제품 또는 서비스를 적극적으로 판매하는 것을 말한다.

③ 아웃바운드 텔레마케팅은 마케팅전략, 통화기법 등의 노하우, 텔레마케터의 자질 등에 큰 영향을 받으며, 업체 스스로 주도하는 능동적이고 목표지향적인 마케팅이라 할 수 있다.

> **POINT** 텔레마케터의 자질
> ㉠ 상당한 인내심을 필요로 한다.
> ㉡ 건전하면서도 긍정적이고, 적극적인 성격이 중요하다.
> ㉢ 목소리는 부드럽고 상냥하며, 자신감이 넘쳐야 한다.
> ㉣ 상담처리 능력이 있어야 하므로, 콜 시간 및 콜 방향을 리드해야 한다.

(2) 아웃바운드 텔레마케팅의 업무내용 ★★

① 불특정 다수를 대상으로 하는 매스마케팅 시대에는 대중매체인 TV나 라디오, 신문, 잡지를 통해 광고와 홍보를 하는 것이 보다 효과적이라고 생각했기 때문에 기업들이 전화를 통한 마케팅에 소극적이었다. 오늘날에는 대중매체를 이용한 경쟁적 판촉활동이 한계점에 이르렀고 광고비용이 급증함에 따라 기업들이 표적으로 하는 고객군에게 짧은 시간 내에 비교적 적은 비용으로 효과적인 판촉을 할 수 있는 아웃바운드 텔레마케팅이 점차 각광을 받고 있다. 특히 이 방법은 효과적인 판촉뿐만이 아니라 고객에 대한 사후관리도 가능하다는 점에서 많은 인기를 끌고 있다.

② 통합다이렉트 마케팅을 시도하는 기업의 경우에는 아웃바운드 텔레마케팅이 판촉용 편지나 다른 매체를 이용한 홍보와 광고에 이어 최종적으로 판매를 확정하는 수단으로 많이 활용되고 있다.

③ 아웃바운드 텔레마케팅은 1차적인 접촉의 역할보다는 기존의 다른 매체를 통해 상품정보를 전달하고 난 다음 그 효과가 소멸되기 전에 전화나 PC통신 서비스를 통해 고객과 접촉함으로써 구매를 확정 짓는데 보완적인 역할을 하기 위해 활용되고 있다.

다음 중 텔레마케터의 자질에 관한 내용으로 가장 거리가 먼 것은?

① 인내심을 필요로 한다.
② 적극적인 성격으로 임해야 한다.
③ 상담처리 능력은 필요 없다.
④ 목소리는 자신감이 넘쳐야 한다.

 TIP

텔레마케터는 제한된 시간 내 콜들을 처리해야 하므로 상담처리 능력이 있어야 한다.

〈정답 ③

④ 아웃바운드 텔레마케팅에서도 인바운드 텔레마케팅과 같이 전화나 videotex, 혹은 PC통신으로 고객과 직접 대화를 가지기 때문에 텔레마케팅 전문요원들의 자질이 매우 중요하다. 특히 PC나 videotex를 이용한 아웃바운드 텔레마케팅의 경우에는 텔레마케터가 워드프로세서의 지식과 자판을 능숙하게 칠 수 있는 능력을 갖추어야 한다.

⑤ 미국의 Prodigy사는 자사의 videotex를 자세히 분석하여 판매하고자 하는 상품을 이 videotex를 통해 구매할 수 있는 잠재고객에게만 광고하고 있다. 즉, videotex를 통해서 Home- shopping을 할 수 있는 고객들만 골라 집중 공략하는 것이다.

(3) 아웃바운드 텔레마케팅의 활용 ★★★

① 개념적 설명

㉠ 텔레마케팅에서 소비자들은 잘 교육된 텔레마케터가 상냥하면서도 간략하게 상품이나 서비스를 소개하면 대부분 긍정적으로 받아들인다. 그러므로 소비자의 특성과 요구를 잘 분석하여 철저하게 준비한 아웃바운드 텔레마케팅의 기법이 필요한데 이러한 텔레마케팅의 응용범위는 점차 넓어지고 있다.

㉡ 아웃바운드 텔레마케팅은 수동적인 인바운드 텔레마케팅에 비해 비용이 많이 들고 표적대상이 아닌 고객의 사생활을 침해하여 불편하게 해서는 안 되기 때문에 훨씬 더 정확한 고객정보 DB가 요구된다.

② 가망고객의 획득

㉠ 판매리드의 발굴

ⓐ 기존 리스트에서 잠재고객을 발굴

ⓑ 신규 가망고객 리스트의 획득

ⓒ 고객의 구입가능성의 평가

㉡ 구매욕구, 니즈(Needs)의 환기

ⓐ DM, 카탈로그 송부의 유인 · 승낙

ⓑ 상품 · 서비스의 설명

ⓒ 방문약속의 증대

㉢ 상권의 확대

ⓐ 신규판매 에어리어의 개척

ⓑ 광역상권으로의 접근

③ 영업 Follow

㉠ 판매리드의 발굴

ⓐ 가망고객 리스트의 획득

ⓑ 기존 리스트에서 잠재고객의 발굴

㉡ 영업방문 등 판매약속

ⓐ 신규 약속 받기

ⓑ 방문약속의 획득 · 재확인

다음 중 아웃바운드 텔레마케팅에 관한 설명으로 바르지 않은 것은?

① 전화텔레마케팅에서 유래한 용어로서 발신호에서 인용된 것이다.

② 고객들에 대한 사후관리가 가능하다.

③ 명확한 고객정보 DB를 필요로 한다.

④ 고객 주도로 수동적이다.

아웃바운드 텔레마케팅은 업체 주도로서 능동적이면서 목표지향적인 마케팅이다.

❰정답 ④

ⓒ 판매지원
  ⓐ 반복주문의 촉진
  ⓑ 고객정보를 수집하여 영업전략에 반영

④ DM Follow
  ㉠ DM 발송 리스트의 작성·정비
  ⓐ DM 발송 승낙
  ⓑ DM 수신거부자 삭제

  ▶POINT DM(Direct Marketing) … 직접 마케팅이라고 하며, 이는 소비자 개개인에 대한 정보를 바탕으로 소비자와 직접 교류하며 벌이는 판촉활동으로써 기업 및 소비자 간의 관계가 직접적이고 개별적이며 쌍방향이란 점에서 기존의 마케팅 활동과 구분된다.

  ㉡ 고객 List cleaning
  ⓐ 주소·성명·전화번호 등의 변경유무(B to C)
  ⓑ 소속부서·직책 등의 변경유무(B to B)

  ㉢ 상품에 관한 흥미·관심도 조사
  ⓐ 목표대상계층과 대상자 선정
  ⓑ 구입방법, 빈도, 브랜드 등 구입상황조사

  ㉣ DM 도착·개봉·인지 등의 확인
  ⓐ DM 내용의 상세한 설명
  ⓑ DM 계속발송의 가부(可·不)확인

  ㉤ 판매리드의 발굴
  ⓐ 판매가능성을 평가하여 고객랭킹 부여
  ⓑ 주문의사확인, 주문촉진

⑤ 내점(來店)·내장(來場)촉진
  ㉠ 이벤트·전시회·세미나 등의 개최고지
  ⓐ 개점·개장·기념이벤트·계절행사고지
  ⓑ 이벤트 내용·프리미엄 등의 설명
  ⓒ 쇼룸·점포에의 내점촉진

  ㉡ 고객의 반응, 흥미·관심도의 평가
  ⓐ 내장(來場)예정자의 수 파악
  ⓑ 불참이유의 확인은 고객니즈의 파악

⑥ 구입·계약 후의 Follow
  ㉠ 반복고객의 확보
  ⓐ 상품구입·계약에 대한 감사인사
  ⓑ After service 안내
  ⓒ 지불완료고지와 반복주문의 촉진

ⓛ 구입상품의 배송확인 : 오배송, 지연배송 등의 감소

ⓒ 사용자의 만족도 조사 : 불만 · 고정 · 클레임(claim)의 조기발견

ⓔ 신규고객개척 : 친지, 지인(知人), 취급선 등의 소개를 의뢰

⑦ 반복주문 촉진

　　㉠ 정기구입의 지속적 촉진

　　　ⓐ 소모품의 판매촉진

　　　ⓑ 추가주문 · 보충판매의 촉진

　　㉡ 저가상품의 판매촉진

　　　ⓐ 한계(限界)이익 상품에서도 채산성 유지

　　　ⓑ 연관성 있는 관련상품의 소개(Cross-selling)

　　㉢ 이용상황, 만족도 조사

　　　ⓐ 추후 접근시기의 파악

　　　ⓑ 불만 · 고정 · 클레임 등 고객대응

⑧ 휴면고객의 활성화

　　㉠ 거래 없는 고객 깨우기

　　　ⓐ 고객니즈(needs)의 파악

　　　ⓑ 휴면이유 조사

　　　ⓒ 불만 · 고정 · 클레임 등 고객대응

　　　ⓓ 상품서비스 등의 개선

　　　ⓔ 신규 부가서비스의 안내

　　㉡ 신상품 · 신 서비스의 소개 · 설명

　　　ⓐ 상품 · 서비스의 설명

　　　ⓑ 주문촉진

⑨ List cleaning

　　㉠ DM 발송 리스트의 변경 확인

　　　ⓐ 이사 등에 따른 주소변경 확인

　　　ⓑ 혼인 · 이혼 등에 의한 이름변경 확인

　　　ⓒ 사망 리스트 삭제

　　　ⓓ 이동 · 전근 · 퇴사 등에 의한 담당자 변경의 확인

　　㉡ 고객 프로필 데이터의 변경 확인 · 갱신

　　　ⓐ 고객 리스트의 정비

　　　ⓑ 배송오류의 경감, 방지

　　㉢ DM 거부자의 삭제

　　　ⓐ DM 경비의 절감

　　　ⓑ 기업이미지의 상승

⑩ List screening

　㉠ 최우량 고객의 세그먼트

　　ⓐ 불량 가망고객 삭제

　　ⓑ 완전 휴면고객의 삭제

　㉡ 판매리드의 획득

> **POINT** 리스트 스크리닝(List Screening) … 기존 고객 리스트를 선발하여 목적에 적합한 가망 고객이나 로열티 고객을 추출해 내는 것을 말한다.

⑪ 입회촉진

　㉠ 친목회, 동호회, 카드회원 등 특정고객의 획득

　　ⓐ 반복고객의 획득

　　ⓑ 가망고객의 고정화

　　ⓒ 특정고객에 대한 부가서비스

　㉡ 회원가입 의뢰 : 회원특전의 설명

⑫ 대금 · 미수금의 회수 · 독촉

　㉠ 판매대금 · 할부금의 회수 · 독촉

　　ⓐ 당월말 입금자 · 지불연체자의 독촉

　　ⓑ 지불일 · 지불방법의 통지 · 확인

　㉡ 연체금의 유무, 연체금액의 통지 · 확인

　㉢ 지불완료 고지(감사인사)의 촉진

(4) 아웃바운드 텔레마케팅 성공요소 ★

① 전문적인 텔레마케터의 필요성

　㉠ 아웃바운드 텔레마케팅은 인바운드 텔레마케팅보다 복잡하며 관리가 어렵기 때문에 효율적인 아웃바운드 텔레마케팅은 세일즈 리드(Sales leads)를 창출하며, 수행을 위해서는 전문적인 텔레마케터가 요구된다.

　㉡ 아웃바운드 텔레마케팅은 기본적으로 기업주도형이기 때문에 텔레마케터의 화법 능력이나 언어 선택 등이 매출에 직접적인 영향을 미친다. 따라서 아웃바운드 텔레마케터에게는 전문적인 교육이 요구된다.

> **POINT** 아웃바운드 텔레마케팅의 성공요소
> 　㉠ 체계적인 사전준비
> 　㉡ 효율적인 고객관리
> 　㉢ 전문적인 텔레마케터의 필요성
> 　㉣ 적극적이며 능동적인 마케팅

② 체계적인 사전준비 및 스크립트

　㉠ 아웃바운드 텔레마케팅은 무차별적인 전화세일즈와 달리 체계적이고 계획적인 사전준비가 이루어졌을 때 그 효과가 더욱 크다.

다음 중 아웃바운드 텔레마케팅의 성공요소로 보기 어려운 것은?

① 체계적인 사전준비

② 효율적인 고객관리

③ 소극적이며 수동적인 마케팅

④ 전문적인 텔레마케터의 필요성

아웃바운드 텔레마케팅은 고객들에게 직접적으로 전화를 거는 면에서 적극적이면서도 공격적인 마케팅에 해당한다.

❮정답 ③

다음 중 아웃바운드 텔레마케팅에 관련한 설명으로 가장 거리가 먼 것은?

① 적극적이며 공격적인 마케팅이다.

② 스크립트보다는 Q&A의 활용도가 높다.

③ 텔레마케팅 전문요원들의 자질이 중요하다.

④ 고객들의 리스트가 반응률에 영향을 미친다.

인바운드 텔레마케팅의 경우 고객들이 기업의 홈페이지에 올라와 있는 자주 묻는 질문들을 참고하게 된다. 아웃바운드 텔레마케팅에서는 Q&A보다는 스크립트의 활용도가 높다.

❮정답 ②

ⓛ 인바운드 텔레마케팅의 경우 Q&A에 의존하는 경향이 높으나, 아웃바운드 텔레마케팅은 스크립트를 활용하는 경우가 많다.

③ 적극적 · 능동적 마케팅

㉠ 고객에게 직접 전화를 건다는 측면에서 적극적 · 공격적 마케팅에 해당한다.

㉡ 명확하게 설정된 마케팅의 목표와 그에 대한 성과를 중심으로 이루어지기 때문에 인바운드 텔레마케팅보다 목표지향적이며, 성과지향적인 마케팅 기법이다.

④ 효율적인 고객관리

㉠ 고객관리 측면에서 신규고객의 획득보다 고정고객과의 지속적인 관계 유지가 훨씬 경제적이며 효율적이다. 아웃바운드 텔레마케팅은 고정고객과의 지속적인 관계 유지 및 고객이탈의 방지가 용이하다.

㉡ 아웃바운드 텔레마케팅에서는 고객의 리스트가 반응률에 영향을 미치며 텔레마케터가 개별 고객의 특성을 정확하게 판단할 수 있도록 데이터베이스 마케팅(Database marketing)기법을 활용할 때 효과가 더욱 증대된다.

㉢ 축적된 고객의 정보를 바탕으로 개별 고객과 접촉하게 되므로 보다 차별화된 고객 대응과 관계 개선이 가능하다는 장점이 있다.

(5) 아웃바운드 텔레마케팅의 전개과정 ★

① 통합 다이렉트 마케팅을 시도하는 기업의 경우에는 아웃바운드 텔레마케팅이 판촉용 편지나 다른 매체를 이용한 홍보와 광고에 이어 최종적으로 판매를 확정하는 수단으로 많이 활용되고 있다.

② 아웃바운드 텔레마케팅은 1차적인 접촉의 역할보다는 기존의 다른 매체를 통해 상품정보를 전달하고 난 다음 그 효과가 소멸되기 전에 전화나 PC통신 서비스를 통해 고객과 접촉함으로써 구매를 확정짓는 데 보완적인 역할을 하기 위해 활용되고 있다.

③ 아웃바운드 텔레마케팅에서는 Q&A보다는 스크립트의 활용도가 높으며 명확한 고객데이터베이스를 갖추어 제품이나 서비스를 적극적으로 판매하는 마케팅 방식이다.

(6) Outbound process ★★★

① Process의 개념

㉠ 아웃바운드 텔레마케팅에서도 인바운드 텔레마케팅과 같이 전화나 videotex, 혹은 PC통신으로 고객과 직접 대화를 가지기 때문에 텔레마케팅 전문요원들의 자질이 매우 중요하다.

㉡ videotex나 PC를 이용한 아웃바운드 텔레마케팅의 경우에는 텔레마케터가 워드프로세스의 지식과 자판을 능숙하게 칠 수 있는 능력을 갖추어야 한다.

ⓒ 기업은 videotex 가입자들을 자세하게 분석하여 판매하고자 하는 상품을 이 videotex를 통해 구매할 수 있는 잠재고객에게만 광고하고 있다. 즉 videotex를 통해서 Home-shopping을 할 수 있는 고객들만을 골라 집중 공략하는 것이다.

② Process의 필요 항목

ⓐ 최적의 고객 DB를 준비한다.

ⓑ 충분하고 적정한 시간을 유지한다.

ⓒ 필요하고 가치 있는 내용을 살핀다.

ⓓ 스크립트가 얼마나 정비되었는가를 살핀다.

ⓔ 텔레마케터의 매끄럽고 호감 주는 통화능력이 중요하다.

ⓕ 고객설득에 필요한 자료나 접근방법, 응대화법 및 질문사항이나 설득법 등을 정리한다.

ⓖ 콜센터 장비와 전화장치 등 주변상황의 준비 등을 살핀다.

③ Process의 고려사항

ⓐ 고객과 통화에서 시작부터 완료까지의 평균시간을 예상한다.

ⓑ 고객의 거주지역이나 위치 및 회사 내 상황 등의 특성을 파악한다.

ⓒ 고객과 직접통화가 가능한지 아니면 간접통화를 해야 하는지의 가능성을 면밀히 살핀다.

ⓓ 고객이 부재중인 경우에는 어떤 응대를 해야 하는지를 미리 생각한다.

ⓔ 고객과 다시 통화를 시도하고자 할 때에는 몇 번이 가장 적합한지 살펴야 한다.

(7) 아웃바운드 업무 시 주의사항 ★★

① 고객정보

ⓐ 고객의 개인신용정보의 보호

ⓑ 고객과의 접촉 시 정보의 신뢰성 및 정밀성

ⓒ 고객에게 전화를 걸게 된 목적 및 이유

② 상품기획

ⓐ 고객의 필요성 및 시장조사

ⓑ 상품기획 및 상품구성에 대한 문제

ⓒ 판매전략의 문제

ⓓ 마케팅믹스와의 연계

③ 판매요소

ⓐ 텔레마케팅 조직의 설치와 구성

ⓑ 판매 및 운영에 사용되는 비용

④ 판매이윤

    ㉠ 상품정책 및 상품전략

    ㉡ 상품의 기능 및 성능

    ㉢ 상품의 원가 및 가격변동

⑤ 아웃바운드 텔레마케팅의 과정

    ㉠ 회원가입, 판매, 배송, 설치, 대금, 사후관리 등

    ㉡ 고객 데이터베이스의 선정

    ㉢ 텔레마케팅 활동

⑥ 콜센터 조직

    ㉠ 콜센터 조직원의 채용 및 관리

    ㉡ 콜센터 조직원의 평가 및 보상

⑦ 커뮤니케이션

    ㉠ 고객과의 접촉 및 반응, 태도

    ㉡ 텔레마케터의 상담처리능력

> **POINT** 아웃바운드 텔레마케팅 상담 흐름 … 소개 및 전화 건 목적 전달→정보제공 및 고객의 니즈 탐색→설명과 설득→고객 확답→종결→끝 인사

(8) 아웃바운드 고객 반응의 결정요인 ★★

① 고객에 대하여 화법체를 사용한다.

② 통화상으로 고객과 만들어내는 이미지를 파악한다.

③ 고객에 대하여 시종일관 예의바른 태도로 임한다.

④ 고객이 지적하는 문제점이나 고객의 욕구에 대하여 정확히 파악한다.

⑤ 고객에게 제공하는 정보의 신뢰성과 전문성을 알린다.

---

section **2** 인바운드 텔레마케팅(Inbound telemarketing)

(1) 인바운드 텔레마케팅의 개념 ★

① 인바운드 텔레마케팅은 착신호(Inbound call)에서 인용된 것이다. 이는 고객이 외부에서 기업이나 기업 내부의 텔레마케팅 센터로 전화를 하는 경우로서 고객의 능동적인 참여를 전제로 하고 있다. 오늘날 인바운드 텔레마케팅에서는 많은 기업들이 전화요금이나 비디오텍스 이용요금을 회사가 부담하는 착신자 요금제도를 활용하고 있다.

메모 & 확인문제

다음은 아웃바운드 텔레마케팅의 상담흐름을 나타낸 것이다. 괄호 안에 들어갈 말로 적절한 것을 고르면?

소개 및 전화 건 목적 전달→ 정보제공 및 고객의 니즈 탐색 →(   )→고객 확답→종결→끝 인사

① 설명과 설득
② 고객의 반응확인
③ 고객과의 타협
④ 가벼운 인사

 TIP

고객의 니즈를 탐색한 후에는 적극적으로 기업의 상품을 설명하고 고객들이 이를 구입하게끔 설득하게 되는 노력을 하는 단계이다.

❮정답 ①

다음 중 아웃바운드 텔레마케팅에 대한 고객 반응의 결정요인에 대한 설명으로 바르지 않은 것은?

① 고객에 대한 화법체를 사용한다.
② 고객들에 대해 예의바른 태도로 대한다.
③ 고객의 욕구에 대해 정확하게 파악한다.
④ 고객들에게 알리고자 하는 정보에 대한 신뢰성 및 전문성 등을 굳이 알리지 않는다.

 TIP

아웃바운드 텔레마케팅의 경우 고객들에게 신뢰를 심어주기 위해 전달하고자 하는 내용의 신뢰성 및 전문성 등을 알려 인지시켜야 한다.

❮정답 ④

② 우리나라의 클로버 서비스(080)가 대표적인 예인데, 프랑스의 경우에는 프랑스 텔레콤(France telecom)이 제공하는 착신자 요금제도를 이용하여 기업들이 자사의 전화번호를 신문이나 잡지 또는 방송에 광고하고 그 전화번호를 보고 고객이 전화를 걸어오면 모든 통화료를 기업 측에서 부담하는 시스템을 활용하고 있다.

③ 미국에서는 1872년 몽고메리사가 카탈로그를 이용하여 우편주문판매를 실시한 이래 보편화되었던 다이렉트 메일의 한계를 AT&T가 클로버 서비스(800)를 개시함으로써 전통적인 우편주문판매에 전화를 이용한 통신판매가 추가되어 기존의 구매패턴에 획기적인 변화를 가져왔다.

> **POINT** 아웃바운드 판매상담 시 고객관의 관계형성방법
> ㉠ 밝고 친밀감 있는 인사
> ㉡ 고객과의 소통 가능한 공통적 화제
> ㉢ 고객신분에 걸 맞는 존칭어의 활용
> ㉣ 인사 후 가벼운 질문으로 고객니즈를 도출

(2) 인바운드 텔레마케팅의 업무내용 ★★

① 최근에 텔레마케팅 서비스가 보급되기 시작하면서 인바운드 텔레마케팅은 단순한 통신판매의 역할에서 벗어나 보다 효율적인 고객서비스 제도의 일환으로 활용되고 있으며 특히 고객과의 접촉채널로 점차 정착되고 있다.

② 인바운드 텔레마케팅은 직접 찾아오거나 전화를 건 소비자들에게 다른 상품이나 서비스의 구매를 유도하는 연결판매(Cross-selling)가 가능하다. 직접 찾아오거나 전화를 하는 고객들은 대부분 해당 상품이나 서비스에 관심을 가지고 있는 경우가 많으므로 이를 이용하면 판매를 촉진할 수 있다.

③ 연결판매(Cross-selling)는 고객이 불쾌해하거나 거북하게 생각하지 않도록 공손하면서도 치밀하게 이루어져야 한다. 연결판매를 권유하는 메시지는 한 두 문장 정도로 짧으면서도 절도가 있어야 한다.

④ 인바운드 텔레마케팅 서비스에서 주의할 점은 인바운드 텔레마케팅이 고객과의 지속적인 접촉활동을 한다는 측면에서 계속 관심을 가져야 한다는 것이다.

(3) Inbound process ★★★

① 업무 전 상담 준비
  ㉠ 상품 및 서비스에 관한 지식의 숙지
  ㉡ 인사 연습 및 텔레마케팅 실전 교육

② 전화상담(전화받기)
  ㉠ 가능한 한 빠르게 전화를 받도록 한다.
  ㉡ 인사와 함께 소속 및 자신의 이름을 밝힌다.

다음 아웃바운드 고객 반응에 관련한 설명으로 바르지 않은 것을 고르면?

① 밝은 미소로 친밀감 있게 인사한다.
② 업무이므로 불필요한 화제는 버리고 바로 본론으로 들어간다.
③ 고객 개개인에 맞는 존칭어를 활용한다.
④ 인사 후 고객의 니즈를 도출하도록 노력한다.

 TIP

인사 후 가벼운 공통적 화제로 시작해서 이야기를 끌어가면 고객들 스스로가 느끼는 부담을 완화시킬 수 있다.

❮정답 ②

③ 문의내용의 파악(고객 니즈의 탐색)
  ㉠ 주의 깊은 경청을 통하여 고객의 니즈를 파악한다.
  ㉡ 고객과 통화하는 동안 적절한 호응을 하도록 한다.
④ 문의에 대한 해결
  ㉠ 고객의 니즈를 바탕으로 하여 해결책을 제시한다.
  ㉡ 적절한 화법을 구사하며 고객을 정중하게 응대한다.
⑤ 반론의 극복
  ㉠ 반론에 대한 적절한 대처로 고객이 만족스러운 상담을 유지하도록 한다.
  ㉡ 반론에 대한 대처는 고객 니즈에 관한 정확한 파악을 바탕으로 한다.
⑥ 통화내용의 재확인
  ㉠ 고객과의 상담내용을 재확인하여 불확실한 커뮤니케이션으로 유발되는 문제를 미연에 방지한다.
  ㉡ 상담을 종결하기 위한 준비단계에 해당한다.
⑦ 통화의 종결 및 끝인사
  ㉠ 종료 시에는 감사의 인사와 함께 자신의 소속 및 성명을 다시 한 번 밝히도록 한다.
  ㉡ 고객이 먼저 전화를 종료한 후에 통화를 종료하도록 한다.

> 🔊POINT 인바운드 텔레마케팅의 상담절차… 상담준비→전화응답→고객니즈 파악→문제해결→동의와 확인→종결

(4) 인바운드 텔레마케팅의 활용 ★★★

① 상품주문처리
  ㉠ 주문접수
    ⓐ 문의 · 상담 대응, 상품설명
    ⓑ 관련상품 교차판매(Cross-selling)
    ⓒ 고가격 · 고이익상품 판매
    ⓓ 과잉재고, 긴급매출상품, 계절상품 등의 판매촉진
    ⓔ 재고부족상품의 입하일 안내
    ⓕ 재고부족상품을 다른 상품으로 대체 촉진
    ⓖ 지불방법 안내, 배달일 안내 · 확인
    ⓗ 반품 · 교환 · 취소에 대응
  ㉡ 프리미엄, 프로모션 고지 · 설명
    ⓐ 인기판매상품 소개
    ⓑ 할인상품의 소개

　　ⓒ 고객정보의 수집

　　　ⓐ 상품사용량의 조사, 즉 대체 · 추가주문 정보의 입수

　　　ⓑ 고객 라이프스타일 등 속성정보의 수집

　　ⓔ 상품정책, 가격정책에 반영

　　　ⓐ 잘 팔리는 상품의 파악

　　　ⓑ 구색 갖추기

　　　ⓒ 과잉재고의 방지

　　ⓜ 광고매체 효과측정

　　　ⓐ 신문, 잡지, TV 등의 매체별 · 제안 내용별 광고효과 측정

　　　ⓑ DM 반응률 측정

② 소비자 대응창구

　　㉠ 문의 · 상담에 대응

　　　ⓐ 상품 · 서비스의 설명으로 의문이나 질문에 대응

　　　ⓑ 배달상황, 이용상황의 확인

　　㉡ 고객의 불만 · 고정 · 클레임 등에 대응

　　　ⓐ 반품, 부족품 배송, 교환처리

　　　ⓑ 유지보수 서비스

　　㉢ 상품 · 서비스에 대한 의견 · 제안의 수집

　　　ⓐ 소비자의견을 상품정책에 반영

　　　ⓑ 소비자정보 수집

　　　ⓒ 고객니즈(needs) 파악

　　㉣ 긴급을 요하는 클레임(claim) 대응

③ 문의 · 상담

　　㉠ 문의 · 상담응대

　　　ⓐ 의문 · 질문에 대응한 상품 · 서비스의 설명

　　　ⓑ 유지보수 서비스

　　㉡ 가망고객 리스트 획득

　　　ⓐ 구입가능성평가

　　　ⓑ 카탈로그 배포대상 확보

　　　ⓒ 방문약속의 획득

　　㉢ 취급선, 판매점 서비스(B to B)

　　　ⓐ 상품지식

　　　ⓑ 판매촉진 보완 · 확인

　　㉣ 광고매체 효과측정

다음 소비자 대응창구에서 상품 및 서비스 등에 대한 의견 및 제안의 수집에 해당하는 내용으로 보기 어려운 것은?

① 소비자 정보의 수집
② 고객의 니즈 파악
③ 소비자들의 의견을 상품정책에 반영
④ 관련 상품의 교차판매

소비자를 대상으로 그들의 의견이나 또는 제안 등을 수집하게 되지 않는 단계의 내용을 고른다.

＜정답 **④**

④ 자료 · 샘플 청구
  ㉠ 자료 · 카탈로그, 샘플 · 시용품 등의 발송안내
    ⓐ 상품 · 서비스의 상세한 설명
    ⓑ 자료도착 후 전화할 것을 승낙 받음
  ㉡ 가망고객 리스트 획득
    ⓐ 구입가능성의 평가 등의 순위
    ⓑ 방문약속의 촉진의 영업지원
⑤ 전화서비스
  ㉠ 회원 정보서비스
    ⓐ 생활정보
    ⓑ 레저정보
    ⓒ 금융정보 등
  ㉡ 일반소비자를 대상으로 한 소비자 정보서비스
    ⓐ 상품안내
    ⓑ 신제품안내
    ⓒ 이벤트정보
    ⓓ 공석(空席)안내 등
  ㉢ 각종 상담서비스
    ⓐ 행정안내
    ⓑ 법률 · 세무상담
    ⓒ 인생상담
    ⓓ 카운슬링 등

 인바운드 텔레마케팅 프로세스… 업무 전 상담준비 → 전화상담(전화 받기) → 문의내용의 파악(고객니즈의 탐색) → 문의에 대한 해결 → 반론의 극복 → 통화내용의 재확인 → 통화의 종결 및 끝인사

POINT 인바운드 텔레마케팅의 활용
  ㉠ 상품주문처리
  ㉡ 소비자 대응창구
  ㉢ 문의 및 상담
  ㉣ 자료 및 샘플청구
  ㉤ 전화서비스

(5) 인바운드 텔레마케팅의 특성 ★★

① 인바운드 텔레마케팅은 일반적으로 카탈로그나 DM을 특정고객에게 보내거나 대중 매체인 신문, 잡지, 텔레비전, 라디오 등이나 또는 제품의 포장을 통해서 전화번호를 적극적으로 홍보하고, 전화 걸기를 촉구하는 문안이나 인센티브를 제시한다.

메모 & 확인문제

다음 인바운드 텔레마케팅의 활용에 관한 내용 중 일반소비자를 대상으로 하는 소비자 정보서비스에 대한 내용으로 바르지 않은 것은?

① 신제품 안내
② 상품 안내
③ 금융 정보
④ 이벤트 정보

TIP

자사의 회원들에 대한 서비스와 일반적인 소비자를 대상으로 하는 서비스를 분류한다.

< 정답 ③

② 인바운드 텔레마케팅을 활성화시키기 위한 방법의 하나로 수신자부담 전화제도를 도입하는 기업이 증가하고 있다. 미국에서는 '800'번 서비스를, 일본에서는 NTT의 'Free dial 0120'을 사용하여 인바운드 텔레마케팅을 실시하는 기업이 증가하고 있으며, 우리나라에서도 '080 클로버 서비스'를 1990년 12월부터 실시하고 있다.

③ 인바운드 텔레마케팅에서 상담원은 서비스마인드, 고운 심성, 인내하는 근무자세, 책임감, 다양하고 기본적인 커뮤니케이션 기법을 가지고 업무에 임해야 한다.

④ 인바운드 텔레마케팅은 단순히 문의전화, 주문전화를 받는 데 그치지 않고 소비자 입장에서 사후처리, 서비스에 정성을 쏟는 한편 소비자의 목소리를 경영방침이나 제품에 반영할 수 있도록 정확히 수신하는 데 힘을 쏟아야 한다.

⑤ 고객으로부터의 문의나 주문에 신속·정확히 대응하기 위해서는 고객 데이터베이스, 상품 데이터베이스, 적절한 전화 회선수의 확보(ACD 등의 H / W의 설치), 훈련된 텔레마케터의 확보와 같은 수신체제의 정비가 필요하다.

⑥ 인바운드 텔레마케팅은 고객이 상품이나 서비스에 대하여 관심이나 흥미가 있어서 거는 전화이니 만큼 고객주도형이다. 따라서 인바운드 텔레마케팅은 판매리드(Sales lead)이기 때문에 판매나 주문으로 연결시키기가 비교적 용이하다. 신속하고 적절하게 고객의 요구에 대응함으로써 기업 이미지 향상과 고객의 신뢰를 얻을 수 있는 좋은 기회이므로 고객서비스 향상에 최선을 다해야 한다.

⑦ 매스미디어 광고, 카탈로그, 전단, DM 등으로 발생되는 각종 주문이나 문의를 접수하므로 주문접수 시 관련상품의 교차판매(Cross-selling)로 매출액을 높이거나 고객으로부터 몇 가지 간단한 질문을 함으로써 전화조사도 병행할 수 있다.

⑧ 인바운드 텔레마케팅 이용분야는 주문처리, 문의대응, 고객상담, 자료, 샘플 청구접수, 예약접수, 소비자 대응 창구, 소비자 고정(苦情) 처리, 광고 효과 측정, 조사, 전화서비스 등으로 구분된다.

≫인바운드 텔레마케팅의 실례

- "해피전자죠? 오늘 아침 신문에 광고한 그 새로운 냉장고 모델이 지난번 것하고 기능상 무슨 차이가 있습니까?"
- "여성천하에 나와 있는 광고 보고 전화하는데요. 샘플 보내준다고 해서 전화했는데……."
- "당신네들 상품을 그렇게 만들어서 되겠소? 지난주에 샀는데 벌써 고장이 났잖아요. 몇 번 사용하지도 않았는데 벌써 망가지니……."
- "카탈로그에 나와 있는 그 바지, 44사이즈는 없나요?"
- "태국 방콕으로 가는 5월 1일자 출발하는 비행기는 어느 항공사 편입니까?"

>**POINT** 인바운드 텔레마케팅의 업무 영역
> ㉠ 고객의 불편이나 불만처리
> ㉡ 고객의 문의사항
> ㉢ 광고 및 관련제품에 대한 정보제공 및 구매유도
> ㉣ 통신판매의 전화접수

다음 중 인바운드 텔레마케팅의 업무 영역에 속하지 않는 것은?

① 해피 콜
② 불편사항
③ 불만처리
④ 전화접수

인바운드 고객들이 직접 회사에 전화를 걸어 문의를 하는 방식, 즉 고객주도형의 텔레마케팅이다.

‹정답 ①

(6) 인바운드 텔레마케팅 업무의 중요사항 ★

① 고객요구에 대한 기업서비스 향상을 위하여 신속하게 대응하여야 한다.

② 광고, 경험, 구전 등의 고객의 기대가치에 대하여 부응할 수 있어야 한다.

③ 마케팅의 변화흐름에 맞추어 적절한 대응이 가능하여야 한다.

(7) 인바운드 업무 시 주의사항 ★

① 인바운드 텔레마케터는 온화한 심성과 서비스 정신을 제대로 갖추어야 한다.

② 책임감이 강하고 고객상담 능력을 지닌 텔레마케터가 필요하다.

③ 고객의 입장에서 상담을 진행하여야 하며, 판매의 종결을 유도하여야 한다.

④ 상황전환기법이 필요하며 고객의 의견을 경청하여야 한다.

> **POINT** RFM(Recency Frequency Monetary) … 고객의 미래 구매 행위를 예측하는데 있어 가장 중요한 것이 과거 구매내용이라고 가정하는 시장분석기법이다. RFM 은 최근의(Recency) 주문 혹은 구매 시점, 특정 기간 동안 얼마나 자주(Frequency) 구매하였는가, 구매의 규모는 얼마인가(Monetary Value)를 의미하며, 각 고객에 대한 RFM을 계산한 후 이를 바탕으로 고객군을 정의한 뒤 각 고객군의 응답 확률과 메일 발송 비용을 고려해 이익을 주는 고객군에게만 메일을 발송하는 것이다.

메모 & 확인문제

다음 중 RFM 분석에 대한 내용으로 바르지 않은 것은?

① R은 최근의 구매시점을 의미한다.
② F는 구매횟수를 의미한다.
③ M은 구매의 규모를 의미한다.
④ 이 기법은 자사와 관련이 없는 잠재고객에 대해서도 직접적인 활용이 가능하다.

RFM 분석은 고객들의 최근 구매시점, 구매횟수, 구매의 규모를 파악하고 이를 기반으로 고객에 대한 분석을 하는 기법이다.

〈정답 ④

02 마케팅 믹스

section 1 제품전략

(1) 제품의 개념 ★★★

① 마케팅에서 제품은 製品이나 서비스뿐만 아니라 상표명 붙이기, 포장, 고객서비스, 그리고 고객에게 가치를 부가하는 상품의 여러 가지 양상을 포함한다. 이러한 제품은 소비자나 조직에게 판매된다.

② 코틀러(P. kotler)는 제품의 개념을 3가지 수준인 핵심제품(Core product), 형태상 (실체적)제품(Formal or Tangible product), 확장제품(Augmented product)으로 구분하였다.

　㉠ **핵심제품**(Core Product)
　　ⓐ 핵심제품은 핵심편익(benefit)이나 서비스를 가리킨다. 즉, 소비자들이 구매를 통해 얻고자 하는 가치 또는 효용을 말한다.
　　ⓑ 화장품을 구매하는 소비자를 예를 들면, 소비자는 화장품의 화학적, 물리적 속성이 아니라 '아름다움'에 대한 희망을 구매하는 것이며 바로 이러한 '아름다움' 이 핵심제품이 되는 것이다.

　㉡ **형태상 제품**(Formal or Tangible Product)
　　ⓐ 형태상(실체적)제품은 핵심제품을 실제의 형태로 개발시키기 위해 물리·화학·상징적 속성을 결합한 것으로 일반적으로 우리가 보는 제품의 성질을 말한다.
　　ⓑ 형태상 제품은 브랜드네임(Brand name), 품질(quality), 특징(features), 스타일링(styling) 등의 속성을 포함하며 향수, 립스틱, 마스카라 등이 형태상 제품에 해당된다.

　㉢ **확장제품**(Augmented Product)
　　ⓐ 확장제품은 제품의 구매를 통해 고객의 만족을 이끌어 내기 위한 것으로 형태상 제품에 부가되는 여러 가지 특성을 말한다.
　　ⓑ 화장품을 실체적 제품이라 할 경우 결제방법, 무료배달, 보장(warranty), 교육과 서비스 등이 확장제품의 속성이 된다.

　⊙POINT ① 소비자의 신제품 수용단계
　　　㉠ **인식**(Awareness) : 소비자가 신제품의 혁신성을 아는 단계
　　　㉡ **관심**(Interest) : 소비자가 신제품의 혁신성에 대한 관심을 갖고 정보를 찾으려는 단계
　　　㉢ **평가**(Evaluation) : 소비자가 신제품의 사용을 고려하는 단계
　　　㉣ **시용**(Trial) : 실제 사용을 통해 신제품의 가치를 확인하는 단계
　　　㉤ **수용**(Adoption) : 소비자가 신제품을 정규적으로 사용하게 되는 단계

② 신제품의 확산률이 빨라지게 되는 요소

    ㉠ 상대적 우위성 : 기존 제품보다 고객에게 주는 혜택이 우월한 정도를 나타낸다.

    ㉡ 양립가능성 : 개인의 가치나 경험이 일치하는 정도를 나타낸다.

    ㉢ 단순성 : 제품의 이해나 사용상의 용이성.

    ㉣ 전달용이성 : 신제품이 가지는 혁신의 결과를 볼 수 있거나 말로 표현할 수 있는 정도를 나타낸다.

(2) 소비재(Consumer Goods) ★★★

① 편의품(Convenience Products)

    ㉠ 편의품은 구매하는 기간이 빈번하고, 구매에 대한 시간과 노력이 적게 소요된다.

    ㉡ 편의품은 가격이 비싸지 않으며, 이러한 제품의 예로는 음식, 양말, 드라이클리닝 등 일상생활에서 쉽게 접할 수 있는 것들이다.

② 선매품(Shopping Products)

    ㉠ 선매품은 제품을 구매하는 데 있어 여러 가지 다양한 대안을 비교하고 수고와 노력을 아끼지 않는 제품으로 선매품의 선택기준은 제품이 지닌 속성, 가격이 된다.

    ㉡ 선매품의 예로는 전자제품, 헬스서비스, 옷 등이 있다.

③ 전문품(Specialty Products)

    ㉠ 전문품은 독특한 제품의 특성을 지녔는데 소비자들이 드물게 구매하며, 가격 또한 비싼 편이다.

    ㉡ 소비자는 그들이 원하는 정확한 제품과 상표를 획득하기 위하여 특별한 노력을 기꺼이 하며, 이러한 제품에는 교육, 주택과 고성능 자동차 등이 있다.

④ 비탐색품(Unsoughts Products)

    ㉠ 비탐색품은 소비자의 관심도가 낮은 제품으로 소비자는 스스로 제품의 정보를 탐색하지 않고 심지어 의식하지 않는 경우도 많다.

    ㉡ 비탐색품은 주로 시장에 처음 진입하는 신제품 또는 소비자가 필요성을 잘 느끼지 못하는 제품 등이 해당한다. 이러한 비탐색품의 고전적인 예가 생명보험이다. 단, 비탐색품은 편의품, 선매품, 전문품이 될 수 있으므로 그 특성이 다양하다.

> **POINT** 전문품
>
> ㉠ 소비자 자신이 찾는 품목에 대해서 너무나 잘 알고 있으며, 이를 구입하기 위해서 특별한 노력을 기울이는 제품을 말한다.
> ㉡ 구매 전 계획정도는 상당히 있다.
> ㉢ 가격은 소비재 중 최고가이다.
> ㉣ 브랜드 충성도는 소비재 중에서 가장 높다.
> ㉤ 고객의 쇼핑노력은 최대한이다.
> ㉥ 제품의 회전율은 소비재 중 가장 느리다.

≫소비재의 분류

	편의품	선매품	전문품
구매 전 계획정도	거의 없다	있다	상당히 있다
가격	저가	중, 고가	고가
브랜드 충성도	거의 없다	있다	특정상표 선호
고객쇼핑 노력	최소한이다	보통	최대한이다
제품회전율	빠름	느리다	느리다
유형			

다음 중 전문품에 대한 설명으로 옳지 않은 것을 고르면?

① 가격은 아주 높다.
② 고객들의 쇼핑노력은 아주 높다.
③ 구매 전의 계획정도는 아주 높다.
④ 제품에 대한 회전율은 가장 빠르다.

TIP

전문품은 대체재가 없을 정도의 고가의 제품이다. 그렇기에 제품이 만들어지자마자 쉽게 팔리고 만들어지는 제품이 아니다. 이러한 제품은 편의품이라 할 수 있다. 전문품은 제품회전율이 소비재 중 가장 느린 제품이다.

◀정답 ④

---

section 2 가격전략

(1) 가격의 개념 ★

① 가격이란 제품, 서비스의 제공에 대한 대가로 지불하는 금전적인 가치를 말한다. 일반적으로 가격은 기업의 이익을 증가시키는 가장 강력한 수단으로 작용한다.

② 경제학에서는 가격이 정상적으로 제품이나 서비스의 실제가치를 반영한다고 가정하는데 비해, 마케팅에서는 제품의 질이 주관적 판단에 근거하며 제품의 가치는 다른 마케팅믹스의 상대적인 성과에 달려 있다고 본다.

③ 경제학에서 우하향으로 나타나는 수요곡선으로 가격과 수요의 관계를 설명하지만 마케팅에서 수요는 가격만이 아니라 모든 마케팅 요소들과 관련하여 분석된다.

④ 제품이나 서비스에 대한 가격을 책정하려면 두 가지 중요한 관련 개념인 비용과 수요의 분석이 필요하다. 기본적으로 가격은 수요를 위축시키지 않으면서 동시에 이윤을 낼 수 있도록 비용을 충분히 상회하는 수준에서 책정되어야 한다.

(2) 가격결정의 목표 ★

① 이익지향(Profit Oriented) 가격결정목표

  ㉠ 이익지향 가격결정목표는 이익 극대화(Profit maximization), 만족스러운 이익(Satisfactory profits), 목표투자수익률(Target return on investment)을 포함한다.

  ㉡ 가장 일반적인 이익 목표는 때때로 총자산에 대한 기업의 수익으로 불리는 표적투자이익률(Target ROI)이다. ROI는 기업의 가용자산으로서 창출하고 있는 이익으로 전반적인 경영의 효과성을 측정한다.

  ㉢ ROI가 높은 기업일수록 더 좋다. Du pont, GM, 삼성전자, 현대자동차, POSCO 등 앞서가는 기업은 그 기업의 가격 결정목표로서 흔히 표적 ROI를 사용한다.

② 판매지향(Sales Oriented) 가격결정목표

  ㉠ 판매지향 가격결정목표는 시장점유율(Market share)이나 매출극대화(Sales maximization)에 기초하고 있으며, 효과적인 마케팅관리자는 이 가격결정목표에 익숙해야 한다.

  ㉡ 많은 기업은 시장점유율의 증가나 유지가 마케팅믹스의 효과성의 한 지표라고 믿는다. 시장점유율이 높을수록 규모의 경제(Economic of scale), 시장영향력, 그리고 최고 품질경영에 대한 보상력이 크기 때문에 더 높은 이익을 가져다 준다.

  ㉢ 매출극대화 목표는 매출이 상승하는 한 이익, 경쟁, 그리고 마케팅 환경을 무시한다. 이러한 목표는 시장의 거점 확보와 경쟁관계에서의 유리한 위치를 달성하기 위한 단기적인 목표로서는 가능하나, 장기적으로 이익을 낳지 못할 우려가 있는 것이 문제로 작용한다.

③ 현상동결(Status Freeze) 가격결정목표

  ㉠ 현상동결 가격결정목표는 기존가격을 유지하거나 경쟁자의 가격에 대응하려는 것이 목표이다.

  ㉡ 현상동결 가격결정목표는 가격에 대해 계획을 할 필요가 별로 없다는 것이 주요 이점이 되며, 이러한 목표는 기본적으로 하나의 수동적인 정책에 지나지 않는다.

(3) 가격결정과정 ★

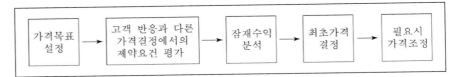

① 가격결정목표의 설정

　㉠ 가격결정과정은 마케터가 가격책정전략의 목표를 정의할 때 시작한다. 이 목표는 선택된 가격결정전략을 위한 궁극적인 지침이며, 확인된 표적시장을 위하여 가치를 창조하기 위한 노력을 지원해야 하고, 그렇게 함으로써 전 마케팅 목표의 달성을 도와야 한다.

　㉡ 가격결정전략은 판매제품의 양과 조직으로 흘러 들어오는 돈의 양에 직접 영향을 미치기 때문에, 가격결정목표를 설정하기 위한 노력은 그 조직에서 다른 기능과 조정되어야 한다.

　　▶POINT 가격결정정책 수립 시 고려사항 … 가격결정정책 수립 시에 여러 가지 고려요인 중 제품의 원가, 변동비 등 공급자의 비용에 대한 고려는 가격 하한선을, 고객이 제품의 가치를 어떻게 지각하느냐에 대한 고려는 가격상한성을 결정한다.

② 고객반응평가와 다른 가격결정 제한

　㉠ 마케터의 목표가 무엇이든지 조직이 어떤 가격을 매기는 데에는 원가를 커버하고 이익을 남기는 가격결정이어야 한다는 전제아래 여러 가지 제한이 따른다. 우선적으로 마케터는 수용의 특성과 다른 가격결정의 제약을 확인하고 평가하는 일이 필요하다.

　㉡ 마케터는 가격차별화와 가격결정 행위를 제한하는 법 같은 법적 문제를 고려해야 한다. 정부에 판매하는 조직은 또한 가격을 어떻게 결정할 것인가에 대하여 특별한 지침을 따라야 하고 정부 역시 때때로 가격변동을 제한한다.

　㉢ 마케터는 경쟁자가 부과하고 있는 가격에 제한을 받는다. 조직은 제품이 탁월하다는 것을 표적시장에 인식시켜야만 경쟁자보다 높은 가격을 받을 수 있으며, 그렇지 못한 경우에는 경쟁자와 같거나 경쟁자보다 낮은 가격을 매기는 것이 일반적이다.

　　▶POINT 가격결정방법
　　　㉠ 비용지향적 가격결정 : 편리하고 결정된 가격이 객관적으로 받아들여질 수 있으나 생산과 수요함수에 대한 고려가 부족하여 경제적 합리성이 부족하다는 단점을 지닌다.
　　　㉡ 경쟁지향적 가격결정 : 경쟁자의 가격을 비교하여 가격을 결정하는 방법으로 가격선도기업이 가격을 변화시키면 경쟁기업 역시 조정을 하게 된다.
　　　㉢ 수요지향적 가격결정 : 고객들의 반응을 중심으로 가격을 결정하는 방법으로 지불능력과 의사에 따라 결정된다.

③ 잠재적 이익분석

   ⊙ 가격결정목표와 제약에 바탕을 두고, 마케터는 의미 있는 가격의 범위를 결정한다. 그런 다음 마케터는 고려 중인 가격범위와 연관하여 잠재적 이익을 분석하여야 한다.

   ⓛ 이익분석을 위해서는 마케터가 수용의 유형에 대하여 정보를 수집하고, 한계분석 같은 기법은 가격, 수요, 그리고 이익간의 연계에 대한 정보를 충분히 고려해야 한다.

④ 초기 가격수준의 설정

   ⊙ 초기의 가격(Initial price 혹은 List price)을 설정하기 위하여 마케터는 원가, 경쟁, 고객가치의 어떤 조합에 바탕을 둔 가격결정방법을 사용하여야 한다.

   ⓛ 마케터는 가격이 마케팅믹스의 다른 요소와 맞는 방법을 고려해야 하며, 제품을 할인점에서 판매한다면 낮은 가격을 유지해야 하고, 제품의 우수성을 강조하는 촉진전략을 계획하고 있다면 상대적인 높은 가격을 설정할 수 있다.

⑤ 필요에 따른 가격조정

   ⊙ 목록가격 또는 호가(呼價 ; List or quoted price)를 조정하기 위한 많은 이유가 있다. 마케터는 그 제품의 구매자를 이끌기 위하여 임시적 가격촉진을 제공하려고 한다.

   ⓛ 대량주문에 대한 보다 낮은 단위가격의 경우처럼, 마케터는 그것들에게 서비스를 제공하는 비용을 반영하기 위하여 다양한 고객집단에게 부과될 가격책정의 시기와 방법의 결정은 가격책정과정의 마지막 단계에 놓는다.

(4) 신제품의 가격책정 ★★

① 시장침투가격정책(Market Penetration Pricing)

   ⊙ 시장침투가격정책은 신제품을 개발한 기업들이 시장점유율을 확대하고 많은 매출액을 올리기 위해 경쟁자보다 가격을 낮게 설정하는 정책이다.

   ⓛ 마케터는 그 시장에 경쟁자가 곧 진입할 것으로 예상될 때와 제품의 수요가 가격에 탄력적일 때 침투가격책정을 선택하는데, 이는 대량으로 판매함으로써 원가가 낮아져 가격인하가 가능해진다.

   ⓒ 수요가 탄력적인 제품에 가장 적합한 가격정책이다. 만약 시장침투가격정책을 사용하는 기업이 이미 큰 시장점유율을 확보했다면 경쟁자들은 이 시장에 진입하는 것을 꺼려할 것이다.

② 초기고가격정책(Market Skimming Pricing)

   ⊙ 고가격정책은 신제품을 개발한 기업들이 연구개발에 투자한 비용을 빨리 회수하기 위해 초기에 높은 가격을 설정하는 정책으로서, 이 정책은 가격보다 제품의 질에 관심이 많은 소비자를 주요 목표로 두고 있다.

   ⓛ 신제품의 시장진입 초기에 고가의 가격을 설정하여 가격에 대한 민감도가 낮은 고소득층을 유인한 후 점차 가격을 인하하여 저소득층으로 제품 대상의 확대를 꾀하는 정책이다.

(5) 원가기초 가격책정방법 ★

① 원가가산가격책정(Cost-plus Pricing)

　㉠ 가장 단순한 형태로서 가격은 예상된 판매 단위 수에 총원가인 단위당 고정비와 변동비를 곱하여 계산된 총비용에다 예정된 이익을 더한 것을 총 단위수로 나누어 결정된다.

$$가격 = \frac{총고정비 + 총변동비 + 이익}{총단위수}$$

　㉡ 원가가 상대적으로 안정적이면 원가가산가격책정은 사용될 수 있다. 다른 원가기초가격책정방법과 마찬가지로, 원가가산가격책정방법은 고객수요나 가격탄력성을 고려하지 않는다는 점에서 한계점을 가지고 있다.

② 가산치가격책정(Mark up Pricing)

　㉠ 마크업(Mark up)가격책정은 도매상과 소매상이 흔히 사용하는 단순한 방법이다. 가격은 일단 단위당 구매비용에 의해서 계산하고, 다음에 판매비용을 회수하고 또한 기대하는 이익수준을 낼 수 있는 가산치(Mark up)를 결정한다.

$$가격 = \frac{단위당\ 비용}{(100 - 가산치\ 비율)/100}$$

　㉡ 가산치의 비율은 산업별, 기업별, 제품별로 다양하다. 예를 들어 소매상 가산치는 경쟁과 정상이윤폭뿐만 아니라 소매비용, 생산자가 제안한 소매가격, 그리고 재고회전율같은 요소들도 중요하게 고려되어진다. 이러한 정책은 어떤 제품의 가격에서는 인적판매, 고객서비스, 다른 비용이 상대적으로 더 들거나 혹은 덜 드는 정도를 고려해야만 한다는 점을 전제로 두는 것이다.

(6) 수요기초 가격책정방법 ★

① 수요후방 가격책정(Demand-backward Pricing)

　㉠ 수요후방 가격책정에서는 판매가격이 소비자조사 또는 다른 시장연구방법의 사용을 통하여 책정되므로, 원가가산가격결정방법과는 반대이다.

　㉡ 가격의사결정은 그 제품에 대하여 소비자가 무엇을 지불할 용의가 있는가에 대한 고려를 포함하며, 그 후 판매비용과 요구수익 수준이 결정되고, 이로부터 적절한 가산치 비율이 도출된다.

② 수요조정 손익분기분석(Demand-modified Break-even Analysis)

　㉠ 수요조정 손익분기분석은 주어진 가격수준에서의 정확한 손익분기량을 결정하기보다는 대안적인 가격-수량 조합을 평가하는 것이다.

　㉡ 이 분석법은 가격의 변동에 따른 수요변화를 고려하여 수익을 최고로 하고자 하는 것이다. 수익은 각각의 가격-수량 조합에 대하여 추정되며, 가장 높은 수익을 창출하는 것이 선택된다.

(7) 수요에 기초한 심리적 가격결정기법 ★★

① 홀ㆍ짝수 가격책정(Odd-even Pricing)
ㄱ 홀ㆍ짝수 가격책정은 소비자가 어떤 가격을 높은 가격 또는 낮은 가격으로 인지 하느냐 하는 사실에 기초를 둔다. 예를 들어 소비자들은 1,000원이라는 가격보 다 990원에 더 호의적으로 반응하는 경향이 있다.
ㄴ 구매빈도가 높은 소매품들의 가격은 흔히 9, 5, 3 같은 홀수로 끝난다. 이 가정 은 가격이 홀수 가격보다 낮추어 져서 짝수 가격이 되어도 수요는 변함이 없게 된다.

② 명성 가격책정(Prestige Pricing)
ㄱ 전통적인 우하향(右下向) 수요곡선은 소비자들의 수요가 가격이 상승(하락)하면 줄어든다(증가한다)는 가정에 기초하고 있다.
ㄴ 소비자들은 디자이너의 의류나 주류, 향수와 같은 제품에 대해서는 항상 이렇게 합리적 방식으로 가격에 반응하지 않는다. 소비자들은 가격을 품질이나 지위의 상징으로 여기므로 명품 또는 위풍재 같은 경우 가격이 예상되는 범위 아래로 낮추어지면 오히려 수요가 감퇴할 수 있다.

(8) 가격 결정 시 추가 고려사항 ★★

① 관습가격
ㄱ 모든 경쟁자들은 관습가격을 사용한다. 예를 들어, 껌 한 통에 소매가격이 500원 이라고 하면 생산자는 이 껌을 510원이나 560원에 팔려고 하지는 않는다.
ㄴ 껌의 비용상승요인이 발생하면 어느 정도는 그 가격을 유지하고, 극도의 비용 상승요인이 발생하면 600원, 700원으로 상승될 가능성이 높다.

> **POINT** 심리적 가격결정방법
> ① 단수가격(Odd Pricing)은 시장에서 경쟁이 치열할 때 소비자들에게 심리적 으로 값싸다는 느낌을 주어 판매량을 늘리려는 가격결정방법이다. 다시 말 해, 제품의 가격을 100원, 1,000원 등과 같이 현 화폐단위에 맞게 책정하는 것이 아니라, 그 보다 조금 낮은 95원, 970원, 990원 등과 같이 단수로 책 정하는 방식이다.
> ② 관습가격(Customery Pricing)은 일용품의 경우처럼 장기간에 걸친 소비자의 수요로 인해 관습적으로 형성되는 가격을 말하는데, 이는 소매점에서 포장 과자류 등을 판매할 때, 생산원가가 변동되었다고 하더라도 품질이나 수량 을 가감하여 종전가격을 그대로 유지하는 것을 의미한다.
> ③ 명성가격(Prestige Pricing)은 자신의 명성이나 위신을 나타내는 제품의 경 우에 일시적으로 가격이 높아짐에 따라 수요가 증가되는 경향을 보이기도 하는데, 이를 이용하여 고가격으로 가격을 설정하는 방법이다.
> ④ 준거가격(Reference Pricing)은 구매자는 어떤 제품에 대해서 자기 나름대 로의 기준이 되는 준거가격을 마음속에 지니고 있어서, 제품을 구매할 경우 그것과 비교해보고 제품 가격이 비싼지 여부를 결정하는 것을 말한다.

다음의 내용과 관련이 높은 가격결 정정책을 고르면?

• 10,000원 회 → 9,900원 횟집
• 140,000원 홈쇼핑 원피스 → 139,000원

① Odd Pricing
② Reference Pricing
③ Customery Pricing
④ Prestige Pricing

단수가격은 제품의 가격을 100 원, 1,000원 등과 같이 현 화폐 단위에 맞게 책정하는 것이 아니 라, 그 보다 조금 낮은 95원, 970원, 990원 등과 같이 단수로 책정하는 방식인데, 이로 인해 소비자들 입장에서는 제품의 가 격이 정확하게 책정되었다는 느 낌을 받게 되는 심리적 가격결정 방법의 하나이다.

❮정답 ①

② 기업의 가격정책
　㉠ 현재의 가격결정정책의 방향이 기업의 가격정책과 일치하는지를 살펴보아야 한다.
　㉡ 기업이 고품격유지 가격정책을 채택하고 있는 경우 특정품목의 매출이 부진하다고 그 품목가격을 인하하기는 어렵다. 왜냐하면 특정품목의 가격인하는 전체제품이나 기업의 이미지에 부정적인 영향을 미칠 수 있기 때문이다.

(9) 고가전략의 조건

① 시장수요의 가격탄력성이 낮을 때

② 시장에 경쟁자의 수가 적을 것으로 예상될 때

③ 규모의 경제효과를 통한 이득이 미미할 때

④ 진입장벽이 높아 경쟁기업의 진입이 어려울 때

⑤ 높은 품질로 새로운 소비자층을 유인하고자 할 때

⑥ 품질 경쟁력이 있을 때

(10) 저가전략의 조건

① 시장수요의 가격탄력성이 낮을 때

② 시장에 경쟁자의 수가 적을 것으로 예상될 때

③ 규모의 경제효과를 통한 이득이 미미할 때

④ 진입장벽이 높아 경쟁기업의 진입이 어려울 때

⑤ 높은 품질로 새로운 소비자층을 유인하고자 할 때

⑥ 품질 경쟁력이 있을 때

(11) 가격 할인과 공제 ★★

① **현금할인** … 제품구매 후 일정기간 이내에 대금을 지불하는 경우 고객에게 가격의 일정한 비율을 할인해 주는 방법이다.

② **수량할인** … 일정량 이상을 구매하는 고객에게 가격을 할인해 주는 방법을 말한다.

③ **기능할인** … 판매, 보관, 장부정리 등과 같은 중간상 기능을 수행하는 판매업자에게 제조업자가 가격을 할인해 주는 방법으로 거래할인 또는 중간상할인이라고도 한다.

④ **계절할인** … 비수기에 제품을 구매하는 고객에게 가격을 할인해 주는 방법을 말한다.

⑤ **공제(Allowance)** … 공제는 신형모델을 구입할 때 구형모델을 반환하면 그에 해당하는 만큼 가격을 할인해 주는 방법을 말한다.

다음 중 제품 또는 서비스의 가격을 결정할 때 상대적인 저가전략이 적합하지 않은 경우는?

① 소비자들의 본원적인 수요를 자극하고자 할 때
② 원가우위를 확보하고 있어 경쟁기업이 자사 제품의 가격만큼 낮추기 힘들 때
③ 시장수요의 가격탄력성이 높을 때
④ 높은 품질의 제품으로 특권의식을 가지고 싶어하는 소비자층을 유인하고자 할 때

 TIP

높은 품질의 제품으로 특권의식을 가지고 싶어하고 가격에 민감하지 않은 혁신소비자층을 대상으로 할 때 저가전략보다 고가전략으로 접근해야 한다.

❮정답 ④

POINT 구매의 AIDMA 원칙

  ㉠ Attention(주목) : 매장에 들르는 소비자의 눈에 잘 띄고, 주의를 끌 수 있도록 대량으로 진열·연출하고, 데몬스트레이션 등을 실시한다.(탑 보드, 현수막, 포스터 등)

  ㉡ Interest(흥미) : 매대로 고객을 유도하기 위하여 POP, 또는 아이 캣쳐, 상품 설명서, 요리 방법과 같은 제안을 통해 관심을 유발시키고 제품에 대한 이해도를 깊게 한다.

  ㉢ Desire(욕구) : 매장 내에서 상품을 비교, 선택하기 쉽도록 하기 위하여 유사상품 끼리 그룹핑하여 눈에 띄기 쉽도록 진열하고, 향기와 맛 등 제품의 장점에 대하여 시식이나 견본품 제공 등을 통해 직접 소구, 또는 POP 등을 통해 충동구매를 불러일으킨다.

  ㉣ Memory(기억) : 상품의 정보를 보다 알기 쉽게 제공하고, 제품의 가격을 눈에 잘 띄게 하여 소비자가 구입에 대한 확신을 가질 수 있도록 한다.

  ㉤ Action(행동/구매) : 매장에 진열되어 있는 상품이 소비자의 최종적인 구입 결정으로 이어질 수 있도록 매장의 분위기, 진열, 상품설명 POP, 가격표 등이 소비자의 관점에서 이루어 졌는지 점검해 본다.

section 3 유통전략

(1) 유통의 개념과 기능 ★

① 유통경로의 의미

  ㉠ 제품이나 서비스는 다양한 경로를 거쳐 최종고객에게 전달되거나 소비되고 있는데, 이렇게 제품이나 서비스가 최종수요자에게 이르는 경로를 유통경로(Marketing channel 혹은 Distribution channel)라 한다. 따라서 유통경로란 어떤 상품을 최종 구매자가 쉽게 구입할 수 있도록 만들어 주는 과정으로 정의된다.

  ㉡ 유통경로는 대표적인 마케팅믹스(4P) 중 하나이다. 제품이나 서비스자체의 흐름을 중심으로 이해하는 것은 물류라 하고, 유통경로에 참여하여 일정한 역할을 하는 기관을 중심으로 고찰하는 것을 일반적인 유통이라 한다.

  ㉢ 가장 일반적인 유통기관으로는 재판매를 목적으로 하는 도매상과 최종 소비를 목적으로 하는 고객을 대상으로 영업을 하는 소매상이 있다. 이들 중간상들의 손을 거쳐서 최종 구매자에게 제품과 서비스가 판매된다.

  POINT 유통경로의 설계절차 … 소비자 욕구 분석 → 유통경로의 목표설정 → 유통경로의 대안 확인 → 유통경로의 대안 평가

② 유통의 존재이유

  ㉠ 왜 중간상 혹은 유통경로가 필요하게 되는 것인가, 어떤 역할을 하기에 존재하게 되는 것일까 하는 근본적인 문제에 직면하게 되는데, 이러한 이유는 생산자와 소비자 사이에 시간, 장소, 형태상의 불일치가 있기 때문이다.

메모 & 확인문제

다음 구매의 원칙 중 향기와 맛 등 제품의 장점에 대하여 시식이나 견본품 제공 등을 통해 직접 소구, 또는 POP 등을 통해 충동구매를 불러일으키는 단계는?

① Attention
② Desire
③ Memory
④ Action

🔊TIP

소비자들이 제품에 대해 직접적으로 체험함으로서 해당 제품에 대한 이점을 이해하고 그들로 하여금 구매를 유도해내는 단계이다.

◀정답 ②

다음은 유통경로의 설계절차이다. 괄호 안에 들어갈 말로 가장 적절한 것은?

소비자 욕구 분석 → 유통경로의 목표설정 → (   )
→ 유통경로의 대안 평가

① 유통경로의 대안 확인
② 유통경로의 욕구 분석
③ 유통경로의 사례 제시
④ 유통경로의 이론 제시

🔊TIP

여러 가지 사용 가능한 대안들을 확인한 후에 적절한 유통경로의 대안을 평가하게 된다.

◀정답 ①

ⓛ 대규모 제조업체가 앞에서 설명한 불일치를 어느 정도 자체적으로 해결할 수 있어도 중간상은 존재를 하는데, 중간상이 존재함으로 인해 거래비용인 생산자, 중간상, 소비자 간의 유통거래로 생기는 비용이 줄어들기 때문이다.

ⓒ 중간상이 개입하면 총 거래수를 줄여 주고, 생산자와 소비자들 사이의 교환과정을 촉진하게 된다. 따라서 중간상을 경제시스템 내에서 완전히 없앨 수는 없지만, 온라인 도입 등으로 많은 불필요한 중간상들이 없어지고 있는 실정이다.

ⓔ 생산자와 구매자에게 새로운 가치를 더 이상 효율적으로 제공하지 못하는 중간상들의 미래는 없을 것이다. 하지만 생산자와 구매자 간의 유통경로상에서 새로운 부가가치를 지속적으로 창출하는 유통기관은 앞으로도 더욱 발전해 나갈 것으로 보인다.

③ 유통경로의 효용

ⓐ 시간 효용 : 소비자가 제품 또는 서비스를 구매할 때 언제든지 시간에 구애받지 않고 하는 편의를 제공해 준다.

ⓑ 장소 효용 : 소비자가 제품 또는 서비스를 원할 때 어디에서나 원하는 장소에서 구매할 수 있는 편의를 제공해 준다.

ⓒ 소유 효용 : 생산자 또는 중간상으로부터 제품이나 서비스의 소유권이 소비자에게 이전되는 편의를 제공해 준다.

ⓓ 형태 효용 : 제품 또는 서비스를 소비자에게 좀 더 매력적으로 보이기 위해 형태나 모양을 변형시키는 모든 활동을 말한다.

(2) 소매상의 개념과 역할 ★★★

① 소매상의 정의

ⓐ 소매상은 개인적 혹은 비영리적 목적으로 구매하려는 최종 소비자에게 재화나 서비스를 판매하는 것에 관련된 활동을 수행하는 상인으로 정의된다. 따라서 소매상의 고객은 영리기업 또는 기관구매자가 아닌 최종 소비자이며, 이들 개별 소비자의 구매동기는 다양하다.

ⓑ 소매상은 최종 소비자들의 다양한 욕구를 충족시켜야 하므로 다양한 형태의 소매점들이 출현하였다. 소매상의 규모 면에서 보면 연간 매출액이 수 천만 원 미만의 가족생계형인 작은 구멍가게에서 연간 매출액이 수 조 원에 이르는 백화점과 같은 거대 소매기구까지 매우 다양한 규모의 소매상들이 존재하고 있다.

② 소매상의 기능

ⓐ 소매상은 소비자가 원하는 상품구색을 제공한다. 또한 여러 공급업자들로부터 제품과 서비스를 제공받아 다양한 상품구색을 갖춤으로써 소비자들에게 제품선택에 소요되는 비용과 시간을 절감할 수 있게 하고 선택의 폭을 넓혀 준다.

ⓑ 소매상은 소비자에게 필요한 정보를 제공한다. 소매상은 소매광고, 판매원서비스, 점포 디스플레이 등을 통해 고객에게 제품관련 정보를 제공하여 소비자들의 제품구매를 돕게 한다.

중간상은 생산자와 사용자 사이에서 다양한 효용을 창출한다. 다음 중 중간상이 창출해 내는 효용에 관한 설명으로 옳지 않은 것은?

① 형태 효용(form utility): 상품과 서비스를 고객에게 조금 더 매력 있게 보이기 위해 그 형태 및 모양을 변형시키는 활동

② 소유 효용(possession utility): 생산자로 하여금 상품과 서비스를 소유할 수 있도록 도와주는 활동

③ 장소효용(place utility): 소비자가 어디에서나 원하는 장소에서 상품이나 서비스를 구입할 수 있게 하는 것

④ 시간 효용(time utility): 소비자가 원하는 시기에 언제든지 상품을 구매할 수 있는 편의를 제공하는 것

📢TIP

소유 효용은 생산자로부터 소비자로 하여금 상품과 서비스를 소유할 수 있도록 도와주는 활동이다.

◀정답 ②

ⓒ 소매상은 자체의 신용정책을 통하여 소비자의 금융부담을 덜어주는 기능을 수행한다. 즉, 소매상은 제조업체 대신 소비자와의 거래에서 발생하는 여러 유형의 비용을 부담한다든지 고객에게 신용이나 할부로 판매하는 등의 기능을 수행한다.

ⓔ 소매상은 소비자에게 A / S의 제공과 제품의 배달, 설치, 사용방법 교육 등과 같은 서비스를 제공한다. 일반적으로 제품의 설치에 전문적인 기술을 필요로 하거나 크기가 큰 제품들의 경우에는 유통점의 부가서비스가 소비자의 구매의사결정에 매우 중요한 역할을 하고 있다.

POINT 유통경로의 원칙

ⓐ 총 거래 수 최소화 원칙은 유통경로를 설정할 때 거래의 총량을 줄여, 제조업자, 소비자 양측에게 실질적인 비용부담을 감소시키게 하는 원칙

ⓑ 분업의 원칙은 중간상을 통해 유통에도 분업을 이루고자 하는 원칙

ⓒ 변동비 우위의 원칙은 중간상의 역할부담을 중시하여 결국 비용부담을 줄이는 원칙

ⓓ 집중저장의 원칙은 도매상은 상당량의 브랜드 제품을 대량으로 보관하므로 유통경로 상에 가능하며 많은 수의 도매상을 개입시킴으로서 각 경로 구성원에 의해 보관되는 제품의 수량이 감소될 수 있다는 원리

(3) 소매업의 유형 ★★

① 편의점(Convenience store)

ⓐ 편의점은 접근이 용이한 주택 밀집지역이나 유동인구가 많은 지역에 위치하여 24시간 연중무휴영업을 하며 재고회전이 빠른 한정된 제품계열을 취급한다.

ⓑ 편의점은 가격에 있어서 생필품을 취급하는 다른 소매업태보다 다소 높은 가격을 유지하지만, 위치상의 효용과 시간상의 편리성이 이를 상쇄하고 있다. 또한 효율적인 점포운영을 위해 초기에 유통정보시스템의 개발과 설치에 많은 고정투자를 필요로 하지만, 체인화를 통한 다점포전략에 의해 초기 고정투자비를 분산시키고 있다.

② 슈퍼마켓(Super Market)

ⓐ 슈퍼마켓은 식료품, 일용품 등을 주로 취급하며, 염가판매, 셀프서비스를 특징으로 하는 소매업태이다. 슈퍼마켓은 대공황으로 인해 극심한 불황으로 절약 소비패턴이 확산되던 1930년 마이클 커렌이 미국의 뉴욕에 킹 커렌(King Kullen)을 개점한 것이 효시이다.

ⓑ 슈퍼마켓은 자동차와 냉장고 보급의 확산에 따라 소비자로 하여금 1회 대량구매가 가능하게 만들었고, 대도시 거주자의 교외지역으로의 거주지 이동은 교외의 저렴한 지역에 입지여건이 생겼으며, 셀프서비스에 의한 쇼핑을 도입함으로써 저렴한 가격을 실현할 수 있었다.

메모 & 확인문제

다음 유통경로의 원칙에 대한 내용 중 유통경로의 설정 시 불필요한 거래의 양을 줄여 공급자 및 소비자 모두에게 실제적으로 발생하게 되는 비용부담을 줄이게 되는 원칙을 무엇이라고 하는가?

① 총 거래 수 최소화 원칙
② 변동비 우위의 원칙
③ 집중저장의 원칙
④ 분업의 원칙

 TIP

불필요한 거래수가 많아지게 되면 유통경로 상의 구성원들이 공급에 따른 많은 양의 재고를 보유하게 되며, 이는 곧 실제적인 비용의 부담을 안기게 된다.

❰ 정답 ①

③ 백화점(Department Store)

ㄱ 백화점은 의류, 가정용 설비용품, 신변잡화류 등의 각종 상품을 부분별로 구성하여 소비자들이 일괄구매를 할 수 있도록 하고 주로 직영으로 운영하는 대규모 소매점포를 의미한다.

ㄴ 백화점이 구매자에게 제공할 수 있는 가장 큰 효용은 다양한 제품구색, 편리한 입지, 쾌적한 쇼핑공간이다. 또한 소비자에게 백화점에서의 제품구매가 사회적 지위와 관련된 만족을 줄 수 있다는 것도 백화점의 주요 경쟁우위의 원천이다.

④ 전문점(Specialty Store)

ㄱ 전문점의 경쟁적 우위는 전문적 상품구색과 높은 서비스 제공에 있다고 할 수 있다. 또한 전문점이 취급하는 제품계열은 한정되어 있으나 해당 제품계열 내에서는 매우 다양한 품목들을 취급한다.

ㄴ 전문점은 주로 가전, 오디오, 의류, 운동기구, 가구, 서적 등의 제품계열에서 볼 수 있으며, 취급하는 제품계열의 폭과 깊이 정도에 따라 세분화가 가능하다.

⑤ 할인점(Discount Store)

ㄱ 할인점은 '박리다매'의 원칙에 입각하여 전국 유명상표를 일반 상점보다 항상 저렴한 가격으로 판매하는 소매업태를 말한다. 이 업태의 특성은 저렴한 가격, 유명브랜드 판매, 셀프서비스, 건물임대료가 저렴한 지역에 위치, 평범한 내부시설 등을 들 수 있다.

ㄴ 할인점은 취급하는 상품의 다양성 정도에 따라 상품구색의 폭이 넓은 종합할인점과 특정의 상품범주만을 취급하는 전문할인점으로 나누어진다. 현재 국내시장은 항시저가정책(EDLP ; Every Day Low Price)을 구사하고 있는 E-마트, 롯데마트, 삼성테스코의 홈플러스 등이 치열한 경쟁을 하고 있다.

⑥ 양판점(General Merchandising Store)

ㄱ 양판점은 의류 및 생활용품을 중심으로 다품종 대량판매하는 체인형 대형소매점으로 점포형태 및 상품구성은 백화점과 유사하지만, 대량매입과 다점포화 및 전체 매출에서 소매업체 상표가 차지하는 높은 비중 등으로 가격측면에서 백화점보다 저렴하다는 차이가 있다.

ㄴ 양판점은 백화점과 할인점의 중간형태로서 규모와 상품구성은 백화점, 가격관리방식은 할인점 형태를 띠고 있는 소매업태이다. 즉, 양판점은 다수의 점포망을 가지고 어느 정도 깊이의 구색을 갖춘 다양한 상품계열을 저렴하게 판매하는 체인업체로서 물량 위주의 영업방식을 추구한다.

⑦ 회원제 도매클럽(Membership Wholesale Club)

ㄱ 회원제 도매클럽은 일정한 회비를 정기적으로 내는 회원들에게만 30~50%의 할인된 가격으로 정상적인 유명제품들을 판매하는 유통업태를 말한다.

ㄴ 취급제품은 가공식품, 잡화, 가정용품, 가구, 전자제품 등을 중심으로 3~4천 품목 정도이며 매장은 거대한 창고형으로 실내장식은 거의 없으며 진열대에 상품을 상자단위로 쌓아 놓고 고객이 직접 고르게 하는 묶음판매를 통해 점포운영비를 최소화하고 있다.

⑧ 하이퍼마켓(Hypermarket)

　㉠ 하이퍼마켓은 슈퍼마켓, 할인점, 창고소매점의 장점을 결합한 소매업태인데, 대형화된 슈퍼마켓에 할인점을 접목시켜 식품과 비식품을 저렴하게 판매하는 소매업태를 의미한다. 하이퍼마켓의 상품구색은 주로 슈퍼마켓에서 취급하는 식품과 생필품 등이며 이들의 구성비는 6 : 4 정도이다.

　㉡ 상품은 주로 구매빈도가 높고 널리 알려진 국내외의 유명제품이며, 중간상제품(PB) 역시 많고 중저가의 편의품을 중심으로 선매품도 취급하고 있다. 취급상품의 품목수는 대략 75,000~100,000 품목에 이르고, 전문품 · 정원용품 · 차량연료 등은 별도의 설비가 갖추어진 전문점 또는 직영매점을 통해서 판매되고 있어 주 매장의 상품구색을 보완하고 있다.

⑨ 상설할인매장(Factory Outlets)

　㉠ 상설할인매장 혹은 아울렛은 제조업자가 소유 및 운영하는 염가매장으로서, 제조업자의 잉여상품, 단절상품, 기획재고상품을 주로 취급한다. 상설할인매장들은 소매가격보다 30~70% 정도 저렴한 가격에 제품을 판매하고 있으며, 특정 지역에 밀집되어 상설할인몰 또는 할인 소매센터를 형성하기도 한다.

　㉡ 최근에는 교통이 불편한 도시외곽에 위치함에도 불구하고 주말을 이용하여 유명제조업체 상표를 저렴하게 구매할 수 있는 상설할인매장을 방문하고자 하는 소비자들이 점점 증가하고 있다.

⑩ 전문할인점(Special Discount Store ; Category Killer)

　㉠ 전문할인점은 '카테고리 킬러'라고도 하는데, 한 가지 또는 한정된 상품군을 깊게 취급하며 할인점보다 훨씬 저렴한 가격으로 판매하는 소매업태를 말한다. 이 업태는 불경기에 성장이 두드러지며, 경기에 관련 없이 꾸준하게 성장하고 있다.

　㉡ 전문할인점은 깊이 있는 제품구색, 우수한 고객서비스, 고가격의 점포특성을 가지는 전문점과 어느 정도의 깊이를 가진 다양한 상품군들을 취급하는 할인점 및 양판점과 차별화되는 점포형태이다.

⑪ 카탈로그 쇼룸(Catalog Showroom)

　㉠ 카탈로그 쇼룸은 마진이 높고 상품회전율이 빠른 유명상표들을 할인가격으로 판매하며 취급하는 소매업태로 상품의 구색이 비교적 다양하다.

　㉡ 주로 취급되는 상품에는 보석류, 전기공구, 카메라, 가방, 소형 내구재, 인형, 스포츠용품 등이 있으며, 저가격, 대량판매를 실현하기 위해 원가절감 및 마진의 인하를 추구한다.

다음 중 **전문할인점**에 대한 내용으로 바르지 않은 것은?

① 카테고리 킬러라고도 한다.

② 한 가지 또는 한정된 제품을 깊게 취급하며, 할인점보다 저렴하게 판매하는 소매업태 이다.

③ 깊이 있는 제품구색과 우수한 고객서비스, 고가격의 점포 특성을 가지는 전문점과 일정 정도의 깊이를 가진 여러 제품군을 취급하는 할인점 및 양판점과 차별화되는 점포형태이다.

④ 제품구색은 슈퍼마켓에서 판매하는 식품과 생활필수품 등으로 나뉘어져 있는데, 식품과 비식품의 구성비는 대략 6:4 정도이다.

전문할인점은 다양한 제품의 구색보다는 소수의 한정된 제품을 깊이 있게 다루고 있는 형태이다.

❮ 정답 ④

(4) 무점포 소매상 ★★

① 텔레마케팅(Telemarketing)
ⓐ 텔레마케팅은 전화를 이용하여 표적고객에게 제품정보를 제공한 후 제품판매를 유도하거나, 고객이 TV·라디오광고나 우편광고를 보고 수신자 부담 전화번호를 이용하여 주문을 하는 소매유형이다.
ⓑ 소비자는 전문교환수가 제공하는 제품정보를 듣고 바로 주문을 하거나 자동화된 텔레마케팅 시스템을 통해 주문을 한다. 자동화된 텔레마케팅 시스템은 자동다이얼장치에 의해 자동으로 특정고객의 전화번호를 돌린 후 제품정보를 들려주고 그 제품에 관심이 있는 고객으로 하여금 주문을 할 수 있도록 하는 장치이다.
ⓒ 발신텔레마케팅은 기업이 구매가능성이 높은 잠재고객에게 먼저 전화를 걸어 고객의 구매를 유도하는 보다 적극적인 방식이다. 텔레마케터는 DB에 축적된 잠재고객명단 중에서 구매가능성이 높은 유망고객들을 추출하여 정교한 전화대본을 토대로 상품의 구매를 권유하게 된다.

② 텔레비전 마케팅(Television Marketing)
ⓐ 텔레비전 마케팅은 TV광고를 통해 제품구매를 유도하는 소매방식으로 직접반응광고를 이용한 주문방식과 홈쇼핑 채널을 이용한 주문방식으로 구분한다.
ⓑ 직접반응광고를 통한 주문방식은 30초에서 1분 정도의 짧은 TV광고를 통해 간략한 제품소개와 주문전화번호가 제공되면 이를 시청한 소비자가 무료전화를 이용하여 제품을 주문하는 방식이다.
ⓒ 홈쇼핑 채널 이용 주문방식은 케이블 TV를 통해 상품들을 소개 및 설명하면 TV 시청자들이 전화로 주문을 하는 첨단 무점포 판매방식이다. 가정에서 편안히 앉아서 TV에 방영되는 상품 중에서 마음에 드는 것을 전화 등으로 주문을 하면 집까지 배달해 주고, 가격도 10~30% 정도 저렴하기 때문에 다양한 측면에서 유리하다.

③ 통신우편판매(Mail order Sales)
ⓐ 통신판매란 공급업자가 광고매체(주로 우편으로 보낸 카탈로그)를 통하여 판매하고자 하는 상품 또는 서비스에 대한 광고를 하고 고객으로부터 통신수단을 통해 주문을 받은 상품을 직접 또는 우편으로 배달하는 판매방식이다.
ⓑ 통신판매에서 성공의 관건은 목표고객의 선정과 리스트 수집 및 적절한 상품의 선정 등이다. 통신판매에서 취급하는 상품은 변질가능성이 있는 식료품 이외의 모든 제품이 가능하나 일반적으로 표준화, 규격화된 제품이 주류를 이루고 있다.

④ 온라인 마케팅(On-line Marketing)
ⓐ IT기술의 발달로 시간과 공간의 제약 없이 인터넷 상에서 마음에 드는 상품을 주문하고 결제시스템을 이용하여 대금결제를 치르고 나면 구매절차가 끝나는 구매형태로서 무점포 구매 분야에서 각광을 받고 있다.
ⓑ 고객과의 쌍방향 커뮤니케이션이 가능한 인터넷의 website를 이용한 마케팅과 광고는 기존의 전통적인 마케팅과는 달리 고객들에게 자세하고 다양한 상품정보를 제공하고 그들과 상호관계를 유지할 수 있게 해 주는 장점이 있다.

다음 중 성격이 다른 하나는?
① 텔레비전 홈쇼핑
② 편의점
③ 인터넷 마케팅
④ 자동판매기

점포의 유, 무를 묻는 문제이다.

❰ 정답 ②

⑤ 자동판매기(Automatic Vending Machine)

　㉠ 미국의 경우 1950년대 후반 주로 저가의 편의품을 판매하기 위해 도입된 후 점차 확대되었으며, 국내에서는 1980년대 이후 급성장하는 무점포형 소매업의 하나이다.

　㉡ 점포를 통해 판매하기 어려운 장소와 시간에 제품을 24시간 구매할 수 있게 함으로써 소비자에게 편리함을 제공한다. 자동판매기는 담배, 음료, 스낵, 라면, 화장품, 서적, 레코드, 피자 등 다양한 편의품과 충동제품을 주로 판매한다.

⑥ 방문판매(Door - to - door sales)

　㉠ 영업사원을 이용한 방문판매는 가장 오래된 역사를 가진 무점포형 소매업이다. 국내의 경우 조선시대에 집집마다 돌아다니며 신변잡화류를 판매하였던 방물장수도 여기에 해당되며 유제품의 한국 야쿠르트, 학습지의 판매와 교육을 동시에 하고 있는 웅진과 대교 등의 출판업계와 1980년대 중반까지의 화장품 업체들의 주된 판매방식이었다.

　㉡ 최근 방문판매 유형 중 주목되는 것은 다단계 판매방식이다. 1995년 7월 개정된 방문판매법을 통해 다단계 판매방식이 법적으로 허용되고 피라미드방식이 금지됨에 따라 많은 대기업들이 다단계 판매로의 진출여부를 적극적으로 검토하고 있다. 다단계 판매는 판매원 겸 소비자인 디스트리뷰터가 회사로부터 구입한 제품을 소비자에게 재판매하는 방문판매유형이다.

(5) 유통경로의 길이 결정 ★

① 기업의 특성

　㉠ 충분한 자금력과 강력한 영업사원을 구비한 기업들은 비용이 들더라도 보다 많은 이익과 강력한 경로 통제가 가능한 직접유통경로를 구축하려 한다.

　㉡ 경영자원이 부족한 중소기업들은 상품판매에 대한 통찰력을 어느 정도 상실하더라도 유능한 중간상을 사용한다.

② 제품특성

　㉠ 제품의 부패가능성이 높을수록 신속한 제품공급이 이루어져야 하므로 유통경로의 길이가 짧아야 하고, 제품의 복잡성 정도가 높을수록 보다 소수의 중간상들이 유통경로에 참여하며, 고도로 복잡한 제품은 직접유통경로를 통해 고객에게 유통된다.

　㉡ 제품대체율도 경로 선택에 영향을 미치게 되는데, 대체율이 높은 제품은 단위당 순이익이 낮고 고객욕구에 따라 고객서비스를 조정해야 할 필요성이 낮으며, 소비시간이 짧고 제품탐색에 소요하는 시간이 짧은 특성을 가진다. 대체율이 높은 제품의 경우, 보다 많은 중간상들이 참여하는 간접유통경로가 선호되는 반면 대체율이 낮은 제품에 대해서는 직접유통경로가 선호된다.

다음 유통경로에 관한 내용 중 짧은 경로에 대한 설명으로 바르지 않은 것은?

① 구매단위가 크다.
② 지역적인 집중생산이 이루어진다.
③ 구매빈도는 높으며 규칙적이다.
④ 부패성의 상품이 이에 해당한다.

짧은 경로의 경우에 부패성이 강한 제품이 해당하는데 이는 보관이 어려운 제품(농수산물)의 경우에는 비표준화 되어 있고, 생산자의 수가 적다는 특징이 있다.

◀ 정답 ③

③ 시장특성

㉠ 일반적으로 시장의 규모가 클수록 수많은 고객들의 욕구를 충족시키기 위해 다양한 형태의 중간상들이 참여하게 되므로 경로길이가 길어진다.

㉡ 고객들이 지역적으로 넓게 분산된 시장도 유통과정에 보다 많은 중간상들이 참여하게 되므로 경로길이가 길어진다.

④ 경쟁사의 유통경로

㉠ 제조업자는 상황에 따라 경쟁사가 사용하는 유통경로를 피하기로 결정할 수 있다.

㉡ 경쟁사들이 간접유통 경로를 사용하고 있을 경우, 동일한 유통경로의 사용으로 인한 경쟁과열을 피하고 자사제품을 유통구조의 차별화를 꾀하기 위해 직접유통경로를 사용하기도 한다.

(6) 유통경로상 중간상의 수 결정요인 ★★★

① 집약적 유통

㉠ 집약적 유통은 가능한 많은 소매상들로 하여금 자사제품을 취급하도록 함으로써 포괄되는 시장의 범위를 최대화하려는 전략이다. 이 방법은 충동구매의 증가, 소비자 인지도의 확대, 편의성이 장점이며, 낮은 순이익, 소량주문, 재고 및 재주문관리의 어려움, 중간상 통제의 어려움 등이 단점으로 작용한다.

㉡ 대체로 편의용품 제조업자들이 집약적 유통경로를 선택하며, 이는 소비자들이 제품의 구매를 위해 노력을 별로 기울이지 않기 때문이다. 집약적 유통은 대량판매를 발생시키지만, 브랜드 광고와 많은 영업사원의 유지에 비용이 들고, 중간상들로 하여금 자사제품을 보다 적극적으로 판매하도록 동기부여를 하는 데 어려움이 있다.

② 전속적 유통

㉠ 각 판매 지역별로 하나 혹은 극소수의 중간상에게 자사제품의 유통에 대한 독점권을 부여하는 것이다. 전속적 유통은 소비자들이 상품구매를 위해 적극적인 정보탐색을 하고 그 제품을 취급하는 점포까지 기꺼이 쇼핑을 하고자 하는 특성을 가진 전문점에 적절한 전략이다.

㉡ 전속적 유통은 중간상들에게 독점판매권과 함께 높은 이익을 제공함으로써 이들의 적극적인 판매노력을 기대할 수 있고, 중간상의 판매가격, 신용정책, 서비스 등에 관해 강한 통제를 할 수 있다는 장점이 있으며, 또한 자사제품의 이미지에 적합한 중간상들을 선택함으로써 브랜드 이미지를 강화시킬 수 있다.

③ 선택적 유통

㉠ 집약적 유통과 전속적 유통의 중간에 해당되는 전략으로, 판매지역별로 자사제품을 취급하고자 하는 중간상들 중에서 자격을 갖춘 하나 이상의 소수의 중간상들에게 판매를 허용하는 전략이다. 이러한 전략은 소비자들이 구매 전에 상표 대안들을 파악하고 이들을 비교·평가하는 특성을 가진 선매품에 적절하다.

다음 유통경로 중간상의 수 결정요인에 대한 내용 중 주로 편의품에 적용되는 전략은?

① 집약적 유통
② 선택적 유통
③ 전속적 유통
④ 일방적 유통

 TIP

편의품의 경우는 여러 지역에 대해 해당 제품에 대한 소비자들의 인지도를 확대하고, 편의성의 증가라는 이점을 가져오게 된다. (집약적 유통 : 편의품, 선택적 유통 : 선매품, 전속적 유통 : 전문품)

❮정답 ①

ⓒ 선택적 유통을 사용하는 제조업자는 판매력이 있는 중간상들만 유통경로에 포함 시키므로 만족스러운 매출과 이익을 기대할 수 있다. 또한 제조업자는 선택된 중간상들과의 우호적인 거래관계의 구축을 통해 적극적인 판매노력을 기대할 수 있다.

>>> 집중적 유통, 전속적 유통, 선택적 유통방식의 비교

	집중적 유통	전속적 유통	선택적 유통
전략	가능한 다수의 점포들로 하여금 자사제품을 취급하도록 함	한 지역에 한 점포에게 판매권을 부여	한 지역에 한정된 수의 점포들에게 판매권을 부여
점포의 수	가능한 한 많은 점포	한 개	소수
통제	공급자의 통제력이 낮다	공급자의 통제력이 상당히 높다	한정된 범위 내에서 공급자의 통제가 가능
제품유형 (소비재)	편의품	전문품	선매품
종류	세제, 치약, 담배 등	패션 의류 등	가전제품 등

메모 & 확인문제

다음 중 전속적 유통에 관한 내용으로 보기 어려운 것은?

① 공급자의 통제력이 상당히 높다.
② 한 지역의 한 점포에게 판매권을 부여하는 형태이다.
③ 선매품이 이에 해당한다.
④ 점포의 수는 한 개다.

전속적 유통은 한 지역의 한 점포에만 전속적으로 계약해서 판매권을 부여하게 된다.

❮ 정답 ③

---

section 4 촉진전략

(1) 촉진의 개념 ★

① 기업과 고객 간에는 커뮤니케이션이 필요한데 촉진전략은 커뮤니케이션 과정과 밀접하다. 커뮤니케이션(communication)은 상징(symbol)의 공통 세트(set)를 통하여 다른 사람과 의미를 교환하고 공유하는 과정이다.

② 한 기업이 신제품을 개발하여 구제품을 바꿀 때나 제품이나 서비스의 판매를 증가시키려고 노력할 때는, 잠재적 고객을 위한 판매메시지를 전달하여야 한다. 마케터는 촉진 프로그램을 통하여 표적시장과 다양한 공중에게 기업과 기업의 제품에 대한 정보를 전달한다.

(2) 커뮤니케이션 과정

① 발신자(Sender)

　㉠ 정보원천(Information source)을 지칭한다. 정보원천은 특정한 표적시장에 전달할 상품메시지를 보내는 마케터를 말한다.

　㉡ 전달된 상품메시지는 표적시장의 욕구와 필요를 잘 반영하도록 노력해야 하며, 발신자에는 마케팅관리자 · 광고관리자 · 광고대행사 등이 있다.

② 메시지의 기호화(Encoding the Message)

　㉠ 기호화란 정보원천으로부터 메시지가 수신자에게 전달되도록 효과적인 심벌리듬으로 전환하는 것이다.

　㉡ 마케터는 색채, 가치, 신념, 기호(tastes)가 다양한 소비자집단에 유념할 필요가 있다. 메시지 기호화로는 광고 · 판매제시 · 점포전시 · 쿠폰 · 신문기사화 등이 있다.

③ 메시지 경로(Message Channel)

　㉠ 의도된 수신자에게 기호화된 메시지를 전달할 판매원 · 매체 · 소매점 · 지역뉴스 쇼 등의 광고매체 등을 가리킨다.

　㉡ TV에 노출되는 표적시장의 수가 적거나 대다수의 표적시장의 사용자가 읽을 수 없을 때 인쇄매체를 이용한 것은 비효과적인 경로선택이라 할 수 있다.

④ 해독(Decoding)

　㉠ 정보원천으로부터 전달된 상징이 수신자에 의해서 해석(interpretation) 되는 단계이다.

　㉡ 커뮤니케이터는 기호화의 유념사항을 다시 상기할 필요가 있다.

⑤ 수신자(Receiver)

　㉠ 수신자는 고객 · 시청자 · 뉴스매체 등 메시지를 수신한 사람에 의한 소비자의 생각과 행동이 전달될 표적이다.

　㉡ 수신자가 겪을 수 있는 착오는 발신자의 기호화가 부적절하거나 전달하는 매체 선정이 잘못되었거나, 메시지를 왜곡하는 수신자의 편견과 오해에서 유발된다.

⑥ 환류(Feed Back)

　㉠ 커뮤니케이션과정의 효과평가에 대해 수신자로부터 정보원천에게로 역류하는 메시지의 효과에 대한 정보, 그리고 그 과정을 완결시키기 위한 정보를 말한다.

　㉡ 환류에서는 시장조사 · 판매결과 · 시장점유율의 변화를 살펴야 한다.

⑦ 잡음(Noise)

　㉠ 잡음은 경쟁광고, 다른 기업의 인적판매, 재고, 최종수신단계에서의 혼란 같은 외적영향 요인들이 포함된다.

　㉡ 잡음에는 다른 광고 · 뉴스기사 · 다른 점포 전시 등이 있다.

(3) 판매촉진(Sales Promotion) ★★

① 판매촉진의 개념

　㉠ 판매촉진은 최종 고객이나 경로상의 다른 고객에 의해 관심, 시용(trial), 구매를 자극하는 촉진활동을 말한다. 이는 소비자, 중간상, 기업자신의 종업원을 겨냥한 것이다.

　㉡ 다른 촉진수단인 광고, 홍보, 인적판매 등과 비교하여 판매촉진은 보통 빠르게 시행되고 더 빠르게 결과를 얻게 된다. 실제로 대부분의 판매촉진 노력은 즉각적인 결과를 낳도록 설계된다.

② 판매촉진의 목표

　㉠ 판매촉진은 일반적으로 태도보다 행동에 더 큰 영향을 미친다. 형식에 관계없이 즉각적인 구매는 판매촉진의 목적이다. 따라서 그러한 행동에 따라 표적고객에게 판매촉진 캠페인을 계획할 때 더 많은 신경을 쓰는 것이다.

　㉡ 촉진의 목표는 표적소비자의 일반적 행동에 의존한다. 예컨대, 실제로 그들 제품의 충성스런 사용자를 표적으로 삼고 있는 마케터는 행동의 변화를 원하지 않는다. 대신 기존의 행동을 강화하거나 제품 사용을 향상시킬 필요가 있다.

　㉢ 상표 애호도를 강화하기 위한 효과적인 도구는 반복구매를 위하여 소비자에게 보상하는 잦은 구매자 프로그램이다. 촉진의 다른 형태는 고객이 상표전환을 하기 쉽거나 경쟁자의 제품에 충성스러운 사람에게 더 효과적이다.

(4) 판매촉진도구의 유형 ★★

① 쿠폰(Coupons)

　㉠ 쿠폰은 소비자가 제품을 구매할 때 즉각적인 가격 절감을 소비자에게 약속하는 하나의 인증이다. 또한 제품사용(Product trial)과 재구매를 고무하기 위해 좋은 방법이며, 제품의 구매량을 증가시키는 효과가 있다.

　㉡ 쿠폰은 높은 비용과 실망스러운 보상율을 보이기 때문에 상당수의 마케터들이 그 사용을 재고하고 있다. 따라서 쿠폰의 상환 시간을 단축하고, 소비자의 점내 구매를 촉진시키도록 제안하는 즉석 쿠폰이 이용되기도 한다.

② 리베이트(Rebate)

　㉠ 리베이트는 소비자가 구매 후 구매영수증과 같은 증거서류를 기업에게 제시할 경우 해당 제품에 대해 할인하여 금액을 환불해 주는 방법으로, 쿠폰과 그 성격이 비슷하지만 가격할인이 구매시점이 아니라 증거서류의 제시 시점이라는 점에서 다르다.

　㉡ 리베이트는 기존 자사제품을 이용하고 있는 소비자들의 반복구매, 다량구매, 조기구매를 촉진시킬 수 있고, 경쟁브랜드의 고객을 흡수할 수 있다는 점과 쿠폰과 같이 가격차별수단으로 사용되어 기업에 이익을 가져다준다는 점이 장점이라 할 수 있다.

ⓒ 소비자들은 기업이 리베이트를 제공한다고 하더라도 구매시점에서는 정가대로 금액을 지불하고, 환불받을 때까지 기다려야 하기 때문에 리베이트 금액이 소비자들로 하여금 그 기간을 기다릴 만한 가치가 있을 정도의 충분한 액수가 되어야 한다는 단점을 갖는다.

③ 보너스 팩(Bonus Packs)

ⓖ 보너스 팩이란 같은 상품 또는 관련 상품 몇 가지를 하나의 세트로 묶어 저렴한 가격에 판매하는 것을 말한다. 예를 들어 라면 5개들이 한 봉지를 4개의 값에 판매하거나 치약과 칫솔을 함께 저렴한 가격에 판매하는 경우가 있다.

ⓛ 보너스 팩이란 판매 시 상점의 진열면적을 많이 차지하게 되므로 유통관계자나 업체의 협조를 얻어야 하는 단점이 있지만, 대량 혹은 조기구매를 유도함으로써 경쟁자의 침투를 견제할 수 있다는 장점을 지니고 있다.

④ 보상판매(Trade-ins)

ⓖ 보상판매는 자사 또는 경쟁사의 소비자들에게 현재 사용중인 제품을 반납하고 자사의 제품을 구입하는 조건으로 할인 혜택을 제공하는 방법으로써 주로 PC, 휴대용 단말기 등 내구재 시장에서 많이 사용된다.

ⓛ 보상판매의 방법에는 그 대상을 기준으로 하여 자사제품 사용자만을 대상으로 한 폐쇄형 보상판매와 경쟁사 제품의 사용자까지 포함하는 개방형 보상판매가 있다. 폐쇄형의 경우 기존고객들의 반복구매를 유도하여 시장점유율을 유지할 수 있으며, 개방형의 경우는 경쟁사의 고객들을 자사로 흡수함으로써 시장점유율을 확대시킬 수 있다.

ⓒ 보상판매 역시 기존고객만을 대상으로 낮은 가격을 제공하고 신규고객에 대해서는 정상가로 판매하기 때문에 가격차별의 일종이라고 생각할 수 있다.

⑤ 애호도 마케팅 프로그램(Loyalty Marketing Programs)

ⓖ 애호도 마케팅 프로그램, 혹은 빈번한 구매자 프로그램(Frequent Buyer Programs ; FBP)은 다중구매자와 애호고객에게 보상하는 것이다. 애호도 마케팅 프로그램의 목표는 기업과 핵심고객 간의 장기적 상호편익을 주는 관계를 형성하는 것이다.

ⓛ FBP를 통해서 항공산업에서 일반화된 애호도 마케팅은 이미 그 제품과 기업을 애호하는 고객으로부터 보다 많은 이익을 얻을 수 있도록 전략적인 투자를 하고 있다. '한 기업이 매년 그 기업의 고객의 5%를 추가로 유지한다면, 이익은 적어도 25%가량 증가할 것이다'라는 연구 결과가 있다.

⑥ 경진대회(Contests)

ⓖ 경진대회는 일반적으로 제품이나 서비스에서 관심을 창출하고 흔히 상표전환을 고무하도록 시도된다. 또한 참여자가 상금을 타기 위한 경쟁으로 어떠한 기능이나 능력을 사용한다.

ⓛ 소비자 경진대회는 보통 참가자에게 질문에 응답하거나 문장을 완성하게 하거나 또는 제품에 대해서 기술하게 하거나, 구매의 증거를 제출하도록 요구한다.

28 표적시장을 선택하기에 앞서 효과적인 시장세분화를 위해 충족되어야 하는 요건이 아닌 것은?

① 측정가능성

② 기대가능성

③ 접근가능성

④ 유지가능성

TIPS!

효과적인 세분화의 조건

㉠ **측정가능성** : 세분시장의 규모와 구매력이 측정될 수 있는 정도를 측정가능성이라고 한다.

㉡ **접근가능성** : 세분시장에 도달할 수 있고 그 시장에서 어느 정도 영업할 수 있느냐의 정도를 접근가능성이라고 한다.

㉢ **실질성** : 어떤 세분시장의 규모가 충분히 크고, 이익이 발생할 가능성이 큰 정도를 실질성이라고 한다. 하나의 세분시장은 잘 고안된 독자적인 마케팅 프로그램이 추가할 가치가 있을 만큼 가능한 한 시장규모가 가장 큰 동질집단이어야 한다.

㉣ **행동가능성** : 세분시장으로 유인하고, 그 세분시장에서 영업활동을 할 수 있도록 구성되어질 수 있는 효과적인 프로그램의 정도를 행동가능성이라고 한다.

시장조사

02

01 시장조사의 이해
02 자료수집
03 자료수집 방법
04 자료의 측정
05 기출예상문제

01 시장조사의 이해

section 1 시장조사의 의의

(1) 시장조사의 역할

① **시장조사의 개념**…시장 조사란 과거와 현재의 시장 동향 및 전망, 경쟁사 분석, 제품분석 등을 조사하고, 분석을 통해 미래를 예측함으로써 시장전략 수립의 지침을 제공하는 미래 지향적인 활동을 말한다. 즉, 시장조사는 마케팅 의사결정을 위한 정보제공을 목적으로 다양한 자료를 체계적으로 획득하고 분석하는 과정이다. 시장조사는 상품 또는 서비스를 판매하는데 생기는 모든 사실을 수집, 분류, 기록하는 것으로 시장분석, 판매조사, 소비자조사, 광고조사, 판로조사 등의 활동으로 구분할 수 있다.

> **▶POINT 마케팅 조사**…마케팅 문제를 해결하고자 객관적이고 과학적 절차를 통해 수집·분석된 마케팅 정보를 마케팅의사결정자에게 제공하여 효율적인 마케팅 활동과 마케팅의사결정을 지원하는 활동을 말한다. 마케팅 조사는 보통 특정한 마케팅 문제의 해결이나 특정한 의사결정을 위해 체계적인 조사계획과 절차에 따라 실시된다.

② **마케팅 조사와 시장조사의 관계**…마케팅조사는 시장조사를 포함하는 광의의 개념으로 흔히 이 둘을 혼동하여 사용하는 경우가 많다. 일반적으로 마케팅조사의 경우 마케팅 수행과정에서 의사결정을 구하기 위함이 목적이며 마케팅의 수행에 있어 시장은 가장 중요한 요소이기 때문에 원하는 마케팅조사의 목적달성을 위해서는 시장조사가 반드시 필요하다.

≫ 마케팅 조사와 시장조사의 관계

③ **시장조사의 역할**…마케팅활동을 수행할 때는 항상 불확실성의 위험을 고려하는 것이 중요하다. 따라서 시장, 환경, 마케팅활동 성과, 마케팅의사결정 효과 등에 대한 정확하고 객관적인 정보의 수집·분석을 통해 불확실성을 줄이는 것이 필요하다. 시장조사의 역할은 다음과 같다.

구분
마케팅활동의 수행과정에서 불확실성과 위험의 감소
경영의 의사결정에 도움을 주는 정보의 제공
고객의 정보에 대한 획득
의사결정에 필요한 정보의 파악
시장기회의 발견

(2) 과학적 조사로서의 마케팅 조사

① **의의** … 과학적 조사방법이란 어떤 현상에 대한 사고나 과학적 탐구를 위해서 새로운 현상과 기존의 지식체계와의 연결이 잘 이루어지도록 가설적인 명제들을 체계적이고 비판적으로 탐구·검증하여 이론을 도출하는 것으로 종합적·체계적인 실험을 통해 일반원칙을 밝히는 것이다. 마케팅활동 과정에서는 이러한 과학적 조사방법을 통해 객관적인 정보를 확보할 수 있으며 불확실성을 줄일 수 있다.

② **과학적 연구과정의 절차** … 과학적 방법은 어떤 관찰 가능한 현상을 기술하고, 설명하며, 예측하기 위한 객관적, 논리적, 체계적 분석방법으로 다음의 과정으로 진행된다.

  ㉠ **문제제기** : 연구자가 조사대상에 대한 주제, 조사 목적, 조사의 중요성 등에 논리적으로 정립하는 단계이다.

  ㉡ **가설구성** : 가설이란 "연구하고자 하는 문제에 대한 잠정적인 해답"을 말한다. 문제제기를 통해 문제가 선정되면 문제를 구체화시켜야 하는데, 이것은 가설을 통해 얻을 수 있다.

  ㉢ **조사설계** : 가설이 설정되면 가설이 옳은지 틀린지에 대한 판단을 위해 어떤 조사방법을 선택할 것인지, 조사대상은 어떻게 할 것인지, 자료수집방법, 자료분석 결정, 조사일정과 예산 등을 계획하는 단계가 이루어진다.

  ㉣ **자료수집** : 조사 설계가 마련되면 본격적인 자료 수집이 이루어지는데 이러한 자료수집의 방법에는 관찰, 실험, 질문지법 등 여러 가지 방법이 사용된다. 자료수집방법은 문제의 성격과 연구범위에 따라 동시에 하거나 병행하는 등 여러 가지를 고려하여 진행하여야 한다.

  ㉤ **자료분석** : 자료수집이 완료되면 자료를 편집(edit)하고, 부호화(cording)를 거쳐 자료의 분석과 해석이 이루어진다.

구분	내용
편집	자료를 정정, 보완, 삭제 등이 이루어지는 작업을 말한다.
코딩	자료분석의 용이성을 위해 관찰내용에 일정한 숫자를 부여하는 과정을 말한다.

메모 & 확인문제

시장조사의 중요성과 거리가 먼 것은?

① 고객의 특성, 욕구 그리고 행동에 대한 정확한 이해를 통해 고객지향적인 마케팅활동을 가능하게 해준다.

② 마케팅 전략 수립 및 집행에 필요한 모든 정보를 적절한 시기에 입수할 수 있다.

③ 시장조사는 타당성과 신뢰성 높은 정보의 제공을 통해 의사결정에 기대가치를 높일 수 있는 수단이 된다.

④ 정확한 시장정보와 경영활동에 대한 효과분석은 기업목표의 달성에 공헌할 수 있는 자원의 배분과 한정된 자원의 효율적인 활용을 가능하게 한다.

❮정답 ②

ⓗ 보고서 작성 : 조사의 최종단계로 조사결과를 정리하고 조사에 의미를 부여함으로써 조사는 종결된다.

③ 과학적 연구 유형… 과학적 연구는 자료 수집 기법에 따라 질적연구와 양적 연구로 나뉜다.

>>> **질적연구와 양적연구**

	질적 연구(Qualitative)	양적 연구(Quantitative)
연구 목적	이해 : 인간의 해석과 지각의 이해	설명, 예언, 통제 : 사회현상의 인과 규명
패러 다임	• 형이상학적 인식론에 바탕 : 실재는 인간지각이 변화됨에 따라 변화 • 주관적 : 남들과 상관없이 자기만의 방식으로 사물이나 현상을 보는 것	• 실증주의적 인식론에 바탕 : 실재는 변화되지 않는 사실들로 구성 • 객관적 : 누가봐도 그렇게 볼 수밖에 없는 사물이나 현상의 실제가 있다고 보는 것
방법론	귀납적 방법을 통해 연구결과를 도출하고 검증과정을 통한 정확성, 타당성을 추구	연역적 방법을 통해 연구결과를 도출하고 연구과정에서 통계적실험과 컴퓨터분석 등 계량화된 분석기법을 이용
표본 추출	판단표본추출(비확률적 표본추출) 활용	확률적표본추출 방식 활용
결과 분석	비통계적기법으로 연구결과 도출, 해석	통계적기법을 활용한 객관적 수치로 분석

>> POINT 연역적 방법과 귀납적 방법
  ㉠ **귀납적 접근법** : 특정한 사실→일반원리 도출
  ㉡ **연역적 접근법** : 일반적 원리→특수한 사실에 적용

④ 종단조사와 횡단조사

  ㉠ **종단조사** : 종단조사는 같은 표본을 시간적 간격을 두고 반복적으로 측정하는 조사를 말한다. 종단조사의 종류로는 패널 조사, 코호트 조사, 추세 조사 등이 있다.

구분	내용
패널 조사	구매행동이나 매체 접촉행동, 제품사용 등에 관한 정보를 계속 제공할 사람 또는 단체를 선정하여 이들로부터 반복적이며 지속적으로 연구자가 필요로 하는 정보를 획득하는 방식을 말한다.
코호트 조사	처음 조건이 주어진 집단(코호트)에 대하여 이후의 경과와 결과를 알기 위해 미래에 대해서 조사하는 방법으로 특정한 경험을 같이 하는 사람들이 갖는 특성에 대해 다른 시기에 걸쳐 두 번 이상 비교하는 방식이다. (예) 386 세대의 생활양식 변화, 베이비부머 세대의 대학 진학률)
추세 조사	일반적인 대상집단에서 시간의 흐름에 따라 나타나는 변화를 관찰한 것을 말하며 '추이조사'라고도 불린다.

ⓛ **횡단조사**: 가장 보편적으로 사용되는 방식으로 일정시점을 기준으로 하여 관련된 모든 변수에 대한 자료를 수집하는 방법으로 측정을 단 한 번만을 한다.

⑤ **과학적 조사의 기본적 특성**

구분	내용
명확성	사실 또는 현상의 특징을 명확하게 드러내야 한다.
통일성	하나의 사실이나 현상에 대한 개념은 통일성이 실현되어야 한다.
범위의 제한성	개념은 그것이 드러내는 범위를 적절하게 정할 수 있어야 한다.
체계성	개념은 이론에 있어서 구체화되어야 한다.

⑥ **과학적 조사와 마케팅 조사**… 적절한 마케팅 조사는 타당성(올바른 정도), 신뢰성(믿을 수 있는 정도), 적시성을 갖춘 정보를 과학적 조사방법에 의해 수집하고, 분석과 해석, 보고를 해야 한다.

동일한 실험대상자들에게 일정한 시간적 간격을 두고 반복적으로 조사하는 방법은?

① 연속 조사
② 횡단 조사
③ 코호트 조사
④ 패널 조사

종단조사는 시점을 달리한 동일한 현상에 대하여 측정을 반복하는 조사방법으로 주로 패널조사를 이용하며, 패널조사는 특정 조사 대상들을 선정해 놓고 반복적으로 조사를 실시하는 방법이다.

❮정답 ④

section **2** 시장조사 절차

>>> 시장 조사 과정

조사계획수립, 조사착수

1차 자료 수집	2차 자료 수집
자료수집방법 및 수집도구 확정 표본계획	기업내부자료 신디케이트 조사 자료 등

편집, 코딩

결과해석/대안도출

① **문제의 정의**… 시장조사를 시작하는데 있어 가장 먼저 해야 할 일은 조사문제를 정의하는 것이다. 왜냐하면 정확한 문제파악이 조사 성패의 핵심이기 때문이다. 당면한 과제를 해결하기 위해서 현재 가진 문제가 무엇인가를 파악하는 것이 매우 중요하다. 이를 위해서는 문제가 야기된 배경에 대한 분석이 병행되어야 한다.
(예 태블릿 PC를 만드는 제조업체가 판매량이 감소하는 경우 그 원인이 무엇인가?)

> **POINT** 문제의 정의는 문제를 정의하고 조사목적을 명백히 규정하여 전체적인 시장조사의 방향을 설정하는 단계이다.

② **조사설계**… 조사 과정에서 가장 중요한 부분으로 이 과정에서는 문제점 해결을 위해 사용할 조사의 방법(자료수집방법)과 조사의 대상, 조사 기간, 조사예산, 분석방법, 조사내용 등 등 조사 전반에 대한 계획을 수립하게 된다.

③ **자료 수집(조사의 실시)**… 조사설계에 따른 자료의 수집과 설문조사 또는 실험 등을 진행하는 단계로 마케팅 조사에 활용되는 자료의 형태는 이미 수집되어 있는 2차 자료와, 조사자가 직접 수집하여 얻은 1차 자료로 구분할 수 있다. 1차 자료는 새로운 정보를 얻기 위해 조사목적에 따라 조사자가 직접 창출하는 자료이기 때문에 관찰법, 서베이, 실험법 등 자료 수집 방식을 적절하게 된다.

구분	내용
2차 자료	현재의 조사목적이 아니라 다른 조사목적을 위하여 이미 수집되어 있는 자료. 즉, 현존하고 있는 자료 예 논문, 정기간행물, 각종 통계자료 등
1차 자료	현재의 조사목적에 따라 조사자가 직접 창출하는 자료 예 전화 조사, 리포트, 대인면접법, 우편이용법 등

④ **자료 분석**… 수집된 자료의 편집과 코딩과정이 종료한 뒤 통상적인 통계분석법을 활용해 이루어진다.

구분	내용
편집	자료의 정정, 보완, 삭제 등이 이루어지는 작업을 말한다.
코딩	자료분석의 용이성을 위해 관찰 내용에 일정한 숫자를 부여하는 과정을 말한다.

⑤ **보고서 작성(대안 도출)**… 실제 이용자가 이해할 수 있도록 이용자의 이해도와 조사에 관한 전반적인 지식의 정도에 맞추어 보고서 작성과 발표를 하는 단계이다.

(1) 문제의 정의

① **조사문제의 정의**… 만일 해당 기업의 제품이 판매 부진에 처한 상황이라면 목표 시장(target market) 선정이 잘못된 것일 수도 있고, 마케팅 믹스(marketing mix)가 적절하게 적용하지 못한 것 등이 원인일 수 있다. 조사는 이러한 원인이 무엇인가를 파악하기 위해 실시하는 것으로 조사를 통해 해결해야 할 문제 자체와 문제들이 야기된 배경에 대한 분석이 이루어진다.

② **배경 분석**… 올바른 조사문제를 찾으려면 조사를 통해 해결해야 할 문제와 그 문제가 야기된 배경에 대한 분석이 있어야 할 것이다. 이러한 배경분석에는 문헌조사를 비롯하여 전문가 의견조사, 상황분석, 사례 연구들이 일반적으로 사용되며 조사문제를 설정한 후에는 문제해결을 위한 체계적인 이론적 고찰, 구체적으로 조사에 이용될 각종 변수들의 규명, 변수들 사이의 관련성을 나타내는 가설의 설정이 순차적으로 이루어진다.

③ **조사 목적의 구체적 설정**… 조사의 목적이 너무 광범위하게 정의되어 있거나 문제에 대한 인식이 잘못되어 있다면 시장조사를 바르게 수행할 수 없다. 때문에 인식된 조사문제를 바탕으로 시장조사의 목적을 명확하게 설정해야 한다. 조사목적의 명확한 설정을 위해서는 해결해야 할 마케팅의 문제와 함께 관련 배경과 상황에 대한 분석도 함께 이루어져야 한다.

④ **목적에 따른 조사의 종류**
　㉠ 효과적인 의사결정을 위한 정보추출에 사용되는 조사는 탐색조사, 기술조사, 인과조사의 3가지 대표적인 종류가 있다. 조사자는 조사의 목적과 자료의 가용성, 조사자 자신의 경험과 친숙도, 시간 및 자원의 가용성 등을 고려하여 수행하고자 하는 조사를 결정한다.
　조사목적이 구체적이지 못하고 이용할 자료가 명확하지 않으면 일단 탐색조사를 수행하고, 탐색조사결과 조사결과보다 정확한 정보획득을 위한 추가적인 조사가 필요하면 기술조사나 인과조사를 실시한다. 조사목적이나 구체적인 자료가 명확하면 처음부터 탐색조사 없이 인과조사나 기술조사를 하되, 조사목적상 인과관계에 대한 검증이 필요하면 인과조사를 하고, 아니면 기술조사를 한다.

시장조사의 첫 단계인 '문제정의'에 대한 설명에 해당되는 것은?

① 연구목적, 관련된 배경정보, 필요한 정보와 이 정보가 마케팅 의사결정에 어떻게 사용될 것인지의 고려가 필요하다.
② 조사의 목적이나 이론적 틀, 분석모델, 연구질문, 가설 등을 공식화하고 리서치 디자인에 영향을 줄 수 있는 요인이나 특성을 규명한다.
③ 현장에서 개인면접, 우편면접, 전화조사 등의 방법을 통해 조사한다.
④ 자료의 편집, 코딩, 복사 그리고 검증 등을 포함한다.

시장조사를 시작하는 데 있어 가장 먼저 해야 할 일은 조사문제를 정의하는 것이다. 조사문제를 명확하게 인식함으로써 조사의 방향과 조사의 목적을 명료하게 설정할 수 있다.

〈정답 ①

ⓛ 조사설계 목적에 따른 분류

구분	내용
탐색조사 (exploratory research)	조사목적을 분명하게 정의하기 어렵거나, 어떤 정보가 필요한지 불문명한 경우 사용하는 조사방법이다. 탐색조사를 할 경우 조사를 통해 얻은 자료를 바탕으로 조사목적을 분명하게 정의할 수가 있다. 보통 문헌조사, 표적집단면접법, 전문가 의견조사 등을 활용한다.
기술조사 (descriptive research)	실제 시장의 특성을 정확하게 분석하기 위해 수행하는 조사방법으로 특정상황의 발생빈도 조사, 관련변수 사이에 상호관계를 파악 등을 목적으로 한다. 기술조사에는 종단조사, 횡단조사가 활용된다.
인과관계조사 (causal research)	특정 사건에 대한 원인과 결과 즉 인과관계가 무엇인지 밝히는 조사방법이다. 일반적 설문조사로는 불가능하며 실험(experiment)을 조사방법을 통해 진행된다.

(2) 조사의 설계

① **조사설계 개념**…문제에 대한 정의와 조사목적의 설정이 결정되었다면 조사목표의 달성을 위한 자료수집을 위한 계획을 설계해야 한다. 조사설계는 조사 전체를 수행하고 통제하기 위한 청사진으로 문제의 해결을 위한 정보의 파악과 필요한 정보를 수집하는 효율적인 방안을 설계해야 하며 시간과 비용을 절감하고, 효율성을 높이도록 설계되어야 한다. 일반적으로 조사설계에는 조사의 방법, 표본추출 계획, 응답자와의 접촉방법, 표본추출계획 등이 포함된다.

조사계획 수립 시 가장 중요한 것은 문제해결, 즉 조사목적 달성에 적합한 자료수집방법과 표본설계의 절차이다. 또한, 조사결과로 산출될 내용의 목차를 통해 조사항목을 가늠해볼 수 있어야 하며, 조사일정이나 예산도 명확하게 제시되어야 한다. 이를 위해 조사단계부터 세부 진행 항목별로 소요 기간과 예산이 설정되어야 한다. 또한 자료처리를 위하여 채택한 방법을 설명이 있어야 하며 자료 처리 방법들의 특성이 객관적으로 있어야 한다.

> POINT 조사 설계는 문제의 해결에 필요한 자료를 수집·분석하기 위한 조사계획을 수립하는 단계로 자료유형이나 조사방법, 응답자 접촉방법, 표본추출계획, 측정도구 등을 결정한다.

② **자료수집의 방법 설계**

ㄱ 조사계획을 어떻게 하느냐에 따라 마케팅의사결정에 큰 영향을 미친다. 이렇듯 조사계획은 조사 과정에서 가장 중요한 부분으로 이 과정에서는 사용할 조사의 방법과 조사의 대상, 조사 기간, 조사예산, 분석방법, 조사내용 등 조사 전반에 대한 계획을 수립하게 된다.

메모 & 확인문제

마케팅조사의 초기단계의 조사로서 예비조사의 성격을 띠고 있는 탐색조사에 해당하지 않는 것은?

① 문헌조사
② 사례조사
③ 유사실험조사
④ 전문가의견조사

탐색조사의 종류로는 문헌조사, 전문가의견조사, 사례조사, 표적집단면접법이 있다.

❮정답 ③

ⓛ 효과적인 의사결정을 위한 정보추출에 사용되는 조사는 탐색조사, 기술조사, 인과조사의 3가지 대표적인 종류로 구분할 수 있다. 이들 3가지 종류의 조사에 대하여 명확하게 이해해야 얻고자 하는 정보의 형태에 따라 어떠한 종류의 조사를 실시하는 것이 가장 효과적인가를 판단하고 조사를 계획할 수 있다. 만일 조사목적이나 구체적인 자료가 명확하면 처음부터 탐색조사 없이 인과조사나 기술조사를 하되, 조사목적상 인과관계에 대한 검증이 필요하면 인과조사를 하고, 아니면 기술조사를 실시하면 된다.

ⓐ **탐색조사** : 문제의 규명을 주된 목적으로 하며 정확히 문제를 파악하지 못하였을 때 이용한다. 탐색조사에는 문헌조사, 사례조사, 전문가의견조사 등이 있다.

구분	내용
문헌조사	문제를 규명하고 가설을 정립하기 위하여 일반 사회과학 및 관련된 자연과학에 이르기까지 다양한 분야에서 출판된 2차적 자료를 활용하는 가장 경제적이고 빠른 방법이다.
사례조사	조사의뢰자가 당면해 있는 상황과 유사한 사례들을 찾아 종합적으로 분석하는 조사방법으로서 실제로 일어났던 사건의 기록이나 목격한 사실을 분석하는 방법도 있고 시뮬레이션에 의하여 가상적 현실을 만들어 분석을 하는 방법도 있다.
전문가의견조사	주어진 문제에 대하여 전문적인 견해와 경험을 가지고 있는 전문가들로부터 정보를 얻는 방법이다. 문헌조사에 대한 보완적인 수단으로 이용되며 경험조사 또는 파일럿(pilot)조사라고도 한다.

ⓑ **기술조사** : 관련상황에 대한 특성파악, 특정상황의 발생빈도 조사, 관련변수들 사이의 상호관계의 정도파악, 관련상황에 대한 예측을 목적으로 하는 조사방법이다. 기술조사법에는 종단조사와 횡단조사로 구분된다.

구분	내용
종단조사	시점을 달리한 동일한 현상에 대하여 측정을 반복하는 조사방법으로 주로 패널조사를 이용하며, 패널조사는 특정 조사대상들을 선정해 놓고 반복적으로 조사를 실시하는 방법이다.
횡단조사	종단조사와 달리 한 번의 측정만으로 상이한 특성을 가지고 있는 집단들 사이의 측정치를 비교함으로써 의미를 찾는 데 그 목적을 둔다.

ⓒ **인과조사** : 원인과 결과의 관계를 파악하는 것을 목적으로 하는 조사방법으로 작업환경이 조업도에 미치는 영향에 대한 조사, 어린이의 광고에 대한 관심을 자극하여 구매활동을 유발시키는 변수들을 찾기 위한 조사 등이 인과조사의 좋은 예라 할 수 있다.

인과조사에 대한 설명으로 옳지 않은 것은?
① 독립변수와 종속변수 간에는 인과관계가 성립한다.
② 특정 현상의 원인과 결과를 규명하기 위한 방법이다.
③ 사용이 용이하여 널리 사용되는 방법이다.
④ 변화의 시간적 우선순위, 외생변수 통제 등의 조건이 갖추어져야 인과관계 조사가 가능하다.

인과조사는 변수간의 인과관계를 밝히는 목적으로 시행하는 조사이다. 인과조사의 조건으로 원인 변수가 결과 변수보다 시간적으로 먼저 일어나야 하고, 언제나 함께 발생하고 변화하며 다른 설명이 가능하지 않아야 하므로 특정 현상의 원인과 결과를 규명하는데 주로 사용된다.

❮정답 ③

≫ 조사의 종류

구분	특징	적용기법
탐색조사	• 기업의 문제점과 기회파악 • 조사문제의 보다 명확한 규명 • 의사결정에 유용한 변수를 찾아내고 이들 간의 관계에 대한 예비지식획득 • 기업의 다양한 문제와 기회들 간의 우선순위 파악	• 문헌조사 • 사례조사 • 전문가의견조사 • 표적집단면접법(FGI)
기술조사	• 의사결정과 관련된 상황파악과 특정사건의 발생빈도조사 • 의사결정에 영향을 미치는 변수 간의 상호관계 파악 • 특정값을 예측	• 횡단조사 • 시계열조사 • 패널조사 • 서베이조사
인과조사	• 특정 현상간의 인과관계 규명 • 특정 현상을 구체적으로 정확하게 이해·설명·예측	• 원시실험단계 • 순수실험단계 • 유사실험단계

③ **표본설계** … 자료수집 방법의 결정되면 표본을 선정하는 과정을 거쳐야 한다. 현재 표본선정은 전수조사가 아닌 표본조사를 주로 채택하는데 그 이유는 모든 사람을 대상으로 조사가 불가능하기 때문이다. 따라서 전체를 잘 대표할 수 있는 몇 백 명 또는 몇 천 명의 응답자들을 어떻게 선정할 것인가를 결정하여 통계의 오류를 줄여야 한다.

구분	내용
전수조사	집단을 이루는 모든 개체들을 조사하여 모집단의 특성을 측정하는 방법을 말한다. 전수조사의 대표적인 사례는 인구 전수조사(census)가 있다.
표본조사	전체 모집단 중 일부를 선택하고 이로부터 진체 집단의 특성을 추정하는 방법을 말한다.

POINT **비표본오류** … 전수조사 시 너무 많은 조사로 인해 지친 조사원이 실제로 조사하지 않고 응답자의 예상되는 응답을 대신 적어서 처리하는 경우를 비표본오류라 하는데 전수조사과정에서 발생하는 비표본오류로 인하여 전수조사는 표본조사보다 부정확한 결과를 산출하기도 한다.

POINT **표본조사의 3요소**
㉠ 모집단의 정의
㉡ 표본의 크기
㉢ 표본추출방법

전수조사 VS 표본조사

전수조사란 집단을 이루는 모든개체들을 조사하여 모집단의 특성을 측정하는 방법

표본조사란 전체 모집단 중 일부를 선택하고 이로부터 전체집단의 특성을 추정하는 방법

구분	내용
모집단(population)	어떤 조사의 대상이 되는 전체 집단을 말한다.
표본(sample)	모집단의 특성을 잘 나타낼 수 있도록 모집단으로부터 추출된 일부 대상을 말한다.
모수치(parameter)	모집단의 특성을 나타내는 값을 말한다.
통계치(statistics)	표본의 특성을 나타낸 것을 말한다.

④ 표본 선정 과정(표본의 설계)

순서	단계		내용
1	표본 프레임 선정		모집단에 포함된 조사 대상들의 명단이 기재된 리스트를 표본 프레임이라 하며 조사의 목적에 따라 적합한 특별한 표본 프레임을 선정한다.
2	표본 추출 방법 결정	확률표본추출 (probability sampling)	모집단 내의 각 대상이 표본에 뽑힐 확률이 얼마인지를 알 수 있는 방식이다.
		비확률표본추출 (nonprobability sampling)	모집단 내의 각 대상이 표본에 뽑힐 확률이 얼마인지를 알 수 없는 방식이다.
3	표본크기의 결정		표본의 크기는 예산과 시간적인 한계성을 고려해 크기를 설정하게 된다.

메모 & 확인문제

전화조사를 할 때 응답 대상의 전체 집단 중 그 특성을 그대로 살리면서 소수의 적절한 응답자를 뽑은 대상을 무엇이라 하는가?

① 표본
② 표집
③ 모수
④ 모집단

TIP

① 전체 모집단의 축도 또는 단면이 된다는 가정 하에서 모집단에서 선택된 모집단 구성단위의 일부를 뜻한다.
② 모집단에서 표본을 추출하는 일이다.
③ 모집단의 특성을 나타내는 수치를 말한다.
④ 통계적인 관찰의 대상이 되는 집단 전체를 의미한다.

◀ 정답 ①

>>> **표본추출과정**

모집단의 확정
• 조사담당자의 관심의 대상이 되는 사람, 제품, 기업, 지역 등과 같은 조사대상이 되는 집합체(set)를 설정함 • 인구통계학적 특성, 지역 및 시간 개념을 고려하여 모집단을 결정함

↓

표본프레임의 결정
• 실제 표본추출의 대상이 되는 표본프레임을 결정함 • 표본프레임은 모집단에 포함된 조사 대상들의 명단이 수록된 목록

↓

표본추출방법의 결정
확률표본추출방법과 비확률표본추출방법 중에서 적합한 표본추출방법을 선택함

↓

표본 크기의 결정
• 조사예산과 시간상의 제약조건을 고려해서 표본의 크기를 정함 • 신뢰구간접근법이나 가설검증접근법을 활용해서 결정함

↓

표본추출
선정된 조사대상을 직접 찾아서 표본으로 추출함

㉠ **표본추출의 의미**

ⓐ 표본조사를 실시하는 경우, 모집단을 정확하게 대표할 수 있는 표본을 선정·조사해서 이로부터 얻는 표본통계량(statistic)값으로 모집단의 모수(parameter)를 추론하게 된다.

ⓑ **표본오류** : 표본통계량으로 모집단의 모수를 추론하는 과정에서 적지 않은 오류(error)가 발생할 가능성이 있다. 이 중에 가장 큰 오류가 표본오류(sampling error)이다. 이러한 표본오류를 줄이기 위해서는 모집단을 가장 정확하게 대표할 수 있는 표본을 추출하는 것이 무엇보다 중요하다.

ⓒ 표본추출의 장단점

구분	내용
장점	신속과 경제성을 지니므로 다량의 정보를 확보할 수 있으며 세밀한 조사가 가능하다. 또한 모집단이 무한히 많거나 정확한 파악이 불가능한 경우 또는 파괴적 조사를 실시해야 하는 경우 등의 전수조사가 불가능한 경우에도 이용할 수 있다.
단점	대표성 있는 표본을 선정하기 어려우며 모집단 자체가 작은 경우 표본조사가 무의미해지기도 한다. 또한 표본설계의 복잡함을 요구하는 경우 시간이 많이 들고 오차가 많이 발생한다.

ⓛ 모집단의 확정

ⓐ 표본추출과정은 모집단(population)을 결정하는 것으로부터 시작된다. 모집단은 조사자가 조사하고자 하는 관심의 대상이 되는 사람, 기업, 상품, 지역 등과 같은 집단의 전체 집합체를 말한다. 일반적으로 모집단을 정의하고 확정하는 것은 조사자가 필요로 하는 정보를 제공해 줄 수 있는 원천을 결정하는 것이므로 매우 중요하다.

ⓑ 일반적으로 모집단은 조사대상의 인구통계학적 특성과 지역 및 시간개념들을 고려해서 구체적으로 규정해야 한다. 만약 불안정하게 정의된 모집단을 대상으로 하여 조사하게 된다면 조사결과로부터 얻게 되는 정보를 이용해서 판단하거나 의사결정하기가 적합하지 못한 경우도 있다.

ⓒ 표본프레임의 선정 : 조사를 할 대상인 모집단이 정해지면, 조사자는 실제적인 표본추출의 틀이 되는 표본프레임(sample frame)을 설정하여야 한다. 표본프레임이란 모집단에 속하는 연구대상이나 표본단위가 포함된 목록을 의미하며, 일반적으로 조사자는 표본프레임으로부터 최종적인 표본을 추출한다.

ⓐ 표본프레임과 모집단의 일치 : 표본프레임은 조사대상이 되는 모집단과 완벽하게 일치해야 한다. 모집단이 어느 정도 한정적일 경우에는 모집단과 거의 일치하는 표본프레임을 얻을 수 있으나, 현실적으로 대규모의 일반인들을 대상으로 하는 대부분의 조사에서는 모집단과 정확하게 일치하는 표본프레임을 얻는다는 것은 거의 불가능하다.

ⓑ 표본프레임 오류 : 모집단과 표본프레임이 일치하지 않을 경우에 발생하는 오류를 표본프레임오류 혹은 '불포함오류'라고 한다. 따라서 조사자는 모집단과 표본프레임의 차이로 인하여 발생하는 오류를 최소화할 수 있도록 표본프레임을 설정해야 하고, 경우에 따라서는 모집단 자체를 다시 새롭게 정의할 필요가 있다.

>>> 확률표본추출과 비확률표본추출

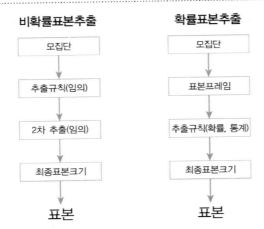

확률표출	비확률표출
연구대상이 표출될 확률이 알려져 있을 때	알려져 있지 않을 때
무작위 표출	인위적 표출
표본오차의 추정가능	불가능
시간과 비용이 많이 듦	적게 듦

ⓔ 표본추출방법의 결정

ⓐ **확률표본추출방법**(probability sampling method) : 확률표본추출방법이란 표본 추출 프레임 내에 있는 단위들이 표본으로 추출될 확률이 알려져 있고 무작위 적으로 추출되는 방법을 말한다. 표본추출과정에서 발생할 수 있는 오류의 크 기에 대한 추정이 가능한 표본추출방법이다. 일반적으로 널리 알려진 확률표 본추출방법으로는 단순무작위표본추출법, 체계적 표본추출법, 층화표본추출법, 군집표본추출법 등이 있다.

구분	내용
단순 무작위표 본추출법	단순 무작위표본추출법(Simple random sampling)은 표본프레임에 들어있는 각각의 표본에 대해 일련번호를 부여하고, 이를 이용해서 일정수의 표본을 무작위(random)로 추출하는 방법으로서, 확률표본추출방법 중 가장 기본적인 방법이다.
체계적 추출법	체계적 추출법(Systematic sampling)이란 추출단위에 일련번호를 부여하고, 이를 등간격으로 나눈 후 첫 구간에서 하나의 번호를 무작위로 선정한 다음, 등간격으로 다음 번호들을 계속해서 추출해 나가는 방법이다. 이러한 체계적인 표본추출법을 사용함으로써 전체 모집단의 구성원들이 가지고 있는 규칙성을 어느 정도 제거할 수도 있다.
층화표본 추출법	층화표본추출법(Stratified sampling)이란 모집단을 특정한 기준에 따라 서로 상이한 소집단으로 나누고 이들 각각의 소집단들로부터 빈도에 따라 적절한 일정수의 표본을 무작위로 추출하는 방법이다.
군집표본 추출법	군집표본추출법(Cluster sampling)은 모집단을 적절하게 대표할 수 있는 소집단 또는 군집(cluster)으로 나누고 하나 혹은 일정수의 소집단을 무작위로 추출한 다음, 추출된 소집단 내의 모든 구성원들을 조사하는 방법이다.

ⓑ 비확률표본추출방법(Non-probability sampling method) : 비확률표본추출방법은 모집단 내의 각 구성요소가 표본으로 선택될 확률을 알 수 없기 때문에 이들로부터 수집된 자료가 모집단을 어느 정도 잘 대표하는지에 대한 정확한 추정이 어렵다. 비확률표본추출방법은 조사대상이 되는 모집단의 규모가 매우 크거나 표본프레임을 구하기가 쉽지 않은 상업적 조사에서 흔히 사용된다. 대부분의 상업적 마케팅조사에서는 정확한 표본프레임이 필요없는 비확률표본추출방법을 사용한다. 대표적인 방법에는 편의표본추출법, 판단표본추출법, 할당표본추출법 등이 있다.

메모 & 확인문제

모집단을 2개 이상의 상호배타적인 집단으로 분류하고, 각 집단 내에 무작위로 표본을 추출하는 것은?

① 할당표본추출
② 군집표본추출
③ 층화표본추출
④ 계통표본추출

 TIP

층화표본추출이란 모집단을 그 집단이 지니고 있는 특성을 감안하여 몇 개의 부분집단으로 나누어 그 부분 집단으로부터 표본을 추출하는 방법으로 각 층에 대한 표출비율에 따라 비례적 층화추출, 비(非)비례적 층화추출로 분류할 수 있다.

❮정답 ③

구분	내용
편의표본 추출법	편의표본추출법(Convenience sampling)은 가장 간단한 형태의 표본추출방법으로서 임의로 선정한 지역과 시간대에 조사자가 임의로 원하는 사람들을 표본으로 선택하는 방법이다. (예 TV 뉴스에서 오후 7시에 서울 명동을 지나는 행인들을 대상으로 유통시장 개방에 대한 의견을 물어보는 경우)
판단표본 추출법	판단표본추출법(Purposive sampling)은 조사문제를 잘 알고 있거나 모집단의 의견을 효과적으로 반영할 수 있을 것으로 판단되는 특정집단을 표본으로 선정하여 조사하는 방법이다.
할당표본 추출법	할당표본추출법(Quota sampling)은 미리 정해 놓은 분류기준에 의해 전체표본을 몇 개의 집단으로 나누고 각 집단별로 필요한 만큼의 조사대상을 추출하는 방법으로, 상업적 마케팅 조사에서 가장 보편적으로 사용되는 표본추출방법이다. 즉, 어느 한 부분으로 표본이 편중되지 않고 전체 모집단의 특성을 적절하게 반영할 수 있도록 모집단의 분포와 특성에 비례하도록 표본을 추출하는 방법이다.

>>> **표본의 추출방법**

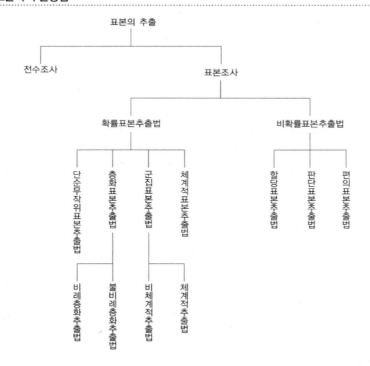

다음 중 비확률 표본추출방법에 해당하는 것은?

① 단순무작위표집(simple random sampling)
② 층화표집(stratified sampling)
③ 집락표집(cluster sampling)
④ 유의표집(purposive sampling)

유의표집(판단표본추출법)은 비확률표본추출방법이며, ①②③은 확률표본추출방법에 해당한다.

◀정답 ④

ⓜ 표본 크기의 결정

ⓐ **표본 크기** : 표본추출방법이 선정되면, 조사자는 추출하고자 하는 표본의 크기 (sampling size)를 결정해야 한다. 즉, 비용과 시간 등을 고려하여 조사대상이 되는 모집단 전체를 가장 효과적으로 대표할 수 있는 표본의 크기를 결정하여야 한다.

일반적으로 표본의 크기가 커질수록 이에 비례하여 시간과 비용 또한 증가한다. 따라서 표본의 대표성과 조사에 필요한 시간과 비용 그리고 조사목적과 조사방법 등을 전반적으로 고려하여 표본 크기를 적절한 수준으로 결정해야 한다.

ⓑ **조사목적과 조사방법에 따른 표본의 크기** : 표본의 크기는 조사의 목적이나 조사 방법에 따라서 달라진다. 예를 들어, 베스킨라빈스에서 새로 만든 아이스크림에 대한 소비자들의 반응을 조사하기 위한 사전조사로 표적집단면접법을 실시하는 경우에는 약 3~4개의 집단만을 대상으로 조사해도 비교적 충분한 정보를 획득할 수 있다.

단순히 소비자 반응에 따른 효과적인 마케팅 캠페인에 대한 결정이 아니라 이보다 더 중요한 의사결정을 해야 하는 경우에는 보다 정확한 정보를 얻기 위하여 더 많은 수의 표본을 대상으로 조사할 필요가 있다. 따라서 표본의 크기는 조사의 목적과 조사방법, 그리고 정보를 최종적으로 활용하고자 하는 의사결정의 중요성 등을 고려해 결정되어야 한다.

ⓒ **조사예산과 조사기간** : 표본의 크기 결정시 가장 커다란 제약은 조사예산과 조사기간이다. 일반적으로 획득하고자 하는 정보의 양이 증가하고 높은 정확도를 필요로 할수록 이에 비례하여 조사에 필요한 비용과 시간 또한 증가한다. 표본의 크기가 커질수록 모집단의 특성을 보다 정확하게 반영하는 정보를 표본으로부터 얻을 수는 있으나, 반면 조사비용과 조사기간은 상대적으로 증가한다. 일반적으로 대부분의 조사는 시간과 비용에 의하여 제한되기 때문에 표본의 크기 또한 가용한 예산과 시간에 맞추어 조정되어야 한다.

POINT 표본설계의 예시

구분	내용
조사 대상	만 19세에서 40세 미만의 일반인 남, 여
조사 지역	서울, 인천, 경기도
표본의 크기	무작위 추출법
자료수집방법	1 : 1 면접조사

시장조사의 주체가 표본추출방법을 결정할 때 반드시 같이 결정해야 할 사항으로 조사비용 및 조사의 정확도와 가장 밀접한 관련성을 가지는 것은?

① 모집단의 대상
② 표본의 크기
③ 면접원의 수
④ 신뢰구간의 크기

일반적으로 표본의 크기가 커질수록 이에 비례하여 시간과 비용 또한 증가한다. 따라서 표본의 대표성과 조사에 필요한 시간과 비용 그리고 조사목적과 조사방법 등을 전반적으로 고려하여 표본 크기를 적절한 수준으로 결정해야 한다.

❮정답 ②

(3) 조사의 실시

① 자료의 종류… 자료에는 1차 자료와 2차 자료로 구분된다.

구분	내용
1차 자료 (primary data)	조사자가 조사목적을 위해 필요한 정보형태를 설문의 형태로 데이터를 분석하여 결과를 도출한 것을 말한다.
2차 자료 (secondary data)	이미 존재하는 자료로 다른 조사목적을 위해 사전에 결과분석된 자료를 말한다.

② 자료의 선택… 조사 목적에 따라 1차 자료를 사용할지 아니면 2차 자료를 선택할지 또는 두 가지를 모두 함께 할지 등을 선택하여 그에 알맞은 수집방식을 택해야 한다.
　㉠ 1차 자료의 수집 : 일반적으로 면접과 관찰법이 있다.
　㉡ 2차 자료의 수집 : 이미 만들어진 방대한 자료로 연구목적을 위해 사용될 수 있는 기존의 모든 자료로 2차 자료는 보통 1차 자료 수집을 하기 전에 예비조사로 활용된다.

③ 자료 수집 방식
　㉠ 관찰조사법
　　ⓐ 관찰법의 개념 : 관찰법이란 질문과 답변을 통하여 정보를 수집하는 것이 아니라 응답자의 행동과 태도를 조사자가 관찰하고 기록함으로써 정보를 수집하는 방법이다.
　　ⓑ 관찰법의 장단점

구분	내용
장점	• 관찰법은 응답자가 조사에 응하고자 하는 응답의도에 신경 쓸 필요가 없으며, 면접자와 응답자 사이의 커뮤니케이션 과정에서 발생할 수 있는 잠재적인 조사오류도 없다. • 관찰법은 의사소통보다 비교적 정확한 정보를 얻을 수 있다는 장점이 있다.
단점	• 관찰법은 응답자와의 직접적인 커뮤니케이션을 통해서만 알아낼 수 있는 인지나 신념 그리고 선호도와 같은 응답자의 심리적 특성들을 관찰할 수는 없다. • 관찰법은 개인의 사적인 활동은 관찰하기 곤란하다는 것과 관찰하고자 하는 행동패턴이 자주 일어나지 않는 경우라면, 예상보다 많은 비용과 시간이 소요될 수 있다.

ⓒ 관찰법의 분류
• 공개적 관찰과 비공개적 관찰

구분	내용
공개적 관찰	관찰대상이 관찰되고 있음을 인지하고 있는 상태에서 관찰하는 것이고, 비공개적 관찰은 관찰대상에게 관찰에 대하여 사전에 알려주지 않은 상태에서 관찰하는 것이다.
비공개적 관찰	반면에 비공개적 관찰은 관찰대상의 자연스러운 관찰을 할 수 있으나 조사가 관찰대상에게 알려질 경우 윤리적인 책임문제가 발생할 수 있으므로 주의해야 한다.

• 체계적 관찰과 비체계적 관찰

구분	내용
체계적 관찰	관찰표를 작성하여 정해진 형식에 따라 관찰대상의 행동을 관찰하는 방법이다.
비체계적 관찰	관찰대상의 행동을 전혀 예측하기 어려워, 관찰문항이나 관찰표 작성이 쉽지 않은 경우 상황에 따라 적절한 방법으로 관찰대상의 행동을 기록하는 방법을 말한다.

• 자연적 관찰과 인위적 관찰

구분	내용
자연적 관찰	관찰하는 상황이 실제상황이냐 아니면 인위적인 상황이냐에 따라서 자연적 관찰과 인위적 관찰로 분류를 하는데 자연적 관찰은 말 그대로 자연스럽게 관찰하는 방법을 말한다.
인위적 관찰	실험설계와 같이 특정한 상황을 만들어 이에 대한 관찰대상의 반응을 측정하고 관찰하는 것을 말한다. 예를 들어, 시음회 등을 통하여 새로 출시한 음료수에 대한 잠재고객들의 반응을 살피는 것은 대표적인 인위적 관찰에 속한다.

메모 & 확인문제

4세 미만 여아들을 대상으로 선호하는 장난감 유형에 관한 조사를 시행하려 할 때 가장 적합한 조사 방법은?

① 면접조사
② 관찰조사
③ 전화조사
④ 설문조사

관찰조사란 질문과 답변을 통하여 정보를 수집하는 것이 아니라 응답자의 행동과 태도를 조사자가 관찰하고 기록함으로써 정보를 수집하는 방법이다. 관찰법은 자신이 인식하지 못한 행동의 패턴을 조사하는 것으로 응답자와의 어떠한 커뮤니케이션도 없이 오직 관찰에 의해서만 정보를 수집하는 방법이다. 4세 미만 아이들의 경우 대화를 통해서 조사를 하는 것보다는 관찰을 통해 조사하는 것이 적절하다.

❮정답 ②

• 직접 관찰과 간접 관찰

구분	내용
직접 관찰	직접 관찰은 관찰대상의 행동이 일어난 시점에서 직접 관찰하는 것이고, 간접 관찰은 관찰대상의 행동이 끝난 후에 그 흔적을 관찰하는 것이다.
간접 관찰	직접 관찰할 수 없었던 사건, 행위나 태도를 각종 기록물, 문헌, 혹은 사후적 흔적을 통해 관찰하는 방법을 말한다. 제과점에서 소비자가 어떤 빵을 구매하고 있는가를 관찰하는 것은 직접관찰에 속하고, 하루 일과 후 진열대를 관찰하여 어느 빵이 얼마나 팔렸는가를 파악하는 것은 간접관찰에 속한다.

ⓒ 면접조사

ⓐ **면접조사의 개념** : 면접조사는 정성적 조사의 대표적인 방법으로, 정보를 갖고 있는 응답자들과 마케팅 및 커뮤니케이션에 전문능력을 가진 진행자(moderator)가 자유로운 분위기 속에서 면담(interview)을 진행하면서 정보를 수집하는 것이다. 짧은 시간동안 설문지를 통해 자료를 수집하는 서베이조사에 비해 면접조사는 여유를 갖고 깊고 풍부한 정보를 수집할 수 있다는 장점을 가지고 있기 때문에, 최근 들어 마케팅 조사에서 그 활용빈도가 점차 높아지고 있다.

ⓑ **면접조사의 종류**

구분	내용
FGI (Focus Group Interview)	표적집단면접법(FGI)는 국내외에서 가장 널리 이용되는 면접조사방식으로 소수의 응답자와 집중적인 대화를 통하여 정보를 찾아내는 방식이다. 진행자의 주제로 8~10명 정도의 응답자들에 대해 약 2시간에 걸쳐 면접을 진행한다.
MGI (Mini Group Interview)	MGI는 진행방식에서 FGI와 유사하나, 응답자들을 섭외하기 어려운 경우 소수의 응답자들을 대상으로 진행되는 면접조사기법이다.

POINT FGI는 어떤 특정 목적을 위해 준비된 화제와 관련 있는 사람 6~10명 정도를 대상으로 진행을 하며, 집단의 토론을 활용해 참석자가 상호 영향을 미치도록 유도를 하며 진행이 된다.

FGD (Focus Group Discussion)	주제별 집단토의 방법론(FGD)은 일반적인 FGI조사보다 더 심층적인 면접을 진행해야 할 때 이용되는 면접기법으로, 면접은 FGI와 같이 8~10명의 응답자를 대상으로 진행된다. FGI와의 차이점은 3시간 이상의 오랜 시간에 걸쳐 면접이 진행되며, 면접진행방식도 진행자가 응답자들에게 돌아가면서 질문을 하고 답변을 하는 방식인 FGI와 달리 응답자들 간의 토론방식으로 이루어진다는 것이다.
심층면접법 (In-depth Interview)	심층면접(In-depth Interview)은 복수의 응답자가 참여하여 면접을 진행하는 세 가지 방법과는 달리 한 명의 응답자와 진행자 간의 집중적인 면담을 통해 자료를 수집하는 방법이다. 심층면접은 논의되는 주제가 개인의 사생활에 관련된 것이어서 공개적인 토론이 곤란한 경우나 한 명의 응답자를 대상으로 브랜드 사용경험, 잠재된 구매동기 등에 관한 집중적인 탐색이 필요한 경우 이용된다.

ⓒ 서베이 조사
  ⓐ 서베이 조사 개념 : 횡단적 조사의 일종으로 모집단에서 추출한 표본을 연구하여 모집단의 특성을 추론하는 방법을 말한다.
  ⓑ 유형 : 전화조사, 우편조사, 면접조사, 집합조사, 통제관찰 등으로 면접자에게 연구주제와 관련된 질문에 대한 답변을 체계적으로 수집하는 방법이다.
  ⓒ 서베이 조사 장단점

구분	내용
장점	• 자료의 범위가 넓고 풍부한 자료를 수집할 수 있다. • 수집된 자료의 정확성이 높다.
단점	• 고도의 조사지식과 기술이 필요하다. • 획득된 정보는 피상적이다. • 비용과 시간이 많이 든다.

④ 응답자 접촉방법에 따른 분류
  ㉠ 대인면접법(personal interview) : 대인면접법은 교육을 받은 조사원이 직접 응답자와의 대면접촉을 통해 자료를 수집하는 것을 말한다. 대인면접법은 가정에서의 면접(In-home personal interviews), 쇼핑몰이나 거리를 지나가는 소비자들을 상대로 한 면접(mall-intercept personal interviews), 또는 컴퓨터 터미널에 앉아 스크린에 나타난 질문에 키보드나 마우스를 이용하여 응답하는 면접(Computer-Assisted Personal Interviewing ; CAPI) 등으로 나눌 수 있다.

구분	내용
장점	• 응답자들이 질문내용을 이해하지 못하는 경우 이에 대해 자세히 설명해 줄 수 있어 양질의 정보를 얻어낼 수 있다. • 사례품 증정 등을 통해 면접참가에 대한 동기부여를 제공함으로써 응답율을 높이고 성실한 답변을 얻을 수 있다.
단점	• 비용이 많이 들고 질문과정에서 면접원이 응답자의 응답에 영향을 미쳐 응답의 객관성을 저해할 수 있다.

ⓛ 전화면접법(Telephone interview) : 전화면접법은 조사원이 응답자를 직접 만나는 대신 전화를 통하여 응답자로부터 자료를 수집하는 방법이다. 전화면접법의 경우 응답자들은 전화번호부를 이용하여 선정하는데, 현재 우리나라의 전화보급률은 약 96%에 이르고 있어 전화번호부가 표본프레임(Sample Frame)으로 이용되는 데 큰무리가 없다.

구분	내용
장점	• 빠른 시간 내에 저렴한 비용으로 조사를 실시할 수 있다.
단점	• 전화면접법은 응답자들이 보조물을 활용해야 하거나 질문내용이 어렵고 면접시간이 길어지면 응답자들로부터 협조를 얻기가 어렵다.

ⓒ 우편조사법(Mail survey) : 우편조사법은 응답자가 우편으로 발송된 설문지에 응답하도록 한 후 이를 반송용 봉투를 이용하여 회수함으로써 자료를 수집하는 것이다. 이 방법은 응답자 1인당 조사비가 적게 들며 응답자가 조사문제에 대해 관심이 있는 경우에는 설문지의 양이 길어도 대답을 해준다는 장점이 있다. 자료수집비용은 설문지의 인쇄비와 발송 및 회수를 위한 우편료 정도이며, 조사원 수당 등을 절약할 수 있다.

구분	내용
장점	• 접근이 어려운 대상에게 접근이 가능하다. • 다양한 대상의 조사가 가능하다. • 외모 등에 대한 편견을 통제하기 쉽다.
단점	• 응답자가 질문내용을 이해하지 못한 경우 보충설명이 불가능하며 응답률이 낮다. • 계획된 표본수 만큼 설문지를 회수하기 위해서 많은 수의 설문지를 발송하여야 하므로 실제로는 전화면접법보다 더 많은 비용이 소요될 수도 있다. • 응답자와 비응답자간에 인구통계적 특성에서 큰 차이가 있어 응답자의 대표성에 문제가 있다면 신뢰성 있는 조사결과를 얻기가 어렵다.

전화면접법에 대한 설명으로 옳지 않은 것은?

① 전화번호부를 표본프레임으로 선정하여 사용한다.
② 무작위로 전화번호를 추출하는 방법이 사용된다.
③ 전화면접법은 링크 서베이(Link survey)라고도 한다.
④ 통화시간상 제약이 존재한다.

링크 서베이(Link survey)는 인터넷조사의 한 종류이다.

‹정답 ③

ⓔ 인터넷조사법(Internet survey) : 인터넷 기술의 발달과 인터넷 사용자 수의 증대에 따라 새로 도입된 조사기법으로 인터넷을 통해 네티즌들에게 파일형태의 설문지를 발송하고 이에 대한 응답도 파일로 전송 받아 자료를 수집하는 방법이다. 기업들은 인터넷조사법을 이용함에 있어 모든 네티즌들을 대상으로 무작위적으로 조사를 실시할 수 있는 것이 아니므로 네티즌 확보를 위한 체계적인 사전준비를 갖추어야 한다.

구분	내용
장점	• 신속하며 저렴하게 조사가 가능하다. • 전화 조사 또는 대면 면접보다 훨씬 더 다양한 설문을 이용할 수 있다.
단점	• 인터넷 표본에 의한 오차발생이 생겨 조사의 정확성에 문제가 발생할 수 있다. • 이미 응답한 사람이 재응답을 하게 되어 복수 응답의 문제가 있다.

≫각 조사법에 따른 특성 비교

기준	우편	전화	대인면접	인터넷조사
응답자로부터 수집된 자료의 정확성	제한됨	보통임	좋음	보통임
수집될 수 있는 자료의 양	보통임	제한됨	우수함	보통임
조사의 유연성	나쁨	보통임	우수함	우수함
표본오류(응답률)	나쁨	보통임	우수함	보통임
비용	보통임	낮음	높음	낮음
소요시간	느림	빠름	느림	빠름

(4) 자료의 분석

① 자료 분석… 자료분석은 수집된 자료의 편집과 코딩과정이 끝난 뒤에 통상 통계적 기법을 이용하여 이루어진다. 이 단계에서는 체계적이고 일관된 오류는 발생할 가능성이 없지만 순간적으로 예상치 못한 오류들, 예를 들어 입력을 잘못한다거나 자료수집한 후에 분실한다거나 또는 자료수집할 때 제대로 받아 적지 못하거나 하는 오류들이 발생할 수 있다.

② 조사 분석기법… 조사가 완료되면 자료들은 수치로 환산되어 컴퓨터로 입력되며, 입력된 자료들은 각각 조사목적과 자료의 특성에 따라 다음과 같은 기법으로 분석된다.

자료를 수집하고 자료를 처리하는 과정에서 코딩이나 입력을 하지 않아도 되므로 시간을 절약할 수 있는 조사는?

① 인터넷조사
② 우편조사
③ 전화조사
④ 방문조사

인터넷을 통해 네티즌들에게 파일형태의 설문지를 발송하고 이에 대한 응답도 파일로 전송받아 자료를 수집하는 방법이다. 응답자의 흥미를 유도할 수 있도록 설문지를 구성하면 전화조사에 비해 더 많은 정보를 수집할 수 있다는 장점을 갖는다.

◀ 정답 ①

조사원의 통제가 가능하고, 응답률이 높은 편이고, 시간과 비용이 적게 드는 조사는?

① 우편조사
② 방문조사
③ 전화조사
④ 간접조사

전화조사는 확률표집을 사용하므로 정확한 결과를 얻을 수 있으며, 짧은 시간 내 저렴한 비용으로 조사가 가능하다.

◀ 정답 ③

구분	내용
분산분석	두 집단 이상의 평균값이 서로 차이가 나는지를 검증하는 통계 분석기법이다.
회귀분석	둘 이상의 독립변수가 하나의 종속변수에 미치는 영향을 검증 하고자 할 때 사용하는 분석이다.
상과관계분석	상관관계분석은 변수간의 밀접한 정도 즉 상관관계를 분석하 는 통계적 분석방법을 말한다.
요인분석	요인분석은 관찰된 변수들을 설명할 수 있는 몇 개의 요인으 로 분류하는 방법을 말한다.

(5) 보고서 작성

실제 이용자가 이해할 수 있도록 이용자의 이해도와 조사에 관한 전반적인 지식의 정도에 맞추어 작성한다. 분석결과의 해석과 이론형성, 보고서 작성과 발표로 구 분된다.

>>> **시장조사의 구성원**

구분	내용
조사연구원 (researcher)	조사자라고도 하며 시장조사의 전 과정을 책임지는 사람으로 시장조사의 기획 및 설문지의 작성, 보고서의 작성 등을 담당 한다.
의뢰인(client)	조사연구원에게 조사를 의뢰하는 사람으로 조사연구원과 함께 조사방법, 조사내용, 비용 등 관련사항을 의논하고 최종 합의 한다.
슈퍼바이저 (supervisor)	실사책임자라고도 하며 면접, 면접자관리, 검증업무, 코딩 등 실사(field work)의 책임과 관리·감독을 담당한다.
조사자 (interviewer)	조사원이라고도 하며 조사연구원 또는 슈퍼바이저로부터 설문 지를 받아 응답자의 응답을 받아오는 것을 담당한다.
응답자 (respondent)	조사자의 설문에 응하여 설문에 응답하는 대상을 말한다.
검증원 (verification)	면접 또는 조사가 제대로 실시되었는지의 검증을 위해 응답자 에게 직접 혹은 전화를 통해 확인을 담당하는 역할을 한다.
코딩원(corder)	검증을 끝낸 설문의 응답내용을 통계처리를 할 수 있게 숫자 등 의 부호로 바꾸는 일을 담당한다.

section 3 시장조사 윤리

(1) 시장조사의 윤리문제

① 시장조사의 방법에서는 윤리적 결함이 없어야 한다. 이러한 시장조사의 윤리문제에는 조사자가 지켜야 할 사항, 조사결과 이용자가 지켜야 할 윤리, 면접자가 지켜야 할 사항, 응답자 권리의 보호 등이 있으며 이러한 사항은 조사의 시행 전에 충분히 고려되어 조사의 정직성이 확보되어야 한다.

② 조사과정상 발생하는 윤리적 결함
 ㉠ 불필요한 조사를 수행하는 것
 ㉡ 조사사항에서 조사자 또는 의뢰인의 개인적 요구의 수용
 ㉢ 응답자의 질문을 특정한 대답으로 유도하는 것
 ㉣ 조사의 목적을 속이는 것
 ㉤ 조사의 결과를 조작하는 것
 ㉥ 개인적인 의도로 조사의 결과를 잘못 해석하는 것

(2) 한국조사연구학회 조사윤리강령

① 한국조사연구학회 조사윤리강령… 사단법인 한국조사연구학회는 사회조사의 과학성을 제고하고 건전한 여론 형성에 기여하기 위하여 조사윤리강령을 제정한다. 본 강령은 조사자의 윤리적 의무를 규정하고, 조사연구의 윤리적 요소에 대한 일반인의 이해를 고취함을 목적으로 한다. 조사자는 조사과제 수행에서, 그리고 조사의뢰자 및 일반인과의 관계에서 높은 수준의 전문성과 정직성을 유지한다. 또한 조사자는 본 강령에 명시된 원칙에 어긋나는 일체의 작업이나 조사과제를 거부한다.

② 조사윤리강령의 내용
 ㉠ 조사자는 조사결과의 타당성과 신뢰성을 확보하기 위하여 모든 합리적인 단계를 밟아 자료수집과 처리에 세심한 주의를 기울인다.
 ㉡ 조사자는 연구설계와 자료분석에 세심한 주의를 기울인다.
  ⓐ 조사자는 연구과제에 적합한 조사기법과 분석방법을 사용한다.
  ⓑ 조사자는 잘못된 결론에 이르게 하는 조사기법과 분석방법을 자의적으로 선택하지 않는다.
  ⓒ 조사자는 자료에 어긋나게 연구결과를 해석하지 않는다.
 ㉢ 조사자는 조사방법이나 조사결과를 조사의뢰자에게 보고하거나 일반인에게 공표할 때 다음 사항을 정확하게 밝힌다.
  ⓐ 조사자, 조사의뢰자, 조사목적, 조사시기, 조사장소, 모집단과 표집틀, 표본크기 및 산정방법, 표집방법

    ⓑ 조사방법(면접조사, 전화조사, 우편조사, 인터넷조사 등), 설문지(질문내용), 재통화ㆍ재방문ㆍ재발송 횟수, 표본대체 규칙, 응답률, 표집오차, 가중치 부여 방식, 기타 조사 및 분석 절차에 관한 사항

  ⓔ 조사자는 조사결과가 일반인에게 잘못 해석되어 전달될 때 그것을 바로 잡기 위하여 필요한 모든 관련 자료를 공개한다.

  ⓜ **조사의뢰자에 대한 책임**

    ⓐ 조사자는 조사의뢰자의 사업정보 및 조사결과에 관한 정보를 비밀로 한다. 단, 조사의뢰자가 그 정보의 배포를 명시적으로 승인하였을 경우, 또는 본 강령의 일부 조항에 의하여 배포가 불가피한 경우는 예외로 한다.

    ⓑ 조사자는 조사기법ㆍ인력ㆍ장비 등의 한계 내에서 완수할 수 있는 조사과제만 수용한다.

  ⓗ **조사대상자에 대한 책임**

    ⓐ 조사자는 조사대상자에게 응답을 강요하지 않고, 그들을 기만하는 행위를 하지 않으며, 그들을 모욕하여 수치심을 유발하는 수단과 방법을 사용하지 않는다.

    ⓑ 조사자는 조사대상자의 사생활을 존중하고 익명성을 보장해 주어야 한다. 단 조사대상자가 허용하는 경우 대상자의 이름을 사용하거나 밝힐 수 있다.

    ⓒ 조사자는 조사대상자가 자유의사로 조사를 거절하거나 도중에 중단할 수 있는 권리를 존중한다.

    ⓓ 조사자는 연구를 가장해서 판매나 정치적 선거운동과 같은 다른 행위를 하거나 자신들의 연구를 거짓으로 기술해서는 안 된다.

    ⓔ 조사자는 적법한 절차에 의한 조사결과를 사용할 때도 조사대상자의 비밀을 보호하는 윤리적 의무를 준수해야 한다.

  ⓢ 회원 조사자는 본 학회의 조사윤리위원회가 본 강령의 위반 여부를 판단하기 위하여 공식적으로 자료를 요구할 경우 조사에 관한 정보를 제공하여야 한다.

02 자료수집

조사목적을 달성하기 위하여 필요한 자료들을 수집하여야 한다. 조사의 자료는 그 성격에 따라 1차 자료와 2차 자료로 나뉘는데, 1차 자료는 조사자가 직접 수집하고 가공하는 것을 말하며, 2차 자료란 다른 사람이나 기관에서 만들어 놓은 자료를 찾아서 이용하는 것을 가리킨다.

2차 자료처럼 자료나 정보를 조사자가 직접 만들지 않고 쉽게 얻을 수 있다면 그렇게 하는 것이 시간, 비용, 노력을 줄일 수 있을 것이다. 그러나 기존의 자료가 당면한 조사문제를 해결하는데 적합하지 못한 경우 조사자가 직접 자료수집 계획을 수집하고 실행해야 한다.

>>> **자료수집의 방법**

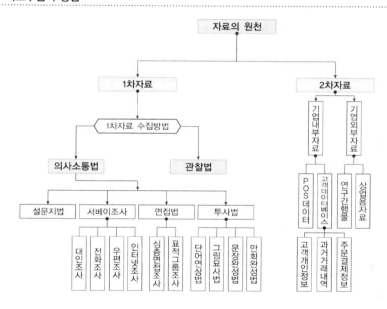

section **1** 2차 자료

(1) 2차 자료의 종류

① **개념** … 2차 자료란 이미 만들어진 방대한 자료로 연구목적을 위해 사용될 수 있는 기존의 모든 자료를 말한다.

② **2차 자료 장단점**

구분	내용
장점	자료수집에 드는 시간과 비용을 절약할 수 있고, 바로 사용할 수 있다.
단점	2차적 소스의 과학적 가치를 전반적으로 제한하고 자료를 수집한 과정을 파악하지 못한다.

③ **2차 자료의 구분**: 2차 자료는 내부적 자료와 외부적 자료로 구분할 수 있다.

구분	내용
내부적 2차 자료 (internal secondary data)	• 조사를 실시하고 있는 기업·조직내부에서 보유하고 있는 자료이다. • 내부자료에는 기업의 재무제표, 판매(원) 보고서, 영업부의 판매기록, 경리부의 회계기록, 원가 및 재고, 광고비, 고객의 반응, 스캐너데이터, 데이터웨어하우스 등 일상적인 업무수행 활동을 통해 얻어진 각종 보고·기록자료 및 이전의 마케팅조사자료 등이 있다. • 내부적 2차 자료의 경우 시간과 비용의 절약 및 정보획득의 용이함과 상대적으로 높은 신뢰성의 장점을 갖고 있다. 따라서 자료수집의 가장 첫 단계는 내부적 2차 자료를 찾는 것에서 시작한다.
외부적 2차 자료 (external secondary data)	• 조사를 실시하고 있는 기업·조직의 외부에서 찾을 수 있는 자료를 말한다. • 외부자료는 그 종류가 매우 방대하여 나열하는 것이 쉽지 않지만 크게 정부·공공기관의 간행물 및 통계자료, 전문적인 서적 및 신문·잡지·방송 보도자료, 기업·조직의 정기간행물 및 연구보고서, 상업적 자료를 포함하는 마케팅조사기관의 자료(신디케이트)로 구분할 수 있다. • 최근 인터넷의 발달로 원하는 자료의 수집이 이전 자료수집의 수고와 노력에 비해 효율적이고 신속하게 이루어지고 있다.

다음 중 기업 내부 자료에 포함되지 않는 2차 자료는?

① 회계 자료
② 조직 현황
③ 경제 신문사 자료
④ 영업 자료

경제 신문사 자료는 기업 내부 자료에 해당하지 않는다.

〈정답 ③

(2) 2차 자료의 평가

① 2차 자료(Secondary data)는 당면해 있는 문제보다는 다른 목적으로 수집된 자료이다. 이는 산업체나 정부가 만들거나 상업적 마케팅 기업이 컴퓨터로 만든 데이터베이스(Data Base)에 의한 정보를 말한다.

② 2차 자료는 경제적이고 신속한 배경정보의 원천이다. 문제를 정의하는 과정에서 가능한 2차 자료의 분석은 필수적인 단계이고, 입수 가능한 2차 자료를 완전히 분석할 때까지 1차 자료는 수집하지 않아야 한다.

section 2   1차 자료

(1) 1차 자료

① **개념**⋯ 조사자가 조사목적을 위하여 사전에 조사설계를 실시해 직접 수집한 자료를 말한다.

② **1차 자료의 장단점**

구분	내용
장점	의사결정을 할 시기에 조사목적에 적합한 정보를 반영할 수 있다.
단점	2차적 자료에 비하여 자료를 수집하는 데 비용, 인력, 시간이 많이 소요되므로 조사목적에 적합한 2차적 자료의 존재 및 사용가능성의 유무를 확인한 후 2차적 자료가 없는 경우에 한해 1차적 자료를 수집하는 것이 경제적이다.

③ **1차 자료의 유형**⋯ 1차 자료는 양적 조사와 질적 조사 두 가지로 구분되며 양적조사와 질적조사는 상호보완적 관계에 있다. 조사목적과 내용에 따라 두 방법을 병행하거나 둘 중 한 가지 방법을 선별적으로 사용한다.

   ⊙ **양적 조사**(정량조사) : 일반적으로 통계를 이용해 자료를 분석하여 결론을 내리는 방식의 조사로 설문조사(survey), 관찰조사(observational study), 실험(experiment)의 방식이 사용된다.

   ⊙ **질적 조사**(정성조사) : 질적조사는 양적조사로는 알기 어려운 응답자의 심층적 자료를 알게 하는 조사로 인터뷰, 토론을 통한 자료 수집을 하게 된다. 대표적으로 포커스 그룹, 심층인터뷰 등이 있다.

>>> **정성조사와 정량조사**

구분	정량조사	정성조사
종류	면접조사, 우편조사, 전화조사, 모니터링, 온라인 조사	온라인 포커스 그룹(on-line focus group), FGI, 심층면접법(in-depth interview)
특징	• 구조화적 질문지를 활용한다. • 질문중심적이다. • 많은 표본을 사용한다. • 자료의 계량화를 통해 대량의 정보를 신속하게 처리한다.	• 가이드 라인을 활용한다. • 반응중심적이다. • 적은 표본을 사용한다. • 주관적 해석이 이루어진다. • 주관성, 모호성, 표본의 비대표성으로 인해 그릇된 결론에 도달할 여지가 있다.

④ **1차 자료 수집방법**… 일반적으로 2차 자료만으로 자료가 충분하지 않을 경우, 1차 원천으로부터 정보를 수집하게 된다. 1차 자료의 수집방법은 조사자가 원하는 자료의 특성 및 조사설계 등에 의하여 달라지며, 조사비용 및 조사기간, 조사자의 능력에 의하여도 달라진다.

1차 자료의 수집방법으로는 관찰조사, 실험조사, 인터뷰, 서베이조사로 분류된다.

구분	내용
관찰조사	관찰조사는 조사원이 직접 또는 기계장치를 사용하여 조사 대상자의 행동이나 현상을 관찰하고 기록하는 조사 방법이다. 관찰조사는 질문을 하여 정보를 얻기보다는 조사하고자 하는 사람, 대상물 및 발생 사건 등을 인식하고 기록하는 과정을 통해 정보를 얻으려는 방식이다.
실험조사	실험조사는 모든 조건이 일정하게 유지되는 경우의 상황에서 조사 주제와 관련된 하나 또는 그 이상의 변수들을 조작을 통해 인과관계를 파악하는 방법을 말한다.
인터뷰	응답자에게 조사목적을 밝히고 상황에 따라 적절한 형식과 내용의 질문을 하여 정보를 수집하는 방법을 인터뷰라 한다.
서베이조사	서베이조사는 전화, 우편, 면접, 온라인조사 등을 통해 자료를 수집하는 방법을 말한다.

현재의 조사프로젝트를 수행하면서 조사자 자신이나 조사자가 의뢰한 조사기관에 의하여 실사를 통해 처음으로 수집된 자료는?

① 1차 자료
② 2차 자료
③ 외부 자료
④ 내부 자료

 TIP

1차 자료(primary data)는 조사연구의 목적을 달성하기 위해 직접 수집하는 자료이다. 조사목적에 적합한 정확도, 타당도, 신뢰도 등의 평가가 가능하다. 시간과 비용이 많이 드는 단점이 있다.

❮ 정답 ①

>>> **1차 자료와 2차 자료의 자료수집방법**

 **POINT** 1차 자료와 2차 자료의 비교

항목	1차 자료	2차 자료
목적	연구 문제 해결	다른 연구 문제 해결
자료수집 과정	깊이 관여	관여하기 어려움
비용	많이 든다	적게 든다
기간	길다	짧다

(2) 질적조사

① **질적조사의 개념**… 인간이 상호주관적 이해의 바탕에서, 인간의 행위를 행위자의 그것에 부여하는 의미와 파악으로 이해하려는 해석적·주관적인 사회과학 연구방법을 말한다.

② **특징**

　㉠ 질적 방법의 사용을 옹호한다.

　㉡ 자연주의적·비통계적 관찰을 이용한다.

　㉢ 과정지향적이다.

　㉣ 자료에 가까이 있다.

　㉤ 자료에서 파생한 발견지향적·탐색적·확장주의적·서술적·귀납적 연구이다.

　㉥ 동태적 현상을 가정한다.

　㉦ 주관적이다.

　㉧ 일반화할 수 없다.

　㉨ 총체론적이다.

　㉩ 타당성 있는 실질적이고 풍부하며 깊이 있는 자료이다.

　㉪ 행위자 자신의 준거의 틀에 입각하여 인간의 행태를 이해하는데 관심을 갖는 현상학적 입장을 취한다.

>>> 질적조사와 양적조사의 비교

구분	질적 연구(Qualitative)	양적 연구(Quantitative)
타당성 (Validity)	다차원적이고 구체적 자료를 통해 그 심층의 의미까지도 차악할 수 있으므로 연구결과의 타당성이 높다.	연구과정에서 인위적 조작을 가함으로써 연구결과의 타당도가 상대적으로 낮다.
신뢰성 (Reliability)	연구자의 주관개입의 가능성이 높아 상대적으로 신뢰도가 낮다.	연구결과가 구체화된 수치로 제시되기 때문에 조사상황이나 조사자의 주관개입의 영향이 거의 미치지 않아 결론의 재생 가능성 측면에서 신뢰도가 매우 높다.
일반화 가능성 (Generalization)	연구결과가 맥락 제약적 정보의 특성을 지님으로써 다른 맥락 하에서는 연구결과가 적용되지 않아 일반화가능성이 매우 낮다.	확률적 표본추출을 통한 표본조사를 실시하므로 일반화 가능성이 매우 높다.

(3) 관찰법(관찰조사)

① 관찰법의 개념… 관찰은 인간의 감각기관을 매개로 현상을 인식하는 가장 기본적인 방법으로 관찰을 통해 관찰의 대상이 하는 행동이나 그 대상의 주변상황을 관찰하고 이를 체계적으로 정리하여 자료화 하는 방법을 말한다.
(예 매장 방문고객의 반응 관찰 등)

② 관찰의 유형

구분	내용
참여관찰	• 관찰대상의 내부에 들어가 구성원의 일원으로 참여하면서 관찰하는 방법을 말한다. • 대상의 자연성과 유기적 전체성을 보장한다. • 관찰자의 관찰활동에 제한을 받고 객관성이 결여될 가능성이 있다. • 자료를 표준화하는 것이 힘들고 다른 관찰자가 관찰을 같은 방법으로 하기 힘들다.

장난감 회사에서는 얼마나 많은 장난감을 바꾸거나 개선할 필요가 있는지를 알아보기 위해 실제 어린이들이 장난감을 가지고 노는 것을 살펴본다고 한다. 이러한 방법으로 수집된 자료를 무엇이라 하는가?

① 관찰 자료
② 설문지 자료
③ 인터뷰 자료
④ 인구통계적 자료

관찰 자료란 질문과 답변을 통하여 정보를 수집하는 것이 아니라 응답자의 행동과 태도를 조사자가 관찰하고 기록함으로써 정보를 수집하는 방법인 관찰법에 의해 수집된 자료이다. 관찰법은 자신이 인식하지 못한 행동의 패턴을 조사하는 것으로 응답자와의 어떠한 커뮤니케이션도 없이 오직 관찰에 의해서만 정보를 수집하는 방법이다.

❮정답 ①

비참여관찰	• 조사자가 신분을 밝히고 관찰하는 것으로 주로 조직적 관찰에 사용한다. • 참여관찰보다 시간·비용이 적게 든다. • 신뢰도를 높일 수 있고 과학적 연구방법에 사용될 수 있다. • 집단의 자연성을 해칠 수 있다.
준참여관찰	관찰대상의 생활의 일부만 관찰하는 방법으로 피조사자 스스로가 관찰대상이라 인지한다.

③ 특성

　㉠ 관찰법은 가장 기본적인 시장조사의 방법이다.

　㉡ 관찰결과의 자료를 비교·대조함으로써 사회생활의 규칙성과 재발생을 확인할 수 있다.

　㉢ 참여자의 사회적 관계에 영향을 미치는 의미 있는 사건을 포착한다.

④ 관찰의 장단점

구분	내용
장점	• 연구 대상자가 표현능력은 있더라도 조사에 비협조적이거나 면접을 거부할 경우에 효과적이다. • 조사자가 현장에서 즉시 포착할 수 있다. • 행위·감정을 언어로 표현하지 못하는 유아나 동물에 유용하다. • 일상적이어서 관심이 없는 일에 유용하다.
단점	• 행위를 현장에서 포착해야 하므로 행위가 발생할 때까지 기다려야 한다. • 관찰자의 선호나 관심 등의 주관에 의한 선택적 관찰을 하게 됨으로써 객관적으로 중요한 사실을 빠뜨리는 경우가 발생한다. • 성질상 관찰이나 외부 표출이 곤란한 문제가 발생할 수 있다. • 여러 개를 동시에 관찰하지 못한다는 한계성으로 인간의 감각기능의 한계, 시간적·공간적 한계, 지적 능력의 한계 등에 의하여 발생한다. • 관찰한 사실을 해석해야 할 경우 관찰자마다 각기 다른 해석을 하게 되어 객관성이 없다. • 관찰 당시의 특수성으로 인하여 관찰대상이 그 때에만 특수한 행위를 하였을 경우 이를 식별하지 못하고 기록하는 오류를 범하는 경우가 발생한다. • 현장성이 약점이 되는 경우로 너무나 평범한 행위나 사실은 조사자의 주의에서 벗어나는 경우가 발생하여 미세한 관찰자는 그러한 사실의 기록들을 등한시한다.

다음 ( )안에 들어갈 알맞은 용어는?

( )은 사람, 사물, 사건의 행동 형태를 기록하는 것으로, 체계적인 방식으로 관심 주제에 대한 정보를 얻기 위해 실시하는 방법이다.

① 관찰
② 분석
③ 기능
④ 위장

🔊TIP

관찰은 인간의 감각기관을 매개로 현상을 인식하는 가장 기본적인 방법으로 조사목적에 도움이 되어야 한다. 또한 체계적으로 기획·기록되어야 하며 타당성, 신뢰도의 검증이 가능해야 한다.

❰정답 ①

⑤ 관찰에서 발생하는 오진 최소화 방법

구분	내용
인식과정상의 오류 최소화 방법	• 주관을 배제하기 위해서 노력한다. • 관찰을 신속하게 기록한다. • 개념간 관계를 한정한 사고규칙을 적용한다. • 이론적 개념을 명확히 밝히고 연구에 필요한 개념을 경험적으로 정의한다. • 관찰과 더불어 면접법, 질문법 등 다른 자료수집방법을 병행하도록 한다.
지각과정상의 오류 최소화 방법	• 짧은 시간 동안 관찰을 한다. • 관찰도구를 객관적인 것을 사용한다. • 관찰단위를 되도록 명세화한다. • 관찰에 혼란을 야기하는 영향을 통제한다. • 한 사람이 아닌 여러 명의 관찰자가 관찰한다. • 훈련을 하여 관찰기술이 향상되도록 한다.

(4) 서베이(survey)

① **서베이의 개념**… 서베이란 조사를 하거나 통계 자료를 얻기 위하여 작성하는 문서를 말하며, 서베이조사는 다수의 응답자들을 대상으로 미리 작성된 설문지를 이용하여 질의와 응답을 실시하는 방식의 조사이다. 서베이조사는 전수조사 또는 표본조사에서 사용될 수 있으며 조사자가 관심을 가지는 사람으로부터 직접 정보를 얻을 수 있지만 비용과 시간이 많이 소요되고, 응답자들이 진실된 응답을 하지 않을 가능성이 높다.

② **서베이조사 종류**… 서베이조사에는 우편조사, 전화조사, 면접조사, 온라인조사 등이 있다.

구분	내용
면접조사	• 면접조사는 조사대상을 조사원이 직접면접을 해서 구두에 의한 질문에 응답자가 구두로 답하는 방법을 말한다.
우편조사	• 질문지 우송대상자를 선정하여 조사표를 송달·회수하여 조사하는 방법이다.
전화조사	• 전화조사는 면접원과 응답자가 전화를 이용한 비대면적 상황에서 질문지에 기재되어 있는 질문들을 면접원이 묻고 응답자는 응답하는 방법이다.
온라인조사	• 전산망을 통해 인터넷 사용자들을 대상으로 질문지를 직접 보내 응답파일을 받아 자료를 수집하는 방식이다.

③ 서베이조사의 비교

구분	우편조사	전화	면접	인터넷 조사
비용	보통	낮음	높음	낮음
소요시간	느림	빠름	느림	빠름
자료의 정확성	제한적	보통	좋음	보통
자료의 양	보통	제한적	우수	보통
조사의 유연성	나쁨	보통	우수	보통

④ 서베이조사의 장단점

구분	내용
장점	• 대규모 조사를 실시해도 비용이 크지 않다. • 수집한 자료에 대한 계량적 분석이 용이하다.
단점	• 고정된 질문을 통해서만 질문을 하기 때문에 응답률이 낮은 경우가 발생한다.

(5) 실험법

① 개념… 조사 주제와 관련된 하나 또는 그 이상의 변수들을 조작하여 변수간의 인과관계를 명확히 하기 위한 것으로 흔히 통제집단과 실험집단간의 비교를 통해 파악하는 방법이다.

② 가설… 어떤 사실을 설명하거나 어떤 이론 체계를 증명하기 위하여 설정한 가정으로 새로운 명제를 만들어 낸다.

③ 변수… 어떤 상황의 가변적 요인으로 내용에 따라 종속변수, 외생변수, 독립변수 등이 있다.

구분	내용
독립변수	• 다른 변수의 변화와는 관계없이 독립적으로 변화하고 이에 따라 다른 변수의 값을 결정하는 변수를 말한다.
종속변수	• 독립변수에 대해서 종속적으로 결정되는 형질이나 특성를 말한다.
외생변수	• 독립변수 이외의 변수로서 종속변수에 영향을 주어 이를 통제하지 않으면 연구결과의 내적 타당도가 문제가 되는 변수를 말한다.
내생변수	• 연립방정식으로 표시되는 모델에 있어서 미지수인 변수를 말한다.
선행변수	• 제3변수가 독립·종속변수보다 선행하여 작용하는 것을 말한다.

대한민국에 거주하는 외국인을 대상으로 한 달에 지출되는 교육비에 대한 기초자료를 수집할 때 다양한 국적을 가진 사람과 비용 측면을 고려한다면 어떠한 조사방법이 가장 적합한가?

① 우편조사
② 면접조사
③ 방문조사
④ 관찰조사

조사원이 응답자와 직접 대면하거나 오랜 기간을 요하는 조사방법은 조사대상이 많거나 조사지역이 넓은 경우에는 적합하지 않다.

❮정답 ①

억제변수	• 독립 · 종속변수 사이에 실제로는 인과관계가 있으나 없도록 나타나게 하는 제3변수를 말한다.
왜곡변수	• 독립 · 종속변수 간의 관계를 정반대의 관계로 나타나게 하는 제3변수를 말한다.

④ 현장실험과 실험실 실험

구분	내용
현장 실험	• 현실상태 하에서 조사자가 가설검증을 위하여 독립변수를 조작하여 연구하는 실태조사이다. • 가설검증에 적합하고 이론검증 또는 실제적 문제해결에 부합이 잘 된다. • 실험실 실험의 변수보다 현장실험의 변수가 일반적으로 영향력이 더 강력하다. • 일상생활과 같은 복잡한 사회적 변화 · 과정 및 영향 등의 연구에 적절하다. • 독립변수를 조작하는 것은 이론적으로 가능하나 현장상황에 부딪히면 불가능할 경우가 많다. • 연구자의 연구태도가 장애요인이 될 수 있다. • 실험 대상들의 동의와 협조가 있어야 결과를 정확하게 얻을 수 있다. • 실험 이외에 실험에 영향을 미치는 것에 대한 지식이 있어야 한다. • 실험실 실험보다 연구결과의 정밀도가 낮다.
실험실 실험	• 일상생활과 엄격히 분리된 실험상황에서 행하는 실험이다. • 가설의 실제적 가치 및 현실성을 높인다. • 자료수집분석 및 해석의 폭이 넓다. • 조사과정 및 결과가 객관적이다. • 시간 및 비용을 줄일 수 있다. • 순수실험단계에 비해 변수 간의 인과관계가 명확하지 않다. • 외생변수의 통제가 어렵다. • 실험적 조사상황이 인위적이며 외적 타당도가 결여되는 경우가 많다.

어떤 현상이나 변수의 원인이 무엇인가에 대한 해답, 즉 두 변수간의 인과관계에 대한 해답을 얻기 위한 조사방법은?

① 분석법
② 관찰법
③ 탐색법
④ 실험법

실험법은 인위적으로 통제된 환경에서 변인들 사이의 인과관계를 살펴보는 방법으로 주로 실험과 관련이 없는 타 변인들을 통제한 상태에서 관찰하고자 하는 독립변인을 변화시켜 얻어지는 종속변인을 살펴보는 것이다.

❮ 정답 ④

section 3 설문지

(1) 설문지 구성 및 내용

① **설문지 개념** … 조사를 하거나 통계 자료 따위를 얻기 위하여 어떤 주제에 대해 문제를 내어 묻는 질문지를 말한다. 즉 설문지는 조사목적에 맞는 유용한 자료를 수집하는 수단이며, 이를 통해 얻어진 자료를 분석해 조사의 결론에 도달하는 중요한 도구라 할 수 있다.

② **설문지의 필요성**

　㉠ 빠른 시간에 핵심적인 정보만을 선별할 수 있다.

　㉡ 객관적이고 솔직하고 정확한 정보를 입수할 수 있다.

　㉢ 결과의 비교가능성을 높일 수 있다.

③ **설문지법의 장단점**

구분	내용
장점	• 큰 표본에도 용이하게 적용이 가능하다. • 비용이 적게 든다. • 현장 연구원이 필요 없다. • 문제에 따라서는 보다 솔직한 응답을 구할 수 있다. • 응답자가 충분한 시간을 가지고 응답에 신중을 기할 수 있다. • 설문지를 통해서만 접근이 가능한 사람이 있다.
단점	• 무응답률이 높다. • 설문지에 대한 통제를 제대로 할 수 없다. • 생략된 부분의 보충설명이 곤란하다. • 응답해야 할 사람이 응답했는지가 의문시된다.

③ **설문지 요건** … 설문지는 조사목적에 맞는 많은 정보를 체계적으로 정리·수집하는 도구로 사용되며 정보획득과정에서 연구자의 의도를 최대한 반영하는 방향으로 작성되어야 유용한 설문지라 할 수 있다. 설문지를 작성할 때에는 조사결과 얻어진 자료를 분석할 수 있는 기법, 필요한 정보의 종류와 측정방법, 분석내용 및 분석방법까지를 모두 고려하여야 한다.

설문지 작성의 원칙과 거리가 먼 것은?

① 직접적, 간접적 질문을 혼용하여 작성한다.

② 조사목적 이외에도 기타 문항을 삽입하여 응답자를 지루하지 않게 배려한다.

③ 편견 또는 편의가 발생하지 않도록 작성한다.

④ 유도질문을 피하고 객관적인 시각에서 문항을 작성한다.

조사목적에 맞지 않는 문항은 삽입하지 않는 것이 좋다.

❮정답 ②

④ 설문지 구성요소

구분	내용
응답자에 대한 협조요청	조사자와 조사기관의 소개, 조사의 취지를 설명함과 동시에 개인적인 응답항목에 대한 비밀보장을 확신시켜 줌으로써 조사의 응답률을 높인다. 조사자가 직접 면담을 실시할 때는 내용을 구두로 전달하고, 우편으로 조사를 실시할 때는 서신(문장)으로 조사의 취지와 내용에 대하여 협조를 부탁한다.
식별자료	각 설문지를 구분하기 위한 일련번호, 응답자의 이름, 조사를 실시한 면접자의 이름, 면접일시가 기록되는 부분으로 일반적으로 설문지의 첫 장에 나타난다.
지시사항	조사자가 직접 조사를 실시할 경우에는 설명을 해 줄 수 있는 부분으로, 우편으로 할 경우에는 전체 설문지를 혼자서 충분히 완성시킬 수 있도록 상세하게 작성법을 기록하여야 한다.
필요한 문항 구성	필요한 자료의 획득을 위한 문항이어야 한다.
응답자 분류	응답자의 분류를 위한 자료이다.

(2) 설문지 작성과정

① 질문지 작성단계

    ㉠ **질문지 수집방법의 결정** : 면접자를 사용하여 조사할 것인가 자기기입식 조사를 할 것인가 등을 자료수집방법에서 결정한다.

    ㉡ **질문내용의 결정** : 각 분야에 대한 표준화된 질문이나 연구주제를 그대로 사용하거나 직접 자료를 수집하여 충분히 신뢰성·타당성 등을 검토한 후 결정한다.

    ㉢ **질문지 길이의 결정** : 보통 시간으로서 질문지의 길이를 나타내며 질문지를 작성할 때는 조사범위, 면접조사원의 자질, 면접상황, 조사비용 등을 고려하여 질문지의 전체 길이를 결정한 후 질문지의 작성이 끝나면 임의의 피조사자에게 응답을 시켜본 후 너무 길다고 생각되거나 중요하지 않은 질문은 삭제한다.

    ㉣ **질문형태의 결정** : 개방형 질문 도는 폐쇄형 질문으로 할 것인가를 결정한다.

    ㉤ **사전조사(pretest)** : 질문서의 초안을 작성한 후에 예정 응답자 중 일부를 선정하여 예정된 본 조사와 동일한 절차와 방법으로 질문서를 시험하여 질문이 내용·어구구성·반응형식·질문순서 등의 오류를 찾아 질문서의 타당도를 높이기 위한 절차이다.

>>> 설문지 작성 과정

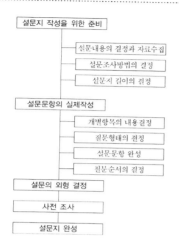

```
설문지 작성을 위한 준비
    ├─ 설문내용의 결정과 자료수집
    ├─ 설문조사방법의 결정
    └─ 설문지 길이의 결정
설문문항의 실제작성
    ├─ 개별항목의 내용 결정
    ├─ 설문형태의 결정
    ├─ 설문문항 완성
    └─ 질문 순서의 결정
설문의 외형 결정
사전 조사
설문지 완성
```

> 설문지 작성의 의의
> • 연구목적에 관련된 정보를 수집한다.
> • 최대의 신뢰성과 타당성을 갖게 하는 데 목적을 둔다.

② 질문형태

구분	내용	예시
개방형 질문	자유응답형 질문으로 응답자가 할 수 있는 응답의 형태에 제약을 가하지 않고 자유롭게 표현하는 방법이다.	• 지난주에 무슨 일이 있었니? • 현재 구조조정의 가장 심각한 문제는 무엇이라고 생각하십니까?
폐쇄형 질문	사전에 응답할 항목을 연구자가 제시해 놓고 그 중에서 택하게 하는 방법이다.	• 지난주에 안 좋은 일이 있었지? • 당신이 사용하는 통신사는 어디입니까?

개방형 질문에 관한 설명으로 가장 적합한 것은?

① Yes/No 답변을 유도 할 수 있다.
② 상담원이 유도하는 방향으로 고객을 리드하는 것이 용이하다.
③ 전체 상담시간 조절이 용이하다.
④ 고객 상황에 대한 명확한 이해가 용이하다.

질문은 개방형 질문과 폐쇄형 질문으로 나눌 수 있다. 그 중 개방형 질문은 넓게 그리고 이미 노출되어 있으며, 고객 상황에 대한 명확한 이해를 하는 데 유용한 질문방법이다.

〈 정답 ④

㉠ 개방형 질문과 폐쇄형 질문의 장단점

구분	개방형 질문	폐쇄형 질문
장점	• 연구자들이 응답의 범위를 아는 데 도움이 되어 탐색적 조사연구나 의사결정의 초기단계에서 유용하다. • 강제성이 없어 다양한 응답이 가능하다. • 응답자가 상세한 부분까지 언급할 수 있다. • 대답이 불명확한 경우 면접자가 설명을 요구할 수 있으므로 오해를 제거하고 친밀감을 높일 수 있다.	• 채점과 코딩이 간편하다. • 응답항목이 명확하고 신속한 응답이 가능하다. • 반송가능성이 높다. • 구조화되어 있어서 민감한 질문에도 응답을 쉽게 할 수 있다.
단점	• 응답의 부호화가 어렵고, 세세한 정보의 부분이 유실될 수 있다. • 응답의 표현상의 차이로 상이한 해석이 가능하고 편견이 개입된다. • 무응답률이 높다. • 통계적 비교 또는 분석이 어렵다. • 폐쇄형 질문보다 시간이 많이 걸린다.	• 모든 성실한 응답자를 연구자가 제시하기는 어렵다. • 태도 측정에 이용될 경우 편향이 발생할 가능성이 높다. • 몇 개의 한정된 응답지 가운데 선택해야 하므로 응답자의 충분한 의견반영이 곤란하다. • 응답항목의 배열에 따라 응답이 달라지며 주요항목이 빠지는 경우 치명적 오류가 발생한다.

③ 설문형식

㉠ 간접질문 : 그 응답이 응답자의 반감을 일으켜 정확한 응답을 회피할 경우 전혀 다른 질문을 하여 그 질문에 대한 반응으로 필요한 정보를 얻는 방법이다.

구분	내용
투사법	응답의 장애요인을 피하여 응답자에게 자극을 줌으로써 우회적으로 응답을 얻어내는 방법을 말한다.
오류선택법	질문에 대한 틀린 답을 여러 개 나열한 후 그것을 선택하게 함으로써 태도를 관찰하는 방법을 말한다.
정보검사법	개인이 가지고 있는 정보의 양과 종류가 응답자의 태도를 결정한다고 보는 방법이다.
토의완성법	응답자에게 두 사람의 토의내용을 주고 토의를 완성하도록 하는 방법을 말한다.
단어연상법	문제에 대한 찬성 또는 반대를 표시하는 단어·그림·문장을 여러 개 수집하여 체크하는 방법을 말한다.

ⓛ **양자택일형 질문** : 두 가지 선택만을 제시하여 하나를 선택하도록 하는 방법을 말한다.

> 양자택일형 질문 예시
> 당신은 담배를 피우십니까?
> ① 그렇다. ② 그렇지 않다.

구분	내용
장점	• 조사자가 영향을 미치지 않는다. • 응답자가 대답하기 수월하다. • 응답처리가 수월하고 면접을 신속히 할 수 있다. • 집계작업과 편집이 간단하다.
단점	• 응답범위를 제한하여 더 중요한 정보를 잃을 수도 있다. • 중간의 의견을 가진 사람도 극단적 결론으로 유도될 수 있다.

ⓒ **서열식 질문** : 어떤 문제에 대한 가능한 응답을 나열해 놓고 중요한 순서, 좋아하는 순서대로 번호를 기입하는 질문을 말한다. 응답항목이 너무 많을 경우에 응답자가 판단을 하기 힘드므로 10개 항목 이내로 하는 것이 좋다.

> 서열식 질문의 예시
> 승진에 가장 영향을 많이 준다고 생각되는 것에 순위를 1, 2, 3 순서대로 매겨보시오.
> (　) 인간관계　　　　(　) 인사고과　　　　(　) 학력

ⓔ **선다형 질문** : 세 개 이상의 범주 가운데 하나를 응답자가 선택하도록 선택범위를 확대시킨 질문으로 다항선택식 질문이라고도 한다.

> 선다형 질문의 예시
> 당신은 구직정보를 어떻게 구하십니까?
> ① TV나 신문같은 매스컴　　　② 인터넷 정보사이트
> ③ 구직담당회사　　　　　　　④ 직접 뛰어다닌다.

ⓜ **체크리스트형 질문** : 일종의 다항선택 질문으로 여러 개의 응답내용 중 응답자가 원하는 사항에 체크하게끔 하는 질문형태이다.

> 체크리스트형 질문 예시
> 당신이 가장 선망하는 기업을 체크하시오.
> ① 롯데　　② 삼성　　③ 기아　　④ 현대　　⑤ 두산

메모 & 확인문제

설문지의 문항을 결정할 때 주의할 점이 아닌 것은?

① 주제에 대한 오리엔테이션을 위한 개방형 질문은 먼저 한다.
② 쉽고 흥미를 끌 수 있는 질문부터 시작한다.
③ 동일한 주제의 경우 복잡한 질문에서 단순한 질문으로 진행한다.
④ 일반적인 질문은 구체적인 질문보다 앞에 질문한다.

동일한 주제의 경우 단순한 질문에서 복잡한 질문으로 진행한다.

〈정답 ③

ⓗ **매트릭스형 질문** : 여러 개의 질문에 대하여 같은 선택항목을 적용할 때 사용할 수 있는 질문이다.

구분	내용
장점	• 응답을 신속하게 얻을 수 있다. • 응답자는 다른 질문문항들에 대한 응답을 비교하기 쉽다.
단점	질문의 내용을 응답자가 자세히 보지 않고 모든 질문에 유사하게 응답할 수 있다.

ⓢ **평정식 질문** : 어떤 질문에 대한 대답의 강도를 요구하는 질문을 말한다.

> 평정식 질문의 예시
> 당신의 자기만족도는?
> ① 매우 높다.
> ② 높다.
> ③ 보통이다.
> ④ 낮다.
> ⑤ 매우 낮다.

(3) 설문작성 원칙

① **질문지 설계** … 질문들을 지면에 배열하는 작업을 질문지의 설계 또는 지면배치라고 한다.

ⓐ **배열상의 유의점**
  ⓐ 질문들을 서로 밀집하게 배열하지 않도록 한다.
  ⓑ 질문들은 논리적이며 일관성이 있게 배열하도록 한다.
  ⓒ 첫 질문은 가볍고 흥미로운 것으로 한다.
  ⓓ 난해한 질문은 중간이나 마지막에 놓도록 한다.
  ⓔ 같은 종류의 질문은 묶고 일반질문은 특별질문 앞에 놓도록 한다.

ⓑ **질문의 배열순서**

구분	내용
깔때기형 배열	• 질문들이 연속적으로 앞의 질문과 관계되어 있으면서 차츰 그 범위를 좁혀 나가는 방식을 말한다. • 처음에 광범위한 질문을 하여 조사자의 준거틀을 피할 수 있다.
역깔때기형 배열	개별적인 구체적 질문을 먼저하고 광범위한 질문을 나중에 하는 방식을 말한다.

다음 중 설문문항 배열상의 유의점으로 옳지 않은 것은?

① 난해한 질문은 중간이나 마지막에 배치한다.
② 첫 질문은 가볍고 흥미로운 것으로 한다.
③ 질문들을 서로 밀집하게 배열한다.
④ 질문들은 논리적이며 일관성있게 배열한다.

설문문항을 배열할 때는 질문들을 서로 밀집하게 배열하지 않도록 유의해야 한다.

❮정답 ③

ⓒ 질문의 외형결정 : 실제 조사에 있어서는 똑같은 질문내용에 대해서도 질문지의 외
관적인 인상에 따라 응답자의 협조·조사의 진행에 많은 차이가 있다(설문지의
물리적인 외형에도 많은 주의를 기울여야 함).

② 질문지 검증 방법

ㄱ 신뢰도 : 신뢰도란 같은 검사를 반복 시행했을 때 측정값이 일관성 있게 나타나
는 정도를 의미한다.

ㄴ 타당도 : 측정하고자 하는 사항을 측정했는지에 대한 문제이다.

구분		검증방법
신뢰도		• 표본추출과정과 첫 번째 표본추출 모집단에 대해 정확히 알아야 한다. • 질문문항들이 명확해야 한다. • 같은 방법으로 모든 질문지를 집행한다.
타당도	교차질문의 방법	유사한 두 개의 질문을 동일한 질문지에서 다른 위치에 배치하여 응답이 동일하게 나오는지 비교하는 것과 신뢰도와 타당도에 대해서 독자적인 자료로 검증할 수 있는 질문문항을 넣고 응답자의 응답비교로 검증하는 것 두 가지가 있다.
	질문지의 사전검사 방법	예정된 응답자 중 대표할 응답자를 일정수의 부분 표본으로 뽑아 응답결과를 검토해서 질문지의 타당성을 검토하는 것이다.

③ 용어의 선택과 주의점

ㄱ 쉽고 정확한 용어를 사용하여야 한다.

ㄴ 특히 조사대상이 각계각층에 산재해 있다면 가장 낮은 학력층도 이해할 수 있도
록 하여야 한다.

ㄷ 전문용어나 여러 가지 의미로 사용될 수 있는 용어는 구체적 의미를 밝히도록 한다.

ㄹ 가치중립적 용어를 사용하도록 한다.

ㅁ 조사표 전체가 중립적이어야 한다.

ㅂ 응답자의 처지를 반영하는 질문은 삼가야 한다.

④ 어구 구성상 유의점

구분	내용
편의된 질문	응답자들에게 어떤 답을 하도록 유도하여 부정확한 정보를 얻게 된다.
세트응답	일련의 질문들이 내용에 상관없이 일정한 방향으로 응답되어지는 경향에 주의하도록 한다.
유도질문	응답자에게 연구자가 어떤 특정한 대답을 원하고 있다는 것을 보여주는 질문을 하지 않도록 한다.
위협적 질문	불법적이거나 비도덕적인 행위에 관한 질문 또는 사회윤리에 크게 벗어나지는 않았으나 죄의식을 가지고 토론되는 질문들을 하지 않도록 한다.
겹치기 질문	하나의 질문문항 속에 두 개 이상의 질문이 내포되어 있는 질문을 하지 않도록 한다.

설문지 회수율을 높이는 노력으로 적절하지 않은 것은?

① 독촉편지를 보내거나 독촉전화를 한다.
② 겉표지에 설문내용의 중요성을 부각시켜 응답자가 인식하게 한다.
③ 개인 신상에 민감한 질문들을 가능한 줄인다.
④ 폐쇄형 질문의 수를 가능한 줄인다.

 TIP

폐쇄형 질문은 개방형 질문보다 응답자의 동기가 약해도 가능하며 대답 내용도 드러나는 정도가 약해서 응답거부가 적어진다.

❮정답 ④

③ **주제 확인** … 조사자는 본격적인 질문에 앞서 호감을 줄 수 있는 대화를 하기 때문에 순간적으로 애매한 대화가 될 수 있는데 이 때 다시 한 번 주제의 중요성을 인식시키고 확인하는 것이 바람직하다. 전화조사를 통한 자료를 수집할 때 조사자의 기만행위를 파악하기 위해 시장조사 진행자는 검증(validation)의 절차를 거쳐야 한다. 응답자는 응답자의 중요성을 감안하여 확인하는 것이라 해도 한 번 대답해 준 내용에 대해 재차 묻는다면 조사자를 불신하는 태도를 보이게 된다.

④ **전화조사자의 요건** … 전화조사는 상대방에게 목소리를 전달해야 하므로 전화조사자의 목소리는 매우 중요한 요소에 해당한다. 그러므로 조사자 선발시 직접면담 뿐만 아니라 전화상의 목소리도 시험을 해 보아야 할 것이다. 전화조사원이 처음부터 훈련을 체계적으로 받지 않았던 사람이더라도 기존에 유사한 서비스업에서 종사하던 사람을 조사원으로 선별할 수도 있다. 즉 특별히 시험을 통해서 선별하기는 어렵지만 객관적인 자료라고 할 수 있는 전(前) 직장에서의 종사경험을 토대로 선별하는 것이 좋다.

(4) 기타 전화조사

① **컴퓨터를 이용한 전화조사**(CATI ; Computer Assisted Telephone Interviewing) … 컴퓨터를 이용하여 실시하는 전화조사로 컴퓨터를 이용하여 표본추출을 정교하게 할 수 있고 표본추출방법을 다양하게 사용할 수 있다. 복잡한 구조의 질문은 분기를 자동으로 할 수 있게 하여 조사자의 실수를 막아주며, 응답항목의 순서를 자동으로 순환하게 한다.

② **VMS를 이용한 조사** … 컴퓨터를 이용하여 자동으로 전화를 걸어 미리 녹음된 목소리로 질문하고, 응답자가 전화기의 해당번호를 눌러 응답하게 하는 방식이다.

---

section **3** 우편조사

(1) 우편조사의 의의

① **우편조사의 개념** … 설문지 우송대상자 선정을 표본추출방법에 따라 선택하여 조사표를 송달·회수하여 조사하는 방법으로 우송조사라고도 한다. 우편조사는 응답자에게 설문지 내용의 이해, 정확한 작성, 동봉한 설문지의 반환 모두를 요구하고 있다.

② **우송목록의 작성**
  ㉠ 목록은 정보의 통합이 가능하도록 카드화한다.
  ㉡ 직책명보다 개인명으로 설문지를 우송한다.
  ㉢ 정보수집의 오류를 미연에 방지한다(대상의 누락, 오래된 신빙성 없는 목록 등).
  ㉣ 체계적으로 표본을 선정한다.

메모 & 확인문제

다음 중 전화조사에서 무응답 오류의 의미로 옳은 것은?

① 데이터 분석에서 나타나는 오류
② 부적절한 질문으로 인하여 나타나는 오류
③ 응답자의 거절이나 비접촉으로 나타나는 오류
④ 조사와 관련 없는 응답자를 선정하여 나타나는 오류

 TIP

전화조사는 상대방과의 비대면 접촉이므로 언어의 정제된 사용이 중요하다. 응답자의 상황을 모르는 상태에서 일방적인 질문만 하면 응답거부와 잘못된 응답을 유발할 수 있기 때문이다. 즉, 응답자의 거절이나 비접촉 오류를 무응답 오류라고 한다.

〈정답 ③

(2) 우편조사의 장·단점

구분	내용
장점	• 단시간 내에 광범위한 조사가 가능하다. • 무기명조사의 경우 무기명의 납득이 쉽다. • 면접자에 의한 영향이 적다. • 접근이 어려운 사람에도 가능하다. • 개별면접법보다 비용이 저렴하나 전화면접이 가능한 경우에는 전화조사가 저렴하다. • 면접조사방법으로는 구하기 힘든 답을 구할 수 있다. • 지시를 적절하게 하면 복잡한 척도도 가능하다.
단점	• 회수율이 낮다(20~40%). • 비교적 낮은 대표성을 가진다. • 응답자가 이해하지 못할 때 보충설명을 할 수 없다. • 우편대상 주소록의 작성상의 난점이 발생한다. • 무자격응답에 대한 통제가 불가능하다. • 수집기간이 오래 걸려 오차요인이 발생한다.

(3) 응답률을 높이는 방법

① 방법
　㉠ 엽서, 신문광고, 전화를 이용하여 사전예고를 한다.
　㉡ 설문지 발송 후 기타 방법을 통한 계속적인 노력을 하여야 한다.
　㉢ 인센티브를 지급하도록 한다.

② 응답률에 영향을 미치는 요소

구분	내용
응답으로의 유인	• 응답자에게 명목적 현금이나 기념품을 제공한다. • 연구의 중요성을 설명하여 의협심에 호소한다(가장 효과적). • 응답자의 선의에 호소한다.
우송 방법과 유형	반송주소가 기재되고 반송우표가 부착된 반송봉투를 첨부시킨다.
설문지의 형식	• 설문지의 내용에서 사생활이나 사회적 논쟁거리 같은 상세한 질문은 피한다. • 설문지의 길이가 긴 것보다는 짧은 것이 회수율이 높다.
표지편지	연구기관과 연구의 목적, 응답과 반송의 필요성, 응답내용의 비밀보장 등의 내용을 담고 있어야 한다.

메모 & 확인문제

설문지의 문항을 조사자가 읽어주고 응답자의 대답을 기록하여 자료수집을 하는 기법이 아닌 것은?
① 전화조사
② 우편조사
③ 면접조사
④ 집단면접조사

 TIP

우편조사법은 응답자가 우편으로 발송된 설문지에 응답하도록 한 후 이를 반송용 봉투를 이용하여 회수함으로써 자료를 수집하는 것이다.

❮정답 ②

② 오차의 유형

구분	내용
체계적 오차	• 측정대상이나 측정과정에 대하여 체계적으로 영향을 미침으로써 오차를 초래하는 것을 말한다. • 자연적·인위적으로 지식, 신분, 인간성 등의 요인들이 작용하여 측정에 있어 오차를 초래한다.
무작위적 오차	• 측정대상·상황·과정·측정자 등에 있어 우연적·가변적인 일시적 형편에 의하여 측정결과에 영향을 미치는 측정상의 우연한 오차이다. • 사전에 알 수도 없고, 통제할 수도 없다.

③ 오차 구분

구분	종류
측정자에 의한 오차	• 측정자의 가변성에 의한 오차 • 면접자에 의한 보고에 의한 오차 • 2인 이상 면접자 간의 의견차이에 의한 오차 • 측정자의 편의(bias)에 의한 오차
시간·공간적 제약에 의한 오차	• 표본의 지역적 제약성에 의한 오차 • 전체 측정 모집단의 시간적 불안정성에 의한 오차 • 표본의 시간적 부적합성에 의한 오차
인간의 지적 특수성에 의한 오차	• 기억의 한정성에 의한 오차 • 인간의 본능성에 의한 오차 • 피측정자의 측정분야에 대한 지식의 결여에 의한 오차
측정대상과 관련된 오차	• 자료의 부족과 무응답으로 인한 모집단의 특성을 정확히 알 수 없는 경우에 의한 오차 • 실험이 불가능한 경우에 의한 오차 • 연구자료에 대한 부적합한 표본에 의한 오차 • 자료자체의 중요한 결점에 의한 오차 • 자료의 크기로 인한 관찰의 불가능에 의한 오차 • 자료의 입수가 원만하지 않은 경우에 의한 오차 • 산만성이 심한 경우에 의한 오차

section 2 척도

(1) 척도의 의의

① **자료와 척도**… 자료는 수치로 나타낼 수 있는 양적 자료와 수치로 나타낼 수 없는 질적 자료로 구분된다. 자료는 다음 표에서처럼 그 특성에 따라 척도의 사용이 달라진다.

구분		내용
양적 자료	이산형 자료	셀 수 있는 수치만을 갖는 자료 (예 자녀 수, 컴퓨터 수 등)
	연속형 자료	연속적인 값을 취할 수 있는 자료 (예 키, 무게, 온도 등)
질적자료		질적자료는 원칙적으로 숫자로 표시될 수 없는 자료 (예 만족도, 혼인 여부 등)

>>> **자료의 특성에 따른 척도의 차이**

② **척도의 정의**… 척도란 측정을 위한 장치 또는 도구나 방법을 말하며 일정규칙에 따라 측정대상에 적용할 수 있는 숫자나 기호를 부여하는 것을 의미한다.

③ **척도의 표현**

구분	내용
지수	척도와 동일한 개념으로 복합적인 특성을 갖고 있는 개념을 양적으로 측정하기 위해서 고안된 다수의 지표를 하나로 묶어 단일 수치로 표현한 것
지표	하나의 개념을 측정한 값

④ **척도의 특성**

ⓒ 자료의 복잡성을 감소시켜 줄 수 있다.

ⓒ 복수지표로 구성된 척도는 단일지표를 사용할 때보다 측정오류가 적고, 타당도·신뢰도가 높다.

30 조사통계를 위해 일반적으로 사용하는 프로그램은?

① Power Point
② SPSS
③ Oracle
④ SQL Server

 TIPS!

통계량(Statistic)은 표본의 특성 또는 측도(measure)에 대한 요약된 기술이다. 표본통계량은 모집단 모수의 추정치로서 이용된다. 모수(Parameter)는 표적모집단의 일정한 특성(Characteristic) 또는 측도에 대한 요약된 기술이다. 일반적으로 조사통계를 위해 사용하는 프로그램은 SPSS라고 불린다.

31 다음 중 확률표본추출방법이 아닌 것은?

① 편의표본추출법
② 전화면접법
③ 우편면접법
④ 역할면접법

TIPS!

① 편의표본추출법은 비확률표본추출방법이다. 비확률표본추출방법의 종류에는 편의표본추출법, 판단표본추출법, 할당표본추출법 등이 있다.

32 전화번호부에 의한 표본추출방법에 관한 설명으로 틀린 것은?

① 전화번호부에 표시된 지역구분보다 행정적인 경계로 표본단위를 정하는 것이 좋다.
② 가나다순으로 된 전화번호부에서 표본을 추출할 때 체계적으로 하되 중복되지 않게 한다.
③ 맨 앞이나 맨 끝은 가능한 피하는 것이 좋다.
④ 최초의 목적이나 하나의 규정이 있으며 그대로 계속하는 것이 좋다.

TIPS!

① 전화번호부에서 지역적 표본추출을 할 경우 행정적인 경계 대신에 전화번호부에 표시된 지역구분에 따라 지역별 표본단위를 정하는 것이 좋다.

Answer 27.② 28.② 29.③ 30.② 31.① 32.①

03

텔레마케팅 관리

01 텔레마케팅 일반

02 조직관리

03 인사관리

04 성과관리

05 기출예상문제

01 텔레마케팅 일반

section 1 텔레마케팅의 이해

(1) 텔레마케팅의 기초 ★

① 텔레마케팅의 개념

　㉠ 텔레마케팅(telemarketing)은 텔레커뮤니케이션(telecommunication)과 마케팅 (marketing)을 합성한 용어로 고객과의 1대 1 커뮤니케이션을 통하여 고객유지, 고객만족향상, 신규고객 확보를 실현하는데 사용되는 마케팅 수단이다.

　㉡ 텔레마케팅은 고객의 특성, 욕구, 행동 등을 체계적으로 분석한 고객정보를 바탕으로 전화, 인터넷 등의 정보수단을 이용하여 판촉활동, 고객상담, 주문 및 예약접수 등의 마케팅활동을 수행하는데, 이러한 텔레마케팅 업무를 수행하는 사람을 텔레마케터(telemarketer)라고 한다.

　㉢ 텔레마케팅이란 용어는 1970년대에 미국에서 처음 등장하였는데 이때의 텔레마케팅 개념은 전화로 상품구매를 추천하거나 상품에 대한 고객의견을 수집하는 활동인 것으로 좁게 해석되었다.

　㉣ 컴퓨터의 보급이 급격히 빨라지고, 발전된 컴퓨터 기술이 텔레마케팅에 도입되기 시작하면서 기업은 자신의 고객이나 잠재고객에 대한 정보를 보다 쉽게 얻을 수 있게 되었으며, 이를 통해 계획적이고 직접적인 마케팅활동을 수행할 수 있게 되었다.

> **POINT** 텔레마케팅 … 고객을 직접 만나지 않고도 전화나 컴퓨터 등 정보통신 수단을 이용해 매출액을 늘리고 고객 만족을 실현하려는 종합적인 마케팅활동이다. 전화, 팩시밀리가 대표적인 텔레마케팅 수단이다. 그러나 전화교환기 워크스테이션 등의 하드웨어 제조, 프로그램 개발, 교육, 컨설팅업 등도 넓은 의미의 텔레마케팅 산업에 포함된다. 따라서 고객에게 전화를 걸어 판촉활동을 하는 단순 통신판매보다 포괄적인 개념이다.

② 텔레마케팅의 의의

　㉠ 현대사회는 다각도로 변화되고 있다. 따라서 기업의 꽃으로 불리는 마케팅기법은 사회, 경제, 기술, 문화적 변화와 밀접한 관계를 가지고 발전되어 왔다. 또한 컴퓨터와 전기·통신기술들의 급속한 발전과 함께 소비자들의 의식과 소비형태도 다양화되고 또 편의주의적 경향을 띠게 됨에 따라 기업의 마케팅 전략도 변화하고 있다.

　㉡ 특히 전화와 컴퓨터의 급속한 발전은 기존의 마케팅방법에 이러한 정보통신 수단을 활용토록 하고 있는데 이렇게 새로운 전기통신수단이나 정보처리수단을 이용하는 마케팅 기법들을 가리켜 텔레마케팅(telemarketing)이라고 한다.

ⓒ 텔레마케팅(telemarketing)이란 용어는 1970년대에 미국에서 처음으로 등장하였는데 이때의 텔레마케팅의 개념은 전화로 상품구매를 권유하거나 상품에 대한 소비자들의 의견을 수집하는 오늘날의 통신판매 정도였다. 따라서 당시 텔레마케팅이라는 용어는 전화(telephone)와 마케팅(marketing)의 합성어를 의미했다.

ⓔ 컴퓨터의 발달과 함께 컴퓨터 기술이 이러한 텔레마케팅에 활용되면서 기업은 고객 명단을 컴퓨터에 입력하여 고객에게 필요한 상품정보를 우편으로 보내고 전화를 통해 계획적이고 직접적인 마케팅 활동을 수행할 수 있게 되었다.

ⓜ 오늘날의 텔레마케팅은 컴퓨터로 고객관리하고 전기통신수단을 통해 고객의 의견을 수집하거나 고객에게 필요한 정보를 제공하는 것을 의미한다. 이러한 점에서 오늘날의 텔레마케팅이라는 용어는 전기통신(telecommunication)과 마케팅(marketing)의 합성어라 하겠다.

③ 텔레마케팅의 정의

ⓖ 텔레마케팅(telemarketing)은 마케팅활동에 쌍방향성의 전기통신장치를 이용하여 비용절감과 능률의 향상을 기하는 다이렉트 마케팅의 한 분야이다. 즉, 마케팅 목표달성과 효율성을 높이기 위해 고객정보를 바탕으로 전화를 체계적으로 활용하는 다이렉트 마케팅 기법이다.

ⓛ 텔레마케팅의 '텔레(tele)'는 텔레폰(telephone)이 아니라 텔레커뮤니케이션(telecommunication)의 의미이다. 즉, 텔레마케팅은 일반가정의 보통전화기부터 ARS, VMS 등의 음성정보통신, 팩시밀리나 화상전화 등의 화상정보통신, PC통신, 위성통신, VAN 등의 새로운 텔레커뮤니케이션 기술까지 포함한 통신수단을 활용한 마케팅을 의미한다.

ⓒ 최근에는 전기통신수단과 정보처리수단이 결합하여 텔레마티크(telematique)라는 새로운 용어가 탄생했으며 이러한 텔레마티크 현상에 의해 나타나는 미디어는 우리가 흔히 정보화 사회의 미디어로 간주하는 비디오텍스나 케이블 TV, 음성정보서비스, 멀티미디어, 종합정보 통신망 등을 지칭하고 있다.

ⓔ 앞으로의 마케팅은 텔레마티크 도구들을 활용하기 시작하고 있으며 앞으로 텔레마케팅이란 용어는 텔레마티크(telematique)와 마케팅(marketing)의 합성어로 정의될 것이다. 다시 말해 텔레마티크 마케팅이 정보화 사회의 최첨단 마케팅 기법이라는 것이다.

ⓜ 비디오텍스(videotex), 케이블 TV, 음성정보서비스나 멀티미디어를 마케팅에 활용하는 것으로 점차 이러한 뉴 미디어의 마케팅 활용은 우리의 상상을 초월하는 혁명적인 기법으로 나타나게 될 것이다.

>>>**텔레마케팅의 전개과정**

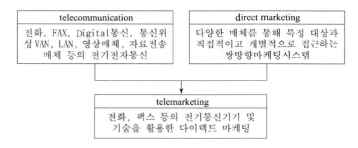

telecommunication	direct marketing
전화, FAX, Digital통신, 통신위성 VAN, LAN, 영상매체, 자료전송 매체 등의 전기전자통신	다양한 매체를 통해 특정 대상과 직접적이고 개별적으로 접근하는 쌍방향마케팅시스템

telemarketing
전화, 팩스 등의 전기통신기기 및 기술을 활용한 다이렉트 마케팅

④ 텔레마케팅의 특성

　㉠ 시간의 절약이 가능하다.

　㉡ 공간과 거리의 장벽을 극복할 수 있다.

　㉢ 유용한 고객정보를 효과적으로 수집할 수 있다.

　㉣ 데이터베이스(DB)를 기반으로 마케팅활동을 수행한다.

　㉤ 텔레마케팅은 고객과의 관계를 중시한다.

(2) 텔레마케팅 활용 ★★

① 텔레마케팅의 활용효과

　㉠ 전화를 통한 마케팅활동이 인적판매보다는 비용이 적게 소요되기 때문에 판매비용을 절감할 수 있다.

　㉡ 광고, 판매촉진, 직접우편과 같은 다른 마케팅 매체를 보완하여 고객반응을 유도한다.

　㉢ 전화와 같은 직접적인 커뮤니케이션 매체를 이용하여 고객에게 서비스를 제공함으로써 기업이미지를 제고할 수 있다.

　㉣ 매체광고와는 달리 고객반응을 직접적으로 파악하고 이에 대응할 수 있으며, 고객과의 상호작용을 통해 대 고객 서비스 향상과 유연한 고객관리가 가능하다.

　㉤ 매체광고와는 다르게 24시간 실시간으로 제품과 서비스에 관한 정보를 제공할 수 있다.

　㉥ 고객의 욕구를 파악하기 위한 시장조사도구로 활용할 수 있다.

　㉦ 직접방문에 비해 시간과 비용을 절감할 수 있어 상품판매와 서비스 제공 등에서 생산성을 제고할 수 있다.

② 텔레마케팅의 종류

　㉠ 텔레마케팅은 다양한 관점에서 분류할 수 있다. 일반적으로 전화를 거는 주체가 누구냐에 따라 인바운드 텔레마케팅(Inbound telemarketing)과 아웃바운드 텔레마케팅(Outbound telemarketing)으로 구분된다.

ⓛ 인바운드 텔레마케팅(Inbound telemarketing)은 고객이 외부에서 기업으로 전화를 거는 경우를 말하며, 이는 고객의 능동적인 참여를 전제로 하고 있다.

ⓒ 아웃바운드 텔레마케팅(Outbound telemarketing)은 기업이 고객이나 잠재고객에게 전화를 걸어 적극적으로 마케팅활동을 실행하는 것을 말한다.

③ 텔레마케팅과 전화세일즈

ㄱ 텔레마케팅에 대한 오해는 상당히 강하다. 즉, '텔레마케팅은 전화세일즈'라는 인식이 지배적이다. 하지만 텔레마케팅은 전화를 단순히 판매수단으로 인식하는 텔레폰세일즈(Telephone sales)에서 한 차원 높여 전화는 판매수단일 뿐만 아니라 기업목표 달성을 지원하는 구성요소로서 그 역할과 활용영역의 범위를 넓힌 것이다.

ㄴ 일반적으로 텔레폰세일즈와 텔레마케팅은 혼용해서 사용한다 해도 크게 잘못되었다고 말할 수는 없다. 왜냐하면 '전화를 이용한 마케팅'이나 '전화를 통해 상품을 판매하는 것'처럼 전화가 단순히 상품판매를 위한 도구라는 인식에서 판매를 위한 통신수단일 뿐만 아니라 마케팅의 구성요소로서 개념이 확장ㆍ발전된 것이기 때문이다.

>>> 텔레마케팅과 전화세일즈의 비교 ★

구분	텔레마케팅	전화세일즈
전화이용목적	마케팅 도구	판매 도구
지향점	고객지향, 서비스지향	판매자지향, 판매지향
시스템	체계적, 장기적, 반복적	단기적, 불연속적
매체 믹스	매스미디어 및 DM 등 다른 매체와 연동실시	전화단독이나 DM과 병행실시
고객 관리	DB개발, 유지관리	리스트의 입수, 구입
실시 형태	Inbound/Outbound 조화	Outbound 지향
리스트	내부리스트 위주	편집리스트 위주
고객 반응	일반적으로 우호적	일반적으로 냉담

다음 중 텔레마케팅에 대한 내용으로 옳지 않은 것은?

① 텔레마케팅은 시스템적으로 보면 장기적이고, 반복적이다.
② 텔레마케팅은 판매지향적은 성격을 띠고 있다.
③ 텔레마케팅은 인바운드 및 아웃바운드의 조화를 이룬다.
④ 텔레마케팅은 내부리스트 위주로 진행하게 된다.

텔레마케팅은 고객지향 및 서비스 지향이라는 성격을 띠고 있다. 반면에 전화세일즈는 판매지향적인 성격을 띠고 있다.

◀ 정답 ②

section 2 텔레마케팅의 분류

(1) 개념적 설명 ★

① 획기적인 정보처리기술과 전기통신기술의 결합으로 나타난 텔레마티크 (telematique)는 기존의 미디어(신문, 잡지, 방송 등)가 정보처리과정을 거치면서 나타나는 현상으로, 이들은 새로운 미디어들로 구체화된다. 말하자면 전화의 기능과 TV의 기능이 결합하여 videotex라는 새로운 미디어가 탄생하는데 이러한 미디어의 결합은 정보처리과정을 거치기 때문에 가능한 것이다.

② videotex는 우리나라에서는 아직까지 그리 크게 보편화되었다고 할 수 없지만 미국이나 유럽 등에서는 상당한 수준으로 보급되어 있다. 프랑스의 미니텔(minitel)이나 미국의 Prodigy, 그리고 우리나라의 천리안이나 하이텔이 이러한 videotex의 단말기의 실례라 할 수 있다. 뿐만 아니라 뉴 미디어에는 Fax나 teletex 혹은 CATV 등도 포함되는데 이들은 점점 더 중요한 마케팅 미디어로 부각되고 있다.

③ 텔레마케팅은 그 대상에 따라 기업대상 텔레마케팅(Business to Business telemarketing)과 소비자대상 텔레마케팅(Business to Consumer telemarketing)의 두 가지로 분류할 수 있는데, 기업대상 텔레마케팅은 텔레마케팅 시스템을 도입한 기업이나 텔레마케팅 대행사가 다른 기업을 상대로 마케팅 활동을 벌이는 것을 의미하며 소비자대상 텔레마케팅은 일반대중을 상대로 마케팅 활동을 전개하는 것을 말한다.

④ 텔레마케팅 활동은 전화나 videotex 등을 통하여 전개할 수 있는데 기업이 고객이나 잠재고객에게 전화를 걸거나 videotex에 상품정보와 관련된 메시지를 발송하는 것을 아웃바운드 텔레마케팅(Outbound telemarketing)이라 하고, 반대로 고객이 기업이나 텔레마케팅센터에 전화를 걸거나 기업의 음성정보서비스(TRS), 혹은 videotex 고객 코너란에 메시지를 보내는 것을 인바운드 텔레마케팅(Inbound telemarketing)이라고 한다.

⑤ 마케팅의 주체가 되는 기업이 능동적으로 마케팅 활동을 벌이는 것과 수동적으로 고객에게서 오는 메시지를 받는 것으로 나눌 수도 있다는 점에서 능동적 텔레마케팅(Active telemarketing)과 수동적 텔레마케팅(Passive telemarketing)으로 분류되기도 한다.

⑥ 텔레마케팅의 수행방법은 첫째 내부의 직원에게 맡겨 기업이 직접 수행하는 방법, 둘째 전문텔레마케팅 대행사에 위탁하여 수행하는 방법, 셋째 전문대행사의 도움을 받아 회사 내부에 텔레마케팅센터를 설치하여 수행하는 방법 등이 그것이다. 이러한 텔레마케팅 수행방법의 선택은 마케팅의 단계나 종류 또는 수행비용과 밀접한 관계를 가지고 있다.

(2) 텔레마케팅의 분류 ★

```
        시장(market)
            ↓
    마케팅(marketing) ┬ 매스 마케팅 : 신문광고, 잡지, TV, 라디오 등
                      └ 다이렉트 마케팅 ┬ 대인마케팅 : 통신판매(대중매체), 카탈로그 판매(우편)
                                        └ 텔레마케팅 : 우편마케팅, 전화마케팅,
                                                      비디오텍스마케팅, 기타 뉴미디어마케팅
```

① 기존의 마케팅과 다이렉트 마케팅과의 차이는 광고의 개념으로 설명할 수 있다. 전통적 광고와 달리 다이렉트 마케팅은 많은 투자를 필요로 하지 않는다. 전통적인 광고는 대중이 메시지를 인식하고 기억하며 또 설득을 당해야 하기 때문에 초기에 상당한 투자가 요구된다. 그리고 비용이 많이 들더라도 계속 메시지를 반복해야 한다.

② 다이렉트 마케팅은 지금까지의 판매방식, 즉 대중매체와 함께 발전해 온 매스마케팅과 달리 생산자와 소비자 간에 1대 1의 판매방식으로 이루어지는 마케팅활동을 의미한다.

③ 다이렉트 마케팅은 소비자 집단을 세분화하여 소비자를 직접 만나고 우편 또는 전화를 통해 상품을 소개하고 주문을 받고 고객관리를 하며 소비자의 기호나 성향에 관한 정보를 획득하여 거기에 맞는 개별적인 상품의 생산과 판매를 위주로 하는 마케팅 활동이라 할 수 있다.

(3) 대상에 따른 분류 ★

① B to C Telemarketing

㉠ 상품이나 서비스를 직접 사용할 일반소비자를 대상으로 하는 텔레마케팅 활동을 말한다. 대부분의 텔레마케팅이 일반소비자를 대상으로 하는데 특히 기업체 내에 근무하는 일반직원들을 상대로 하는 마케팅도 소비자 텔레마케팅에 속한다.

㉡ PC통신이나 videotex를 통해 정보통신 관련분야에 종사하는 소비자에게 접근하는 것도 소비자 텔레마케팅이며, 대부분의 텔레마케팅이 소비자 텔레마케팅 활동에 속하므로 텔레마케팅의 일반적 특징이 소비자 텔레마케팅의 특징이라고 할 수 있다.

② B to B Telemarketing

㉠ 상품이나 재화를 구매하여 이를 제조활동 및 일반업무에 사용하거나 재판매하는 업체를 대상으로 텔레마케팅 활동을 하는 것을 말한다. 이는 산업체별·기능별·내용별로 시장이 다시 세분화되기도 한다.

㉡ 세분화된 경우에는 소비재를 텔레마케팅할 때와는 달리 보다 적절한 처리절차와 통제장치가 필요하며 일반 소비자를 대상으로 할 때보다 제품에 대하여 보다 자세하고 정확하게 알고 있어야 할 뿐만 아니라 고객이 경험이 많고 합리적인 조직력에 의해 의사결정을 한다는 사실에 특히 주목해야 한다.

ⓒ 기업체 텔레마케팅은 대규모로 이루어지기 때문에 마케팅 회사 자체의 조직력을 활용하는 것이 유리할 때가 많다. 또 회사 내의 모든 물품은 관리과나 재무과 등에서 취급하므로 이러한 조직구조를 사전에 잘 파악해 두는 것도 필요하며 조직에서 자리이동이 심할 경우에는 자리 자체가 고객이 되므로 인수·인계관계를 면밀히 분석해야 한다.

POINT ※ B2C(Business To Consumer) : 기업이 제공하는 물품 및 서비스가 소비자에게 직접적으로 제공되는 거래 형태를 의미한다.

※ B2B(Business to Business) : 기업과 기업 사이에 이루어지는 전자상거래를 의미한다.

※ B2G(Business to Government) : 인터넷에서 이루어지는 기업과 정부 간의 상거래를 말한다. 여기서 G는 단순히 정부뿐만 아니라 지방정부, 공기업, 정부투자기관, 교육기관 등을 의미하기도 한다.

③ B to C 대 B to B

㉠ Business to Consumer

ⓐ B to C 텔레마케팅의 시간대

- 최근에는 가정주부의 라이프스타일이 변해서 재택률이 낮아지고 있으며 특히 평일의 부재율이 대단히 높아지고 있다.

- 따라서 B to B와는 달리 오후 5~6시 이후의 야간이나 토·일요일, 공휴일에 전화를 거는 경우도 증가하고 있다. 그러나 밤 시간이라고 할지라도 9시 이후에 전화를 거는 일은 삼가야 할 것이다.

ⓑ B to C Script의 특징

- 업계에서 일반적으로 사용하는 용어인 경우에도 고객에게는 생소하고 의미가 잘 전달되지 않는 경우가 많다. 따라서 전문용어나 업계용어는 가급적 피하고 일반인 누구라도 쉽게 사용하고 이해할 수 있는 단어를 사용해야 한다.

- 또 야간이나 공휴일에 전화를 거는 경우에는 실례한다는 양해를 구하는 인사를 하고 시간을 할애해 줄 수 있는지를 물어 상대방의 허락을 받은 후에 본격적인 통화를 해야 한다.

㉡ Business to Business

ⓐ B to B 텔레마케팅의 시간대

- B to B 텔레마케팅은 고도의 어플리케이션 영역이다. 실시에 있어서 리스트나 DB정보를 가지고서 대표번호로부터 교환대를 통해 수백 명의 종업원 중에서 특정 담당자에게 도달해야 하는 경우도 있다.

- B to B는 통상의 경우 상대기업의 업무시간에 전화를 걸어야 한다. 업무시간은 오전 9시부터 오후 5시가 일반적이며 늦어도 오후 6시까지가 한계시간으로 볼 수 있다.

ⓑ B to B Script의 특징

- B to B 텔레마케팅은 기업이 대상이므로 일상적 업무의 하나로서 전화응대를 한다. 따라서 이미지를 훼손시키지 않게 철저히 업무적인 회화를 할 필요가 있다. 또 스크립트를 사용할 때도 단어의 선택에 있어 업계용어와 전문용어를 어느 정도 사용하는 것이 이쪽의 의사를 유연하게 전달하고 상대방이 이해하기가 쉽다.
- B to B script에는 기업의 취급업무, 상품, 서비스에 관해 다소 전문적이고 기술적인 회화내용이 들어가는 경우가 많고 당연히 텔레마케터도 일반소비자를 대상으로 하는 경우보다 더 고도의 지식과 대화기술을 가질 필요가 있다.

(4) 방향에 따른 분류 ★

① 아웃바운드 텔레마케팅

㉠ 전화텔레마케팅에서 유래되어 발신호에서 인용된 것으로 고객 및 잠재고객에게 전화를 걸거나 비디오텍스에 상품정보와 관련된 메시지를 발송하는 형태이다.

㉡ 기업은 고객에 대한 데이터베이스를 철저히 관리하여 판촉 뿐 아니라 고객관리 용으로 충분히 활용하여야 한다.

② 인바운드 텔레마케팅

㉠ 전화텔레마케팅에서 유래되어 착신호에서 인용된 것으로 고객이 외부에서 기업이나 기업내부의 텔레마케팅 센터로 전화를 하는 경우로 고객의 능동적인 참여를 전제로 한다.

㉡ 우리나라의 경우 클로버서비스가 대표적이며, 전화요금이나 비디오텍스 이용요금을 회사가 부담하는 착신자 요금제도로 활용되고 있다.

(5) 인 하우스(In-house)와 대행사(TM Agency) ★

① In-house

㉠ 일반업체가 텔레마케팅 도입을 결정할 때 전문대행사에 맡기지 않고, 내부에서 수행(In-house)하는데 이는 회사 내에서 마케팅직원을 선발하여 텔레마케팅 업무를 수행하게 하는 것을 말한다.

㉡ 내부직원을 선발하여 업무를 수행하게 하는 것은 나름대로 장·단점이 있기 때문에 그 수행시기나 비용에 따라 적절히 결정해야 하며, 텔레마케팅 활동을 어떻게 전개할 것인가에 따라 전담직원의 교육과 배치에도 신중한 계획을 세워야 한다.

㉢ In-house의 장점

ⓐ 텔레마케팅을 회사 내의 마케팅부서 직원이 직접 담당하도록 하는 것은 기업의 상품과 기업 내의 사정을 잘 알고 또 마케팅 기술을 가진 직원을 직접 활용할 수 있다는 점에서 큰 장점을 가지고 있다.

ⓑ 고객이나 잠재고객이 요구하는 정보나 질문에 즉시 응답할 수 있고, 고객을 리드하면서 마케팅을 수행할 수 있으며, 나아가 텔레마케팅이 수행되는 동안 기업은 언제든지 자신의 환경이나 상황변화에 따라 마케팅활동을 직접 통제할 수 있다.

ⓔ In-house의 단점

ⓐ 회사 내에 고정인력을 배치하여 고정된 포스트와 업무를 부여하고 텔레마케팅에 관한 정기적인 교육훈련을 시키는 것은 재정적 지출의 부담을 가져다 줄 수 있다. 이러한 텔레마케팅 활동을 지속적으로 수행할 필요가 없는 경우, 다시 말해 1년에 한 번이나 두 번 정도 수행할 경우에는 회사가 부담해야 할 비용이 전문대행기관에 맡기는 것보다 더 클 수가 있다.

ⓑ 텔레마케팅은 상당한 전문성이 요구되는 영역이다. 원고의 작성에도 치밀한 교육과 풍부한 경험이 요구되며 이를 수행하기 위해서도 이용하는 미디어의 특성을 잘 파악해야 한다. 따라서 기업 내부에 이 같은 준비를 할 수 있는 사람을 상존시키는 것은 과다한 비용을 초래시킬 수 있다.

ⓜ In-house의 시기

ⓐ 텔레마케팅에 의한 고객과의 접촉이 규칙적으로 이루어져야 한다고 판단될 때는 새로운 상품이 개발되었을 때나 마케팅 전략을 바꾸고자 할 때이다.

ⓑ 텔레마케팅에 관한 기술과 인력을 확보하는 것이 장기적으로 중요하다고 판단될 때와 텔레마케터가 회사 내의 다른 부서와 공동작업을 수행할 수 있을 때인, 즉 텔레마케팅팀이 텔레마케팅 활동을 하지 않을 때에는 다른 부서의 업무에 바로 투여할 수 있는 프로그램을 가지고 있을 때이다.

ⓒ 값비싸고 기술적인 제품의 판매, 전문적인 판촉세일이 필요한 경우나 상품에 대한 특별한 기술 또는 지식이 필요할 때를 말한다.

ⓗ In-house의 비용

ⓐ 텔레마케팅 비용관리 부분에 있어서도 외부대행사에 위탁하는 경우에는 실행결과 보고서와 청구서를 면밀히 검토하는 정도만으로 충분하지만 내부에서 텔레마케팅을 수행하는 경우 원가계산과 관리가 큰 문제가 될 수 있다. 즉, 비용대비효과의 산정이 어렵다.

ⓑ 회사 내의 텔레마케팅팀을 운영하는 것과 전문대행기관에 맡기는 경우, 그리고 회사 내에 텔레마케팅 센터를 설치하고 대행기관의 전문인력 일부를 활용할 경우의 비용들을 비교·분석한 후 결정하도록 한다.

ⓢ In-house에 적합한 상황

ⓐ 텔레마케팅에 필요한 인적·물적 자원이 거의 다 갖춰져 있는 경우

ⓑ 기업비밀인 데이터베이스(database)를 기업 외부에 유출시키기가 싫은 경우

ⓒ 텔레마케팅 노하우(Know-how)를 본격적으로 축적하고 싶은 경우

ⓓ 텔레마케팅을 장기적으로나 정기적으로 실행할 계획인 경우

ⓔ 업무의 성격상 위탁보다는 내부수행이 더 효율적이라 할 수 있는 경우

다음 중 In-house에 적합한 상황으로 보기 어려운 것은?

① 텔레마케팅 노하우를 본격적으로 축적하고 싶은 경우
② 텔레마케팅에 필요한 인적 및 물적 자원 등이 거의 다 갖춰져 있는 경우
③ 기업의 비밀인 데이터베이스를 기업 외부에 유출시키기가 싫은 경우
④ 텔레마케팅을 단기적이나 일시적으로 실행할 계획인 경우

텔레마케팅은 지속적으로 고객과의 관계를 유지해 나가고자 하는 특성이 있다.

〈정답 ④

② TM Agency

　㉠ 일반업체는 텔레마케팅 도입을 결정할 때 매우 중요한 의사결정 문제에 직면하게 된다. 바로 In-house방식이냐 외부의 전문대행사(TM Agency)에 맡기느냐, 아니면 두 가지 방식을 동시에 운용할 것이냐를 결정해야 하는 것이며 이때 신중한 결정을 내려야 한다.

　㉡ 텔레마케팅 임무를 전문대행사에 맡길 때에도 그 장·단점과 시기 및 비용 등을 감안해야 한다. 특히 전문대행사를 선택할 때에는 그 선택요령이 중요하다. 잘못 선택된 전문대행사는 특별한 성과 없이 비용만 발생시키기 때문이다.

　㉢ TM Agency의 장점

　　ⓐ 전문대행사는 텔레마케팅의 각 수행단계마다 특별한 경험을 가지고 있으며 잘 훈련된 직원들을 확보하고 있기 때문에 원하는 목적과 project를 정확히 수행할 수 있다. 또한 결과에 대한 통계처리가 분명하여 신빙성이 높다.

　　ⓑ 특히 전문대행기관은 적절하고 필요한 정보처리시스템을 갖추고 있으며 적용하는 미디어의 특성을 잘 알고 있기 때문에 사업을 신속히 처리하며 빠른 결과를 얻을 수 있다.

　㉣ TM Agency의 단점

　　ⓐ 전문대행사를 이용하는 경우 나쁜 점이라기보다는 불편한 점으로 텔레마케터가 상품이나 서비스에 대한 내용을 정확히 모르고 있는 경우가 많으며 회사의 정책이나 목표를 제대로 모르는 상태에서 업무를 수행하므로 회사 이미지를 왜곡시킬 수 있다.

　　ⓑ 따라서 이들에 대한 사전정보제공이 대단히 중요한데, 이들에게 할 수 있는 정보제공의 방법은 결국 브리핑 정도가 고작이다.

　㉤ TM Agency에 적합한 시기

　　ⓐ 다양한 목적을 가진 여러 회사들이 동시에 판촉을 위해 텔레마케팅을 수행할 때나 계절적 상품판매 또는 판촉세일을 위한 마케팅 활동이 필요할 때이다.

　　ⓑ 단기간에 요구된 모든 프로그램을 정확한 목표에 따라 신속히 수행해야 할 때와 고도의 텔레마케팅 활동으로 전문성을 요한다고 판단될 때이다.

　　ⓒ 내부의 인적 자원에 결함이 있다고 판단될 때와 내부의 인력이나 시설장비등이 당장 텔레마케팅을 수행하는 데 있어 적합하지 않을 때이다.

　　ⓓ 거대한 행정기구 등에서 복잡한 결정 또는 결재를 요구하거나 사후의 감사 등이 문제될 때와 판매상담에 대한 특별한 기술이 필요하거나 잠재고객을 발굴해야 할 때이다.

　㉥ TM Agency의 비용

　　ⓐ 일반적으로 텔레마케팅을 외부기관에 위탁할 때에는 그 비용이 매우 비싸다. 또한 대행기관에 따라 가격차이가 있으며 전문성이나 명성에 좌우되기도 한다. 따라서 수행할 마케팅의 성격에 따라, 그리고 수행프로그램의 단계에 따라 적합한 대행사를 선택해야 한다.

　　ⓑ 수행프로그램은 원고작성, 교육, 실험 등의 준비단계와 텔레마케팅을 실제로 수행하는 단계 및 결과분석단계 등으로 나누어진다.

ⓐ TM Agency에 적합한 상황

ⓐ 사내업무량이 현재도 포화상태이고, 앞으로도 지속적으로 증가가 예상되는 경우

ⓑ 텔레마케팅의 전문지식이나 노하우(Know-how)가 없거나 텔레마케터의 부족과 적절한 인재가 없는 경우

ⓒ 필요장비와 전화회선이 설치되어 있지 않거나 인하우스(In-house) 실시 전에 시험적으로 운영해 보고 싶은 경우

ⓓ 텔레마케팅 실시가 단기적·계절적이거나 다른 목적을 가진 여러 캠페인을 동시에 실시해야 되는 경우

ⓔ 단기에 대량의 수·발신을 처리할 필요가 있거나 짧은 기간에 많은 사람들과 접촉해야 되는 경우

ⓕ 단시간 내에 신상품을 소개하거나 특정시간대나 기간에 폭주하는 수신전화에 대한 응답 및 단기간의 판촉, 이벤트 등이 필요한 경우

ⓖ 휴일이나 야간 등의 시간외 근무체제가 확립되어 있지 않거나 신규투자를 강력히 규제하려고 하는 경우

ⓗ 고급인력, 관리비, 장비 등과 같은 내부자원을 투자하고 싶지 않거나 내부적으로 여력이 없는 경우

ⓘ 가망고객을 적합화하는 아웃바운드(outbound), 판매리드 개발업무의 경우

③ **외부대행사(TM Agency) 도움으로 하는 인하우스(In-house)**

㉠ 외부 전문대행기관(TM Agency)이 텔레마케팅 전략을 마련하여 마케팅 목표를 설정하고 목적에 따라 원고를 작성하는 등 중요하고 전문적인 업무는 전문대행기관의 직원들이 맡는다.

> **▶POINT 아웃소싱(Outsourcing)** … 기업 조직의 업무 일부 프로세스를 경영 효과 및 효율의 극대화를 위한 방안으로 제3자에게 위탁해 처리하는 것을 의미한다. 또 다른 의미로는 외부 전산 전문업체가 고객의 정보처리 업무의 일부 또는 전부를 장기간 운영 및 관리하는 것을 의미하기도 한다.

㉡ 다이렉트 마케팅에 관한 정보나 고객리스트의 작성, 혹은 사전활동으로서의 안내장 발송과 같은 업무는 회사 내부인력이 맡는다. 이 경우에는 텔레마케팅 실무를 경험한 대행사의 인력을 회사 내부에서 활용함으로써 전문지식의 습득과 노하우의 이전을 기대할 수 있다.

㉢ 장점

ⓐ 회사 내부에서 직접 작업을 수행하므로 모든 데이터를 즉각적으로 받아볼 수 있으며, 필요에 따라 순발력 있는 결정도 취할 수 있다.

ⓑ 이러한 방법은 비용문제 등으로 인해 텔레마케팅을 완전히 외부 기관에 맡기고 싶지 않거나 중요한 영업비밀 또는 고객 명단의 유출 등을 방지하기 위해 채택될 수 있다.

㉣ 단점

ⓐ 텔레마케팅을 수행하기 위해 컴퓨터 등의 새로운 장비를 구입해야 하고 또 이들을 계속 관리하는 것도 재정적 부담으로 작용한다.

ⓑ 이러한 작업을 수행할 공간이나 기구 및 조직을 구성해야 하고 회사 내부의 작업자들과 대행사 직원 간에 업무협조와 상호이해 등이 전제되어야 한다.

ⓜ 시기

　ⓐ 이 방법은 점차 텔레마케팅 전담기구를 회사 내에 설치하려는 중소기업들이 간단한 원고작성으로 소기의 텔레마케팅 목적을 달성할 수 있을 때 요구된다.

　ⓑ 특히 고객명단의 리스트와 전화 판매시스템의 도입 등과 같이 텔레마케팅을 일부 운용하거나 이에 대한 노하우의 습득이 필요한 경우에 적합하다.

ⓗ 비용

　ⓐ 텔레마케팅은 내부적으로 수행할 것인지, 외부 대행사에 의뢰할 것인지의 결정은 특정 프로그램을 테스트 해 보는 등의 실제 평가과정을 거친 후에 내리는 것이 바람직하다.

　ⓑ 대행사 직원의 경력이나 능력에 따라 비용이 다르다. 특히 표적고객의 설정, 전략수집능력, 원고작성 등은 상당한 전문지식을 요하므로 작업유형에 따라 비용이 결정되는 것이 일반적이다.

　ⓒ 대행비용은 '통화 수'나 '통화료' 기준으로 결정되는 경우가 많지만, 통화대상지역이 시내인지 시외인지에 따라 다르고, 간단한 설문조사나 리스트클리닝과 같은 기본적인 것인지, 고도로 숙련된 화법을 필요로 하는 업무인지에 따라 다르다.

　ⓓ 제공된 리스트나 내용이 담당부서나 담당자명까지 있는 완전한 리스트인지(B to B의 경우)에 따라서 콜(call)소화량이 달라진다. 또한 주간에 통화불가능 대상자에게는 운영코스트가 달라진다. 즉, 야간이나 토요일 및 일요일 근무임금은 평일보다 높다.

　ⓔ 기획, script 작성비, 집계비용 등의 항목에는 요금기준이 없다. 또한 이상과 같은 대행요금 책정에는 많은 변수가 있으므로, 대행업무의 내용과 조건에 따라서 합의해서 결정해야 할 것이다.

(6) 텔레마케팅의 활용분야 ★★

① 상품주문접수

　㉠ 전화로 상품주문을 받거나 접수하는 일은 오래 전부터 일상적으로 이용되어 왔다. 텔레마케팅(telemarketing)에서는 전화주문뿐 아니라 videotex에 의한 상품주문이나 좌석예약 등을 수행하므로 보다 정확한 data가 빠르게 작성될 수 있다.

　㉡ 고객측면에서도 상품구입 등으로 현장에 직접 나오지 않고서도 업무를 수행할 수 있기 때문에 직접 오지 않는 데에 있어서의 금전적 이익이나 시간적 · 심리적인 이익을 취할 수 있는 장점이 있다.

② 고객서비스

　㉠ 텔레마케팅은 상품과 서비스에 대한 불만처리나 사후 After service로 활용할 수 있다. 텔레마케팅 도구를 이용하여 고객이 느끼는 불편한 점을 파악하거나 질적 개선사항 또는 상품의 After service를 실시함으로써 대(對)고객 서비스를 향상시킬 수 있다.

ⓒ 텔레마케팅은 고충처리 서비스나 애프터서비스를 제공한 후 고객에게 연결판매 (Cross-selling)를 실시함으로써 과거보다 더 가능성 있는 고객을 만들 수 있다.

③ 판매지원

　ⓐ 판매지원은 상품판매나 서비스제공 측면과는 다른 차원에서 텔레마케팅을 활용하는 방법이다. 이는 방문판매원을 텔레마케팅 기법으로 지원하는 것이다.

　ⓑ 이러한 응용서비스에는 방문판매를 위한 스케줄 작성, 공급업자 및 구매자와의 관계유지, 판매에 대한 사후처리활동, 신용관리, 한계고객의 처리 및 판매 등이 포함된다.

④ 고객관리

　ⓐ 텔레마케팅 활용의 가장 이상적인 형태라고 할 수 있는 고객관리는 고객의 생일, 결혼기념일 등을 컴퓨터에 입력하여 자동적으로 축하엽서나 축하전화를 띄우는 초보적인 단계에서 고객의 취향이나 요구사항 혹은 현재상황 등을 연구·분석하여 고객이 필요로 하는 상품과 서비스를 고객의 입맛에 맞게 정확히 제공하는 것까지 포함된다.

　ⓑ 또한 어떤 고객은 전화로, 어떤 고객은 videotex로, 그리고 어떤 고객은 우편으로 관리하는 등 고객에 따라 대응방법을 달리할 수 있기 때문에 효율성을 높일 수 있다. 특히 소비자의 성향이나 기업의 규모 또는 판매량과 입지 등 여러 변수들을 종합적으로 관리함으로써 고객과의 관계가 보다 긴밀하게 유지될 수 있다.

⑤ 정보의 제공

　ⓐ 고객에게 새로운 상품이나 서비스 및 기업이미지를 향상시킬 수 있는 정보를 제공하는 데 텔레마케팅을 활용할 수 있다. 텔레마케팅의 응용분야는 정보통신 수단의 발전과 밀접한 관계를 가지며 소비자의 성향이나 유행에 따라 새로운 응용서비스를 개발할 수 있다.

　ⓑ 텔레마케팅의 형태인 인바운드와 아웃바운드에 따라 그리고 텔레마케팅을 대행사에 맡기는지 아니면 자사가 직접 수행을 하는지에 따라 그 활용범위가 달라지고 있다.

 section 3 국내 텔레마케팅 시장

(1) 텔레마케팅 시장의 구성

① 오퍼레이션 대행을 비롯한 여러 가지 서비스를 제공하고 있는 텔레마케팅 서비스 에이전시가 있다.

② 지사 내에 콜센터를 설치하거나 또는 텔레마케팅 서비스 에이전시에 업무를 위탁하여 지사업무에 텔레마케팅을 활용하고 있는 유지 기업이 있다.

③ 텔레마케팅과 관련된 제품을 취급하는 시스템 벤더가 있다.

메모 & 확인문제

다음 중 텔레마케팅의 활용분야로 바르지 않은 것은?

① 상품주문접수
② 고객서비스
③ 판매 강요
④ 정보 제공

 TIP

텔레마케팅은 판매의 강요가 아닌 소비자들이 제품을 구입할 수 있도록 판매를 지원하는 것이다.

◀ 정답 ③

(2) 텔레마케팅 시장의 현황

① 일본의 경우 전체 텔레마케팅 시장에서 기업 - 고객 간 거래와 기업간 거래비율이 7 : 3으로서 기업간 거래의 비율이 점차 높아지고 있다.

② 금융, 제조, 통신업계의 경우 텔레마케팅의 활용률이 높은 것으로 나타났는데 텔레마케팅 적용업무는 DM카탈로그 발송, 자료청구접수, 주문접수, 상품서비스 안내, 이벤트 내장 촉진의 순으로 나타났다. 이중 DM카탈로그 발송, 영업 어포인트먼트, 고객 상담창구, 기술지원정보제공, 주문접수, 자료접수 등은 증가세를 보이고 있다.

③ 텔레마케팅 서비스 에이전시를 이용하고 있는 기업의 업종 비율은 통신, 제조업, 통신판매업, 금융, 보험, 교육, 출판 순으로 나타났으며, 텔레마케팅 이용 증가세를 보이고 있는 업종으로는 금융, 보험, 제조, 통신 순이다. 특히 최근 급성장을 보이고 있는 이동통신이나 빅뱅을 맞고 있는 금융업계에서 텔레마케팅 활용도가 눈에 띄게 늘고 있다.

(3) 텔레마케팅 시장의 전망

① 텔레마케팅 시장이 급성장하고 있는 것은 기업들의 고객관리와 비용절감 추세가 갈수록 강화되고 있는 데다 인터넷, 인터넷전화, 컴퓨터전화통합(CTI), 고객관계관리(CRM) 솔루션 등 관련기술과 장비개발이 활발하게 추진되고 있기 때문이다.

② 홈쇼핑, 전자상거래 등 새로운 유통채널이 확산, 보급되고 있는 것도 텔레마케팅 산업을 성장시키는 데 기여하고 있다. 텔레마케팅 산업은 이들 산업들과 경쟁관계에 있기도 하지만 보완관계로서의 역할 역시 높아지고 있기 때문이다.

③ 인력확대를 최소화하려는 기업의 고용경향, 생산현장을 기피하고 확실한 성과급을 선호하는 근로자들의 달라진 구직패턴도 텔레마케팅 산업 성장을 부채질하고 있다. 이에 따라 선진국에서는 텔레마케팅 산업이 또 하나의 고부가 성장 IT 서비스 부문으로 이미 번창하고 있다.

section 4 텔레마케팅 도입

(1) 텔레마케팅의 도입

① 1970년대부터 텔레마케팅이 보급되기 시작한 미국의 경우 1980년대 후반 들어 급격한 성장률을 보이기 시작했으며, Fortune지 선정 500대 기업 중 텔레마케팅을 채택한 업체는 1986년 34%에서 1990년 66%로 증가하였다.

② 미국은 텔레마케팅의 활용수단으로 800번 서비스(수신자 요금부담 서비스)가 널리 보급되어 있는데, 이것을 이용하면 전국의 소비자는 통화료 부담없이 손쉽게 주문이나 문의를 할 수 있다.

③ 한국에도 080번 서비스를 도입하는 기업들이 계속 증가하는 추세에 있다. 미국의 대형 소매업체인 J.C Penny 사는 3,000만 명 고객의 성명, 주소, 지금까지의 거래명세 등을 데이터베이스화하여 가지고 있다.

> **POINT** 080 서비스 ⋯ '080' 무료전화는 각 기관이나 기업이 전화로 주문 예약 상담 등을 받을 때 이용하는 서비스. 요금은 전화를 받는 쪽이 내기 때문에 기업용 '수신자요금부담' 서비스라고 할 수 있다.

④ 고객으로부터 주문이나 제품에 관한 문의전화가 오면 오퍼레이터는 고객에 관한 정보와 문의제품에 관한 정보를 컴퓨터 단말기에 호출하여 이와 함께 컴퓨터 화면에 나타나는 대화순서에 따라 고객과 대화를 할 수 있는 시스템을 도입하고 있다.

(2) 텔레마케팅의 도입 배경

① 업무의 생산성과 효율성 재고(기업측 요구)

   ⊙ 기업의 경우 판매원의 인건비가 높아지고 있다는 점에서 들 수 있고, 고객을 설득하여 구매행동을 취하도록 하는 데는 개인적인 접촉이 가장 유리하고 효과적이라는 점에서 필요성을 인식하게 되었다.

   ⓒ 세일즈맨이 하루에 방문할 수 있는 곳은 분명히 한계가 있다. 교통체증에 따른 이동시간의 증가나 상대방의 부재가능성 또는 가망고객을 대면하더라도 상품에 대한 충분한 설명이 어렵다. 미리 전화로 약속된 경우가 아니면 한 명의 가망고객과도 만나기 힘들다.

   ⓒ 이러한 높은 판매원비용을 정당화하기 위해 가망고객을 선별해 내거나, 직접 판매원이 방문하지 않고서도 대면한 것과 같은 효과를 올릴 수 있는 대안으로서 텔레마케팅은 대단히 효과적인 방법이다.

② 고객서비스의 향상(고객측 요구)

   ⊙ 다양한 이유로는 고객들의 기대서비스 수준의 상승을 들 수 있다. 현대의 고객들은 예전보다 훨씬 더 개인적 욕구를 갖는 추세에 있는데, 예를 들어 예전의 10인 1색(十人一色)이 10인 10색(十人十色)으로 변하고, 지금은 1인 10색(一人十色)의 시대로 변하게 되었다.

   ⓒ 이러한 개별고객의 기대에 섬세하게 대응해서 고객만족을 꾀하면서 판매관련 코스트(cost)를 적정한 수준으로 맞추기 위해 텔레마케팅에 의한 대응체제가 불가피하게 되었다.

(3) 텔레마케팅의 도입절차 ★

① 도입결정

   ⊙ 내부조직으로 구성하는 방법

   ⓒ 외부전문가로 구성하는 방법

   ⓒ 자사의 현황 및 경쟁사의 사례연구

ⓐ 전문가의 자문 및 목표달성의 유효성 검토

ⓜ 도입효과 및 소요예산의 파악

② 실행계획

ⓘ 목표대상의 선정

  ⓐ 시장세분화

  ⓑ 고객 데이터베이스의 수집

  ⓒ 시장의 특성 파악

ⓛ 목표설정

  ⓐ 목표설정의 목적

  ⓑ 기업이 추구하는 전략과의 합치

ⓔ 예산설정

  ⓐ 예산 산출

  ⓑ 비용·대비 효과의 산출

  ⓒ 손익분기분석

ⓐ 데이터베이스 구축

  ⓐ 상품정보

  ⓑ 고객의 구입이력 및 속성 파악

ⓜ 운영환경

  ⓐ 운용체제 정비

  ⓑ 매뉴얼 작성

③ 실시체제

ⓘ 데이터베이스를 토대로 한 고객리스트 작성

ⓛ 스크립트 작성

ⓔ 상품에 대한 지식 및 판매전략을 바탕으로 한 텔레마케터 교육 실시

④ 시험 및 피드백

ⓘ 텔레마케터들의 예비시험 실시

ⓛ 시험운영 결과를 바탕으로 한 문제점 확인 및 개선

⑤ 실시

⑥ 분석 및 평가

다음 텔레마케팅의 도입절차 중 도입결정 부분에 관련한 내용으로 바르지 않은 것은?

① 내부조직으로 구성하는 방법

② 자사의 현황 및 경쟁사의 사례 연구

③ 도입효과 및 소요예산의 파악

④ 내부전문가로 구성하는 방법

TIP

텔레마케팅을 도입하는 데 있어 실무에 있는 외부 전문가들의 의견을 반영하게 된다.

◀정답 ④

02 조직관리

section 1 조직의 구성

(1) 조직의 의의

① 조직(organization)이라는 용어는 접근하는 시각에 따라 다양한 의미로 이해되고 있다. 사회과학적 입장에서 보면, 조직을 공식적 집단의 협동체 혹은 공식적 조직뿐만 아니라 집단활동에 있어서 인간과 인간의 관계를 의미하기도 한다.

② 공식조직이란 기업뿐만 아니라 학교, 병원, 군대, 노동조합 등 여러 목적을 갖는 집단으로 그 존재를 인식할 수 있다. 이러한 관점에서 볼 때 인간이 집단을 형성하고, 그 집단이 목적을 갖는다는 점은 조직연구의 출발점이 된다.

③ 조직이란 일정한 환경 아래에서 특정한 목표를 추구하며, 이를 위해서 일정한 구조를 형성하는 사회적 단위이다(A. Etzioni). 조직은 일정한 목적을 달성하기 위해 인간들이 상호작용을 하는 하나의 구조적 과정(Structured process)이라고 할 수 있다(Hicks & Gullet).

④ 조직이란 일정목적 달성을 위해서 필요한 제반활동을 결정, 집합·배열하며, 그 같은 활동에 사람들을 배정하고, 적절한 물질적 요소를 준비하며, 각 개인에게 권한을 이양하는 일이다(Terry).

⑤ 조직이란 사람들이 목적을 달성하기 위해 가장 효과적으로 협력할 수 있도록 가능한 직무의 성격을 명확히 편성하고, 책임과 권한을 명백히 하여, 이것을 하위자에게 이양하고, 또 상호관계를 설정하는 일이다(L.A. Allen).

(2) 조직의 과제

① 조직의 유효성(Organizational effectiveness)

　㉠ 조직의 유효성을 효과성이라고도 한다. 일반적으로 유효성은 경영자가 그의 직위(position)에서 요구되는 생산량(output)을 실현해 내는 정도라고 정의된다. 유효성은 조직이 그의 목적을 달성하는 정도라고 하는데 이는 목표 성취면에서 본 성공정도와 일치하며, 유효성의 개념을 조직이 갖는 목적을 달성하는 정도라고 이해하든, 아니면 조직단위가 실현해 내는 산출량으로 이해하든, 그것은 경영자가 조직에서 무엇을 하는가가 아니고, 무엇을 성취하는가에 그 본질적 특성이 있다.

ⓛ 조직의 유효성에 있어서는 질(Quality)이 아니고, 양(Quantity)이 중요하다. 유효성은 경영자가 상황을 어떻게 잘 관리해서 그것을 목표로 하는 바를 보다 많이 성취해 내느냐에 따라 그 수준이 실현될 수 있기 때문에 그것은 투입이 아닌 산출로서 나타나게 된다. 따라서 이 개념에서는 성취(performance)가 대단히 중요하다.

② **조직의 능률**(Organizational efficiency)

ⓐ 조직의 능률에 대해서는 효율성이라고도 한다. 능률은 투입(input)에 대한 산출 (output)의 개념으로 나타낼 수 있다. 따라서 적은 노동력과 물자를 투입하여 더 많은 산출을 얻을 때를 효율성이라고 한다. 즉, 일을 하는 방법에 관한 것이며, 특정의 일을 할 가치가 있는지 없는지와 같은 문제와는 무관하다.

ⓛ 조직에서는 유효성이 중요하지만 유효성만을 강조하다 보면 효율성이 떨어질 수도 있다. 그 결과 인적 · 물적 자원의 낭비를 초래하게 된다. 반대로 효율성이 높은 경우라도 비유효적일 수도 있다. 관리자는 주어진 일을 효율적으로 수행하는 것도 중요하지만 일을 할 가치가 있는 것을 찾아내고 모든 자원을 동원하여 노력을 집결하도록 하는 것이 중요하다.

ⓒ 조직이 인간의 감정이나 비합리적인 요구를 무시한 채 합리성이나 경제성의 원리로만 관리될 때 그것은 종업원으로부터의 참된 협동을 통한 성취를 구할 수 없게 된다. 여기에서 사회적 유효성의 지표로서 성원의 만족을 중심으로 하는 조직 풍토의 지표가 대두된다.

ⓔ 사회적 유효성 변수의 추구에 의하여 성원의 만족을 보장할 수 있을 때, 이는 조직의 능률(efficiency) 지표가 된다. 구성원의 유효한 성취를 통해서 조직은 그것이 추구하는 성과실현을 더 잘할 수 있고, 개인도 성취를 통한 직무에의 만족과 보상을 얻음으로써 그가 갖는 직업인으로서 생의 보람을 키울 수 있다.

> **POINT 조직의 분류** … 조직에는 여러 가지의 유형이 있는데, 이들은 여러 분류기준에 따라 다양하게 분류된다. T. 파슨스는 조직이 사회에 어떠한 기여를 하고 있는가에 따라 ① 사회에서 소비되는 물건을 만들어내는 생산조직, ② 사회로 하여금 가치 있는 목적들을 달성하도록 보장해주고, 동시에 권력을 생산 · 배분하는 정치조직, ③ 갈등을 해결해주고, 사회 각 부문이 협동하도록 동기를 부여해주는 통합조직, ④ 교육 · 문화 등을 통하여 사회적 연속을 가능하게 해주는 유형유지조직 등으로 분류하였다.

(3) 조직설계

① **조직설계의 의의**

ⓐ 디자인이나 설계를 한다는 것은 존재하지 않는 것을 새로 만들기 위한 또는 지금 있는 그 어떤 것을 다른 것으로 바꾸기 위한 설계자의 의지적 행위를 말한다. 마찬가지로 조직을 설계한다는 것은 새로 설립되는 조직을 바람직한 모습으로 체계화하거나 또는 비효과적인 기존의 조직을 좀 더 효과적으로 새로운 조직으로 바꾸는 것이다.

ⓛ 조직설계를 위해 설계자는 기본 도구가 되는 요소들인 조직 구성원간의 분업, 의사결정권한의 배분, 통합을 위한 조정메커니즘을 주어진 상황인 조직이 처한 환경이나 사용하는 기술 및 조직의 규모 등에 가장 적절하게 맞도록 전문적인 지식을 가지고 설계하게 된다.

② 조직설계의 기본요소

　㉠ 분화

　　ⓐ 분화는 '전체과업을 더 작은 과업단위로 세분하는 것'을 말하고, 이는 일반적으로 '수평적 분화(horizontal differentiation)' 혹은 '작업의 분화(division of labor)'라고 한다.

　　ⓑ 이러한 원리가 합리적인 이유는 어떤 복잡한 과업을 완성하는 데 한 사람이 모든 작업을 수행한다는 것은 극히 어렵기 때문에 이들 작업을 세분화하여 비교적 간단한 작업을 수행해 나가면 분업의 이점이 나타나게 된다는 것이다.

　㉡ 부문화

　　ⓐ 조직은 작업의 분화를 통해서 여러 가지 이득이 발생하는 것은 사실이지만 한 가지 유의해야 할 것은 고도로 작업의 분화가 이루어졌을 경우 그와 관련된 역기능이 문제가 된다. 오늘날 직무의 전문화로 인하여 직무만족도의 감소, 종업원의 낮은 공헌도, 종업원의 소외감 증가, 종업원의 낮은 참여의식 등의 현상이 두드러지게 나타나고 있다. 이와 같은 단점은 여러 부문에서 지적되고 있다.

　　ⓑ 조직의 전체과업이 분화되면 능률을 도모하기 위하여 관련과업을 모아 그룹을 형성할 필요가 있다. 이와 같은 그룹의 형성과정을 '부문화(departmentalization)'라고 하고, 동시에 과업과 관련해서 형성된 사람들의 집단을 '부(部)' 또는 '과(課)'라 한다. 즉, 분업은 전문가를 만들어내는데, 그 전문가 중에서 유사한 직무를 수행하는 집단으로 집단화하는 것을 부문화라고 한다.

　　ⓒ 부문화란 전문가 집단을 만드는 것을 말하며, 수평적으로는 분화된 활동을 통합하는 것이다. 결국 조직의 형성은 작업을 세분화하는 분화, 분화된 하위단위들을 전체 효율성을 높이기 위해서 결합하는 부문화를 통해서 이루어진다.

　㉢ 조직도

　　ⓐ 조직도(Organization charts)란 조직표(table of organization)라고도 하는데, 조직에 있어서의 직위 및 직위상호 간의 공식적 관계를 단순히 도표로 나타낸 것을 말한다. 그러므로 한 기업의 조직구조를 표시하는 가장 일반적인 방법이며 기업을 이 공식적인 조직도를 이용하여 조직을 운영한다.

　　ⓑ 조직도는 대부분 복잡한 조직에서 볼 수 있는 계층 구조를 표시하고 있는데, 이러한 수직적 구조는 조직 내의 권한계층 및 이러한 계층 간의 상호관계를 나타내 줄 뿐만 아니라 커뮤니케이션이 일어나게 되는 통로도 나타내 주고 있다.

　　ⓒ 조직에서 톱(top)으로부터의 거리는 직위의 수준 정도를 의미하고 있다. 즉, 직위간을 연결하는 수평선은 직위의 상호 동등함을 의미하며, 수직선은 상관과 부하관계를 의미하게 된다. 그런데 조직도는 조직활동의 동태적인 과정에 대한 정태적 표시에 지나지 않는다는 한계가 있다.

POINT **조직도** … 조직의 부분편성, 직위의 상호관계, 책임과 권한의 분담, 명령의 계통 등을 한 눈에 볼 수 있도록 도형화하여 나타낸 표를 의미한다. 통상적으로 조직도는 구조나 조직에 따라 기구도, 기능도, 기능조직도, 제품조직도 등으로 나눌 수 있다. 기업은 주어진 업무환경에 따라 조직을 여러 가지 형태로 구성할 수 있는데, 이를 조직구조의 분화라고 하며 이는 회사의 규모에 따라 조직의 크기와 형태가 달라진다. 조직구조의 분화는 수평적/수직적 분화로 나눌 수 있으며 특히 수직적 분화는 의사결정 권한을 하부조직에게 할당하는 것으로 보고체계를 명시화 할 수 있기 때문에 많은 기업에서 도입하였다. 최근에 들어서는 조직구조가 전문화되고 기능별로 세분화됨에 따라 수평적 기능조직(팀제 등)으로 변하고 있으며 이에 따라 조직도가 점차적으로 다양화되고 슬림화 및 네트워크화 되고 있다.

(4) 조직 설계의 기본 변수 ★

① 복잡성(Complexity)

　㉠ 복잡성이란 조직 내 분화의 정도를 의미하며, 이러한 분화의 형태로 수평적 분화와 수직적 분화 등을 들 수 있다. 이 복잡성의 정도는 경영자에게 중요한 의미를 부여하게 된다. 왜냐하면 목표달성을 효율적으로 하기 위해서 조직은 의사소통과 조정 및 통제메커니즘을 가져야 하는데 복잡성에 따라 이들의 메커니즘이 달라지기 때문이다.

　㉡ 예를 들어 조직의 복잡성 정도가 증대될수록 조직은 의사소통과정과 조정 및 통제 메커니즘에 대한 요구는 더욱 커지게 마련이다. 왜냐하면 복잡성 정도가 증대함에 따라 분화되어 있는 활동들이 조직목표라는 하나의 공통적 목표를 위해 유연하게 결합되도록 하는 관리의 필요성이 대두되기 때문이다.

　㉢ 복잡성이 낮은 조직은 의사소통, 조정, 통제의 필요성이 적기 때문에 위원회나 자동화된 정보시스템, 공식적 정책지침서 등이 필요가 없다. 이에 비해서 종업원들이나 공장 혹은 관리계층이 많이 분산되어 있는 복잡성이 높은 조직은 의사소통기구나 조정기구는 거의 필수적인 것이 된다.

② 집권화(Centralization)

　㉠ 집권화는 조직의 어느 한 곳에 의사결정이 집중되는 정도를 나타낸다. 따라서 고도의 집중화는 고도의 집권화를 뜻하고, 낮은 집중도는 낮은 집권화, 즉 분권화를 의미한다. 그러나 집권화는 지역적 집중과는 다른 개념이다. 즉, 집권화는 지역적인 집중이 아닌 조직 내에서의 의사결정 권한의 집중을 의미하는 것이다.

　㉡ 집권화는 자율적인 선택을 하기 위한 공식적인 권한이 어떤 개인, 단위 혹은 계층에 집중되는 정도로 종업원이 작업에 최소한 개입을 하도록 하는 것이라고 할 수 있다. 또한, 집권화는 비공식적 조직이 아닌 공식적 조직에만 관심을 갖는다.

　㉢ 집권화는 의사결정의 자율성에 초점을 둔다. 의사결정이 하위에 위임되었으나 하위계층의 자율적인 선택을 억누르는 정책이 존재하면 집중화가 증대된다. 따라서 정책은 분권화를 무효화할 수 있는 것이다. 또한 집권화는 한 개인·단위·계층, 즉 상위계층으로의 집중을 의미한다.

ⓔ 정보처리는 최고 경영층의 통제를 증대시킬 수 있으나, 의사결정의 선택은 여전히 하위계층의 구성원에게 있다. 따라서 분권화된 의사결정을 엄격하게 관리하는 정보처리시스템은 집권화된 통제를 의미하지는 않는다. 모든 정보의 이동은 해석을 필요로 한다. 정보가 수직적 계층을 통해서 이동하면 반드시 정보의 여과현상이 일어난다.

ⓜ 최고경영자들은 자신이 받은 정보를 입증하게 할 수 있고, 부하들에게 그들이 여과하여 선택한 것에 대해서 책임을 지게 할 수 있으나, 하위자에 의한 정보투입의 통제는 사실상 분권화의 한 형태이다. 의사결정 권한이 최고 경영층에 집중되어 있다면 집권화되어 있다고 할 수 있다. 그러나 그러한 의사결정에 투입이 다른 사람들에 의해 여과되면 될수록 의사결정의 집중과 통제는 약화된다.

③ 공식화(Formalization)

㉠ 공식화는 비공식화에 대칭되는 의미이며, 공식화와 비공식화는 같은 연속선상에서 함께 표시될 수 있는 상대적 수준의 문제이다. 따라서 공식화와 비공식화를 획일적으로 규정하는 것은 잘못된 것이다.

㉡ 어느 정도의 공식화 수준이 적절한 것인가 하는 문제는 상황 적응적으로 해결해야 한다. 즉 규모, 기술, 환경, 전략 및 권력작용 등 여러 가지 상황 요인과 공식화 수준이 최적의 배합을 이룰 때 조직의 유효성은 제고될 수 있는 것이다.

㉢ 공식화란 '조직이 어떤 일을 누가, 언제, 수행해야 한다는 것을 어느 정도 공식적으로 규정하느냐에 관한 것'이라고 할 수 있다. 조직에 따라서는 그러한 공식적 규정이 매우 세밀하고 엄격하게 되어 있는 경우도 있고, 느슨하게 되어있는 경우도 있다. 그러므로 공식화 수준은 조직에 따라 달라지게 된다.

㉣ 공식화는 구성원의 행동에 대한 공식적 규범의 수준을 의미하므로 구성원들의 실제적인 형태가 그러한 공식적 규범에 반드시 부합되느냐 하는 문제와는 구별되어야 한다. 조직에 따라서 구성원의 형태가 공식적 규범으로부터 크게 벗어나는 경우도 있고 적게 벗어나는 경우도 있을 것이다.

(5) 조직의 기본구조

① **조직은 가로와 세로의 양면성**

㉠ **부문화**

ⓐ 부문화는 일의 종류·성격·범위의 명확화이다. 즉, 부문화는 기업에서 해야 할 일을 어떻게 나눌 것인지, 나눈 일을 맡기려면 어떠한 단위로 정리해야 하는지 하는 문제이다. 바꾸어 말하면 부문화는 각 조직 단위에 배정할 일의 종류·성격·범위 따위를 명확히 하는 것이라고도 할 수 있다.

ⓑ 조직단위마다 맡아서 할 일의 범위를 한정시켜 가면 일을 나누는 기준을 어디에 두든지, 결과적으로 조직은 세로로 분할된 형태가 된다. 예컨대 기능에 따라 기본분할을 한다고 하면 총무부문, 경리부문, 영업부문, 제조부문 따위와 같이 조직을 세로로 나눈 것이 된다.

다음 중 조직 설계에 있어서의 기본 변수에 해당하지 않는 것은?
① 복잡성
② 단순화
③ 집권화
④ 공식화

일반적으로 조직의 구조 및 체계를 설계하는 것으로 조직의 변화를 목표로 새로운 구조 또는 체계를 설계하게 된다. 또한, 조직 설계를 통해 조직은 더 높은 성과를 수행하는 구조로 전환하게 된다.

‹정답 ②

ⓒ 이것을 어떤 분할기준에 따라 제2차 분할, 제3차 분할 또는 제4차로 더 잘게 분할을 하더라도 그것은 세로분할이 세밀해지는 것에 지나지 않는다. 부문화가 조직구조에서 지니는 근본적인 성격은 조직의 세로분할에 있다.

ⓛ 관리의 한계로 생기는 계층화

ⓐ 조직의 계층은 조직이 이룩하려고 하는 목적이 크고, 그 때문에 일이 사람의 부담능력을 넘어서는 데서 비롯된다. 그 결과 조직의 발전 팽창에 따라 조직도 생성·발전되어 간다. 그 과정에서 직책·권한의 위임이 이루어지게 된다.

ⓑ 처음 위임을 받은 사람이 자신의 부담능력을 넘어서면 그 일부를 다시 다른 사람에게 위임하고, 그 위임을 받은 사람도 다시 또 다른 사람에게 위임을 하게 된다. 이처럼 부담능력의 한계는 조직에서 계층을 발생시키게 한다. 조직을 관리의 단계에 따라 나누면 일반적으로 경영층·관리층·감독층·작업층의 4가지가 된다. 이 계층화는 다음에서 알 수 있듯이 조직을 가로로 나눈 형태가 된다. 따라서 계층화가 조직구조에서 지니는 기본적인 성격은 조직의 가로분할에 있다고 볼 수 있다.

>>> **조직의 계층화(가로분할)**

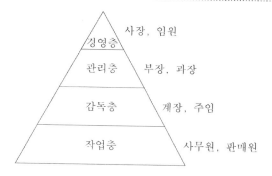

ⓒ 조직구조는 세로분할과 가로분할의 결합

ⓐ 조직의 기본구조는 세로분할인 부문화와 가로분할인 계층화 하에 따라 성립되는 것이다. 조직의 규모가 커지고 일의 양이나 종업원의 수가 어느 정도에 이르면 그 일이나 사람을 관리하기가 어렵게 된다. 따라서 일의 종류·성격·양에 따라 그룹으로 나누고, 나눈 일은 믿을 수 있는 부하를 장(長)으로 하여 맡기게 된다.

ⓑ 이런 과정을 통하여 조직은 가로·세로로 분할이 되풀이되면서 규모가 더욱 커지고 복잡해진다. 어떤 기업이든 발전단계마다 반드시 이와 같은 세로분할과 가로분할을 거친다.

>>> **조직의 계층화와 부문화**

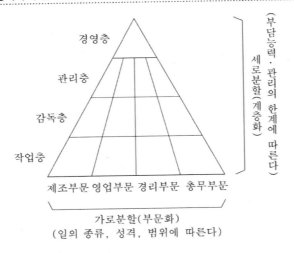

POINT **경영조직 및 경영관리조직** … 경영관리조직은 경영자와 관리자로 구성되며, 경영의 의사결정과 그 지시, 집행상의 감독 · 보고 등을 원활하게 해 나가야 한다. 이 조직은 경영규모의 확대, 경영내용의 복잡화와 함께 팽창하여 계층화되었으며, 부 − 과 − 계와 같은 수직적인 분담관계의 명확화가 요구되어진다. 경영관리 조직에는 여러 가지 형태가 있다. 기본 형태로는 직계식과 기능식이 있으며, 이 두 형태를 돕기 위한 보강형태로서 스태프와 위원회가 있다. 또 이들을 혼합한 혼합형태도 있다. 실제의 경영조직은 대부분 스태프위원회제인 직계식 조직이다. 직계식은 지휘감독의 일원성으로 조직규율이 유지되지만, 전문화를 충분히 도입하지 못한다는 결함이 있다. 반대로, 전문화를 중시하고 규율유지를 희생하는 것이 기능식이다.

② **분할의 방법과 기준**

㉠ 부문화는 일을 어떻게 나누고 어떻게 맡길 것인지 하는 문제인데 여기에서는 일의 분할이 중요하다. 기업의 목적, 곧 기업이 무엇을 하려고 하는지가 명백하게 제시되면, 기업이 전개해야 할 기능은 저절로 명확하게 된다. 문제는 이들 기능을 어떤 일로 나누고, 다시 기업 전체로서 나눈 기능을 어떻게 결합해 갈 것인지 하는 것이다.

㉡ 일을 나누는 기준으로는 기능, 지역, 제품, 고객, 공정 · 설비 등을 들 수 있다. 그 가운데에서도 기능에 따른 분할방법이 많이 쓰이고 있다. 일이 조직전체에 걸쳐 기능에 따라서만 나누는 경우는 드물지만, 조직의 어느 단계만을 본다면 거의 모든 기업에서 찾아볼 수 있다.

(6) 계층화와 관리범위

① 관리범위와 조직의 계층화

  ㉠ 한 사람이 몇백 명을 한꺼번에 관리할 수 있다면 조직계층의 문제는 없을 것이다. 그러나 실제로는 사람의 능력에 한계가 있어서 한 사람이 관리할 수 있는 부하의 수는 한정되어 있다. 이것이 계층의 발생을 촉진하고 조직의 계층구조를 만들게 된다. 또한 이것이 관리의 범위라고 불리며 조직의 원칙 가운데에서도 매우 중요한 것이다.

  ㉡ 관리의 범위는 한 사람의 상사가 직접적으로 지휘·감독할 수 있는 부하의 수에는 일정한 한계를 넘어서면 부하를 잘 관리할 수가 없게 될 뿐만 아니라 부하 쪽에서도 욕구불만을 갖게 된다.

  ㉢ 부하의 수를 적게 해야 하는 이유는 부하의 수가 많아지면 직접적인 관계가 많아질 뿐 아니라 부하 사이의 횡적인 관계도 많아지며, 사람의 주의력에는 한계가 있어 어느 정도 넘게 되면 부하를 효과적으로 감독할 수 없고, 부하의 수가 많아지면 장소 면에서도 부하의 분산을 낳는 것이 보통이기 때문에 여러 가지로 감독도 더욱 더 어렵게 된다.

② 관리범위와 계층 수

  ㉠ 경영효율을 떨어뜨리는 관리의 범위

  ⓐ 관리범위의 원칙을 엄격하게 지키면 부하의 수가 한정되므로, 저절로 조직계층의 수는 증가하게 된다. 조직계층이 늘어나면 일반적으로 감독비용이 늘어나고 또한 관리에서의 효과를 떨어뜨리고 사기도 저하된다고 한다. 조직계층의 수가 한 단계 늘 때마다 의사소통은 보통 20~25%가 떨어지므로 관리에서는 결코 바람직하지 않다.

  ⓑ 드러커(P.F. Drucker)는 조직이 바람직하지 않다는 것을 말해주는 첫째 징후를 경영계층의 증가로 보았다. 사이몬(H.A. Simon)은 경영효율은 조직계층의 수를 최소로 유지함으로써 높일 수 있다고 주장하였다. 이처럼 관리의 범위를 엄격하게 적용하면 거꾸로 계층 수를 늘려 경영·관리의 효과를 떨어뜨릴 우려가 있다.

  ㉡ 대기업도 7계층이면 충분

  ⓐ 관리범위의 원칙과 맞서는 것으로서 계층의 수에 대한 재이크스이론이 있는데, 이것은 영국의 브루넬 대학의 재이크스(E. Jacgues)가 글래시어 메탈 회사에 관한 연구에서 주장한 이론으로서 어떤 대기업이라도 조직의 계층수가 7계층만 있으면 충분하다는 것이다.

  ⓑ 이 견해의 기초는 '자유재량의 시간폭'이라는 개념으로 이것은 상사의 제약을 받지 않고 스스로 자유롭게 계획하고 실행할 수 있는 시간의 길이를 뜻한다. 그는 이 '시간의 폭'으로써 조직계층을 결정해야 하며, 대기업이라도 7계층이면 충분하다는 것이다. 그리하여 제7계층에서는 20년, 제6계층에서는 10년, 제5계층에서는 5년, 제4계층에서는 2년, 제3계층에서는 1년이라는 '시간 폭'으로 일을 해야 한다고 주장한다.

ⓒ 그의 견해로는 대개 5,000~6,000명 정도의 종업원으로 이루어지는 조직에서는 5계층만 있으면 되며, 그 이상의 대규모 조직에서야 비로소 7계층이 된다고 한다. 거대기업에서 7계층이 수용이 되지 않으면 차라리 5계층으로 구성되는 자회사로 나누어 그것을 톱(top)이 관리하는 것이 좋으며, 그럼으로써 어떤 경우라도 7계층 이하로 계층이 이루어질 수 있다고 주장했다.

≫ 계층의 시간폭

계층	직위	자유재량의 시간폭
제7계층	톱(top)	20년 단위
제6계층	부사장	10년 단위
제5계층	사업부장(長), 자회사 사장	5년 단위
제4계층	공장장, 마케팅부장	2년 단위
제3계층	제조과장, 판매과장	1년 단위
제2계층	직장, 판매계장	3개월 단위
제1계층	공원, 판매원	

> **POINT** 동태적 조직(Dynamic Organization) … 본래 조직은 정형적인 업무를 능률적으로 수행하기 위하여 계층화 및 부문화하는데, 정적 구조를 가지고 있다. 시장이나 기술 등 환경의 변화가 심하면 조직이 처리해야 할 새로운 과제가 빈번히 일어난다. 그 과제는 각 부문에 걸치는 일이 많고, 종래와 같이 위원회나 회의에서 부문 간에 조정하게 되면 조정에 시간이 걸리고 책임이 불분명하게 되어 실행의 성과가 오르지 못한다. 그래서 그 과제의 수행에 가장 적절한 능력·지식을 가진 전문가를 각 부문에서 모아 태스크포스를 편성하는 것이 최근 조직의 새로운 경향이다. 제품개발 및 시장개척에서 비용 절감에 이르기까지 그 응용영역은 넓다.

ⓒ 관리의 범위와 계층수의 딜레마

ⓐ 조직계층의 수와 관리범위의 관계는 여러 가지 어려운 문제를 담고 있어서, 한 마디로 어느 쪽이 중요하다고 할 수는 없다. 조직계층의 수가 많으면 관리비용이 증가하게 되며, 의사의 전달효과도 나쁘고 사기도 떨어진다. 그렇다고 해서 조직계층의 수를 줄이면 한 사람의 관리자가 관리하는 부하의 수가 늘어나고 관계도 늘어난다.

ⓑ 사람의 능력은 한계가 있으므로 관리의 범위 역시 당연히 생기게 된다. 곧 계층 수와 부하의 관계들이 모두 적다면 더 바랄 나위가 없지만 그것을 함께 충족시킬 수 없다는 모순이 생기게 된다. 그렇다면 둘이 균형을 이루는 가장 좋은 점을 어떻게 찾아내는지가 요점이 된다. 결론적으로 관리효과의 관점에서 보면 먼저 계층 수를 될 수 있으면 적게 하면서 효과적으로 감독할 수 있는 관리의 범위를 찾아내는 것이라고 할 수 있다.

ⓒ 관리의 범위와 계층의 문제를 '직속 부하의 수는 경영관리자의 부담을 덜고 더욱 유리하게 일을 할 수 있는 시간적인 여유를 준다고 하는 위임의 이점, 인원증가에 대한 경비부담과중, 증대되는 감독업무, 의사 전달에서의 곤란증대 등이 서로 같아질 때까지 늘려야 한다'고 결론을 내리고 있다.

>>> **계층의 수와 부하의 수의 상관관계**

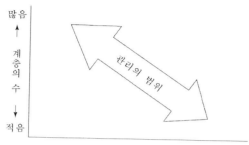

전체 사원수가 일정하면 한 상사가 거느린 부하의 수가 많을수록 계층수는 줄어든다. 관리의 범위는 능력 등 갖가지 조건에 따라 달라진다.

section 2 텔레마케팅의 조직구성과 역할

(1) 텔레마케팅 조직

① 텔레마케팅 조직의 개념

  ㉠ 텔레마케팅 조직은 업무의 반영과 다른 조직원의 리더로서의 자질을 지니고 있으면서 고객 지향적이며 고객의 가치를 존중하면서 정보와 커뮤니케이션을 매개로 하는 조직으로 서비스형 조직 또는 마케팅형 조직을 지향한다는 특징을 가지고 있다.

  ㉡ 마케팅 조직을 구축할 때에는 계획적·전략적인 조직을 구축하고 전사적인 참여조직을 설계함과 동시에 고객을 지향하고 서비스와 성과를 우선시하는 성과 지향적 조직구축 및 과정관리와 활동중심의 조직을 구축하면서 팀(team) 중심의 조직구축도 고려해야 한다.

② 텔레마케팅 조직의 이해

  ㉠ 텔레마케팅 조직에서는 일반적으로 정규직 조직보다는 비정규직 조직원들을 중심으로 포진되어 있으며, 상담원들이 특정업무를 선호하거나 커뮤니케이션에 상당한 장애가 발생할 수 있다. 또한 정규직원과 비정규직원과의 사이에 발생할 수 있는 의식이나 시각의 차이, 참여과정에서의 능동적인가 수동적인가, 근속기간의 장·단의 차이에 있어서도 문제가 있다.

ⓛ 텔레마케팅 조직에서는 고객으로부터 발생하는 상황이나 시스템이나 전화회선 상에서 발생할 수 있는 문제점 및 경영진의 경영이념에 따라 발생 가능한 문제 등이 있다. 또한 텔레마케팅 센터 자체에서 발생할 수 있는 위험상황 등의 여러 가지로 발생할 수 있으며 이것은 리스크로 연결이 될 수 있다.

(2) 텔레마케팅 조직문화의 특징 ★

① 조직문화의 변화추세
- ㉠ 고객지향화
- ㉡ 대형화
- ㉢ 다수의 채널화
- ㉣ 집중 및 통합화
- ㉤ 시스템 및 자동화
- ㉥ 제휴·아웃소싱화
- ㉦ 조직·전문·고급화
- ㉧ 고품격 서비스화
- ㉨ 전략 및 전사화
- ㉩ 복합상황 대응화
- ㉪ 수익화

② 조직원의 역할과 자세
- ㉠ 고객을 설득시킬 수 있는 전문성 보유
- ㉡ 고객 카운슬러 기능
- ㉢ 고객관리 전문요원
- ㉣ 고객분석가
- ㉤ 마케팅 혁신가

③ 텔레마케터에게 요구되는 자질
- ㉠ 정확한 발음과 음성
- ㉡ 표현과 구술능력
- ㉢ 훌륭한 청취력
- ㉣ 이해와 배려
- ㉤ 품성 및 조직적응력
- ㉥ 정서적 안정과 자기회복능력
- ㉦ 제품 및 서비스상식
- ㉧ 마케팅·경제·시사상식
- ㉨ 긍정적인 사고방식

다음 중 텔레마케팅 조직문화의 변화추세에 관한 내용으로 바르지 않은 것은?
① 고객지향화
② 집중 및 통합화
③ 저품격 서비스화
④ 전략 및 전사화

텔레마케팅은 고객들에게 고품격의 서비스를 제공해야 한다.

❮정답 ③

다음 중 텔레마케터에게 요구되는 자질로 옳지 않은 것을 고르면?
① 부정적인 사고방식
② 이해 및 배려
③ 제품 및 서비스 상식
④ 훌륭한 청취력

텔레마케터는 고객들을 응대하는 데 있어 제품에 대한 지식도 중요하며, 더불어 긍정적인 사고방식을 지녀야 한다.

❮정답 ①

section 3 리더십(Leadership)의 이해

(1) 리더십의 개요

① 리더십의 중요성

　㉠ 오늘날 조직의 성과와 리더십(leadership)의 질(質)은 밀접하게 관련되어 있다는 것이 여러 가지 연구결과 밝혀지고 있다. 유능한 리더십이 성공적인 경영활동을 보장해 주는 것은 아니지만 중요한 요소인 것만은 사실이다.

　㉡ 무능한 지도자(leader)는 조직구성원의 사기를 파괴하고 또 효율을 저하시키고 말 것이다. 반면에, 성공적이고 강력한 리더십을 가진 관리자는 활기 없는 조직을 강하고 공격적이며, 또 성공적인 조직으로 바꿀 수 있는 것이다.

　㉢ 관리자는 리더십을 통하여 조직구성원의 협동을 확보할 수 있다. 또 그는 리더십을 통하여 조직구성원들에게 동기를 부여하고 그들을 활용함으로써 조직의 목표를 달성할 수 있게 해 준다. 이와 같이 관리자가 가진 리더십의 효율성 여하가 조직의 성과를 좌우하는 중요한 요소라는 관점에서 살펴볼 때, 훌륭한 리더십을 가진 관리자를 확보하고 양성하며, 그들에게 효과적인 리더십의 기술을 습득시킨다고 하는 것은 현대조직으로서 매우 중요하다.

② 리더십의 의의

　㉠ 리더십은 일정한 상황 하에서 목표를 달성하기 위하여 개인이나 집단행동에 영향력을 행사하는 과정이라고 말할 수 있다. 결국 리드(lead), 즉 지도한다는 것은 인도하고 지시하고 선도하는 것이다.

　㉡ 지도자는 집단이 그 능력을 최대한으로 발휘하여 목표를 달성할 수 있도록 도와주어야 한다. 지도자는 집단의 배후에 서서 등을 밀어대고 괴롭히는 사람이 아니다. 지도자는 집단에 앞장서서 집단이 조직목표(組織目標)를 달성하는 것을 촉진하고 고무해주는 사람인 것이다.

③ 리더십 이론과 그 접근방법

　㉠ 지도자의 특성에 착안한 접근방법(Trait approach)

　　ⓐ 리더십을 체계적으로 연구한 초창기에는 연구하는 사람들은 훌륭한 지도자에게는 남다른 특성이 있다고 생각하고 이러한 개인적인 특성을 추출하려고 노력하였다.

　　ⓑ 훌륭한 지도자가 되려면 어떠한 개인적 특성을 가지고 있어야 하는가를 알아내고자 노력했다. 이것이 지도자의 특성에 착안한 접근방법이라고 하며, 이러한 접근방법을 택한 대표적인 학자는 O. Tead와 C.I. Barnard가 있다.

　㉡ 지도자의 행동에 착안한 접근방법(Behavioral approach)

　　ⓐ 리더십 연구에 있어서 지도자의 특성추구에 실패하게 된 학자들은 이번에는 외부로 나타나는 지도자의 행동을 관찰하는 방향으로 연구를 진행하게 되었다. 즉, 성과와 이러한 성과를 산출하는 지도자의 행동양식 간의 관계를 규명하고자 한 것이다.

ⓑ 따라서 이들은 지도자의 행동에 착안하여 리더십의 유형(leadership style)을 연구의 대상으로 삼게 되었다. 이것을 지도자의 행동에 착안한 접근방법이라고 하며, 지도자의 행동에 착안한 접근방법 중의 대표적인 것으로는 권위형 · 민주형 · 방임형 리더십, R. Likert의 관리시스템론, R.R. Blake와 J.S. Mouton의 관리격자이론(Managerial grid)이 있다.

ⓒ **상황에 착안한 접근방법(Situational approach)**

ⓐ 리더십의 유형에 관한 초기의 연구들은 가장 이상적인 유일 · 최선의 리더십을 발견하려는 데 집중되어 있었다. 그러나 그와 같은 연구결과가 리더십의 유효성이란 관점에서 실망을 안겨주게 되자, 학자들은 지도자가 처한 상황적 변수가 다르면 효율적인 리더십유형도 달라진다는 것을 깨닫고 연구를 진행하게 되었다.

ⓑ 여기에서 등장하게 된 것이 상황에 착안한 접근방법이다. 여기에서는 어떤 상황에서나 유효한 유일 · 최선의 리더십 유형은 없는 것이며, 지도자의 지도행태(指導行態)가 구체적인 상황에 가장 잘 부합할 때 리더십은 효과적인 것이 될 수 있다고 생각한 것이다. 즉, 효과적인 리더십 유형은 상황에 따라 결정되어야 한다고 보게 된 것이며, 이것을 상황에 착안한 접근방법이라고 한다.

④ **리더십의 개선**

㉠ 리더십에 관한 각 이론에 따라 리더십을 개선하는 문제에 대한 태도가 다르게 된다. 지도자의 특성에 착안한 접근방법을 주장한 학자들은 지도자로서 성공할 수 있는 사람의 특성을 파악하고 그러한 특성을 가진 사람들을 선발해내는 일에 전념하였다. 따라서 그들은 지도자의 훈련이나 상황을 개선함으로써 리더십의 유효성을 높여보려는 노력에는 거의 관심을 기울이지 않았었다.

㉡ 지도자의 행동에 착안한 접근방법이 대두되면서부터는 이미 지도자로서 활동하고 있는 사람들에 대한 행동변화훈련을 통해서 리더십의 유효성을 높여 보려는 방안을 모색하게 되었다. 그러다가 상황에 착안한 접근방법이 등장하게 되자, 이를 지지하는 학자들은 리더십의 유효성을 높이기 위해서는 리더십에 영향을 미치는 모든 상황적 조건, 즉 환경을 변화시켜야만 한다고 생각하게 되었다.

(2) 리더십의 기능 ★

① **관리적 관점**

㉠ **관리적 관점의 개념**

ⓐ 관리적 관점에서 리더십을 조직내부관리에 필요한 각계각층의 관리기능에 초점을 두고 기획 · 조직 · 지휘 · 통제 기능을 포괄하는 기능으로 보는 사람이 있다. 이중 지휘기능을 리더십과 동일시 생각하고 있다.

ⓑ 관리적 관점에서 볼 때, 리더십의 개념은 관리(경영)사이클의 일부로서 조직 내 모든 계층의 관리자 직무를 포괄하는 보편화된 관리기능으로 인식되고 있다.

ⓛ 관리적 관점에서 리더십의 기능
  ⓐ 부하에게 업무배정 : 조직이나 집단의 목표달성을 위해 부하(하위자)에게 개인별 업무를 배정하는 기능을 뜻한다.
  ⓑ 부하에게 동기부여 : 주어진 과업을 잘 수행하도록 부하에게 동기를 부여하는 기능을 의미한다.
  ⓒ 부하의 업무수행능력 지도 · 개발 : 부하가 자신의 업무를 수행하는 데 필요한 지도와 부하의 능력을 개발시키는 기능을 뜻한다.
  ⓓ 구성원간의 커뮤니케이션 : 구성원들간의 커뮤니케이션과 목표달성에 필요한 일상관리기능을 의미한다.

>>> 리더십의 상관관계
....

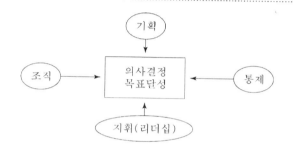

② 행동과학적 관점
  ⓐ 행동과학적 관점의 개념
    ⓐ 행동과학적 관점에서는 리더십을 구성원들간의 상호작용관점에서 보고 있다. 즉, 리더십의 기능은 미시적인 집단관점에서 구성원 상호간의 역동적 상호작용을 중시하고, 동시에 비공개적이고 자생적인 관점에서 구성원의 상호작용을 구조적으로 중시하고 있다.
    ⓑ 행동과학적 리더십의 개념에서는 상호작용의 변수로 리더(leader), 부하 또는 추종자(follower), 상황(situation) 등 세 가지 기본요소를 포괄하고 있다. 즉, 여기서 리더십의 기능을 조직의 최고경영층에만 국한된 문제로 보는 것이 아니고, 구성원 전체의 기능으로 보고 있다.
    ⓒ 행동과학적 관점에서는 공식적인 지위가 없더라도 구성원간의 상호작용에서 영향력을 주도하는 것이 리더십이므로 누구라도 리더십과 관련이 있다고 보는 관점이다.
  ⓛ 행동과학적 관점에서 리더십의 기능
    ⓐ 리더기능
    • 행동
    • 기술
    • 지식
    • 가치

다음 중 관리적 관점에서의 리더십 기능으로 바르지 않은 것은?
① 부하에게 업무배정
② 부하에게 동기부여
③ 구성원들 간의 단절된 커뮤니케이션
④ 부하의 업무수행능력 지도 및 개발

리더십을 발휘하는 데 있어 구성원 간 커뮤니케이션은 조직의 원활화를 위해 반드시 필요한 부분이다.

< 정답 ③

ⓑ 집단기능
- 규범과 가치
- 응집력
- 목표위임
- 구성원기대
- 구성원욕구

ⓒ 상황기능
- 조직의 가치관
- 기술
- 과업의 요구
- 과업의 다양성

(3) 리더십 이론 ★

① 특성이론(Trait theory)

㉠ 특성이론의 개념

ⓐ 특성이론은 1940~50년대의 주요 이론으로서 성공적인 리더와 그렇지 못한 리더를 구분할 수 있는 특성이나 특징이 존재한다는 것이다. 이 이론은 리더가 자신만이 가지고 있는 우수한 자질이나 특성만 있으면 자신이 처해 있는 상황이나 환경이 변하더라도 언제나 리더가 될 수 있다고 가정하고 있다.

ⓑ 모든 사람이 리더가 될 수 있는 우수한 자질을 가지고 있는 것은 아니기 때문에 그러한 특성을 가지고 있는 사람만이 리더가 될 수 있는 가능성이 있다는 것으로 본 것이다. 이러한 전제하에 리더의 특성은 다른 변수들과 관계없이 독립적으로 검토될 수 있다고 판단한 연구자들은 리더의 고유한 특성을 가려내고 그것을 측정해 보려는 일에 전념해 왔다.

ⓒ 버나드(C.I. Barnard)는 리더의 자질로서 지구력과 인내력, 설득력, 책임감, 지적 능력 등을 들었다. 데이비스(K. Davis)는 성공적인 리더의 일반적인 특성으로서 지력, 사회적 성숙 및 관용, 내적 동기부여 및 성취동기, 인간관계적 태도 등을 들었다.

㉡ 특성이론에 대한 스톡딜의 주장

ⓐ 스톡딜(R.M. Stogdill)은 Leader Behavior로서 능력(지성, 민첩성, 언어구사능력, 창의성, 판단력), 업적(학식, 지식, 체력), 책임감(신뢰성, 주도성, 인내력, 공격성, 자신감, 우월감), 참여적 태도(활동성, 사교적 능력, 협동성, 적응성, 유머감각), 지위(소시오메트릭한 지위, 인기) 등을 리더의 자질로 들었다.

ⓑ 스톡딜은 리더의 특성에 관하여 발표되었던 여러 연구자들의 논문을 토대로 하여 훌륭한 리더에게서 발견되는 리더의 특성을 정리하였다. 다음 내용의 특성을 가진 리더가 성공적인 리더가 될 가능성이 높다는 것이지 반드시 성공적인 리더가 될 수 있다는 것은 아니다.

메모 & 확인문제

다음 행동과학적 관점에서의 리더십 기능 중 리더의 기능에 해당하지 않는 것은?
① 기술
② 행동
③ 가치
④ 응집력

 TIP

리더의 기능과 집단의 기능을 분류하는 것을 묻는 문제이다.

◀정답 ④

>>> 성공적인 리더의 특성과 능력 ★

특성	능력
• 상황적응력이 높다. • 사회환경에 민감한 반응을 보인다. • 야심이 강하고 성취 지향적이다. • 결단력이 있다. • 협동심이 강하다. • 단호하다. • 신뢰성이 있다. • 타인을 지배하려는 욕구가 강하다. • 활동적이다. • 인내심이 강하다. • 자신감이 있다. • 스트레스에 잘 대처한다. • 책임지기를 좋아한다.	• 두뇌가 명석하다. • 개념 파악력이 우수하다. • 창의성이 높다. • 유머가 있다. • 언어구사능력이 좋다. • 과업수행에 대한 지식을 가지고 있다. • 행정능력이 우수하다. • 설득력이 있다. • 대인관계가 원만하다.

ⓒ 대표적인 리더 개인의 특성과 특질

  ⓐ 신체적 특징

    • 신체적 특징의 구성요인에는 리더의 활동성, 에너지, 연령, 신장, 체중, 외모 등이 있다. 이들 신체적 특성은 리더십 기능을 발휘할 수 있는 능력과 밀접한 관계에 있다고 본다.

    • 리더의 신체적 특성과 효과적인 리더십 관계에 대한 연구에서, 신체적으로 우위에 있는 사람들이 보통사람들보다 리더의 지위를 얻는 데 별다른 이익을 보지 못한 것으로 나타났다.

  ⓑ 사회적 배경

    • 사회적 배경의 요인에는 사회적 신분, 교육, 이동성(mobility)을 들고 있는데, 이와 같은 연구결과는 일반적으로 높은 사회·경제적 신분은 리더십의 지위를 유지하는 데 유익하며, 산업체에서 고위직에 승진한 리더는 사회적 신분이 낮은 계층에서도 과거보다 많이 배출되고 있다는 결론을 도출하고 있다.

    • 관리직에 대해서는 MBA 등과 같은 학위의 요구가 증가하고 있으며, 따라서 어떤 리더가 다른 사람보다 사회적 배경이 좋다면 리더의 지위향상에 도움이 될 수 있다.

  ⓒ 지능과 능력

    • 그동안의 연구보고서에 의하면 리더십은 지능, 능력과 정(+)의 상관관계를 갖는 것으로 나타났다. 여러 연구결과들은 리더가 부하보다 판단력, 결정력, 지식, 지능, 화술(speech) 등이 일반적으로 훨씬 뛰어나다고 지적하고 있다.

- 리더의 지능과 능력이 부하와 차이가 너무 많으면 극도로 자기본위적 (self-preoccupation)이기 쉬우며, 너무 진일보한 리더의 생각은 부하가 받아 들이기 어렵게 만드는 등 리더와 부하 사이의 사고방식, 지각, 의사소통 등에 많은 문제가 발생할 수 있다.

ⓓ 성격
- 한 개인의 특성인 성격은 리더십과 밀접한 관계를 가지고 있으며, 리더십 유 효성에 많은 영향을 미치고 있다. 성공적인 리더가 가지는 성격특성으로는 적 응성, 강한 신념, 공격성, 독립성, 객관성, 판단력, 자신감, 지배성, 창조성, 기민성, 조정력, 추진력, 열성, 외향성, 긴장에 대한 지구력 등 아주 많은 특 성요인들이 있다.
- 리더의 성격특성은 조직환경이나 부하의 특성 등에 따라 리더십에 미치는 유 효성이 각각 다르며 모든 특성을 포함한 리더는 찾기도 어려울 뿐만 아니라 성격상의 특성을 정확하게 측정할 수도 없다.

ⓔ 과업특성
- 리더의 과업에 대한 성취욕구 및 책임감 등은 중요한 리더십 요인이다. 유능 한 리더는 높은 성취욕구와 책임감을 가지고 있다. 과업 지향적이며 장애에 부딪쳤을 때 좌절하지 않고 목표를 추구하는 끈기가 있다.
- 과업특성을 가지고 있는 리더는 일반적으로 업무추진력과 함께 강한 동기와 직무에 대한 집요함을 갖추고 있기 때문에 리더십 유효성이 증가하게 된다.

ⓕ 사회적 특성
- 리더는 다양한 성격의 사람들과 잘 어울려야 하고 제반환경에도 적극적으로 참여해야 한다. 그러므로 훌륭한 리더는 타인과 쉽게 친해질 수 있는 능력을 가지고 있다.
- 이러한 특성은 다른 사람들로부터 협동심을 불러일으키게 할 뿐만 아니라 조 직목표 달성을 위해 적극적인 참여유도능력을 발휘함으로써 리더십의 유효성 을 증대시킬 수 있다. 이 밖에도 리더의 사회적 특성으로는 매력적이고 인기 가 있으며 부하들을 잘 보살피는 능력 등이 있다.

ⓒ 특성이론의 비판
ⓐ 특성이론이 상황요인을 고려하지 않고 있다는 점이다. 리더로서의 어떤 특성 이나 자질만 가지고 있으면 어떤 상황에서도 리더가 될 수 있다는 모순을 보 여주고 있다.
ⓑ 특성이론이 개인적 자질에만 초점을 두고 있기 때문에 개인이 리더십 상황에 서 실제로 어떻게 행동하는가를 설명하지 못하고 있다. 즉, 자질에 의해 리더 가 누구인가는 확인할 수 있어도 리더가 부하의 행동에 영향을 미치기 위하여 행하는 행위유형은 확인할 수 없다는 것이다.

POINT 특성이론 … 개인을 각기 다양한 심리적 특성을 지닌 존재로 가정하고서, 많은 사람들에게 공통적이라 여겨지는 여러 가지 특성을 발견하여, 개인을 그러한 특성을 가진 정도에 비추어 기술하고, 이해하려는 입장. 여러 가지 다양한 장면에서 나타나는 개인의 지속적인 행동특징 또는 반응경향성을 특성이라 하는데, 모든 특성은 누구에게나 공통적으로 나타나며, 다만 양적인 정도의 차이가 있을 따름이다. 퍼스낼리티 이론으로서 특성론의 입장은 몇 가지 공통적인 성격특성을 발견하고, 이러한 성격 특성을 가진 정도에 비추어 개인의 성격을 이해하고자 한다. 그리고 이러한 특성론의 입장은 성격에 국한된 것이 아니고, 적성·흥미·가치관·능력 등, 그밖의 행동측면에도 적용이 되며, 요인분석의 통계적 방법은 특성의 발견과 여러 특성간의 관계구조를 이해하는 데 중요한 공헌을 하고 있다.

② 행위이론(Behavior theory)

 ㉠ 행위이론의 개념

  ⓐ 행위이론은 1950~60년대의 주요 이론으로서 리더의 행위유형을 기술한 것이다. 리더의 어떤 행위유형 또는 몇 개의 복합적인 행위유형이 모든 상황에서 언제나 효과적이다. 즉, 성공적인 리더와 비성공적인 리더는 그들의 리더십 유형에 의해 결정된다는 이론이다.

  ⓑ 행동과학자들은 리더십의 특성이론이 비판을 받게 되자 실제적인 리더의 행위에 관심을 갖기 시작하였다. 즉, 어떤 특성을 가진 리더가 효과적인가 하는 특성추구적 관점에서 벗어나 리더가 하는 일이 무엇이며, 그 일을 어떻게 할 것인가 하는 관점에서 적합한 리더의 행동유형을 밝히려는 방향으로 리더십 연구가 전개되었다.

  ⓒ 바로 리더십의 유형이 연구의 대상이 된 것이다. 이러한 리더십의 유형에 대한 연구는, 효율적인 리더는 특정유형을 이용함으로써 개인이나 집단으로 하여금 어떤 목표를 달성하게 하고 높은 생산성과 사기를 유지시킨다는 가정에 입각하고 있다.

 ㉡ 1차원적 관점의 리더십 유형

  ⓐ 권위형, 민주형, 자유방임형 리더십

   • 리더십의 유형에 대한 최초의 연구는 정치지도자들을 대상으로 하여 그들의 형태에서 어떤 유형을 발견하고자 한 것이었다. 처음 리더십의 유형은 권위형, 민주형, 자유방임형으로 구분되었다. 권위형은 자신의 권위를 앞세워 부하에게 명령하고 지시하며, 과업에 높은 관심을 갖는 형이다.

   • 민주형은 과업을 계획하고 수행하는 데 있어서 부하와 함께 책임을 공유하고, 인간에 대하여 높은 관심을 갖는 형이다. 권위형은 맥그리거의 X이론에 근거를 두고 있으며, 모든 정책이 리더에 의해 결정된다. 민주형은 Y이론에 입각하여 모든 정책이 집단토의나 결정에 의해서 이루어진다.

   • 권위형 리더십에서는 부하의 불만이 높고 사기도 낮으며 민주형 리더십에서는 부하상호 간은 물론 리더와 부하 간의 관계가 우정, 신뢰, 존경으로 결합되기 때문에 협조적·자발적으로 일이 행해져 생산성과 사기가 높게 나타난다. 리더의 권한행사와 부하의 자유행동의 정도에 있어서 차이를 나타내는 리더십의 유형을 하나의 연속체로 나타낼 수가 있다.

메모 & 확인문제

리더십의 유형을 의사결정방식과 태도에 따라 구분할 때 태도에 따른 유형에 해당하는 것은?

① 민주형 리더십
② 독재형 리더십
③ 자유방임형 리더십
④ 인간관계 중심형 리더십

 TIP

의사결정방식에 따른 리더십의 유형
① 민주형 리더십 : 중요한 의사결정 시 조직 구성원의 조언과 협의 과정을 거치며, 객관적이고, 타당한 기준을 설정하여 업적이나 상벌 등의 규정을 수립하는 형태
② 독재형 리더십 : 조직의 목표와 계획 수립 및 모든 경영활동에서 조직 구성원의 의견을 수렴하지 않고, 리더가 독단적으로 의사결정을 하며, 조직의 모든 기능을 독점하려는 형태
③ 자유방임형 리더십 : 조직의 계획이나 의사결정에 관여하지 않고 수동적인 입장에서 행동할 뿐만 아니라 모든 일을 조직 구성원에게 방임하고 책임을 전가하는 형태

❮정답 ④

ⓑ 종업원 중심적, 과업 중심적 리더십

- 기업조직에서 의미 있는 리더십 유형에 대한 중요한 연구의 기본목적은 작업 집단의 성과와 만족을 증진시키는 리더십 유형을 찾아내는 것이었다. 서로 관련이 있어 보이는 특징들의 군을 추출하여 유효성을 알아내려는 방식으로 접근한 결과, 종업원 중심적 리더십과 과업 중심적 리더십이라는 두 가지 개념을 정립하였다.
- 종업원 중심적 리더십의 유형은 인간 중심적이며 책임의 위임을 중요시하고 종업원의 복지 및 욕구, 성장에 관심을 갖는 유형으로 관계지향적 리더십 유형과 관련이 있는 유형이다.
- 과업중심적 리더십은 계획을 수립하고 과업수행을 평가하는 데 있어서 폐쇄적인 감독, 합법적이고 강압적인 권력을 행사하는 유형으로 구조주도와 유사하며 과업지향적 리더십과 관련이 있다.

ⓒ 2차원적 관점의 리더십 유형

ⓐ 배려와 구조주도

- 실증연구를 통하여 리더행위의 결정요인과 작업집단의 성과와 만족에 대한 리더십의 유효성을 결정하기 위한 여러 종류의 리더행위를 구명하려고 노력하였다. 연구결과는 리더의 행위를 두 가지 차원, 즉 배려(Consideration)와 구조주도(Initiating structure)로 집약하고 있다.
- 배려는 관계 지향적 · 인간 중심적으로 인간에 관심을 가지고 있으며 온화한 인간관계, 신뢰, 리더의 행위 설명, 부하의 의견수렴과 같은 행동을 하는 유형이다.
- 구조주도는 리더가 과업수행을 위하여 과업을 조직화하는 것으로 과업내용을 확정하고, 작업을 할당하고, 의사소통 네트워크를 수립하며, 과업수행 성과를 평가하는 리더의 행동을 의미한다. 이와 같은 리더의 행동은 과업지향적 리더십 유형이라고 할 수 있다.

> **POINT** **구조주의** … 연구의 한 방법 혹은 몇몇 형식화에서 리얼리즘과 유사성을 가지며 경험론과 실증주의에 대항하는 학문의 보다 일반적인 한 원리. 언어학, 문학비평, 문학사회학, 미학, 사회과학 그중에서도 특히 인류학과 마르크스주의에서의 주된 연구방법론. 구조주의 방법론의 주요 특징은 연구대상을 '체계' 즉 고립되어 있는 특수한 사실들보다는 일련의 사실 사이의 상호관계로 보는데 있다. 피아제 (J. Piaget)에 따르면 체계의 기본 개념은 총체성, 자율적 규제, 변형이다. 언어학에서 소쉬르 (Saussure)는 언어의 잠재적 체계로서 랑그 (langue)와 개인적 행위로서 파롤 (parole)을 구별하고 전자를 체계로서 언어학의 탐구대상으로 정립하였다. 인류학에서 레비스트로스 (Levi-Strauss)는 사회생활의 무의식의 구조를 탐구 대상으로 정립하였다. 마르크스주의 사상에서 구조주의의 주요 조류는 알뛰세 (L.Althusser)에 그 근원을 두고 있다.

ⓑ 오하이오 대학의 리더십 요구

- 배려는 종업원의 결근율이나 고충과 같은 부정적인 결과와는 낮은 관련성이 있으며 성과 면에서는 구조주도보다 낮은 관계를 가지고 있다.

- 구조주도는 종업원의 생산성과 높은 관계가 있으며 결근율이나 고충과 같은 부정적인 결과와는 높은 관련성을 가지고 있다.
- 배려와 구조주도가 둘 다 높을 때에는 생산성과 만족이 둘 다 높은 경향이 있다. 그러나 어떤 경우에는 높은 생산성에 결근율과 고충의 문제가 수반되기도 한다. 이러한 연구결과는 높은 배려와 구조주도형이 가장 효과적인 유형임을 보여주고 있다.
- 하지만 오하이오 대학의 연구는 상황요소가 리더십 유효성에 미치는 영향이 고려되지 않았고, 리더와 그의 부하가 측정한 리더십은 관련성이 적다는 점에서 비판을 받고 있다.

ⓒ 매니지얼 그리드 이론
- 블레이크와 모우톤(R.R. Blake and J.S. Mouton)은 리더의 행위를 개발할 목적으로 직무중심과 과업중심의 양극적인 리더십 유형을 조화시켜 매니지얼 그리드의 개념을 정립시켰다.
- 블레이크와 모우톤은 매니지얼 그리드를 만들어서 리더가 지향할 수 있는 방향을 두 차원으로 구분하였다. 횡축에는 생산에 대한 관심의 정도를 파악할 수 있도록 9등급으로 나누었고, 또 종축에는 인간에 대한 관심의 정도를 파악할 수 있도록 임시 9등급으로 나누었다.

>>> **매니지얼 그리드**

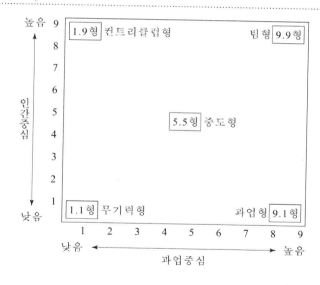

- 무기력형(impoverished type) : 이는 (1.1)형으로서 과업달성 및 인간관계 유지에 모두 관심을 갖지 않는 리더십 유형으로 리더 자신의 직위를 유지하는 데만 최소한의 노력을 투입하는 형이다.
- 컨트리클럽형(Country club type) : 이는 (1.9)형으로서 생산에는 최저의 관심을, 인간관계에는 최대의 관심을 갖는 리더십 유형이다. 따라서 구성원의 만족과 구성원의 친밀한 관계유지를 위하여 최대한의 노력을 기울인다.

- 과업형(task type) : 이는 (9.1)형으로 인간관계 유지에는 적은 관심을 보이지만 생산에 대해서는 높은 관심을 보이는 리더십 유형이다.
- 중도형(middle of the road type) : 이는 (5.5)형으로 생산과 인간관계유지에 모두 적당한 정도의 관심을 갖는 리더십 유형이다.
- 팀형(team type) : 이는 (9.9)형으로 생산과 인간관계유지에 모두 높은 관심을 보이는 유형으로서, 구성원의 자아실현의 욕구를 충족시켜 주고 신뢰와 지원의 분위기를 조성하며, 한편으로는 과업달성을 위하여 노력하는 형이다. (9.9)형은 위 다섯 가지 중에서 가장 이상적인 유형의 리더가 된다.

③ 상황이론(Contingency theory)

㉠ 상황이론의 개념

ⓐ 상황이론은 1970년대 이후의 주요 이론으로서 리더십 유형과 상황의 관계에 대해 기술한 것이다. 이는 모든 상황에 언제나 적합하고 유일한 리더십의 유형은 없다는 내용이다. 지금까지의 리더십 연구, 즉 특성이론이나 행위이론은 어떤 유일한 이상적인 리더십 유형을 발견하려고 하는 것이었다.

ⓑ 연구들은 모두 유효성과 관련하여서는 어떤 리더십이 가장 효율적인 유형이라고 일관성 있게 설명하고 있지는 못했다. 따라서 어떤 상황에서나 효과적이고 유일한 리더십 유형이란 존재하지 않는다고 가정하여 리더십의 유효성을 상황과 연결시키려는 상황이론이 등장하게 된 것이다.

ⓒ 상황론에 따르면 리더란 상황의 산물이기 때문에 한 상황이 요구하는 리더의 형태가 있는데, 리더가 이에 부응하게 될 경우 효율적인 리더십이 발휘된다는 것이다.

> **POINT** 상황이론 … 상황이론은 모든 조직이 동일하다는 가정 하에 조직의 능률성 극대화를 위해 유일, 최선의 관리방식을 추구하는 고전적 조직이론을 비판하면서 나온 것으로, 1950년대 말에 등장해 로렌스(Lawrence)와 로쉬(Lorsch) 등에 의해 발전하였다. 경험적인 조직이론으로 관료제이론과 행정원리론에서 추구한 어느 상황에서나 보편적인 조직원리가 있다는 가정을 비판하면서, 효과적인 조직구조나 관리방법은 환경 등의 상황요인에 따라 달라지기 때문에 구체적인 상황인 환경, 기술, 구조 등에 따라 적합한 조직구조나 관리방법을 찾아낸다. 이는 개방체제로서 조직은 환경을 바꿀 수 없기 때문에, 내부의 조직구조를 바꾸어 환경과의 관계를 적합하게 해야 조직의 능률성이 제고된다고 보기 때문이다. 상황이론은 경영에 있어 보편적인 또는 최고의 방법은 없고, 조직 및 하위시스템의 설계는 환경과 일치되어야 하며, 효과적인 조직은 하위시스템과도 일치해야 한다는 입장이다.

㉡ 피들러의 상황이론

ⓐ 상황이론의 최초의 연구는 피들러(F.E. Fiedler)에 의하여 시도되었다. 피들러에 따르면 높은 직무성과를 성취하는 데 있어서 리더십의 유효성은 리더와 집단 간의 상호작용과 상황의 호의성에 따라 결정된다는 것이다.

ⓑ 피들러는 리더십의 유형을 LPC(Least Preferred Co-worker score)점수에 따라 관계형·과업형으로 구분하고, 리더와 부하의 관계, 과업구조, 리더의 직위권한을 상황변수로 정하여 상황에 적합한 효과적인 리더십을 발견하려고 하였다. 상황의 호의성은 3가지 상황변수의 조합에 의하여 결정된다.

ⓒ 상황의 호의성이란 그 상황이 리더로 하여금 자기집단에 대하여 그의 영향력을 행사할 수 있도록 하는 정도를 의미한다.

ⓒ 하우스(House)의 경로 목표이론

리더는 부하가 바라는 보상을 받게 해 줄 수 있는 경로가 무엇인가를 명확히 해줌으로써 성과를 높일 수 있다는 리더십 이론을 말한다.

ⓐ 지시적 리더십 : 조직화, 통제, 감독과 관련되는 행위, 규정, 작업일정을 수립하고 직무명확화를 기한다.

ⓑ 후원적 리더십 : 복지에 관심이 많으며, 부하의 욕구를 충족시키는 데 집중한다.

ⓒ 참여적 리더십 : 부하의 의견을 의사결정에 반영하며, 의사결정 참여를 통하여 과업을 수행하고 학습하게 한다.

ⓓ 성취지향적 리더십 : 도전적 목표를 가지고 잠재력을 개발하며 높은 성과를 지향하도록 유도한다.

ⓔ 허쉬-블랜차드의 리더십 상황 이론

ⓐ 지시적 지도성 : 아직 과업에 익숙지 않은 구성원을 데리고 처음 공동체를 꾸려나갈 때 흔히 보이는 상황이다. 이런 상황에서는 무작정 일을 맡기는 것보다는 우선은 정상적인 과업 수행에 필요한 능력을 충분히 길러주어야 한다. 우선은 과업을 제대로 할 수 있는 것이 급선무이므로 과업성 행위에 모든 노력을 기울인다.

ⓑ 설득적 지도성 : 점점 익숙해지고는 있지만 아직 독자적으로 일을 수행하기에는 실력이 모자란 상황이다. 자신의 실력이 느는 것을 보며 성취감을 느끼고 점점 일에 재미를 붙여가는, 다시 말해 동기가 꽤 높은 상황으로 볼 수 있으니 지속적인 성취를 맛보게 하며 동기를 계속 유지할 필요가 있다. 높은 수준의 동기는 곧 계속적인 자기 계발의 욕구를 의미한다.

ⓒ 참여적 지도성 : 능력도 의욕도 상당히 높은 상태라 이 수준의 학습자들은 자신이 직접 과제를 맡아 수행하며 문제를 해결하고 싶어한다. 이 때에는 리더가 한 발자국 물러나 자신이 맡고 있던 권한을 일정부분 위임하면서 구성원들이 자발적으로 일을 수행할 기회를 줘야 한다.

ⓓ 위양적 지도성 : 사실상 4단계는 모두가 리더십을 발휘하는 전문가들 간의 협동적인 공동체로 조직이 전환된 상태이다. 이 때에는 특별히 신경을 쓸 필요가 없다.

(4) 최근 리더십 연구의 전개방향 ★★

① 변혁적 리더십

㉠ 변혁적 리더십의 개념

ⓐ 변혁적 리더십은 추종자의 신념, 요구, 가치를 변화시킬 수 있어야 한다. 또 기존의 틀 자체를 변화시켜 새로운 기회를 창출해 내야 한다. 이렇게 하기 위해서는 추종자들에게 자유, 정의, 형평, 평화, 인본주의 등과 같은 높은 이상과 도덕, 가치에 호소함으로서 이들의 의식수준을 높여야 한다.

ⓑ 변혁적 리더와 함께 직무를 수행하는 사람은 리더에 대하여 신뢰감, 존경심, 충성심을 갖게 된다. 리더는 추종자들이 과업결과의 중요성을 인식하게 만들고, 조직을 위해서 자신의 이익을 초월하게 만들며 그들의 상위욕구를 충족시켜 준다.

ⓒ 변혁적 리더십의 자질

ⓐ 비전을 통한 단결능력
- 변혁적 리더가 해야 할 가장 중요한 일은 무엇보다도 비전을 제시하는 것이다.
- 변혁적 리더는 비전을 달성할 수 있는 전략을 개발하여 추종자들을 앞장서서 이끌어주는 능력이 있어야 한다.

ⓑ 비전을 전달할 수 있는 능력
- 비전을 제시하는 것으로 끝나는 것이 아니라 추종자들이 비전을 이해하고 자기 것으로 만들 수 있도록 하여야 한다.
- 리더는 추종자들이 분명하게 이해할 수 있도록 전달하는 능력을 가지고 있어야 하면 추종자를 설득시키고 동참시킬 수 있게 할 수 있어야 한다.

ⓒ 신뢰감 획득
- 변혁적 리더는 추종자들로부터 전적으로 충성과 신뢰를 받을 수 있는 능력을 가지고 있어야 한다.
- 반대에 대처하면서 강력하게 계획을 추진할 수 있고 리더가 일시적으로 실수를 했을 경우에도 다수의 추종자들의 지지를 받아 건재할 수 있다.

ⓓ 자신의 이미지 관리에 관심
- 리더는 스스로 자신을 관리하며 자기개발을 계속해야 하며 긍정적인 이미지를 심는 데 노력해야 한다.
- 변혁적 리더십은 조직의 상층부에서만 필요로 하는 것은 아니다. 조직의 각 계층에서 그리고 사회의 각 분야에서 이러한 리더십이 요구되고 있다.

② 카리스마적 리더십

ⓒ 카리스마적 리더십의 개념

ⓐ 카리스마적 리더십(Charismatic leadership)은 사회학자나 정치학자, 역사학자 등에 의해서 1920년대부터 연구되기 시작하였다.

ⓑ 카리스마적 리더십에 관한 연구는 크게 리더의 특성, 부하의 특성, 상황의 특성으로 나눌 수 있다.

> **POINT** 카리스마적 리더십 … 베버 (Weber, M.)에 의해 리더십의 개념으로 설명되었다. 자기 자신과 자신이 이끄는 조직구성원에 대한 극단적인 신뢰, 이들을 완전히 장악하는 거대한 존재감, 그리고 명확한 비전을 갖고 일단 결정된 사항에 관해서는 절대로 흔들리지 않는 확신을 가지는 리더십을 의미한다. 또한 조직구성원들은 이와 같은 리더의 모습을 통해 신뢰를 갖고 그를 따르게 된다.

ⓒ 리더의 특성

ⓐ 추종자에게 비전을 제시할 수 있어야 하며 신뢰를 얻어야 한다.

ⓑ 개인적인 매력을 가지고 있어야 한다.

리더십 이론에 관한 설명으로 옳은 것은?

① 특성이론(trait theory)에 의하면, 리더는 리더십 행사에서 상황의 영향을 받을 수 있음을 제시한다.

② 피들러(fiedler)의 상황이론에서는 리더십의 상황요인으로 리더–구성원 관계, 과업구조, 리더의 직위권한을 제시하고 있다.

③ 경로–목표 이론(path–goal theory)에서는 의사결정 상황에 따라 리더의 의사결정 유형을 달리하는 의사결정나무(decision tree)를 제시하고 있다.

④ 관리격자(managerial grid)이론에 의하면, 중간관리자에게 가장 적절한 리더십 유형은 중간형(5,5)이다.

TIP

① 특성이론은 리더 자신만이 가지고 있는 우수한 자질이나 특성만 있으면 자신이 처해 있는 상황이나 환경이 변하더라도 언제나 리더가 될 수 있다고 가정한다.

③ 경로–목표이론에서 리더는 부하가 바라는 보상을 받게 해 줄 수 있는 경로가 무엇인가를 명확히 해 줌으로써 성과를 높일 수 있다는 리더십 이론을 말한다.

④ 관리격자이론은 리더십 유형을 무기력형, 사교형, 과업지향형, 절충형, 팀형으로 분류한 이론이다.

◀ 정답 ②

ⓒ 추종자를 사로잡는 눈 접촉, 제스처, 억양, 표정 등의 비언어적 표현으로 감정표현을 할 수 있어야 한다.

ⓒ **부하의 특성**

ⓐ 리더에 대한 강한 애정을 가지고 있어야 하고, 리더의 신념을 자신의 것으로 받아들여야 한다.

ⓑ 리더의 권위에 순종하여야 한다.

ⓒ 리더의 개인적인 매력에 정신적으로 빠져 들어가야 한다.

ⓔ **상황의 특성**

ⓐ 사람들이 위기의식을 느낄 때 리더를 찾게 되며, 이러한 상황에서 카리스마적 리더가 나타날 가능성이 높다.

ⓑ 업무처리를 하는 데 있어서 소속집단 구성원 간의 상호 의존도가 높을 경우 그 집단의 리더는 카리스마적 리더가 될 가능성이 높다.

③ **팀 리더십**

㉠ **팀 리더십의 개념**

ⓐ 팀(team)은 오늘날 조직 내에서 대표적인 작업집단이 되었으며, 기업조직은 물론 행정조직, 병원, 대학조직에서도 모든 업무는 팀으로 이루어진다.

ⓑ 팀장에게는 관리·통제보다는 팀 내외의 정보흐름과 소통을 촉진하고 기존의 권위를 포기하며 자율을 최대한 보장하되, 시기 적절하게 충고하고 팀원 각자의 강·약점을 잘 지적해서 개발시키는 역할이 요구된다.

㉡ **팀 리더의 역할**

ⓐ 팀과 관련된 외부와의 연결자 역할이다. 상급자, 다른 팀, 고객, 협력업체 등에 대해 팀을 대표하며, 팀내 정보를 제공하기도 하지만, 외부에서 정보를 수집했다가 내부 팀원에게 잘 알려야 한다.

ⓑ 팀이 문제에 직면했을 때 팀장은 회의와 협상을 주선하고 외부 도움도 요청하며 때로는 자신이 직접 개입하면서 문제해결을 주도한다.

ⓒ 팀원 간의 갈등과 분쟁이 있으면 이를 해결해줄 뿐만 아니라 갈등을 최소화하기 위해 보상, 업무할당, 배치 등에 팀원과 계속 합의해 나가야 한다.

03 인사관리

section 1 인사관리의 의의

(1) 인사관리의 의의

① 인사관리는 조직에서 일하는 사람을 다루는 제도적 체계이며 사람이 사람을 다루는 제도로서 관리의 대상과 주체 모두가 인간이다.

② 오늘날의 기업에 있어서의 인사관리는 기업이 바라는 목적과 개인이 추구하는 행복의 양자에게 만족을 주려는 데 근본 이상이 되고 있다.

③ 기업의 인사관리는 기업활동의 성과를 좌우하는 활동이므로 인사관리가 잘 되면 기업의 성과를 높이게 되어 결국 기업의 기본적인 기능, 즉 고객에게 보다 양질의 재화와 서비스를 더 좋은 조건으로 제공케 하는 결과를 낳게 되어 사회의 복지향상을 가져오는 기본방향이 된다.

(2) 인사관리의 특성 ★

① 관리의 대상이 인간이다.

② 인사관리의 주체 또한 인간이다.

③ 인사관리는 주체와 대상이 모두 인간이라는 점에서 볼 때 인간 상호작용의 관계로 볼 수 있으며, 이들이 공통적으로 영향을 받고 있는 사회·문화적 환경과 전통의 영향을 배경으로 하고 있다.

④ 인사관리는 사람이 가지고 있는 능력이나 성향을 활동하는 데 그치지 않고 그 능력이나 성향을 바꾸는 것이 더 중요시될 경우도 있다.

(3) 인사관리의 내용

① 전반적 인사관리
  ㉠ 전반적 인사관리의 방침계획의 확립
  ㉡ 전반적 사회질서의 확립유지에 관한 사항
  ⓐ 경영의식 관리(종업원서비스 등)
  ⓑ 종업원 계층질서의 관리(직장평가의 분류제도, 조직적 승진제도 등)
  ⓒ 임금관리(임금체계의 합리화)

다음 중 인사관리의 특성으로 적절하지 않은 것을 고르면?
① 인사관리의 주체는 인간이다.
② 관리의 대상은 기계이다.
③ 인사관리는 인간 상호작용의 관계
④ 인사관리는 능력 및 성향을 바꾸는 경우에도 활용

인사관리의 주체는 인간이며, 그 관리의 대상도 인간이다.

❮정답 ②

　　ⓒ 전반적 노동력의 효율적 이용에 관한 사항

　　　ⓐ 기초적 사정(직무분석 · 인사고과 등)

　　　ⓑ 노동능력관리(노동력 공급원 개척과 모집 · 선발 · 교육 · 훈련 · 배치 · 이동 · 승진 · 퇴직)

　　　ⓒ 노동력 유지관리(작업시간 · 휴일규정 · 안전위생의 일반적 관리)

② 직장에서의 인사관리

　　㉠ 각 직장의 인사방침, 계획의 확립

　　㉡ 각 직장에서의 사회질서 확립유지에 관한 사항

　　　ⓐ 직장취업관리

　　　ⓑ 직장에서의 좋은 팀워크의 형성(직장 모럴과 리더십, 회의의 진행 등)

　　㉢ 직장에서의 노동력 유효이용에 관한 사항

　　　ⓐ 직무할당

　　　ⓑ 직장에서의 직무지도(OJT) 등으로 능력육성

　　　ⓒ 개개의 안전위생지도

　　　ⓓ 근로의욕에의 동기부여

---

section 2 인적자원의 계획과 충원

(1) 인적자원계획

① 미래의 조직에서 요구하는 인력을 과부족 없이 적절히 확보하여 공급함으로 생산성을 향상시키는 것을 말한다.

② 인적자원의 수요예측

　㉠ 인적자원관리 담당부서에서 생산 · 판매 · 재무 · 설비 · 계획 등 모든 경영계획에 대한 가치분석을 하고 전사적 수준에서 소요인원의 총수를 산정하는 총인력계획 과정과 직무분석, 표준작업량 설정 등 산업공학기법을 사용하여 각 부서별로 소요인원을 개개 직무로부터 산정하여 이를 종합해 나가는 구체적 인력계획 과정으로 나눌 수 있다.

　㉡ 회귀분석(regression analysis) : 인적자원의 소요량(E)은 매출액(S), 생산량(P), 예산(B), 노동시장의 수요와 공급(L) 등 여러 변수들에 의해 결정된다는 전제 하에 $E=f(S, P, B, L \cdots\cdots)$의 함수관계를 단순회귀분석이나 다중회귀분석을 통해 규명하는 통계적 기법을 말한다.

　㉢ 추세분석(trend analysis) : 인적자원 수요의 추세를 확인하여 미래의 인적자원 수요를 예측하는 기법을 말한다.

    ② 시뮬레이션(simulation) : 현 시점에서 예측하고자 하는 종속변수에 영향을 주는 독립변수들이 다양하게 변화되었을 때 종속변수가 어떻게 변화될 것인가를 확률 개념을 도입하여 분석하는 기법을 말한다.

    ⑩ 대체도 : 미래에 발생할 것으로 예상되는 인원들의 변동사항을 일목요연하게 보여 주어 인적자원의 수요예측이 가능하게 분석하는 기법을 말한다.

③ 인적자원의 공급예측 ★

    ㉠ 내부공급예측 : 결근율, 이직 가능성, 내부이동 등을 통한 인적자원의 잠재적 변화와 승진, 노동시간의 변화, 작업방법이나 절차의 변화 등을 분석하여 조직내부에서 이용 가능한 인적자원의 양과 질을 예측하는 것을 말한다.

    ㉡ 외부공급예측 : 대학, 직업기술학교, 경쟁업체, 자발적 지원자 등 조직 외부에서 공급받을 수 있는 인적자원을 예측하는 것을 말한다.

(2) 직무분석 ★

① 직무분석의 개념 및 목적

    ㉠ 인적자원관리의 기초자료를 제공하기 위하여 직무에 대한 정보를 수집하고 수집된 정보를 분석하여 직무의 내용을 파악한 후 직무의 수행에 필요한 책임, 숙련, 능력과 지식, 작업조건 등의 직무수행요건을 명확하게 하는 과정을 의미한다.

    ㉡ 직무분석에서 정리된 자료는 직무기술서, 직무명세서 작성하는데 사용되며, 직무평가의 기초자료로 이용된다.

    ㉢ 직무분석은 모집, 선발, 임금, 인사관리, 교육훈련 등의 기초자료로도 사용된다.

② 직무분석의 방법

    ㉠ 관찰법

        ⓐ 직무분석자가 직무수행자를 직접 관찰하면서 정보를 수집하는 형태이다.

        ⓑ 육체적 작업을 하는 직무의 경우 관찰이 용이하나 정신적 작업을 하는 직무의 경우 관찰이 어렵다.

        ⓒ 작업의 시작에서 끝까지의 장시간이 소요되는 업무의 경우 적용이 곤란하며, 직무관찰행위가 작업자의 직무수행에 영향을 미칠 수도 있다.

        ⓓ 수작업 및 육체적 작업이 경우 적은 시간과 비용으로 직무분석이 가능하다.

    ㉡ 질문지법

        ⓐ 표준화된 질문지를 작성하게 하여 직무에 관한 정보를 수집하는 형태이다.

        ⓑ 적은 비용과 시간으로 많은 종류의 정보를 수집할 수 있다.

        ⓒ 작성방법이 난해하고 질문지에 대한 정확한 이해 부족으로 커뮤니케이션 상의 문제가 발생할 수 있다.

    ㉢ 면접법

        ⓐ 직무분석자가 면접을 통하여 직무에 관한 정보를 획득하는 형태이다.

        ⓑ 관찰법으로 획득하기 어려운 정신적인 작업에 대한 정보까지 획득이 가능하다.

        ⓒ 피면접자가 자신에게 불리한 정보는 제공하지 않을 수 있다.

다음 인적자원의 공급예측에 대한 내용 중 성격이 다른 하나는?

① 이직 가능성
② 결근율
③ 자발적 지원자
④ 노동시간의 변화

인적자원의 공급예측 중 내부공급예측과 외부공급예측을 분류하는 문제이다.

❮정답 ③

다음 중 관찰법에 대한 설명으로 바르지 않은 것을 고르면?

① 자료를 수집하는 데 있어 피 관찰자의 협조의도 및 응답능력이 문제가 되지 않는다.
② 피 관찰자 자신이 관찰 당한다는 사실을 인지하지 못하게 하는 것이 중요한데 만약, 피 관찰자가 이를 알게 된다면 평소와는 다른 행동을 할 수도 있다.
③ 제공할 수 없거나 제공하기를 꺼리는 정보 등을 취득하는 데 적합한 조사방법이다.
④ 피 관찰자의 느낌 및 동기, 장기적인 행동 등에 대해서도 관찰이 가능하다.

관찰법은 눈에 보이는 외형적인 부분에 대해서만 관찰이 가능하다.

❮정답 ④

③ 직무분석의 결과

　㉠ 직무기술서

　　ⓐ 직무전반에 대한 사항을 기술한 것으로 수행되어야 할 업무가 무엇이고 그 업무는 어떻게 수행되며 어떤 요건들을 필요로 하는지를 설명하는 것을 말한다.

　　ⓑ 직무구분, 직무요약, 직무내용, 직무수행요건 등을 기록한다.

　㉡ 직무명세서

　　ⓐ 하나의 직무를 적절히 수행하기 위하여 필요한 최소한의 인적자원에 대한 설명으로 성공적인 직무수행을 위하여 직무에서 요구되는 자질을 중심으로 기술한 것을 말한다.

　　ⓑ 직무의 인적요건에 초점을 둔 것으로 직무수행에 필요한 종업원의 행동, 기능, 능력, 지식 등을 일정한 양식에 의하여 기록한 문서를 말한다.

(3) 직무평가 ★

① 직무평가의 개념 및 목적

　㉠ 조직 내 직무들을 일정한 기준에 의하여 서로 비교하여 직무들간의 상대적인 가치를 결정하는 과정을 말한다.

　㉡ 임금수준, 인력배치 및 확보에 대한 기초자료, 구성원의 능력개발 등을 목적으로 한다.

② 직무평가의 방법

　㉠ 점수법

　　ⓐ 직무를 평가요소에 따라 분해하고 각 요소별로 가중치를 둔 후 가중치별 점수를 더하여 직무의 가치를 평가하는 방법을 말한다.

　　ⓑ 평가과정 : 평가요소 산정 → 평가요소에 대한 가중치 결정 → 평가요소에 대한 점수부여

　　ⓒ 각 요소별로 평가하므로 평가결과에 대해서 신뢰성이 높아질 수 있으나 평가요소의 산정과 요소별 가중치의 산정 등을 결정하기가 어려워 오랜 준비기간과 많은 비용이 발생한다.

　㉡ 분류법

　　ⓐ 분류할 직무의 등급을 미리 설정한 다음 직무를 적절히 판정하여 등급별로 구분하는 방법으로 등급법이라고도 한다.

　　ⓑ 실시과정이 간단하고 용이하다.

　　ⓒ 각 등급별 정의의 구분이 어렵고 의사결정자의 주관적 판단에 의해 등급이 구분될 우려가 있다.

　㉢ 서열법

　　ⓐ 직무를 종합적 가치에 따라 평가한 후 서열을 결정하는 방법을 말한다.

　　ⓑ 실시방법이 간단하고 신속한 평가가 가능하다.

　　ⓒ 직무의 수가 많거나 유사직무가 많을 경우 적용이 곤란하고 평가자의 주관적 개입 가능성이 크다.

ⓔ 요소비교법

ⓐ 몇 개의 기준직무를 선정하여 평가요소별로 순위를 결정한 후 임금을 평가요소별로 배분한 후 직무를 요소별 기준직무와 비교하여 직무의 상대적 가치를 평가하는 방법을 말한다.

ⓑ 요소별 상대적 차이가 바로 임금으로 나타난다는 특징을 가지고 있다.

ⓒ 평가과정 : 평가요소 산정 → 기준직무 선정 → 요소별 서열 선정 → 요소별 금액 배분 → 평가기준표 작성 및 평가

(4) 모집과 선발

① 모집과 선발의 개념

㉠ 모집(recruitment)이란 조직이 필요로 하는 지식, 기능, 능력 및 기타 특성을 갖춘 인적 자원들을 파악하고 그들로 하여금 조직에 지원하도록 유인하는 과정이라고 정의할 수 있다.

㉡ 선발(selection)은 조직의 직무를 수행할 수 있는 최적의 요건을 지니고 있다고 판단되는 사람에게 조직구성원의 자격을 부여하는 과정이라고 할 수 있다.

㉢ 모집과 선발이 이루어지기 위해서는 조직이 필요로 하는 인적 자원의 질과 양이 먼저 결정되어야 하는데, 직무분석을 통해 파악된 내용을 중심으로 필요로 하는 인적 자원의 질이 결정되며, 인적 자원 계획에 의해서 필요로 하는 인적 자원의 양이 결정된다.

> **POINT** 모집 … 모집은 신규채용 희망자에게 채용에 대한 정보를 제공함으로써 지원하도록 유도하는 과정을 말한다. 모집의 의의는 채용 희망자에게 단순히 시험 기회를 부여하는 데 있는 것이 아니라, 좀 더 적극적으로 많은 유능한 인재들이 응시에 흥미를 느끼게 하는 데 있다.

② 모집과 선발의 원천

㉠ 조직이 외부시장으로부터 적절한 인원을 충원하기에 앞서 조직 내부에 적절한 인적 자원이 존재하는지 여부를 살피게 된다. 조직이 특정한 직무를 수행할 사람들을 조직 내부에서 물색하게 되는 경우에 이는 내부 노동시장을 고려한 것이다. 또한 외부에서 물색하게 되는 경우는 외부노동시장을 고려한 것이라 볼 수 있다.

㉡ 노동시장을 외부와 내부로 구분하는 것은 모집 및 선발과정에 매우 중요한 의미를 부여한다. 모집 및 선발과정은 적절한 자격요건을 갖춘 인적 자원을 모집하고 그 중에서 가장 뛰어난 사람들을 선별해 낸다고 해서 끝나는 것이 아니라, 인적 자원을 적시에 적재장소로 공급하는 과정을 끊임없이 조정해 나가야 하는 과정이다.

③ 인적 자원의 선발

　㉠ 선발의 기준

　　ⓐ 여러 지원자들 중 누가 더 뛰어난지 여부를 판단하기 위해서는 이들을 서로
　　　비교할 수 있는 척도(尺度)가 존재해야 한다. 가장 근본적인 선발기준은 지원
　　　자가 보유하고 있는 지식, 능력, 기능, 그리고 기타 특성 등이다.

　　ⓑ 지원자가 갖추고 있는 경험도 선발기준으로 사용될 수 있다. 지원자가 보유하
　　　고 있는 직무경험이 그 사람의 직무능력과 직무관련 태도를 나타내주는 가장
　　　훌륭한 지표라고 믿고 있는 선발담당자들이 많으며, 유사한 직무에서 달성한
　　　성과가 미래의 성과를 가장 잘 예측해 줄 수 있는 지표라고 할 수 있다.

　㉡ 선발의 조건

　　ⓐ 기술의 진보가 빠르고 각종 주변 환경이 급변하는 세계에 있어서는 그 자체만
　　　으로는 변화에 능동적인 대처를 하기 힘들다. 이러한 급변하는 환경에 적응할
　　　수 있는 능력개발에 대한 필요성이 절실하며 유능한 인력이 선발되어야 한다.

　　ⓑ 인력의 평균학력이 상승할수록 이해력은 빨라지는 반면 힘들고 어려운 일을
　　　기피하는 풍조가 만연해졌다. 따라서 힘든 일의 가치에 따른 충분한 인센티브
　　　제도를 도입함으로써 서로가 필요성을 느끼면서 업무를 추진할 수 있는 인력
　　　을 선발해야 한다.

④ 선발의 절차

　㉠ 지원서의 접수 및 1차 선발

　㉡ 실험 또는 검사의 실시

　㉢ 선발면접

　㉣ 조회 및 검토작업

　㉤ 신체검사

　㉥ 실무자의 면접 및 실무자의 의견수렴

　㉦ 지원자들에 대한 현실적인 직무소개

　㉧ 최종선발 결정

⑤ 선발의 방법(면접)

　㉠ 구조화에 따른 분류

　　ⓐ 구조적 면접 : 직무에 대해 미리 정하여진 질문들을 토대로 면접을 보는 방식
　　　으로 동일한 질문들이 모든 피면접자에게 적용되므로 개인적 편견이 제거되어
　　　타당성이 높다. 그러나 제한된 질문으로 인하여 융통성이 결여된 정보가 수집
　　　될 수 있다는 단점이 있다.

　　ⓑ 비구조적 면접 : 특별한 형식 없이 면접자가 원하는 질문을 하는 방식으로 심층
　　　적이고 구체적인 정보의 획득이 가능하나 체계적이지 못하여 타당성이 결여될
　　　우려가 있다.

　　ⓒ 반구조적 면접 : 구조적 질문과 비구조적 질문의 중간형태로 융통성을 발휘하여
　　　상황에 따른 추가 질문이 허용되는 방법이다.

▶POINT **면접** ⋯ 연구대상이 되는 사람 또는 정보제공자와의 '목적이 있는 대화'를 통해서 자료를 수집하는 것을 말한다. 일반적인 면접은 시간과 장소를 약속하여 이루어지는 공식적 면접으로서, 대부분 서로 얼굴을 맞대고 진행하는 면대면 면접이다. 면접은 면접대상이 몇 명인가에 따라서 개별면접과 집단면접으로 나누어 볼 수도 있고, 면접이 얼마나 깊이 있게 이루어졌는가에 따라서 심층면접과 일반면접으로 나누어 볼 수도 있다. 또한 질문제시방식에 따라서 구조화 면접과 비구조화 면접, 그리고 그 중간의 반구조화 면접으로 나누어 볼 수 있다. 구조화 면접은 미리 준비한 질문 리스트의 순서대로 차례차례 질문을 해 나가는 것으로, 이런 방법으로는 미리 준비된 질문에 대한 답 이외에는 얻기 어렵기 때문에 바람직하지 않은 방법으로 여겨진다. 비구조화 면접은 연구자가 질문내용들을 머리 속에 간직한 채 대화형식으로 질문을 해나가는 것이다. 즉 한 가지 질문을 던짐으로써 대화를 시작하고, 답변에 따라 그와 관련된 질문을 추가해 나가며, 필요에 따라 연구자의 의견을 제시하기도 하는 등 가능한 한 보통 대화에 가깝게 한다. 이러한 비구조화 면접은 가장 이상적이지만 전문연구자가 아니면 실시하기 어려우며 분석시간이 많이 걸리므로 반구조화 면접을 실시하는 경우가 많다. 반구조화 면접에서는 미리 준비한 질문리스트를 사용하되 답변내용에 따라서 필요한 질문을 추가하고, 질문순서를 바꾸기도 한다.

ⓛ **참가자 수에 따른 분류**

ⓐ **집단 면접** : 각 집단 단위별로 특정한 문제를 토론하게 한 다음 면접자는 이를 관찰하면서 토론과정에서의 개인적인 적격여부를 판단하는 방법으로 다수의 피면접자를 비교 평가하여 시간을 절약할 수 있다.

ⓑ **위원회 면접** : 다수의 면접자가 한 명의 피면접자에게 질문을 하면서 진행되는 방법으로 다양한 정보의 수집이 가능하다.

ⓒ **스트레스 면접** : 피면접자에게 스트레스를 주어 스트레스 상황하에서의 반응을 살펴 면접을 하는 방법이다.

ⓓ **순차적 면접** : 여러 계층의 관리자들이 피면접자를 면접하는 방법으로 각 관리자가 자신의 기준으로 지원자의 직무수행능력을 평가하는 것이다.

section 3 인적자원의 유지와 활용

(1) 배치와 전환

① **개념**

㉠ **배치** : 각 직무에 종업원을 배속시키는 것을 말한다.

㉡ **전환** : 배치된 종업원을 필요에 따라 현재의 직무에서 다른 직무로 변경하여 배치하는 것을 말한다.

② **배치**

㉠ 채용에 의하여 확보된 종업원의 능력을 활용하기 위한 전제조치를 의미한다.

ⓛ 적재적소에 이루어져야 하며, 배치가 잘못될 경우 종업원의 조직에의 적응 및 이직이 나타나게 된다.

ⓒ 오늘날 배치는 하나의 주요한 과제로 평가받고 있다.

③ 전환

ⓞ 과거 배치전환은 종업원의 수평적 직위의 이동으로 상부에서의 일방적인 상명하복의 형태였으나, 현재에는 자기신고제를 통한 개개인의 의사가 반영되고 있다.

ⓛ 종업원의 능력 및 소질을 평가하여 신중한 전환이 이루어져야 한다.

④ 배치전환의 원칙과 유형

ⓞ 원칙

ⓐ 적재적소의 원칙 : 한정된 인적자원을 최대한 활용할 수 있도록 하여 최상의 성과와 목표를 달성할 수 있도록 하는 것으로 사내공모제가 대표적이다.

ⓑ 인재육성주의의 원칙 : 종업원의 능력의 활용과 동시에 학습과 성장이 가능하도록 하는 것으로 인재를 성장시키면서 활용해야 한다는 원칙이다.

ⓒ 능력주의 원칙 : 특정 직무를 수행할 능력을 보유한 종업원 중 최고의 능력을 보유한 종업원이 그에 따라 직무를 할당받고 그 수행결과의 평가에 있어 능력과 성과에 따라 합리적인 성과평가와 보상이 이루어지도록 하는 것을 말한다.

ⓓ 균형주의 원칙 : 단순히 특정인만의 적재적소 배치를 고려하는 것이 아닌 상하좌우의 모든 사람에 대하여 평등한 적재적소의 배치를 고려한 것을 말한다.

ⓛ 유형

ⓐ 생산 및 판매변화에 의한 배치전환

ⓑ 인원대체를 위한 배치전환

ⓒ 순환근무

ⓓ 교대근무

ⓔ 교정적 배치전환

(2) 승진 ★

① 개념 … 종업원이 기업 내에서 책임, 권한, 보수 등이 증가하는 직무 또는 자격 서열의 상승을 말한다.

② 승진의 기준

ⓞ 연공주의

ⓐ 승진의 기준으로 근속년수를 중요하게 생각하는 접근방법이다.

ⓑ 과거 조직체에서 수행한 경험이 향후 더 중요한 임무를 수행하는데 도움이 된다고 생각하는 경험제일주의의 관점이다.

ⓒ 고용의 안정과 조직에 대한 애사심을 증가시킬 수 있다.

ⓓ 효율성이 저하될 우려가 있다.

다음 중 배치전환의 원칙으로 바르지 않은 것은?

① 적재적소의 원칙
② 인정주의 원칙
③ 인재육성주의의 원칙
④ 균형주의 원칙

배치는 구성원을 필요에 의해 현 직무에서 타 직무로 변경해서 배치하는 것이므로 인정에 얽매이기 보다는 능력에 맞게 적절히 배치시켜야 한다.

❮정답 ②

ⓛ 능력주의

ⓐ 승진의 기준으로 능력을 중요하게 생각하는 접근방법이다.

ⓑ 직무수행 능력을 중심으로 판단하므로 효율성 및 공정성이 향상된다.

ⓒ 성과를 높일 수 있는 능력의 구분과 실질적인 능력소지여부의 판단과정에서 주관이 개입되는 경우 조직구성원들이 오히려 불공정성을 더 느낄 우려가 있다.

③ 승진의 형태

㉠ 직위승진(역직승진)

ⓐ 대리에서 과장으로, 과장에서 부장으로의 승진과 같이 라인직위계열상의 승진을 말한다.

ⓑ 상위직책의 자리가 공석으로 비어 있거나 새로 자리가 선정되어야 가능하다.

ⓒ 상위직책의 자리가 많지 않은 조직에서는 종업원들의 사기 저하가 우려된다.

㉡ 직계승진

ⓐ 직무주의적 능력주의에 입각한 제도로 직무분석 및 직무평가 후 계층에 따른 직위관리체제가 확립된 상태에서 그 직무에 적합한 사람을 선정하여 승진시키는 제도를 말한다.

ⓑ 직무에 중점을 둔 제도로 스태프(staff) 직무를 수행하던 사람이 인차지(in-charge)의 직무를 수행하는 것이 대표적이다.

㉢ 자격승진제도

ⓐ 승진에 일정 자격을 정해 놓고 그 자격을 획득한 사람을 승진시키는 제도를 말한다.

ⓑ 상위직급의 공석과 무관하게 일정 자격을 획득하면 승진이 가능하므로 합리적인 운영이 가능하다.

ⓒ **신분자격승진제도** : 직무의 내용과 관계없이 연고주의적 요건에 따라 자격을 책정하고 그 자격이 갖추어지면 승진이 이루어지는 방법이다.

ⓓ **능력자격승진제도** : 개인이 보유하고 있는 지식, 기능, 능력과 같은 잠재능력을 평가하고 그 장래에 대한 유용성을 추측하여 승진시키는 제도를 말한다.

㉣ **대용승진** : 승진 대상자가 많고 직위가 없을 경우 인사체증과 사기저하를 방지하기 위하여 직무내용은 변화가 없으나 직위명칭 및 호칭만 상승이 이루어지는 승진을 말한다.

㉤ **OC(Organization Change)승진** : 승진의 대상자에 비해 직위가 부족한 경우 조직원의 사기진작과 이직의 방지를 위하여 조직을 변화시켜 승진의 기회를 확대하도록 하는 것을 말한다.

(3) 인사고과

① **인사고과의 개념** … 조직에 기여할 수 있는 근로자의 가치를 객관적으로 평가하여 근로자 관리에 대한 기초자료를 제공하고 노동 능률을 높이려 하는 것을 말한다.

메모 & 확인문제

다음은 승진에 대한 내용 중 무엇에 가깝다고 할 수 있는가?

주식회사 서울 주유소에서는 2015년 초에 대대적인 인사이동을 실시하게 되었다. 하지만 회사의 마케팅을 맡고 있는 서봉환 과장은 가장 먼저 회사에 입사했지만 동기생들 중에서도 업무실적이 가장 낮고, 회사에서 발생하는 문제에 따른 상황 판단의 미숙으로 인해 만년대리로 머물다 기업 조직에서 회의를 열어 업무수행능력은 떨어지지만 오랫동안 근무를 했다는 점이 인정되어 비록 승진 대상자는 많고 직위가 없는 상황이지만 조직 내 인사체증 및 서봉환 과장을 비롯한 조직의 사기저하를 방지하기 위해 비록 직무에 있어서의 변화는 없지만 대리에서 과장으로 직위명칭 및 호칭만을 상승시켜주기로 결정했다. 즉 이러한 경우에는 업무에 있어서의 상승 및 능력을 인정받은 것이 아닌 명칭과 호칭만의 상승이 이루어진 승진유형이라 할 수 있다.

① 자격승진
② 직계승진
③ 역직승진
④ 대용승진

주어진 내용은 실제적인 업무능력의 수행 상승이 아닌 조직 사기의 저하를 방지하기 위한 호칭상의 상승만을 의미한다.

◀정답 ④

② 인사고과의 방법
  ㉠ 상대평가
    ⓐ 서열법
      • 단순서열법 : 피평가자를 1위에서부터 최하위까지 순서대로 나열하는 방식으로 평가가 용이하고 관대화 및 중심화 경향으로 인한 오차를 줄일 수 있으나 피평가자의 수에 따라 적용의 가능여부가 달라진다.
      • 교대서열법 : 피평가자 중 가장 우수한 사람과 가장 열등한 사람을 선정한 다음 남은 피평가자들 중에서 가장 우수한 사람과 가장 열등한 사람을 교대로 선정하면서 서열을 측정하는 방식을 말한다.
      • 쌍대비교법 : 피고과자를 모두 한 쌍씩 짝지어 비교평가한 다음 개인 순위는 우수하다고 평가된 횟수를 합산하여 결정하는 방식을 말한다.
    ⓑ 강제할당법
      • 피평가자의 수가 증가할수록 정규분포에 이른다는 가정아래 이루어지는 방식으로 미리 범위와 수를 책정한 후 피평가자를 일정 비율에 맞게 강제로 할당하여 평가하는 방식을 말한다.
      • 관대화, 중심화 등 규칙적 오류의 예방이 가능하나 정규분포를 가정하고 있으므로 실제 분포가 강제할당비율과 다를 경우 평가를 반영하지 못할 우려가 있다.
  ㉡ 절대평가
    ⓐ 평정척도법
      • 평가요소를 산정한 다음 평가요소별 척도를 세운 후 피평가자를 평가요소의 척도상에서 우열을 표시하는 방식을 말한다.
      • 피평가자를 전체적으로 평가하지 않고 평가요소별로 평가하므로 타당성은 증가하나 관대화, 중심화 등의 규칙적 오류가 발생할 우려가 있다.
    ⓑ 대조표법
      • 평가자의 부담을 덜어주기 위하여 평가자가 피평가자를 직접 평가하지 않고 미리 선정된 항목들에 대하여 피평가자가 어디에 해당하는지를 체크하여 보고하면 인사참모부에서 이를 보고 평가하는 방식을 말한다.
      • 구체적인 항목들으로 평가하므로 평가결과의 신뢰성과 타당성은 증가하고 후광효과는 감소한다.
      • 체크리스트의 작성이 난해하고 결과를 점수화하는 단계가 복잡하다.
    ⓒ 서술식 고과법
      • 자기신고법 : 자기신고서를 피평가자가 스스로 작성하여 자기평가를 하는 방식으로 가기개발의 효과를 얻을 수 있으나 주관적이므로 보완적 자료로만 사용된다.
      • 중요사건서술법 : 특정 직무수행에 중요한 영향을 미칠 수 있는 피평가자의 긍정적 또는 부정적 행위를 기록한 다음 이 기록을 바탕으로 평가하는 방식을 말한다.

ⓓ **목표에 의한 관리법**
- 일정기간 내에 달성할 목표를 평가자와 피평가자가 합의하여 설정한 후 기간 종료 후 그 목표를 달성하였는지를 평가하는 방식을 말한다.
- 공동으로 목표 설정 → 중간 피드백 → 기말평가의 단계로 이루어진다.

ⓔ **행위기준고과법**
- 중요사건서술법, 평정척도고과법을 응용 및 결합하여 피평가자의 중요한 핵심 행동패턴을 척도화하여 평가하는 방식을 말한다.
- 피평가자의 구체적인 행동들을 평가하므로 공정성 및 객관성이 증가되나 시간과 비용이 많이 든다는 단점이 있다.

ⓕ **평정센터법** ; 평가를 전문으로 하는 기관을 설립하여 피고과자들을 일정기간 동안 합숙시키면서 특별히 훈련된 관리자들이 이들을 관찰하면서 평가하는 방식을 말한다.

ⓖ **360° 다면평가법** : 자신에 의한 평가, 동료에 의한 평가, 부하에 의한 평가, 고개에 의한 평가 등 다양한 원천으로부터 평가를 하는 방식을 말한다.

③ **인사고과에서 나타나는 오류**

㉠ **규칙적 오류**
- ⓐ 평가자가 다수의 피평가자를 평가할 경우 분포가 특정방향으로 쏠리는 오류를 말한다.
- ⓑ 관대화경향, 중심화경향, 가혹화경향 등이 해당된다.
- ⓒ 강제할당법, 서열법 등을 사용하여 오류를 제거할 수 있다.

㉡ **현혹효과**
- ⓐ 성실성이 높다는 평가를 받은 사람이 성실성이 높다는 이유로 책임감 또한 높다고 평가되는 것처럼 특정한 고과요소가 피평가자의 다른 평가에 영향을 미치는 오류를 말한다.
- ⓑ 대조표법, 행위기준고과법, 중요사건기술법 등 실제 사실과 평가를 잘 연결할 수 있는 고과방법을 사용하거나 평가자가 피평가자의 모든 부분을 평가하는 것이 아닌 고과요소별로 피평가자 전부를 평가하는 것으로서 오류를 방지할 수 있다.

㉢ **유사오류**
- ⓐ 평가자가 피평가자의 입장과 유사한 입장을 보이면서 동질감을 느껴 관대하게 평가하여 나타나는 오류를 말한다.
- ⓑ 평가요소에 대한 정의를 명확히 하고 객관적인 사실을 기초로 평가하는 방법을 통하여 오류를 줄일 수 있다.

㉣ **대조효과**
- ⓐ 다수의 피평가자를 동시에 평가할 경우 피평가자 간의 비교를 통하여 평가하게 되어 나타나는 오류를 말한다.
- ⓑ 평가의 잣대를 명확하게 하여 오류를 제거할 수 있다.

ⓜ 논리적 오류

ⓐ 고과요소들 간에 상당한 논리적 상관관계가 있을 경우 발생되는 오류를 말한다.

ⓑ 유사요소들 간에는 차이점을 명확하게 하고 유사요소는 시간적 차이를 두고 평가하여 오류를 방지할 수 있다.

ⓗ 대조오류

ⓐ 피평가자의 특성을 평가자가 지닌 특성과 비교하여 평가하는 오류를 말한다.

ⓑ 완벽한 성격의 평가자는 피평가자가 아주 조금만 허술하여도 부적격하다고 판단하게 되므로 주관적 평가를 없애고 자기신고법을 사용하면 오류를 줄일 수 있다.

(4) 보상과 임금 ★★

① 보상의 개념

㉠ 조직구성원이 조직에 기여한 대가로 경제적 보상과 비경제적 보상으로 분류할 수 있다.

㉡ 경제적 보상은 각종 임금 등 직접적인 경제적 보상과 4대 보험 등의 간접적 경제적 보상을 말한다.

㉢ 비경제적 보상은 업무로 인한 경험, 경력개발 등의 경력상 보상과 사회적 지위 획득으로 인한 사회적, 심리적 보상을 말한다.

② 임금제도

㉠ 임금이란 노동의 대가로 받는 소득으로, 생계의 원천이 되며 사회적 지위를 상징한다.

㉡ 기업측에서 보면 기업 전체의 비용 중 커다란 부분을 차지하고 있으므로 비용관리차원 뿐 아니라 종업원의 태도와 행동에 큰 영향을 줄 수 있는 부분이기도 하다.

㉢ 기업과 종업원은 임금에 대하여 대립관계를 형성하고 있으므로 이를 극복하고 조직의 목표와 근로자의 목표를 균형적으로 달성하는 방향으로 임금관리를 하여야 한다.

③ 임금관리의 종류

㉠ 임금수준

ⓐ 임금액의 크기를 나타내는 것으로 근로자에게 지급되는 평균임금액을 말한다.

ⓑ 제품시장 및 노동시장에서 대외적 경쟁력을 확보하는 것과 근로자에게 최소한의 생계비를 보장해 주는 방향으로 진행되도록 한다.

ⓒ 기업의 지불능력에 따라 상한을 결정하여야 한다.

ⓓ 근로자와 그 가족들의 생계유지를 보장할 수 있는 단계에서 최저임금을 결정하여야 한다.

ⓔ 상한과 하한을 결정한 다음에는 노동시장에서 경쟁력을 확보할 수 있는 수준으로 결정하여야 한다.

메모 & 확인문제

다음 중 성격이 다른 하나는?

① 업무로 인한 경험
② 임금
③ 경력개발로 인한 경력 상 보상
④ 사회적 지위 획득으로 인한 사회적, 심리적 보상

 TIP

보상에 대한 내용이며, 경제적 보상 및 비경제적 보상을 구분하는 문제이다.

❮정답 ②

ⓕ 다른 기업과 유사한 임금수준이나 경쟁력이 떨어지게 되면 근로자의 이직가능성이 증가할 우려가 있으므로 경쟁력의 유지가 가장 중요하게 작용한다.

ⓖ 승급과 베이스업

- 승급 : 근로자의 직무, 능력, 근속연수 등의 상승으로 인하여 적정 임금을 이동시켜 주는 것을 말한다.
- 베이스업 : 물가상승, 생산성 향상 등에 따라 임금곡선을 상향으로 이동시켜 물가보상적 요소와 생산성 향상의 성과급적 요소가 결합된 것을 말한다.

ⓛ 임금체계

ⓐ 임금지급항목의 구성내용 및 개별 근로자의 임금을 결정하는 기준을 말한다.

ⓑ 연공급

- 근로자의 연령, 학력, 경력, 근속연수 등의 인적요소를 기준으로 기본급을 선정하는 체계를 말한다.
- 경력 등의 연공요소가 증가함에 따라 직무수행능력이 신장된다는 가정 아래 근로자의 장기고용을 전제로 근속연수 등에 비례하여 생계비보장의 성격을 강하게 나타낸다.
- 장점
  - 장기고용을 전제로 근속연수에 따라 임금이 인상되므로 고용의 안정을 이룰 수 있다.
  - 근로자의 귀속의식이 증가한다.
- 단점
  - 근로자의 무사안일주의적 태도를 유발한다.
  - 능력 있는 근로자의 사기저하 및 임금의 불공평성을 불러일으킬 우려가 있다.

ⓒ 직무급

- 직무의 난이도, 책임도, 작업조건, 중요도 등을 기준으로 직무의 가치를 평가하고 그 결과에 따라 임금을 결정하는 방식을 말한다.
- 동일노동에 동일임금이 지급되는 합리적인 체계이다.
- 장점
  - 직무의 상대적 가치로 임금이 결정되므로 임금배분의 공정성이 높다.
  - 공정한 임금체계로 인하여 유능한 인재의 육성이 가능하다.
  - 직무를 중심으로 하는 합리적인 관리가 가능하므로 인적자원의 효율성이 높아진다.
- 단점
  - 전제가 되는 직무분석 및 직무평가의 실시가 어렵다.
  - 연공 중심의 풍토로 인하여 근로자에게 저항감을 불러일으킬 우려가 있다.

ⓓ 직능급

- 근로자가 직무를 수행하는데 요구되는 능력을 기준으로 임금을 결정하는 방식을 말한다.

임금체계에 따른 분류방법으로 적절하지 않은 것은?

① 연공급
② 직무급
③ 직능급
④ 성과급

 TIP

성과급제란 개별근로자 및 집단이 수행한 작업의 성과를 기준으로 임금을 결정하여 지급하는 방식의 임금형태로 변동급, 능률급, 업적급이라고도 한다.

＜정답 ④

POINT **직능급** … 직능급은 직무급과 달리 일반적인 원칙이 없으며, 기업에 따라 형태를 달리한다. 각 노동자의 직군에 대한 배분은 학력 및 근속연수 등에 따라 시행하며, 직무수행 능력은 엄밀하게 검토하지 않는 것이 보통이다. 번잡한 직무급의 실시가 곤란한 중소기업에서는 직무급 대신 직능급이 도입되는 일이 많으나, 현실적으로는 비근대적인 학력편중, 능력급 사상의 변형으로 빠져 있는 수가 많다. 직무급의 경우에는 직무가 변하지 않는 한 승급하지 않으나, 직능급에서는 직무수행 능력이 향상되면 일정한 범위 내에서 승급한다.

- 근로자가 동일한 가치의 직무를 수행하고 있거나 근속연수와 연령 등 연공이 동일하더라도 직무수행능력 면에서 차이가 발생하면 임금은 달라진다.
- 근속년수, 학력 등의 연공적 요소와 직무적 요소를 절충한 제도이다.
- 장점
 - 능력에 따른 임금결정으로 근로자들의 불만 감소 및 능력 있는 유능한 인재의 유지가 가능하다.
 - 정확한 직무평가의 부담이 적어 연공적 요소도 포함되므로 직무급의 도입이 어려운 동양적 풍토에 적합하다.
- 단점
 - 근로자들이 직무수행능력개발에만 치우쳐 일상업무를 소홀히 할 우려가 있다.
 - 직능 파악 및 평가기준이 잘못 운영될 경우 연공급화가 될 가능성이 있다.

ⓒ **임금형태**
 ⓐ 시간급제
  - 개념
   - 수행한 작업에 관계없이 작업시간을 기준으로 임금을 지급하는 방식으로 시급제, 일급제, 주급제, 월급제가 해당된다.
   - 임금의 계산이 간단하여 근로자의 이해가 쉽고, 임금이 확정되므로 안정성이 높다.
   - 임금이 작업성과와 관계가 없으므로 노동능률자극효과가 감소한다.
  - 종류
   - 단순시간급제 : 단위시간당 임률을 결정한 다음 실제 노동시간과 단위시간당 임률을 곱하여 산정하는 방식으로 절약임금과 낭비임금이 모두 기업으로 귀속되는 특징을 가지고 있다.
   - 복률시간급제 : 작업능률에 따라 다단계의 시간당 임률을 결정한 다음 작업능률에 따라 각기 다른 시간당 임률을 적용하는 방식을 말한다.
 ⓑ 성과급제
  - 개념
   - 개별근로자 및 집단이 수행한 작업의 성과를 기준으로 임금을 결정하여 지급하는 방식으로 업적급, 변동급, 능률급이라고도 한다.
   - 근로자의 근로에 대한 동기를 부여하고 노동생산성이 향상된다.
   - 생산된 제품의 질을 희생시킬 가능성이 있으며 미숙련공 및 고령층의 경우 소득의 불안정을 느낄 우려가 발생한다.

메모 & 확인문제

임금을 임금형태와 임금체계로 나눌 때 임금체계에 따른 분류에 해당하지 않는 것은?

① 연공급
② 시간급
③ 직무급
④ 직능급

TIP

시간급제는 수행한 작업에 관계없이 작업시간을 기준으로 임금을 지급하는 임금형태에 해당한다.

❮정답 ②

POINT 성과급제 … 근로자의 작업시간에 관계없이 작업성과나 능률을 기준으로 하여 임금을 지급하는 제도를 말하며, 단순 성과급제, 차별 성과급제, 일급 보장성과급제 등으로 나눈다. 단순 성과급제는 제품 1개당 임률을 정하고, 여기에 실제로 생산한 제품의 개수를 곱하여 계산하는 개수 임금제이며, 차별 성과급제는 하루의 표준 작업량을 정해 놓고, 표준성과를 올린 근로자에게는 높은 임률을, 작업성과에 미달된 근로자에게는 낮은 임률을 곱하여 계산하는 제도이다. 일급 보장 성과급제는 일정한 한도까지는 최저 일급을 보장하고, 그 이상의 작업량에 대해서는 성과급으로 지급하는 시간급과 성과급의 절충형태이다.

• 종류
– 단순성과급제 : 상품 또는 작업의 단위당 고정된 단일 임금을 정한 후 작업성과를 곱하여 임금액을 산정하는 방식을 말한다.
– 복률성과급제 : 근로자의 작업능률을 보다 높이기 위하여 작업성과에 따라 적용임금률을 다르게 산정하는 방식으로 테일러식, 메리크식, 리틀식, 일급보장 등으로 분류할 수 있다.

ⓒ 할증급제
• 개념 : 정해진 작업을 표준시간을 초과하여 완료한 경우에는 기본시간급을 적용하여 임금을 지급하고, 표준시간 이내에 완료한 경우에는 절약시간에 대하여 임금의 일부를 근로자에게 배분하는 임금배분방식을 말한다.
• 종류
– 비도우식 : 시간 및 동작연구에 의하여 표준작업시간을 선정한 다음 절약임금의 75%를 근로자에게 추가로 지급하는 방식을 말한다.
– 할시식 : 표준작업시간을 과거의 경험에 의하여 산정한 다음 절약임금의 50% 또는 30%를 해당 근로자에게 추가로 지급하는 방식을 말한다.
– 로우완식 : 할시식과 동일한 원리가 적용되나 절약임금의 배분율을 처음에는 높게 지급하다가 점차적으로 체감하여 지급하는 방식을 말한다.
– 칸트식 : 표준시간 내에 작업을 완료하지 못한 경우 시간급만 지급하고 표준시간 내에 완료한 경우에는 절약임금이 아닌 시간급의 일정률(20%)을 인센티브로 가산하여 주는 방식을 말한다.

ⓓ 집단성과급제도
• 집단을 단위로 기준성과 대비 실제성과를 측정하여 이를 기준으로 성과급을 지불하는 방식을 말한다.
• 개개의 근로자보다 전체 작업집단을 중심으로 하는 작업이 되는 경우 합리적이며, 조직의 효율성을 높이는 장점이 있다.
• 집단 구성원 사이의 능력과 성과에 따라 차등지급할 경우에는 근로자들 간의 반발 및 무임승차현상이 발생할 우려가 있다.

ⓔ 특수임금제도
• 순응임금제도
– 물가, 판매가격 등 특정대상기준을 결정한 다음 기준이 변함에 따라 자동적으로 임금률이 순응하며 변동하는 제도를 말한다.

- 생계비 순응임금제도 : 생계비 지수에 임금을 연동시켜 근로자들의 실질임금의 저하를 방지하는 것을 말한다.
- 판매가격 순응임금제도 : 제품가격 상승률에 임금을 연동시키는 것으로 임금이 원가의 큰 비중을 차지하는 경우 주로 사용된다.

- 이익분배제도
- 기업에 일정수준의 이익이 발생하였을 경우 사전에 정하여진 배분방식에 따라 근로자들에게 이익을 배분하여 주는 것을 말한다.
- 생산성의 향상, 노사 간의 협조, 근속연수와 분배율을 연계시킬 경우 장기근속을 장려시킬 수 있다.
- 시장환경 및 기업전략방향 등에 따라 이윤이 결정되므로 근로자의 동기부여및 능률자극효과가 저하될 우려가 크다.

- 생산성과배분제도
- 기업의 성과 개선분을 근로자, 경영자 등 이해관계자 집단 사이에 배분하는 것을 말한다.
- 스캔론 플랜 : 근로자의 참여의식 개선을 목표로 한 성과배분방식으로 생산물의 판매가치를 중심으로 한 상여금 결정방식과 제안제도를 중심으로 한 경영참가제도를 기초로 하고 있다.
- 럭커 플랜 : 매출액에서 원재료 및 특정 비용을 차감한 생산가치, 즉 부가가치와 근로자의 노무비 사이에 일정관계가 있음을 전제로 하고 노무비를 부가가치로 나눈 표준생산성 비율을 기준으로 초과하는 부가가치 생산액을 노사간에 일정 비율로 배분하는 제도를 말한다.
- 프랜치 시스템 : 총투입에 대한 총산출의 비율을 기초로 하여 절약되는 성과를 계산하여 배분하는 제도로 노무비 뿐만 아니라 모든 비용절감액을 노사간에 배분하는 것을 말한다.
- 종업원지주제 : 근로자가 자사의 주식을 소유하도록 제도적으로 허용함으로써 노사협력과 노동생산성을 증가시키기 위한 제도를 말한다.

ⓕ 기타 제도
- 연봉제
- 1년 단위로 각 근로자의 개인의 실적, 공헌도 등을 평가하여 계약에 의하여 연간 임금액을 결정하는 임금형태를 말한다.
- 실적위주의 임금형태로 근로자의 동기부여를 통하여 자신의 능력을 충분히 발휘할 수 있고, 우수한 인력의 확보가 가능하다.
- 복잡한 임금체계를 개선할 수 있으나 해고 및 임금삭감의 수단으로 사용될 우려가 있다.
- 정규직의 경우 노동법 상에 특별한 사유없이 임금의 삭감 및 해고가 불가능하도록 되어 있으나 연봉제를 도입하게 되면 기업으로 임금의 삭감 및 해고의 재량권이 이전된다.
- 임금피크제 : 근속년수에 따라 임금이 상승하는 연공형 임금제도 하에서 정년까지 근무하는 것을 보장하여 주되 정년을 몇 년 앞둔 시점부터 임금액을 삭감하는 제도를 말한다.

section 4 인적자원의 개발

(1) 교육훈련

① 오늘날 무한경쟁의 산업사회에서 기업이 존속·성장하기 위해서는 근로자가 맡은 바 직무를 보다 능률적으로 수행하여 기업의 성과에 공헌하도록 노력하여야 한다. 즉, 조직 내의 모든 근로자가 취업하고 있는 직장의 환경에 빨리 익숙하고, 또 그들이 수행하여야 할 직무에 대한 보다 많은 지식이나 기술을 습득하게 하여 보다 나은 직무활동을 할 수 있게끔 하는 교육 및 훈련을 위한 활동의 전개가 요구된다.

> **◆POINT** 교육훈련 ··· 조직이 그 목표를 보다 효율적으로 달성하기 위하여 조직구성원으로 하여금 직무수행에 필요한 지식과 기술을 연마케 하는 한편 가치관 및 태도 등을 바람직한 방향으로의 변화를 촉진케 하는 활동, 즉 '훈련'이라고도 한다. 이렇듯 교육훈련을 위한 계획과 운영은 무엇보다도 먼저 그 필요성 내지 목적을 명확히 인식하고 그것에 적합하도록 하여야 시간과 예산의 낭비를 줄이고 실효를 거둘 수 있다.

② 교육훈련은 기업에서 근로자의 자질을 계발하고 직무에 대한 적응성을 높임으로써 보다 나은 직무수행을 위한 보다 나은 자격을 갖출 수 있도록 조직적·체계적으로 유도하여야 한다. 교육은 일반적·이론적·개념적인 주제를 위주로 지식을 습득하는 과정이며, 훈련은 특정한 직무 또는 한정된 주제에 대해 기술을 향상시키는 과정이라고 볼 수 있다.

③ 교육은 근로자의 일반적인 지식·기능·태도를 육성하는 것으로서 전체적·객관적·체계적인 입장에서의 능력 개발을 목적으로 하며, 기업에서 이루어지는 것이 아니라 정규 교육제도에 주로 국한되는 것으로 생각할 수 있다. 이에 비하여 훈련은 특정한 직무의 수행에 필요한 지식과 기술을 높이기 위하여 문제해결·태도·행동을 변경하는 것으로서 개별적·실제적·구체적인 입장에서 실제 직무수행에 있어서 부족한 점이나 개선할 점에서 출발하는 것으로 볼 수 있다.

④ 교육과 훈련의 개념은 구분할 성질의 것이 아니며, 상호 보완적 관계에 있다고 보는 것이 타당하다. 교육훈련은 근로자들이 직무를 수행함에 있어서 지식과 기능을 향상시키고 직무 태도를 개선하는 역할을 한다. 또 교육훈련은 인적 자원관리제도와 서로 밀접한 관계를 형성함으로써 그 효과를 거둘 수 있으며, 모든 근로자들에게 계속해서 실시됨으로써 기업의 성장·발전에 기여할 수 있다.

⑤ 교육훈련은 형식적이고, 단기적이며, 모방적인 것이 아니라 경영기능의 하나로 인정하고 의식적·계획적·계속적으로 기업의 체질에 적합한 방향으로 전개하여 나가는 데 그 의의가 있다.

(2) 교육훈련의 목적

① 교육훈련의 목적

　㉠ 교육훈련 목적은 기업에 소속된 모든 종업원들의 지식·기술·태도를 향상시킴으로써 기업을 유지·발전시키는 데 있다. 즉, 기업의 교육훈련은 기업의 목표를 달성하기 위한 수단으로 필요하며, 인적 자원의 수준을 예측하고, 장래에 예상되는 높은 수준의 업무수행이 가능하도록 종업원들의 자질과 능력을 개발하며, 미래의 기업을 경영할 유능한 후계자를 양성함에 그 목적이 있다.

　㉡ 교육훈련에 대한 주요학자 중 J.F. Mee는 교육훈련의 목적으로 낭비와 불량품의 감소, 작업방법의 개선, 습득기간의 단축, 감독자의 부담감소, 초과시간 노임의 감소, 기계유지비의 감소, 품질의 개선, 불평의 감소, 결근율과 노동 이동률의 감소, 사고율의 감소, 의사소통의 개선, 사기(morale)의 향상 등을 들고 있다.

　㉢ 교육훈련은 신입사원에게 사내 방침이나 규칙 등과 같은 회사에 대한 기본적 지식을 주입해 줌으로써 이들이 가능한 최단시일 내에 업무에 적응하고 조직에 소속감을 갖도록 해준다. 이와 같은 교육훈련은 신입사원들이 수행해야 할 직무요건에 관하여 지도해 줌으로써 단시일에 질과 양의 양측에서 표준과업량을 달성하고 소득증가를 꾀하도록 해준다.

　㉣ 교육훈련은 현 근로자들의 기술을 증진시킬 수 있으므로 배치전환이나 승진을 위한 자격과 능력을 갖출 수 있게 한다. 나날이 도입되는 새로운 기술이나 생산방법에 대해 근로자들로 하여금 신속하게 적응할 수 있도록 도와주며, 사고나 불량품 및 기계설비의 소모율을 감소시킬 수 있다. 좋은 교육훈련은 근로자의 능력을 최대한도로 발휘케 할 수 있으므로 이들의 불만이나 결근율 및 노동이동률 등을 감소시킨다.

② 교육훈련의 필요성

　㉠ 조직유지의 측면

　　ⓐ 조직이 외부노동시장으로부터 필요한 기능이나 관리능력을 충족시킬 수 있다.

　　ⓑ 조직은 외부의 노동시장 대신에 기존 인력의 인력(人力) 재고적 측면을 분석·평가함으로써 파악될 수 있다.

　㉡ 조직 효율성의 측면

　　ⓐ 교육훈련을 통하여 조직의 어떤 부문의 효율성이 증대될 것인가를 파악하는 것이다.

　　ⓑ 교육훈련을 하지 않아서 발생하게 될 비용과 교육훈련을 함으로써 얻을 수 있는 성과를 비교함으로써 조직 효율성이란 측면에서 교육훈련의 필요성을 평가할 수 있다.

　㉢ 조직 분위기의 측면

　　ⓐ 조직 분위기는 조직의 가치 시스템이나 조직구성원이 지닌 감정이나 태도를 말한다. 교육훈련은 계층별이나 조직별로 서로 다른 풍토를 기반으로 실시되므로 이러한 풍토를 유지할 것인가, 개선할 것인가, 혹은 새로운 것으로 변화시킬 것인가를 고려하여야 한다.

ⓑ 조직의 차원에서 새로운 풍토를 조성할 필요가 있을 때 교육훈련의 목표로서
는 새로운 모럴의 정립과 태도의 형성 그리고 행동의 수정을 위한 프로그램이
마련되어야 하는 것이다.

③ 직무수준의 필요성

㉠ 일반적으로 교육훈련의 필요성은 직무와 관련시켜 고찰함이 중요하다. 말하자면
현재 시점에서 근로자가 보유하고 있는 조직기능(employees' present job
skills)을 전제로 교육훈련이 계획 · 실시되어야 한다는 것이다. 한편 그것은 현
재뿐만 아니라 예견되는 미래의 기능을 위한 것이 될 수도 있다.

㉡ 여기서 직무기능을 전제로 교육훈련이 이루어지기 위해서는 그 직무가 필요로
하는 직무요건이 밝혀져야 한다. 그러한 직무요건에 비추어 현재의 직무기능의
미흡한 부분은 교육훈련에 의존하여 보충되지 않으면 안 된다. 이를 요더(D.
Yoder) 교수의 간략한 공식에 따라 표시하면 다음과 같다.

> 직무요건 − 근로자의 직무능력 = 교육훈련의 필요성

㉢ 직무수준에서의 필요성을 파악함에 있어서 중요한 것은 교육훈련의 내용이 될
직무요건을 기능 · 태도 · 직무행동 · 인적 자질 등으로 구체화시켜 이들의 실행
단계에 적극적으로 반영되어야 한다는 것이다.

POINT 직무관련 용어

㉠ **직무평가** : 기업 조직에서 각 직무의 숙련, 노력, 책임, 작업조건 등을 분석
및 평가하여 다른 직무와 비교한 직무의 상대적 가치를 정하는 체계적인
방법을 말한다.

㉡ **직무분류** : 기업 조직에서 업무 내용이 비슷하거나 또는 조직에서 요구하는
자격요건이 비슷한 직무를 묶어서 체계적인 직무군으로 분류해 나가는 과
정을 말한다.

㉢ **직무순환** : 단순한 배치가 아닌 기업 조직에 필요한 시기 및 직무를 계획적
으로 체험시키기 위한 인사관리 상의 구조를 말한다.

④ 개인수준의 필요성

㉠ 개인수준의 필요성은 개인 단위로 교육훈련의 결과를 분석 · 평가함으로써 파악
할 수 있다. 개개인 고용자의 교육훈련의 성과 관찰 및 태도조사 혹은 성과의
객관적 기록 등을 통해 측정 · 평가함으로써 새로운 교육훈련의 목표를 설정할
수 있다.

㉡ 교육훈련에 대한 개인적 욕구를 고려할 때 경영자는 개인차가 개별적인 욕구뿐
만 아니라 교육훈련 프로그램에 대한 반응에도 영향을 미침을 반드시 고려해야
한다.

(3) 교육훈련의 지침

① 지침의 개념

    ㉠ 교육훈련을 실시함에 있어서 계획과 집행 및 통제과정에서 일정한 지침에 따르
도록 하여야 한다. 기업에서의 교육훈련은 라인부문에서 주관하는 까닭에 지침
도 라인 부문에서 작성하는 것이 마땅하다.

    ㉡ 스태프 부문으로서의 인적 자원 관리자는 그 작성에 관하여 전문적 지식과 조
언을 제공할 따름이다. 이러한 지침 작성에 있어서는 라인 부문의 목적이나 정
책 등이 반영되어야 하므로, 공통된 표준이나 획일적 형식이 있는 것은 아니다.
오히려 각기 특색 있는 지침 마련이 바람직하다고 볼 수 있다.

② 교육훈련 실행과정에서의 고려요인

    ㉠ 교육훈련을 실시하는 목적은 어디에 있는가?

    ㉡ 교육훈련에 대한 전반적이고 구체적인 책임소재는 누구에게 있는가?

    ㉢ 공식적으로 교육훈련을 실시할 것인가, 비공식적으로 실시할 것인가?

    ㉣ 교육훈련방법으로서 어떤 방법을 택할 것인가?

    ㉤ 교육훈련을 함에 있어서 어디에 중점을 둘 것인가?

    ㉥ 교육훈련의 시기와 장소는 어떠한가?

    ㉦ 교육훈련 중 근로자에게 어느 수준으로 임금을 지급할 것인가?

    ㉧ 교육훈련을 지속적으로 할 것인가, 임시적으로 할 것인가?

    ㉨ 교육훈련을 단독으로 할 것인가, 공공기관이나 노동조합 등과 공동으로 할 것인가?

    ㉩ 노사관계 정책면에서 교육훈련을 어떻게 실시해야 할 것인가?

③ 교육훈련의 분류

    ㉠ 대상에 의한 분류

        ⓐ 교육훈련을 받는 대상자를 중심으로 신입사원 교육훈련과 현직사원 교육훈련
으로 나누어진다.

        ⓑ 신입사원의 교육훈련은 입직훈련, 기초훈련, 실무훈련의 3단계로 나누어지고,
현직사원의 교육훈련은 일선근로자 훈련, 감독자 훈련, 관리자 훈련, 최고경
영자 훈련의 4단계로 나누어진다.

    ㉡ 장소에 의한 분류

        ⓐ 훈련실시장소가 직장 내부이냐 외부이냐에 따라 직장내 훈련(On the Job
Training = OJT)과 직장외 훈련(Off the job training = OffJT)으로 구분된다.

        ⓑ 직장내 훈련은 오늘날 가장 널리 이용되는 일선근로자를 위한 방법으로서 상
사나 숙련공이 일하는 과정에서 직접 부하 종업원을 개별적으로 실무나 기능
에 관해 훈련시키는 방법이며, 현장훈련이라고도 한다.

        ⓒ 직장외 훈련은 근로자를 직무로부터 분리시켜 일정기간 전문적으로 훈련을 실
시하는 방법으로서 이와 같은 훈련을 통해서 경영을 보다 전문화·다양화할
수 있는 것이다.

ⓒ 직능에 의한 분류

ⓐ 교육훈련은 제2차 세계대전을 계기로 기업경영의 개별부문에서 관리기술이 고도화되고 소비혁명 등이 일어남에 따라 직능적 전문지식이나 기법이 중시되기에 이르렀다.

ⓑ 이에 기업의 전문직능에 따른 교육훈련의 종류를 보면 기능 및 기술관계 훈련, 일반교양 훈련, 일반사무관계 훈련, 세일즈 훈련 및 소비자·고객 훈련, 전문 스태프 훈련, 경영기계화 훈련, 감독자·관리자·경영자 훈련, 신입사원 훈련 등이 있다.

(4) 교육훈련의 종류 ★★

① 신입사원 훈련(Orientation training)

㉠ 신입사원 훈련의 개념

ⓐ 신입사원 훈련은 수습기간 중이나 채용 직후 회사에 대한 제반 사항과 회사의 기본정책 그리고 자신이 담당해야 할 직무에 대한 지식과 기술 및 근무태도 일반에 대한 사항을 습득시킬 목적으로 입사한 후 수습기간 중에 실시하는 수습사원의 훈련이다.

ⓑ 따라서 새로 입사하는 사원들이 회사에 대하여 신속한 적응을 할 수 있도록 도와주고 회사에 대하여 좋은 인상과 감정을 갖게 하여 직무에 흥미를 느끼게 하고, 심리적으로도 안정감을 갖게 하는 데 주요 목적이 있다.

㉡ 훈련 내용에 대한 설명

ⓐ 회사에 관한 기초적인 설명

- 기업의 역사, 조직, 경영, 제품 및 업종
- 인적 자원 관리상의 방침 및 규정
- 복지후생 및 근로자의 활동
- 고용조건, 특히 징계에 관한 규정 및 그 절차
- 식당이나 주차장과 같은 이용할 수 있는 회사의 시설
- 그 지역에서 이용할 수 있는 여러 시설과 사정
- 소속부문의 조직과 구성, 사무내용, 근로시간 및 승진의 기회
- 사내 노동조합에 관한 사정

ⓑ 직무에 관한 보다 구체적인 설명

- 관계자의 소개
- 해당 부서에 적용되는 규칙
- 직장의 견학 설명
- 직무내용, 표준근로시간, 임금산출방법 등의 직무에 대한 설명
- 작업장, 공구, 기계에 대한 손질 등의 직무에 대한 설명
- 신입사원의 동료에 대한 소개

ⓒ 사후 검토를 위한 면접
- 회사의 방침이나 절차에 관한 질의응답
- 회사의 방침이나 규율에 관한 내용 중 특히 중요한 점의 재설명
- 단체 보험 등의 임의 가입제로 되어 있는 복지제도나 자발적인 근로자, 후생 활동에의 참여 여부에 대한 의사의 타진
- 공장 전체의 견학과 설명, 특히 작업과 직장의 여타 부문과의 관계에 대한 설명
- 배치의 적부나 훈련의 진척상황에 대한 검토

② 현직사원 훈련

㉠ 일선종업원 훈련(employee training)

ⓐ 신입사원 훈련이 신입사원을 대상으로 실시함에 비하여, 일선종업원 훈련은 이미 종사하는 종업원을 위하여 계획된 훈련으로서, 현장의 제품생산과 직접 관련시켜 그 기능을 향상시키는 데 주된 목적이 있다.

ⓑ 따라서 이들에게는 관리방법에 관한 지식보다는 자기 직무에 관한 기술을 전수하는 기능훈련이 주요 내용이다. 일선종업원 훈련을 위한 방식은 다양하다.

㉡ 일선종업원 훈련의 종류

ⓐ 직업학교 훈련(vocational school training)
- 종업원이 직무를 수행함에 있어서 요구되는 기초적인 지식, 예를 들어 수학, 물리, 화학, 독서 등에 대한 훈련은 회사에서 훈련하기가 어려운 측면이 있다.
- 오히려 이러한 훈련은 이러한 문제를 전문적으로 다루고 있는 각종의 직업학교에 종업원을 파견하여 교육시키는 것이 비용이나 효과의 측면에서 다른 방법에 비하여 유리하다.

ⓑ 도제 훈련(apprentice training)
- 중세의 도제제도에 그 유래를 두고 있는데, 종업원의 기능을 향상시키기 위한 훈련방법 가운데서 가장 오래된 역사를 가지고 있다.
- 이 방법은 작업현장에서 감독자의 지도를 받거나 숙련공의 작업 수행을 보조하면서 기능과 지식을 습득하는 방식으로서 특히 정교한 수공기능을 장기간에 걸쳐 체득하여야 할 작업에 유용성이 크다.

ⓒ 실습장 훈련(vestibule training)
- 실습장 훈련은 또 다른 말로 현관훈련이라고도 불리는 훈련방식으로서, 대개 직장훈련을 실시하기 위한 예비단계라고 볼 수 있다. 이 훈련방법은 일시에 다수의 종업원을 신속히 훈련시킬 필요가 있을 때 널리 이용된다.
- 실습장 훈련은 회사 내에 마련된 실습장에서 훈련용의 기계나 설비를 직접 다루면서 훈련교사를 통하여 합리적인 작업 방법에 관한 기술을 습득하게 한다.

ⓓ **직장내 훈련**(OJT ; On-the-Job Training)
- 오늘날 일선종업원을 위한 훈련방법 중 가장 널리 이용되고 있는 것으로서 상사나 숙련공이 일하는 과정에서 직접 부하 종업원에게 개별적으로 실무 또는 기능에 관하여 훈련시키는 방법이며, 현장훈련을 시키는 데 있어 가장 효과적이라 할 수 있다.

다음 내용을 읽고 괄호 안에 들어갈 말로 적절한 것은?

(   )은/는 기업 내에서의 종업원 교육 훈련방법의 하나로, 피교육자인 종업원은 직무에 종사하면서 지도교육을 받게 된다. 따라서 업무수행이 중단되는 일이 없는 것이 그 특색이다.

① OJT　　② OFF JT
③ TWI　　④ 도제 훈련

OJT(On-The-Job Training ; 사내교육훈련)는 모든 관리자 및 감독자는 업무수행상의 지휘감독자이자 업무수행과정에서 부하직원의 능력향상을 책임지는 교육자이어야 한다는 생각을 기반으로 하여 추진되고 있기 때문에, 지도자와 피교육자 사이에 친밀감을 조성하며 시간의 낭비가 적고 기업의 필요에 합치되는 교육훈련을 할 수 있다는 장점이 있다.

◀정답 ①

다음 중 직장 내 훈련에 관한 설명으로 바르지 않은 것은?

① 훈련의 내용이 실제적이다.
② 상급자 및 하급자 간 상호 이해의 폭이 없다.
③ 훈련의 실시가 용이하다.
④ 습득 및 능력에 따른 훈련이 가능하다.

사내교육훈련은 조직의 내부에서 상급자와 하급자 간 일을 배우면서 체득하므로 서로 간의 이해를 촉진할 수 있다.

◀정답 ②

- 직장 내 훈련방법은 제2차 세계대전 중 미국의 많은 군수공장에서 새로 취업한 수백만의 미숙련 종업원을 단시일 내에 성공적으로 훈련시키는 데 적용하여 효과를 거둔 적이 있다.

POINT ㉠ 훈련·개발의 내용이 실제적이며 그 실시가 용이하다.
㉡ 훈련으로 인한 진보를 알기 쉽기 때문에 종업원의 동기를 유발시키는데 효과적이다.
㉢ 일과 훈련을 병행할 수 있어 저비용으로 할 수 있다.
㉣ 상급자와 하급자 간의 상호 이해를 촉진할 수 있다.
㉤ 종업원의 습득도와 능력에 따른 훈련을 할 수 있다.

ⓔ **보증추천제도**(Sponsor System) : 도제 훈련에서 파생된 방법으로서 종업원으로 하여금 현장에서 작업의 보조 활동을 수행시키는 제도이다. 보증추천제도는 반 전문적으로 지도를 담당하는 직장에 의해 수행되는 방식이다.

ⓕ **신디케이트 제도**(Syndicate System)
- 영국에서 발달한 종업원 훈련제도의 하나이다. 하나의 문제를 철저히 조사검토하고 이를 다른 상급의 훈련생이나 관리자에 의하여 비판을 구하는 방식으로서 훈련생의 보고회 형태를 취하는 방식이다.
- 그룹을 만들어 문제를 검토하고 판단력과 사고력을 양성시키는 훈련방식으로서 소회의식 연수의 형식을 취하는 경우가 많다.

ⓖ **강의실 훈련**(Classroom training)
- 소수의 훈련 지도원이 많은 근로자를 강당에 모아 놓고 일반적으로 주제에 대한 강의를 하고 피훈련자는 청강을 하는 기법이다.
- 강의실을 이용하여 지도내용을 강의·시범·필름(film)·기타 시청각 기재를 이용하여 훈련시키는 방법으로서 직무수행의 현장에서 훈련하지 않아도 되는 훈련내용, 예컨대 경영이념이나 철학, 경영자로서의 사고력·태도·이론·문제해결능력 등을 교습시키기에 적당하다.
- 감독 관리층이나 경영자층의 훈련계획과 같이 규모가 작을 때 참여의 성격을 띤 지도방법으로서 역할연기법(Role-playing), 시뮬레이션(Simulation), 비즈니스게임(Business game), 사례연구법(Case Study), 감수성 훈련(Sensitivity training) 등도 이용할 수 있다.

ⓗ **프로그램 훈련**(Programmed training)
- 최근 심리학자에 의하여 개발된 훈련방식으로서 이는 낡은 기술의 개선에 따르는 근로자의 재훈련에 효과적인 훈련방법이다.
- 계산·독도작업 등과 같이 기계나 서적을 사용하는 경우, 기본적 설명을 끝낸 후에는 피훈련자 자신이 해답의 정오를 가리고 그 성과에 따라 기능훈련의 정도를 높여가는 방식이다.

ⓘ **해외연수**(Foreign Training Courses)
- 사원으로 하여금 선진국의 각종 행사를 시찰케 하거나 특별교육과정에 보내는 방법이다.
- 해외연수 도중에 우수한 선진기법을 체득하게 함으로서 회사내 업무를 향상시킬 수 있는 방법이다.

ⓒ 역할연기(Role-playing)

ⓐ 개념과 목적

- 작성된 스크립트(script)를 기준으로 고객과의 대화 방식을 맨투맨으로 실제적으로 연습하는 것으로서, 스크립트 자체의 문제점을 찾아내거나 텔레마케터가 무의식적으로 사용하는 정제되지 않은 언어나 주의사항을 찾아낼 수 있다.
- 역할연기는 텔레커뮤니케이션의 교육이나 서비스 수준을 일정하게 유지시키기 위한 지속적인 훈련으로서 없어서는 안 될 중요한 작업이다. 이러한 훈련을 통하여 텔레마케터의 기술이 향상되고, 문제해결 능력이 배양될 것이다.

ⓑ 역할연기의 효과

- 참여를 적극적으로 유도하고 사고를 자극한다.
- 모방, 관찰, 피드백, 분석 및 개념화를 통해서 학습이 이루어진다.
- 정보를 제공하고 성과에 대한 즉각적인 평가를 통해 기술을 향상시킨다.
- 연습을 통해서 새롭고 유용한 행동을 습관화시킬 수 있다.
- 문제의 해결안을 실행하는 능력을 향상시킬 수 있다.
- 상대방의 입장에 서서 다양한 문제 상황을 이해하고 경험해 볼 수 있다.
- 타인이 그 자신의 행동에 대해 인식하고 통찰할 수 있도록 피드백 해주고 능력을 키울 수 있다.
- 자기반성의 기회를 가질 수 있으며 자주성과 창조성을 제고시킬 수 있다.

ⓒ 역할연기의 단계

- 준비단계 : 문제의 인식, 자료준비, 연기자 선정, 관찰자 및 청중의 역할을 부여한다.
- 실연단계 : 실제로 행동하는 단계이다.
- 분석·평가단계 : 피드백이나 재연, 평가, 추후활동단계이다.

③ 감독자 훈련(Supervisor Training)

㉠ 감독자 훈련의 개념

ⓐ 감독자는 생산활동에 대해 일선책임자로서 직공을 감독하는 직장과 사무원을 감독하는 계장 등이 이에 해당된다. 감독자는 일선근로자를 지휘·감독하며, 관리자와 작업자를 연결하는 중요한 위치에 있다.

ⓑ 감독자는 그 직무내용이 복잡할 뿐만 아니라 일거수가 직접·간접으로 작업자의 생산능률과 경영실적에 영향을 미치므로, 철저하고도 체계적인 교육훈련을 실시할 필요가 있다.

ⓒ 감독자(Supervisor)는 텔레마케팅 업무가 효율적으로 운영되도록 지휘·지도하는 중간관리책임자로서 텔레마케터를 직접 관리한다. 감독자는 텔레마케터를 교육하고 훈련하며 성과관리까지 하는 텔레마케팅 실무전문가로서 매니저를 보좌하는 역할까지 해야 한다.

다음 중 역할연기의 효과에 관련한 설명으로 바르지 않은 것을 고르면?

① 문제의 해결안을 실행하는 능력을 향상시킬 수 있다.
② 정보는 제공하지 않고 성과에 대한 즉각적인 평가를 통해 기술을 향상시킨다.
③ 자기반성의 기회를 가질 수 있으며, 자주성과 창조성을 제고시킬 수 있다.
④ 상대방의 입장에 서서 다양한 문제 상황을 이해하고 경험해 볼 수 있다.

작성된 스크립트를 기준으로 고객과의 대화 방식을 맨투맨으로 실제 연습하는 것을 의미한다.

< 정답 ②

POINT **감독자 훈련(Supervisor Training)** … 감독자는 생산 현장에서 작업의 주체적 지도자이며, 이 작업의 중요한 역할을 담당하는 감독자에 새로이 임명되었을 때는 법령에 규정된 사항을 사업주는 안전 및 보건에 대해 교육을 하도록 의무화되어 있다. 훈련내용은 작업방법의 결정 및 근로자 배치에 관한 것. 또 근로자에 대한 지도, 감독방법에 관한 것. 기타 산업 재해를 방지하기 위해 필요한 사항 등이다. 현장감독자의 소질향상을 위해서 실시되는 교육훈련이며, 미국에서 시작되었으며 정형화되어 있다. 일반적으로 보급되어 있는 것으로는 TWI, MTP, JST, MDP 등이 있다.

ⓛ **산업내 훈련(TWI ; Training Within Industry)**

ⓐ **TWI의 개념**

• TWI는 감독자를 위한 직장외 훈련의 대표적인 정형방식으로서 주로 생산 부문에 있는 일선 감독자를 훈련하기 위한 방식이었다.

• TWI는 한마디로 직장의 조직적·합리적인 단기훈련방법으로서, 특별히 훈련받은 지도원(instructor)이 10인 이내의 직장(職長)을 한자리에 모아 논리적이고 체계적으로 작성된 훈련지도서(manuals)에 따라 교육 실습을 행하는 방법이다.

ⓑ **TWI에 의한 직장(職長)의 습득요건**

• 업무에 관한 지식

• 회사에 관한 전반적인 지식

• 작업지도를 행하는 기능

• 작업방법 개선의 기능

• 통솔의 기능

≫ 감독자의 다섯 가지 필수조건

지식		기능		
업무	직책	지도	개선	통솔
직업 재료 기계 공부 기술에 관한 지식	경영방침 근로협약 취업규칙 직무분장 안전 생산계획 경영조직	• 단위작업으로 업무분해 • 교습환경 조성 • 시범의 시연 • 실습을 이행하게 함 • 그 결과 점검	개별 작업을 연구해 재료·기계·공구·노역의 사용방식에 영향을 미치는 세목을 결합하고 순서를 바꾸어 간단히 함	• 각 개인을 이해 • 인간관계 조절 능력 • 부하와 함께 일하는 방법
		업무작업지도 (JIT)	작업개선방법 (JMT)	부하의 지도통솔 (JRT)

ⓒ 감독자의 주요업무

ⓐ **채용기준 설정**: Inbound, Outbound 면접기준표를 항목별로 작성하여 관리한다.

ⓑ **텔레마케터의 채용**: 상담에 필요한 인원수를 정하고 면접이나 테스트를 통해 채용한다.

ⓒ **교육·훈련**: 감독자는 텔레마케터의 교육일정과 교육프로그램을 정하여 교육 및 훈련을 자체적으로 또는 외부에 위탁하여 진행할 수도 있다.

ⓓ **텔레마케터의 관리**: 근무태도나 실적을 관리하고, 급여 및 수당과 복지후생관리 등을 직접 한다.

ⓔ **스크립트의 작성**: 스크립트(script)의 작성, 수정, 운영, 역할연기 방법 등의 노하우를 익힌다.

ⓕ **리스트 및 고객 데이터**: 고객이나 대상자 리스트의 전화 대화를 위한 고객 데이터의 수정·보완에 대해 조절한다.

ⓖ **운영 및 진도 관리**: 개인별 작업진행표를 기초로 목표대비 실적을 관리하고 분석한다.

ⓗ **매뉴얼 작성 및 수정**: 텔레마케터들이 업무를 처리할 수 있도록 실무중심의 매뉴얼을 작성하고 수정·보완한다.

ⓘ **모니터링**: 텔레마케터의 전화 통화 내용이나 활동상황 등을 수시로 관찰한다.

ⓙ **비용관리**: 감독자는 인건비, 통신비, 설비비, 운영비, 교육훈련비 등의 비용을 합리적으로 관리한다.

④ **관리자 훈련**(program for middle management)

㉠ 관리자 훈련의 개념

ⓐ 관리자 훈련은 경영계층에서 중견적 역할을 담당하는 중간관리층(middle management), 즉 과장과 부장에 대한 훈련을 말한다. 중간관리자는 각 부문 활동을 실질적으로 계획·지휘·조정·통제할 뿐만 아니라 조사·연구·조언 등 전문적 기능을 담당하므로, 자기의 소관 직무에 대한 지식과 경험이 풍부하여야 한다.

ⓑ 관리자 훈련은 문제를 처리하는 능력과 협조성 그리고 부하에 대한 통솔력을 가져야 한다. 따라서 관리자 훈련은 일선근로자나 감독자에 대한 훈련보다 높은 차원에서 실시되어야 한다. 관리자 훈련의 대표적인 방식에는 MTP(Management Training Program)와 JST(Jinjiin Supervisory Training)가 있다.

㉡ MTP(Management Training Program)

ⓐ MTP는 TWI와 마찬가지로 실제 경험을 쌓은 중간관리자를 12명 내지 15명을 1개 그룹으로 하여 실제 문제를 토론식(discussion method)으로 각 방면에서 구체적으로 연구·검토하는 방법을 택하고 있으며, 1일 2시간 총 20일 40시간의 강습을 계통적으로 실시하고 있다.

ⓑ 과장이나 부장인 중간관리자를 위한 이러한 교육 훈련의 내용은 TWI의 작업 지도·작업개선·인간관계의 세 부분을 포함하고 있음은 물론, 이 밖에도 관리의 기초와 관리의 전개 등과 같이 관리자로서의 직책을 수행해야 한다.

1111111111

1

> **POINT** **MTP**(Management Training Program) … 기업의 중간관리자에 대한 교육훈련 방식을 의미하며, 제2차 세계대전 후 미국 극동군의 공군부대에서 관리자 교육을 위하여 보급시킨 제도이다. 주로 과장·부장급의 중간관리자를 12~15명 단위로 편성하여 구체적인 문제를 토론방식으로 검토하는 방법인데, 보통 1회 평균 2시간, 합계 20회의 강습을 계통적으로 실행한다. TWI와 마찬가지로 작업지도의 기능, 작업개선의 기능, 현장에서의 인간관계 조정에 관한 기능 등 3가지를 포함하는 외에, 관리원칙의 이해와 관리기능의 습득과 같은 관리자로서의 직책을 수행하는 데 필요한 항목들이 추가되어 있다.

   ⓒ JST(Jinjiin Supervisory Training)

     ⓐ 일본 사원이 TWI 및 MTP 등을 기초로 감독자 연수용으로 개발한 것인데, 사원 부문에 있어 중간관리자 내지 일선감독자를 대상으로 사용되고 있다.

     ⓑ JST는 기초과정 또는 표준과정인 조직과 감독, 업무의 관리, 업무의 개선, 부하의 연수, 부하의 통솔방법, 보충과정인 건강관리, 감독자와 PR, 계속과정인 사례연구 등의 세 가지 과정으로 구성되어 1회 2시간, 12회 24시간으로 실시된다.

⑤ **경영자 훈련**(Executive developments program)

   ㉠ 경영자 훈련의 개념

     ⓐ 경영자 훈련이란 최고 경영층에 있는 전문 경영자나 그 후계자에 대한 교육훈련을 말한다. 오늘날과 같이 경영조직이 동태화되고 기업의 내·외 여건이 복잡화되며 기업규모가 커질수록 최고경영자에 대한 교육훈련의 필요성은 더욱 증대되고 있다.

     ⓑ 최고경영자의 교육훈련에 있어서는 경영전반에 관한 전문적인 지식과 숙련을 갖추도록 해야 할 뿐만 아니라 최고 경영자에게는 판단력·추진력·계획력·분석력·종합력·통찰력 및 후계자 양성의 능력 등을 계발시키고, 기업의 사회적 책임을 인식하면서 최고경영자로서 의사결정을 할 수 있는 교육훈련이 뒷받침되어야 한다.

     ⓒ 나아가 기업의 존속·발전을 위해 새로운 기업관의 정립, 기업경영의 전망, 소유와 경영의 분리개념, 기업환경에의 적응, 추진능력 및 경영리더십 문제등과 같은 내용도 훈련에서 중점적으로 다루어져야 한다. 그 기법으로는 AMP·ATP·브레인스토밍·사례연구법·비즈니스게임·역할연기법·모의연습·감수성훈련·매니지리얼그리드 세미나·집단토의법 등이 있다.

   ㉡ 경영자 훈련의 종류

     ⓐ AMP(Advanced Management Program)

       • 하버드 대학교 경영대학원의 고등경영강좌에서는 경영 간부의 경영관리능력을 향상시키고 시야가 넓은 경영자를 양성할 목적으로 AMP가 실시되고 있다.

       • 매년 여름에 12주 과정으로 기업의 최고경영자 150명을 대상으로 각종의 현실적인 문제점들을 사례연구법에 의해 집중교육을 실시하고 있다. AMP 의 강좌 내용은 사업방침, 경영실무, 사회와 기업, 원가 및 재무관리, 마케팅관리, 노사관계 문제 등이다.

ⓑ ATP(Administration Training Program)

- ATP는 최고경영자에 대한 정형적 훈련으로서 CCP(Civil Communication Program)의 경영강좌로서 1949년 주일 미군이 일본의 전기통신 관계회사 최고 경영층을 대상으로 실시한 강좌에서 비롯되었다. 내용은 1반 15명을 회의식으로 매회 4시간, 1주일 4회, 8주간 총 128시간에 걸쳐 진행하게 된다.
- 강좌의 구성항목은 기업의 목적 및 방침의 확립기능(경영부문), 조직(통제방식, 통제확립에 불가결한 것, 조직통제의 운용, 품질관리, 원가통제의 응용, 감독통제의 실시 등), 운영(운영, 조직, 조정 등) 등이다. 이 과정은 최고경영자에게 방침과 계획, 기타 경영관리의 지식을 체계적으로 훈련시키는 데 크게 기여하고 있다.

section 5 채용

(1) 채용 ★

① 텔레마케팅 전문가의 필요성

ㄱ 텔레마케팅의 필수요소이면서 텔레마케팅 성공에 핵심적인 역할을 담당하는 것이 바로 유능한 인적 자원이다. 사실상 소규모(10명 이하의 텔레마케터와 콜수가 1일 기준 500통화 이하)의 텔레마케팅이나 전화 판매업무에 있어서 ACD나 컴퓨터 시스템은 필수요소가 아니다.

ㄴ 그러나 전화 한 대로 텔레마케팅을 실시하더라도 유능한 텔레마케터는 필수불가결의 요소이다. 따라서 텔레마케터는 텔레마케팅 업무에서 가장 중요한 자원이라고 할 수 있다.

ㄷ 통상적으로, 텔레마케팅 실시목적이나 달성목표가 정해지면 수·발신 통화량(업무량)을 추산해서 소요인원을 산정하고 적절한 경로(추천의뢰, 광고, 자체교육, 소개, 스카우트 등)를 통해서 선발한 후에 회사 업무에 맞는 교육훈련과정을 거쳐 배치하게 된다.

ㄹ 텔레마케팅 도입 역사가 짧은 국내 실정을 볼 때 전문지식과 풍부한 경험을 쌓을 기회가 별로 없었기 때문에 우수한 전문인력을 구하기 힘든 실정이다. 그러나 최근 우리나라에서도 회사 내부에서 실시하는 인하우스(In-house) 텔레마케팅 도입 업체 수가 급속히 증가하면서 전문가의 수요가 증가하고 있다.

② 텔레마케팅 전문가의 역할과 업무

ㄱ 텔레마케터(TMR ; TeleMarketeR)

ⓐ TMR의 개념

- 고객과 직접 통화하는 사람들로 '텔레커뮤니케이터'라고도 한다. 텔레마케터는 인사말로부터 마지막 클로징까지 적절한 응대화법을 구사하여 고객의 구매의욕을 높이거나 고충을 해결해 주는 중요한 역할을 한다.

• TMR은 회사의 업무 내용이나 상품들을 정확히 이해하여 신속하고 효율적으로 업무를 처리하는 한편 고객응대에 최선을 다해서 고객을 만족시키는 것이 주요역할이다.

• 텔레마케터는 밝은 목소리와 정확한 어법, 표준어를 구사해야 하며 고객의 의사를 정확히 파악하는 능력, 신속한 판단력, 유연한 대응력, 적극성, 사내에서 협조성, 집중력 등을 필요로 한다. 이러한 능력들은 교육과 훈련에 의해 상당부분 배양될 수 있다.

ⓑ TMR의 10가지 업무수칙

• 기업이미지 향상을 위해 노력한다.

• 회사의 업무내용 및 상품과 서비스 내용을 숙지한다.

• 고객과 우호적인 관계를 갖는다.

• 스크립트에 따라 신속 · 유연하게 효율적으로 대응한다.

• 고객의 의문, 질문에 성의를 다해서 대응한다.

• 상대에게 알맞은 임기응변 방안을 준비해둔다.

• 텔레마케터로서 자부심을 갖고 매출목표를 스스로 정한다.

• 가망고객선정, 판매기술, 클로징테크닉 습득을 위해 노력한다.

• 고객의 특수한 요구나 고충, 트러블 등은 스스로 판단치 말고 슈퍼바이저에게 보고하고 지시에 따른다.

• 전화내용의 상세한 부분까지 필히 기록한다.

ⓛ 슈퍼바이저(Supervisor)

ⓐ 슈퍼바이저의 개념

• 슈퍼바이저는 텔레마케팅의 교육, 훈련, 관리에서 스크립트 작성, 리스트 세분화, 판매전략의 기획 입안, 운영코스트의 관리, 활용 등 여러 직무를 수행한다.

• 슈퍼바이저는 텔레마케팅 실무경험(가능하면 3년 이상)이 있는 것이 더욱 더 이상적이다. 텔레마케팅에 관한 전문지식, 기술, 통신기술 관련지식이 요구된다. 그밖에도 텔레마케터의 표정에서 여러 가지 상황을 읽는 능력, 분위기를 명랑하게 이끌어 가고 트러블의 해결과 중재를 하는 부하관리 능력 등이 요구된다.

ⓑ 슈퍼바이저의 역할과 업무

• 텔레마케터의 채용 : 작업에 필요한 요원을 산정하여 적정한 인재를 확보하기 위해 면접, 테스트를 통해 선발한다.

• 교육훈련 : 각 개인의 능력개발과 향상, 유지를 위해서 채용 후 교육이나 정기적인 교육훈련 프로그램을 기획하고 실시한다.

• 텔레마케터관리 : 일반적으로 슈퍼바이저의 관리능력은 완전히 컴퓨터화된 센터에서는 20~30명까지 가능하지만 통상 10명 정도가 관리의 한도다.

• 운영매뉴얼 작성 : 아웃바운드, 인바운드 업무를 할 때 텔레마케터들이 지침으로 사용할 매뉴얼을 작성한다.

• 스크립트 작성, 통화목록 작성 : 실전에서 사용할 Script의 작성 및 수정, 응대결과를 기록하기 위한 통화목록을 작성한다.

- 리스트세분화 판매전략기획 : 아웃바운드용 리스트를 확보하여 실시 우선순위를 결정함과 동시에 판매전략을 책정한다.
- 운영의 진행관리 : 개인별 작업진행표, 전체 작업진행표를 작성하여 오퍼레이션의 진행관리와 분석을 한다.
- 운영코스트 관리 : 텔레마케터의 인건비, 통신비, 설치운영비 등의 비용을 효율적으로 관리한다.
- 모니터링 업무 : 텔레마케터의 활동상황이나 전화내용을 관찰하고 평가해서 필요시에 카운슬링한다.
- 긴급 시 대응 : 텔레마케터의 응대가 곤란한 사항이나, 트러블 등 긴급시에 대신해서 직접 적절히 대응한다.

ⓒ 제너럴 매니저(General Manager)

ⓐ 텔레마케팅 업무 전체의 작업효율, 손익분기점 등을 고려하면서, 운영효율화를 위한 ACD 등의 도입시기 결정, 운영예산책정, 작업환경의 정비, 근무체계의 확립, 인사, 관리, 운영체계의 강화 등을 담당한다.

POINT ACD(Intelligent Automatic Call Distribution) … 각종 사업장에서 내선 전화 상호 간 또는 내선전화와 전화국 전화회선 간 교환 접속을 행하는 고성능 교환기를 의미한다.

ⓑ 매니저는 기업의 경영이념이나 장래의 방향성 경영내용을 정확히 파악하고 텔레마케팅에 대한 이해와 경험, 폭넓은 지식 그리고 전체를 장악하는 관리능력, 지도력, 결단력 등을 필요로 한다.

(2) 인력의 확보

① 텔레마케터의 확보

㉠ 판매를 위한 아웃바운드(Outbound) 텔레마케팅을 실시할 경우 텔레마케터의 생산성에 차이가 나는 경우가 많다. 즉, 적성이 맞는 사람이 있게 마련이다.

㉡ 적성에 맞는 우수한 인재가 높은 생산성을 올리며 주변의 다른 텔레마케터도 자극을 받아서 전체적으로 능률이 증진되기도 한다.

② 필요인원의 산정방법

㉠ 아웃바운드(Outbound)

ⓐ 한 사람이 하루 기준 통화가능건수는 1콜당 처리시간(3분 이내)으로 하고, 업무자체가 단순 반복작업이기 때문에 피로도를 생각해서 통상의 식사시간 이외에도 충분한 휴식시간을 줄 수 있도록 무리 없는 인원을 확보한다.

ⓑ 실제로 부재율이나 파트타이머의 교대, 인원교체 시간 등의 여유시간도 고려할 필요가 있다. 실례를 들면 다음과 같다.

$$\frac{대상리스트(10,000건)}{(1인/1일 \ 콜수)(시간당 10콜 \times 8시간)} = 필요인원(125인)$$

ⓛ 인바운드(Inbound)

  ⓐ 인바운드는 통화중을 발생시키지 않도록 하기 위하여 피크 타임(Peak time) 시의 착신예약 콜수를 예상해서 이를 기준으로 인원을 배치한다. 피크 타임 외에는 일부 텔레마케터는 아웃바운드를 하도록 해서 유효활용 방안을 세운다.

  ⓑ 실제상황에서는 실시기업의 예산이나 인력 확보, 배치공간 등의 기타 조건에 따라 인원이 결정되는 경우가 많으므로 각각의 상황에 맞춘 탄력적인 대응이 필요하다.

③ 채용을 위한 체크시트 작성

  ㉠ 텔레마케터의 채용 시 면접과 필기시험을 치르는 동시에 기초적인 전화응대 테스트나, 전화응대를 가정한 역할연기를 실제로 행해 보면 좋다. 특히 면접 시에는 복장이나 용모 등의 외모에 의한 판단을 막기 위해 처음에는 전화면접을 하는 것이 더 효과적이다.

  ㉡ 텔레마케터는 전화상대방의 경계심이 적고, 부드러운 응대가 가능하며, 고음(高音)이 좀 더 명확히 전달해야하기 때문에 여성이 더 적합하다고 볼 수 있다. 또한 연령상으로는 사회경험이 있는 20대 후반에서 30대가 이상적이고, PC를 이용해서 입·출력이 가능한 사람이라면 더욱 적절하다.

④ 텔레마케터 선정 시 체크포인트

  ㉠ 성격 : 상식이 풍부하며, 건강하고 밝은 성격

  ㉡ 음성 : 깨끗한 발음과 맑은 목소리

  ㉢ 언어 : 정확한 언어 사용

  ㉣ 회화 : 명랑하고 친절한 말씨, 풍부한 표현력

  ㉤ 경청 : 말하는 것뿐 아니라 잘 듣는 태도

  ㉥ 인내력 : 반복 작업을 통한 되풀이 가능

  ㉦ 판단력 : 고객반응을 빨리 이해하고 냉정히 대처

  ㉧ 적극성 : 고객에게 적극 대처, 스트레스 해소능력

  ㉨ 지식욕 : 왕성한 호기심과 강한 지식욕구

  ㉩ 신뢰성 : 정직하고 객관적임

  ㉪ 유연성 : 고정관념에 빠지지 않고 탄력적으로 대응

  ㉫ 협조성 : 그룹 공동작업, 팀플레이의 가능성

  ㉬ 독립심 : 타인에게 의존하지 않고 스스로 처리, 자립심

(3) 교육 · 훈련

① 초보자를 위한 교육 · 훈련 프로그램

  ㉠ 오리엔테이션

    ⓐ 회사소개, 업무내용

    ⓑ 교육일정과 프로그램

② 건물 내 전기시설

　㉠ 일상생활에서 없어서는 안 될 것이 전기이다. 소규모의 콜센터는 전기용량 부족으로 문제가 발생하는 경우는 없다. 하지만 몇 백명이 넘는 콜센터를 구축하는 경우에는 PC, 냉난방기, TV, 각종 서버 등에 사용하는 전기용량이 많이 필요하고, 향후 증설되는 부분까지 예상해서 충분한 전기용량의 전기시설을 별도로 가설해야 안전하다.

　㉡ 콜센터를 구축할 때 일반적으로 전기시설은 3원화해서 설치하는 것이 좋다. 상담원들이 사용하는 OA기기(PC, 프린터, FAX 등), 정보시스템(교환기, 네트워크장비, IVR, CTI, 각종 서버 등), 부대시설(냉난방기, 공기청정기, 선풍기 등)에 사용하는 전기시설을 분리해서 설치해야 각종 전기 장애로부터 기기들을 보호할 수 있다.

　㉢ 콜센터에서 근무하는 상담원의 관리소홀로 다양한 문제 등이 발생할 수 있다. 가급적이면 전기선은 외부에 노출되어서는 안 되고 콘센트 사용역할을 분리하며, 필요 없는 전기시설은 사용하지 않도록 교육해야 한다. 또한 전기시설은 전기자격증을 갖고 있는 직원이나 전기점검을 전문으로 하는 회사를 통해서 정기적 또는 비정기적으로 전기시설을 점검하는 것이 필요하다.

③ 건물통신 현황

　㉠ 통신시설의 개념

　　ⓐ 통신시설도 전기시설과 비슷한 맥락에서 출발한다. 최근에는 건물에 대용량 전송장비인 광단국이 설치되어 있어서 불편함이 적지만 오래된 건물인 경우에는 통신회사로부터 인입한 전화회선(실선)이나 관련시설(관로 : 땅속에 통신회선이 지나가는 통로, 전화 분전함 등)이 부족하여 전화회선 증설에 문제가 발생하는 경우가 발생할 수 있다.

　　ⓑ 기업에서 콜센터가 차지하는 위치가 점점 중요해지면서 지속적인 서비스와 장애에 대비해서 시스템은 이중화되고 있다. 그러나 콜센터 시스템이 이중화되었다고 안전한 것은 아니다. 콜센터와 통신회사의 전화회선이 이중화되어야 기업 입장에서는 최종적으로 서비스를 이중화한 것이라고 볼 수 있다. 다시 말하면 고객과의 접점을 만들어 주는 외부의 전화국 통신시설을 이중화로 설계하는 것이 좋다는 것이다.

> **▶POINT** 데이터 통신의 구성요소
> ㉠ **메시지** : 통신 대상이 되는 정보
> ㉡ **송신자** : 데이터 메시지를 보내는 장치
> ㉢ **수신자** : 메시지를 수신하는 장치
> ㉣ **전송매체** : 메시지가 송신자에서 수신자까지 이동하는 물리적인 경로
> ㉤ **프로토콜** : 데이터 통신을 통제하는 규칙의 집합

ⓛ 통신서비스회사의 전화국 시설에 대한 이중화 방법

ⓐ 한 통신회사의 한 전화국에 있는 여러 교환기와 연결

- 전화국에는 여러 종류의 교환기들이 설치되어 있기 때문에 서로 다른 교환기들로부터 전화회선을 콜센터 교환기와 연결하는 것이다. 이렇게 연결하면 전화국의 A 교환기에 문제가 발생해도 B 교환기로부터 서비스를 계속 받을 수 있는 방식이다.
- 전화국도 가끔 교환기 정비나 시스템 업그레이드로 서비스를 중단하는 경우가 있다. 물론 콜이 적은 새벽시간에 작업을 하지만 24시간 서비스를 하는 콜센터에서 몇 분의 서비스 중단이 매출 감소로 이어질 수 있기 때문에 이중화하는 것이 필요하다.

ⓑ 한 통신회사의 여러 전화국에 있는 교환기와 연결

- 한 통신회사에서 서로 다른 전화국에 설치되어 있는 교환기로부터 전화회선을 콜센터 교환기와 연결하는 방식이다. 이렇게 연결하면 A전화국의 교환기에 문제가 발생해도 B전화국의 교환기로부터 서비스를 계속 받을 수 있다.
- 지역으로 분리되어 있기 때문에 A지역 선로에 문제(단선, 화재 등)가 발생해도 B지역의 전화국에서 전화서비스를 받을 수 있다.

ⓒ 여러 통신회사의 전화국 교환기와 연결

- 서로 다른 통신회사의 전화국에 설치되어 있는 교환기로부터 전화회선을 콜센터 교환기와 연결하는 방식이다. 동시에 서로 다른 통신회사로부터 서비스를 받을 수 있기 때문에 A통신회사의 서비스에 문제가 발생했을 때 B통신회사의 서비스를 통해서 지속적으로 전화서비스를 받을 수 있다.
- A통신회사는 주로 인바운드로 사용하고 B통신회사는 아웃바운드로 사용하다가 A통신회사의 인바운드에 문제가 발생하면 B통신회사의 아웃바운드를 인바운드로 사용하는 방법도 있다.

④ 건물임대 현황

㉠ 콜센터를 구축하고 나서 지속적으로 성장하게 되면 상담원을 더 많이 채용해야 하는데 공간을 더 이상 늘릴 수 없는 때가 온다. 공간의 부족으로 상담원을 적시에 채용하지 못하면 가장 큰 문제점은 고객콜을 처리하는 인력이 부족해서 기존 상담원들에게 과중한 업무가 주어지고 늦은 시간까지 남아서 업무를 처리하게 되어 서비스품질이 낮아지는 문제가 생긴다.

㉡ 콜센터를 구축할 때 자신의 건물이 아닌 다른 사람소유의 건물로 입주할 때에는 건물의 임대현황이나 옆 건물의 임대현황을 미리 조사해 놓으면 콜센터 규모가 커지면서 발생될 수 있는 공간의 추가 임대를 적절하게 할 수 있을 것이다.

㉢ 콜센터 이전비용도 만만치 않다. 기존에 설치된 인테리어나 케이블비용은 재활용하기가 어렵기 때문에 버려야 하고, 임대공간을 원상복구해야 하기 때문에 설치된 모든 인테리어는 치워야 하고, 상담원의 책상·의자·PC·각종 서버, UPS 등의 많은 장비를 이전하는 비용 등이 발생하기 때문이다. 그러므로 이전이 생기지 않도록 처음 콜센터를 구축할 때 많은 노력을 기울여야 한다.

⑤ 주변교통 현황

　㉠ 상담원 출퇴근이 편리하다는 것은 우수한 능력을 갖고 있는 상담원을 채용하는 데 편리함을 제공한다. 임대비용을 줄이기 위해 한적한 시골에 콜센터를 구축했다면 관리비용은 줄어들지 모르나 우수한 상담원을 채용하기는 어려울 것이다.

　㉡ 교통이 편리하다면 먼 거리에서도 출퇴근하는 우수한 능력의 상담원들을 채용할 수 있다. 또한 인근지역에 편의시설(극장, 학원, 인지도가 있는 공간 등)들이 많다면 상담원채용에 이점이 될 수 있다. 그러나 이런 지역의 임대비용은 비싸다는 단점이 있다.

　㉢ 콜센터는 훌륭한 시스템을 구축한 것만으로 잘 운영되는 것은 아니다. 우수한 능력을 소유한 상담원이 많고 오래도록 근무할 수 있어야 훌륭한 시스템이 더욱 빛을 발할 수 있는 것이다.

⑥ 보조시설 현황

　㉠ 보조시설의 개념

　　ⓐ 보조시설은 상담원들이 콜센터에서 업무를 하는 데 있어서 필요한 시설을 의미한다. 보조시설은 많은 비용이 들지 않으면서 좋은 성과를 얻을 수 있는 작은 부분이다.

　　ⓑ 예를 들어 헤드셋은 가격의 차이로 성능의 차이가 생긴다. 헤드셋을 하루종일 착용하고 있어야 하는 상담원은 가격이 중요한 것이 아니라 착용감이 좋고 음질이 좋은 헤드셋을 원한다. 이런 보조시설지원은 상담원이 콜센터에서 업무를 하는 데 있어 근무의욕을 고취시킬 수 있는 동기를 제공할 수 있게 된다.

　　ⓒ 그러나 진정으로 서비스 품질을 향상시키는 근본적인 것은 보조시설의 지원보다는 상담원 개인에 대한 인격존중과 업무성과에 대한 보상일 것이다.

　㉡ 보조시설의 종류

　　ⓐ 헤드셋, 가방, 옷 등을 넣을 수 있는 개인사물함

　　ⓑ 피곤함을 풀어주는 지압식 발 받침대

　　ⓒ 몇 시간을 앉아 있어도 편안한 책상과 의자

　　ⓓ 편안함 및 시력보호를 위한 자연광에 가까운 조명

　　ⓔ 냄새와 먼지를 제거해주는 공기 청정기

　　ⓕ 습도를 맞춰주는 가습기

　　ⓖ 분위기를 부드럽고 편안하게 하는 그림, 사진, 식품

　　ⓗ 소파, 게임기, TV 등이 설치된 휴식공간

　　ⓘ 숙면을 취할 수 있는 침대가 설치된 수면공간

　　ⓙ 소음을 줄여주는 카펫이나 방음시설

　　ⓚ 경직된 몸을 풀어줄 수 있는 운동시설

　　ⓛ 조용하고 성능이 좋은 냉난방기

(4) 그룹종류

① 그룹의 개념

ㄱ 콜센터에서 사용하는 그룹은 Trunk Group, Hunt Group, Skill Group 등 3가지 정도이다. Trunk Group은 국선 측을 관리하고, Hunt Group 및 Skill Group은 전화기, IVR, 상담원 같은 내선 측을 관리하며, Hunt Group은 전화기 위주의 물리적인 지정을 말하고, Skill Group은 상담원 위주의 유동적인 지정을 말한다.

ㄴ Group을 관리하는 주체는 교환기업체에 따라 교환기가 될 수도 있고, CTI 서버가 될 수도 있다. 여기에서는 Group관리의 주체가 교환기이든 CTI이든 관계없이 Group을 운영하는 방법을 집중적으로 살펴본다.

② Trunk Group

ㄱ Trunk Group의 종류

ⓐ Inbound Trunk Group

• 고객들이 콜센터로 전화를 걸면 연결되는 국선을 모아놓은 집합체이다.

• Inbound Trunk Group은 국선의 효율성을 높이기 위해 체계적으로 구성해야 한다.

ⓑ Outbound Trunk Group

• 콜센터 내부의 상담원이나 관리자들이 외부로 전화를 할 때 사용한다.

• Outbound Trunk Group은 통화비용을 줄이기 위해 시내, 시외, 해외로 분리할 수 있다.

ⓒ Inbound/Outbound Trunk Group

• Inbound와 Outbound 전화를 하나의 Trunk에서 동시에 처리하기 위해서 사용한다.

• 이 방법은 Inbound call이 많을 때에는 Outbound를 할 수 없고, Outbound call이 많을 때에는 상대적으로 Inbound call이 줄어드는 단점이 있을 수 있다.

ⓓ Tie Trunk Group

• 콜센터가 여러 지역으로 분리되어 있을 때 교환기를 연결하거나, 콜센터 교환기와 기업의 업무용 교환기를 연결하는 것 및 기타 통신시스템을 연결할 때 사용한다.

• Tie Trunk Group은 Inbound/Outbound Call을 동시에 처리할 수 있다.

ㄴ Trunk Group을 만드는 방법

ⓐ 하나의 Trunk Group 구성

• 국선을 하나의 Trunk Group으로 구성하는 콜센터는 거의 없다. 최소한 Inbound와 Outbound의 Trunk Group을 각각 하나씩 만들어 사용한다.

• 국선과 연결된 보드를 Inbound와 Outbound로 만든다.

ⓑ 여러 개의 Trunk Group 구성

• 콜센터 교환기에 설치된 국선과 연결보드를 각각 두 개 이상의 Inbound와 Outbound Trunk로 만든다.

다음 중 콜센터에서 활용하는 그룹에 속하지 않는 것은?

① Trunk Group
② Hunt Group
③ Car Group
④ Skill Group

콜센터에서 활용하는 그룹으로는 Trunk Group, Hunt Group, Skill Group 등이 있다.

◀ 정답 ③

- 운영자는 Trunk별로 실시간 모니터링과 모니터링 결과를 기초로 Trunk별로 증설할 국선수를 예상할 수 있다. Outbound Trunk는 시내, 시외로 분리해서 사용할 수 있다.

③ Hunt Group

　㉠ Hunt Group의 개념

　　ⓐ Trunk Group이 국선을 모아놓은 집합체라면 Hunt Group은 같은 종류의 업무(서비스)를 하는 전화번호를 모아놓은 집합체이다. Hunt Group은 여러 개를 만들 수 있고, Hunt Group에는 여러 개의 전화번호를 등록할 수 있다. 또한 한 전화번호를 동시에 여러 개의 Hunt Group에 등록할 수 있다.

　　ⓑ Hunt Group의 관리방법, 생성 가능한 Hunt 수, Hunt에 등록할 수 있는 전화번호의 수 등은 교환기나 CTI생산업체마다 차이가 있을 수 있다. 콜센터에서 일어나는 고객응대와 관련한 업무유형은 많을 것이다. 한 업무만 처리하는 상담원, 여러 개의 업무를 동시에 처리하는 상담원이 있을 수 있다.

　　ⓒ 상담원이 한 업무에만 처리한다는 것은 콜센터의 가동률이 떨어질 수도 있다. 상담원이 여러 개의 업무를 동시에 처리한다는 것은 근무경력이 길고, 많은 경험과 뛰어난 응대능력이 있어야 한다.

　㉡ Hunt Group을 만드는 방법

　　ⓐ 전화번호를 하나의 Hunt에 등록

　　　• 전화번호를 하나의 Hunt에만 등록한다는 것은 해당 전화기에 앉는 상담원의 업무가 한 가지라는 것을 의미한다.

　　　• 이 방식은 주문콜이 폭주하고 클레임(claim)콜이 적은 경우가 발생했을 때, 주문관련 상담원은 바빠지고 대기고객이 늘어나지만 클레임상담원은 call이 없어 콜을 기다리는 상황이 발생할 수 있다.

　　ⓑ 전화기를 여러 개의 Hunt에 등록

　　　• 하나의 전화번호를 동시에 여러 개의 Hunt에 등록하는 것으로, 해당 전화기에 앉는 상담원은 업무가 여러 가지라는 것을 의미한다. 상담원은 주문과 클레임업무를 동시에 할 수도 있고, 두 개의 업무 중 한 가지만 선택해서 할 수도 있다.

　　　• 상담원이 동시에 주문과 클레임의 업무를 하려면 양쪽 업무에 로그인해야 한다. 가끔 고객이 한 업무는 수행하고 다른 업무는 휴식으로 할 수는 없다. 즉, 상담원이 로그인한 상태에서 휴식을 선택하면 모든 업무가 동시에 휴식상태로 적용된다.

　　　• 이 방식은 주문과 클레임 중에서 한쪽에 콜이 집중할 경우에는 문제가 발생할 수 있다. 갑자기 주문콜이 발생했을 경우에는 주문 및 클레임상담원 모두가 주문콜을 받을 수 있기 때문에 매출은 높아지나 고객의 클레임 접수가 줄어들어 고객의 불만이 높아질 수 있다.

　　　• 클레임 콜이 많이 발생했을 경우에는 주문 및 클레임상담원 모두가 클레임 콜을 받을 수 있기 때문에 클레임 접수는 높아지나 매출이 감소할 수 있다. 가끔 이런 경우가 발생한다면 상담원을 효율적으로 운영할 수도 있고 생산성도 높일 수 있지만 자주 발생한다면 주문과 클레임 업무를 분리하는 것이 좋다.

- 일반적으로 접수처리와 클레임 처리시간이 다르기 때문에 주문콜을 많이 받은 상담원은 접수건수가 많고 평균통화시간이 짧을 것이고, 클레임 콜을 상대적으로 많이 받은 상담원은 접수건수가 적고 평균통화시간이 길 수도 있다.

> **POINT** **컴플레인 마케팅(Complaint Marketing)** ··· 이는 소비자들의 불만을 적극적으로 듣고 곧 바로 시정에 나서거나, 이를 데이터로 만들어 전략으로 활용하는 마케팅 방식을 의미한다. 또한, 컴플레인은 고객들이 제품 구매 시의 품질, 서비스의 불량 등을 이유로 불만을 제기하는 것을 의미하기도 한다. 이러한 소비자들이 제기하는 컴플레인은 기업 조직에서 시정해야 할 운영적 및 관리적인 문제와 관련이 있는 경우가 상당히 많다. 그러므로 대다수의 기업들은 소비자들의 불만을 처리할 수 있는 시스템들을 도입하기 시작하였는데 이것이 바로 컴플레인 마케팅의 시초라 할 수 있다. 이러한 컴플레인 마케팅은 고객평가단 위주로 운영하던 기존 프로슈머 마케팅에서 한 단계 진화한 것으로, 특정 평가단이 아닌 불특정 다수의 의견을 듣는다는 것을 특징으로 하고 있다.

④ Skill Group

  ㉠ Skill Group의 개념

   ⓐ Hunt Group이 같은 업무를 하는 전화기를 모아 놓은 집합체라고 하면, Skill Group은 같은 업무를 하는 상담원을 모아놓은 집합체이다. 즉, Hunt는 전화기에 업무가 부여되는 방식이고, Skill은 상담원이 갖고 있는 ID에 업무를 부여하는 방식이다. 그래서 Skill방식은 상담원의 좌석이동이 편리하고, Hunt방식은 전화기에 업무가 종속되기 때문에 상담원의 자리이동이 불편하다.

   ⓑ Skill방식은 상담원 ID가 업무를 갖고 있기 때문에 콜센터 안에 설치된 전화기 중에서 임의로 전화기를 선택해서 Log in을 해도 교환기나 CTI에서 수정 없이 바로 상담원이 갖고 있는 업무를 수행할 수 있다. Skill방식은 Free Seating이라고도 하며, 상담원이 자리에 관계없이 일할 수 있기 때문에 지정 좌석제도를 운영하지 않는 콜센터에서 상담석을 100% 운영할 수 있다.

   ⓒ Skill 방식에 업무등급이 반영된 솔루션도 있는데 업무등급은 같은 업무를 하는 상담원 중에서 차별을 두고 전화통화 건수를 통제하는 것이다.

  ㉡ Skill Group을 만드는 방법

   ⓐ **상담원 ID에 하나의 Skill등록**: 상담원 ID에 주문 또는 클레임 Skill이 하나씩 등록되어 있다.

   ⓑ **상담원 ID에 두 개의 Skill등록**: 주문 Skill과 클레임 Skill에 상담원 ID가 동시에 등록되어 있다.

   ⓒ **Skill 방식에서 좌석이동**: 상담좌석이 이동되면 전화번호는 변경되었지만 상담원이 갖고 있는 업무는 변하지 않는다.

(5) **콜(Call) 분배** ★

① 콜 분배의 개념

  ㉠ Call분배는 ACD(Automatic Call Distribution) 또는 ICR(Intelligent Call Routing)이라는 용어로 사용되고 있다.

ⓛ Call분배는 상담원의 콜 처리량, 업무수준, 현재의 상태에 따라 콜이 분배된다. 이에는 DDC(Direct Department Calling), CIRC(CIRCcular), LOA(Least Occupied Agent), MIA(Most Idle Agent) 등이 있다.

② Call 분배방법

ㄱ CIRC(CIRCular)

ⓐ 시계바늘처럼 원형으로 계속 돌아가면서 Call을 분배하는 방식으로 1번부터 10번까지 콜 분배가 끝나고 다시 1번에게 Call을 분배할 때 통화중이면 2번에게 분배된다.

ⓑ 다음에 오는 Call은 3번에게 분배되고 3번이 통화중이면 4번에게 분배된다.

>>> CIRC Call 분배

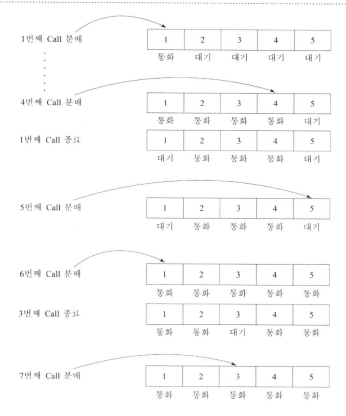

메모 & 확인문제

통상적으로 콜 분배는 상담원의 콜 처리량, 업무수준, 현 상태에 따라 콜이 분배되어지는데, 이에 속하지 않는 것을 고르면?

① DDP
② DDC
③ CIRC
④ LOA

콜 분배에는 DDC, CIRC, LOA, MIA 등이 있다.

❮정답 ①

ⓛ DDC(Direct Department Calling)

ⓐ DDC방식은 콜이 분배될 때마다 Hunt 내에 등록된 전화기 중에서 첫 번째 전화기가 통화중이면 두 번째로, 두 번째 전화기도 통화중이면 세 번째 전화기 순으로 처리되기 때문에 Hunt의 첫 번째로 등록된 전화기에 앉은 상담원이 많은 콜을 받게 된다.

ⓑ DDC방식을 Hot Seat라고도 하는데 콜이 얼마나 많이 분배되면 뜨거운 자리라고 불리는지 겪어보지 못한 사람은 이해하기가 쉽지 않을 것이다. 이 방식을 사용하는 콜센터는 상담원들이 비슷하게 콜을 받도록 하기 위해 일정한 시간이 지나면 자리를 옮기는 Shift 근무를 하게 된다.

ⓒ LOA(Least Occupied Agent)

ⓐ 상담원이 교환기에 Log in한 후에 업무 비중이 가장 낮은 상담원에게 인바운드(Inbound)된 콜을 분배한다. 여기서 업무비중은 일반적으로 근무시간이 될 수 있다.

ⓑ 예를 들어 A조는 AM 9시부터 PM 6시까지, B조는 AM 11시부터 PM 8시까지 근무한다고 생각해보자. B조가 11시에 출근하여 업무를 시작하면 이미 A조의 상담원은 2시간을 근무한 상태이기 때문에 A조 상담원의 업무비중이 높고 B조 상담원의 업무비중이 낮게 된다.

ⓒ 이런 상태에서 인바운드 콜(Inbound call)이 생기면 업무비중이 낮은 B조 상담원에게 콜이 먼저 분배되고 B조 상담원들에게 콜이 연결된 후 A조의 상담원에게 콜이 분배된다. 인바운드콜이 적을 경우에는 B조 상담원이 더 많이 콜을 받는 경우도 생길 수 있다. 콜이 폭주하게 되면 업무비중과 상관없이 A조와 B조 상담원에게 call이 분배될 것이다.

ⓓ LOA방식의 단점은 상담원이 콜이 없을 때는 휴식 또는 다른 일을 하다가 call이 폭주하는 시간에 콜을 받게 되면 다른 상담원보다 업무비중이 낮기 때문에 짧은 시간에 많은 call을 처리할 수가 있다.

ⓔ MIA(Most Idle Agent)

ⓐ 상담원이 고객과 통화가 끝난 후 가장 오랫동안 대기하고 있는 상담원에게 콜을 연결한다. MIA방식은 고객과 응대한 시간이 긴 call이 많은 상담원일수록 하루에 응대하는 콜수가 다른 상담원에 비해 적을 수 있다.

ⓑ 하지만 LOA방식에서 나타나는 약점을 보완할 수 있고, 상담원이 열심히 근무해야만 목표치를 달성할 수 있다. 다음 그림에서 5번째 call이 분배될 때 3번이 대기 중이지만 3번보다 더 오래 대기한 5번에게 call이 분배된다.

>>> MIA Call 분배

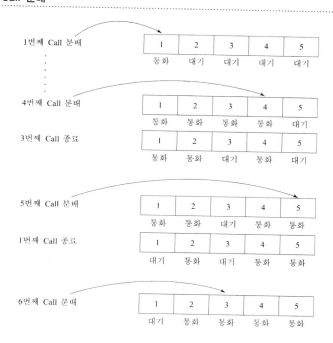

(6) 상담원의 업무유형 ★★

① 인바운드(Inbound) 업무

ㄱ 인바운드 업무의 개념

ⓐ 인바운드는 고객으로부터 걸려오는 콜을 처리하는 것으로 업무흐름, 매뉴얼, 스크립트 등이 정형화되어 있기 때문에 상담원은 짧은 기간 동안 업무교육 및 프로그램 교육을 받은 후에 일정기간동안 일하게 되면 숙달도가 높아진다.

ⓑ 인바운드(Inbound)는 크게 주문·문의·안내 응대상담과 불만·클레임 응대상담 등의 2가지로 나눌 수 있다.

POINT 인바운드 텔레마케팅의 장단점

ㄱ 장점
- 실적 스트레스를 적게 받음
- 자기계발이 가능
- 자유로운 복장

ㄴ 단점
- 낮은 급여
- 잦은 교육
- 많은 지식수준을 요함

ⓛ 주문 · 문의 · 안내 응대상담

ⓐ 주문 · 문의 · 안내업무는 고객의 불만이나 클레임이 없기 때문에 스트레스를 불만 · 클레임 응대보다는 덜 받는다. 간혹 불온한 고객의 콜이 걸려오는 경우도 있고, 심한 모멸감을 느끼는 욕을 하거나, 목소리를 높여 횡설수설하는 고객을 응대하는 것이 아니기 때문에 업무에 대한 정신적 부담이 적다고 볼 수 있다.

ⓑ 요즘은 고객의 주문 · 문의 · 안내 등에 대한 콜을 상담원의 근무기간이 짧아도 사용할 수 있을 정도로 프로그램이 잘되어 있으며, 간혹 문의가 어려워 혼자서 처리할 수 없을 경우에는 주위의 상담원으로부터 도움을 받아서 처리할 수 있다. 그래서 콜센터 관리자가 주문 · 문의 · 안내 등을 처리하는 상담원을 별로 중요하지 않게 생각할 수도 있다.

ⓒ 인바운드 상담원의 급여는 불만 · 클레임을 수행하는 아웃바운드 상담원보다 적을 수 있고, 인바운드 콜은 비교적 단순해서 오랫동안 근무하면 업무를 지루하게 느낄 수도 있다. 말하자면 고객과의 상담태도가 불성실해지거나 태만해질 수 있는 것이다.

ⓓ 이러한 상담원의 불성실한 태도를 없애려면 인센티브 제도나 업무성과에 대해 보상할 수 있는 제도를 만들고, 상담원이 자신의 능력을 지속적으로 향상시키고 발전할 수 있도록 동기를 부여해야 한다.

ⓒ 불만 · 클레임 응대상담

ⓐ 불만 · 클레임 콜을 처리하다 보면 고객과 옥신각신하는 경우가 자주 발생한다. 이것은 콜센터로 걸려오는 반품 · 교환 · 취소 · 해약 · 변경 등의 전화일 것이며, 고객이나 기업 중에서 어느 한쪽이 일을 잘못 처리했기 때문에 발생한 것이다.

ⓑ 고객은 자신의 잘못을 인정하기보다는 상담원을 설득하거나, 부탁하거나, 위협하려는 성향이 있어서 상담원이 고객과 통화하다 보면 순간 언성이 높아지고, 감정을 자극해서 서로 충돌이 생길 수 있다. 이런 경우에 상담원이 고객과의 통화를 빨리 처리하지 못하면 통화시간이 길어져서 처리의욕이 떨어질 수 있다.

ⓒ 또한 도미노현상이 발생해서 주위에 있는 상담원의 심리상태에도 영향을 미친다. 더욱이 이런 불만 · 클레임 고객은 통화 중인 상담원으로부터 만족스러운 결과를 얻지 못하면 다른 상담원이나 관리자와 통화하기를 원하며, 고객이 일반적으로 전화를 끊었다가 다시 전화해서 조금 전에 통화했던 상담원을 끝까지 찾는 경우가 발생해서 상담원들에게 심리적인 영향을 준다.

ⓓ 콜센터에서는 이런 불만 · 클레임 콜을 중재하고 처리하기 위해 슈퍼바이저나 관리자가 있는데 이들도 규정에 따라 생각하고 움직이는 직원이기 때문에 해결할 수 없는 문제가 발생할 수도 있다. 이런 경우 상담원이 문제를 처리할 수 없고 고객과의 응대시간이 길어질 것 같으면 한 템포 쉬었다 문제를 처리하는 지혜가 필요하다.

ⓔ 다시 말하면 상담원은 고객과 통화한 내용을 데이터베이스에 일단 저장하고 나서, 고객에게 잠시 후에 전화를 걸겠다고 양해를 구하고 나서 전화를 끊는다. 잠시 후에 고객에게 전화를 걸어 회사의 입장이 정리된 내용을 전달하면 고객이 수긍할 수도 있는 것이다.

② 아웃바운드(Outbound) 업무

㉠ 아웃바운드 업무의 개념

ⓐ 아웃바운드(Outbound)는 상담원이 고객에게 전화를 걸어 고객과 연결되면 제품·회사소개, 처리결과 안내, 시장조사, 가입권유 등을 하는 업무이다. 아웃바운드는 업무가 정형화되어 있지 않기 때문에 상담원의 능력이 훌륭해야 한다. 또한, 실행하고자 하는 아웃바운드 업무에 대한 지식을 숙지하고 있어야 한다.

ⓑ 능력 있는 상담원은 고객과 대화할 때 적절한 단어를 사용해서 고객의 호감을 얻고, 고객과의 대화를 이끌어가기 위해 대화중단이나 소재전환을 적시에 구사한다. 아웃바운드 유형을 보면 사전(문안)콜, 점검콜, 확인콜, 해피콜, 리서치, 제품판매, 고객유치, 시장조사 등 다양하다.

> **POINT** 아웃바운드 텔레마케팅의 고려 요소
> ㉠ 통화대상에 대한 지역의 특성
> ㉡ 부재 시 처리방법
> ㉢ 통화 당 통화완료예상 평균시간
> ㉣ 재통화 시도수에 있어서의 제한
> ㉤ 대상 소비자들과의 접촉성 여부

㉡ 아웃바운드 유형

ⓐ 사전(문안)콜(Before call)

• 본론적인 통화를 하기 전에 사전에 접촉하여 고객의 마음을 가볍게 터치해 주는 콜이다.

• Before Call은 고객을 지속적으로 관리하는 차원에서 꼭 필요한 call이다.

ⓑ 점검콜(Check Call, Middle Call)

• 문제가 발생해서 처리가 진행되고 있을 때 고객은 현재 진행되고 있는 단계에 대해 궁금할 것이다.

• 처리완료 일정보다 지연될 경우에는 고객과 통화에서 현재상황 및 조치예정 일정을 알려줘서 고객이 나름대로 준비할 수 있도록 수시로 정보를 제공하는 Call이다.

ⓒ 확인콜(Confirm Call)

• 문제에 대한 처리가 완료되었을 때 고객에게 처리완료를 확인하는 Call이다.

• 확인콜은 처리가 완료된 시점에서 해야 하는데 그 이유는 시간이 지나 확인하게 되면 고객의 감정이나 느낌이 사라진 후이기 때문이다.

ⓓ 해피콜(Happy Call) : 문제에 대한 처리가 완료되고 나서 어느 정도 지난 후에 문제가 없는지 또는 처리가 만족스러운지를 확인하는 Call이다.

ⓒ 아웃바운드 성공을 높일 수 있는 방법

ⓐ 특정 연령층에 성공률이 높은 상담원에게 Call 분배
- 상담원이 자라온 생활환경에 따라 특정한 연령층에 공감대를 형성하는 언어를 사용하거나 행동하는 상담원이 있을 수 있다.
- 이런 상담원은 고객을 편하게 해주고 쉽게 친숙해질 수 있다.

ⓑ 특정업무나 서비스에 성공률이 높은 상담원에게 Call 분배
- 모든 상담원이 기업에서 제공하는 모든 제품과 서비스에 대해서 자세히 알 수 없다.
- 상담원 개인별로 특정제품이나 서비스에 관심이 있고 지식이 높을 수 있기 때문에 담당자는 상담원의 특징을 분석하여 아웃바운드 Call이 적절한 상담원에게 분배될 수 있도록 해야 한다.

ⓒ 성공률이 높은 요일이나 시간대에 상담원에게 Call 분배
- Call이 적고 상담원이 남는다고 해서 아무 때나 아웃바운드를 하면 성공률이 떨어질 수 있다.
- 그렇기 때문에 담당자는 아웃바운드 성공률을 분석하여 아웃바운드가 좋은 결과를 얻을 수 있는 시간과 요일에 관심을 가져야 한다.

ⓓ 지역에 살거나 살았던 적이 있는 상담원에게 Call 분배
- 이것은 지역정보를 사용해 고객과 공감대를 형성하고 대화를 부드럽게 이끌어 가기 위해서 필요한 것이다.
- 특정지역 출신의 상담원에게 Call을 분배하는 것으로 처음부터 지역적으로 접근을 하는 방식이 아니다.

③ 블렌딩(Blending) 업무

㉠ 블렌딩 업무의 개념

ⓐ Blending은 인바운드 콜과 아웃바운드 콜을 동시에 처리하는 업무로 인바운드 콜이 많을 때에는 Inbound Call을 처리하고 인바운드 콜이 적을 때에는 고객에게 Outbound를 한다.

ⓑ 블렌딩(Blending)의 장점은 콜센터의 생산성을 극대화시키는 것이다.

㉡ 블렌딩 업무의 특성

ⓐ 블렌딩(Blending) 업무방식은 적절한 인원이 배치되지 않으면 문제점이 발생될 수 있다. 예를 들면 어느 날 갑작스럽게 Inbound Call이 폭주하고 있고, 불행하게도 그 시간에 처리해야 할 Outbound Call 수도 많다고 생각해보자. 콜센터 관리자는 인바운드를 처리하느라 아웃바운드는 하지 못할 것이다.

ⓑ 일부는 인바운드 일부는 아웃바운드를 하도록 분리해야 하는데 이렇게 되면 인바운드와 아웃바운드의 반은 놓치게 된다. 다행히 아웃바운드가 중요하지 않은 조사라면 다행이지만, 꼭 확인해야 할 아웃바운드였다면 문제가 심각해질 것이다.

ⓒ 그래서 Blending을 사용하는 콜센터 가운데 상담원 전원이 Inbound 업무를 하거나 전원이 Outbound 업무를 하는 곳은 거의 없다. 관리자는 콜 분석을 통해서 기본적으로 인바운드 상담원과 아웃바운드 인원을 고정시켜 운영하고, 상담원 중에서 일부를 인바운드와 아웃바운드를 겸하는 블랜딩 상담원으로 지정하는 것이 효율적이다.

(7) 녹음장비 시스템

① 개념적 설명

ㄱ 콜센터에서 상담원이 고객과 통화하면서 발생되는 클레임은 업종별로 다양하다. 그 중에서 심각한 곳이 증권사인데 주식매수 · 매도 · 취소 · 정정 작업을 하다 상담원과 고객 간에 의사소통이 원활하지 않았을 경우 법적인 분쟁이 발생할 수 있다.

ㄴ 이때 상담원과 고객 간에 통화했던 자료가 없다면 증권사는 고객의 손해를 배상해야 할지도 모른다. 녹음장비는 이런 상황에서 고객과의 문제를 해결하기 위한 시스템이다.

ㄷ 녹음시스템의 주요목적은 대외적으로 고객과 발생되는 문제를 처리하는 것이고, 내부적으로 상담원의 고객응대 품질을 평가하는 근거자료로 사용하고, 그 밖의 신입상담원이나 기존 상담원의 능력을 향상시키기 위한 교육자료로 사용할 수 있다.

② 녹음방법

ㄱ Selective Recording

ⓐ Selective Recording은 선택적 녹음이라고 한다. 관리자가 특정상담원에 대해서 녹음할 일정(일자, 시간)을 미리 작성해 놓으면 지정된 기간동안에 고객과 통화하는 모든 Call을 녹음한다.

ⓑ 이 방법은 녹음이 필수가 아닌 콜센터에서 통화품질이 떨어지는 상담원이나 특별관리가 필요한 상담원의 통화를 녹음하여 상담원의 습관, 단점, 문제점을 지적하여 보완하거나, 상담원의 교육용으로 사용할 수 있다.

ㄴ Total Recording

ⓐ Total Recording은 전체녹음 또는 전수녹음이라고 부른다.

ⓑ Total Recording은 콜센터에 설치된 모든 전화라인에 녹음라인을 1대1로 연결하고 모든 통화를 녹음하는 방법이다.

ㄷ Record on Demand

ⓐ 상담원의 모든 통화를 녹음하는 것이 아니라 고객과 통화 중에 문제가 될 소지가 있는 콜을 상담원이 선별적으로 녹음을 지정하는 방법이다.

ⓑ Total Recording 방법은 모든 콜을 녹음하기 때문에 녹음내용을 백업(Back-up)받는 기간이 짧고 자주 받아야 하지만 Record on Demand 방법은 선별적으로 녹음하기 때문에 녹음량이 적어 백업받는 기간이 길어진다. 그러나 이 방법은 상담원 판단에 의해 선택적으로 녹음되기 때문에 녹음되지 않은 통화에 문제가 발생할 수 있다.

ⓒ Record on Demand 녹음방법은 상담원이 녹음시작 버튼을 누르는 순간부터 녹음을 시작한다. 반대로 녹음종료는 전화가 끊어지면 자동으로 녹음을 종료하거나, 프로그램에서 종료버튼을 사용해서 녹음을 종료할 수도 있다.

③ 음성녹음방법

㉠ Continuous 녹음 : 상담원과 고객이 통화 중일 때만 녹음하는 방법으로 고객과 통화가 잠시 중단되어 묵음발생시간이 길어지면 녹음파일이 분리될 수도 있고, 상담원이 고객과 통화하는 상태가 아니더라도 상담원의 음성을 인식하여 녹음될 수도 있다.

㉡ CTI를 사용한 녹음 : CTI가 콜의 시작과 종료정보를 녹음장비와 주고받아서 녹음하는 방법이다. 이 방식은 CTI로부터 여러 가지의 정보를 받을 수 있지만 장애가 발생하면 녹음이 중단될 수도 있다.

> **POINT** CTI(Computer Telephony Integration) … 이는 컴퓨터 및 전화를 서로 결합시켜 회사 내로 인입되는 전화를 효과적으로 분산 관리하는 시스템을 의미한다. CTI로 콜센터를 구축하게 되면 텔레마케터 화면에 통화하는 소비자들에 관한 상세한 정보가 실시간으로 제공되기 때문에 소비자들과의 평균 통화시간을 수십 초 단축시킬 수 있고, 이로 인해 소비자들에 대한 서비스의 수준도 올라가는 동시에 콜센터 운영도 보다 효율적으로 할 수 있게 된다.

㉢ On / Off Hook Detect 녹음 : 이 방식은 전화라인과 녹음라인이 1대 1로 연결된 방식에 적용되며 상담원이 수화기를 들면 녹음이 시작되고 수화기를 내려놓으면 녹음이 종료되는 것이다.

㉣ 감청방법의 녹음 : 교환기와 전화기를 연결하는 전화라인의 중간에서 녹음라인을 연결하는 방법이 아니고, 교환기와 녹음장비를 E1 / T1라인으로 연결하는 방법으로 1회선으로 상담원 여러 명(E1 : 30명, T1 : 24명)을 동시에 녹음할 수 있다. 특히 이 방법은 CTI나 CTI기능을 하는 유사한 관리시스템이 있어야 녹음이 가능하다.

㉤ ROD(Record On Demand) : 상담원이 고객과 통화 중에 문제가 발생할 소지가 있다고 판단될 경우 PC의 API프로그램이나 전화기의 버튼을 사용해서 녹음시작 및 종료를 결정하는 방법이다.

④ 백업매체

㉠ DDS(Digital Data Storage)

ⓐ 4mm Tape를 사용하고 저장용량이 2~40GB까지 개발되어 있으며 현재까지 가장 많이 설치되었고 가격도 저렴하다.

ⓑ 그러나 녹음자료를 찾으려면 Tape를 순차적으로 검색하기 때문에 검색속도가 늦고, 불량 Tape가 생기면 많은 양의 녹음자료가 없어질 수 있다.

㉡ AIT(Advanced Intelligent Tape)

ⓐ 8mm 카세트와 유사한 형태의 Tape를 사용하고 고속백업이 가능하며 25~100GB 이상 개발되어 있다.

ⓑ AIT는 녹음자료 백업보다는 대용량의 데이터베이스(Database) 고속백업에 많이 사용된다.

ⓒ MOD(Magnetic Optical Disk)

　ⓐ 플로피 디스크와 유사한 형태로서, 형태는 PC에서 사용하는 크기의 3.5", 5.25", 12", 14" 등이 있다.

　ⓑ 데이터 보존의 안정성이 높고 DAT나 AIT보다는 검색속도가 빠르지만 저장용량이 DVD보다 적은 128MB~5.2GB까지 있다.

ⓓ DVD(Digital Versatile Disk)

　ⓐ 최근에 많이 사용되는 매체로 저장용량이 4.7~17GB까지 개발되어 있다.

　ⓑ DVD는 검색속도가 빠르고 보관이 용이하며 데이터보존의 안전성도 높은 백업매체라고 볼 수 있다.

⑤ 백업방법

　㉠ Serial 방식

　　ⓐ 백업용 매체로 DVD가 2개 설치되어 있을 때 한쪽 DVD가 백업 중이면 다른 쪽 DVD는 대기를 하고 있다.

　　ⓑ 한쪽 DVD에 백업이 끝나면 자동으로 다른 쪽 DVD로 백업이 전환되는 방식이다.

　㉡ Parallel 방식

　　ⓐ 백업용 매체로 DVD가 2개 설치되어 있을 때 2개의 DVD가 동시에 같은 녹음자료를 백업하는 방식이다.

　　ⓑ 이 방식은 녹음자료가 동시에 2개의 DVD로 백업되기 때문에 녹음자료 백업 중에 1개의 DVD에 장애가 발생해도 다른 DVD가 계속 백업을 실행할 수 있다.

　㉢ Single 방식

　　ⓐ Single 방식은 하나의 백업매체를 사용하여 녹음자료를 백업한다.

　　ⓑ 녹음장비는 고객의 통화를 녹음하기 위해 구입한 중요한 장비이기 때문에 Single 방식을 사용하여 백업하는 것은 좋은 방법이 아니다.

⑥ 검색 및 재생

　㉠ 녹음내용을 청취하기 위해 INDEX를 검색하는 방법

　　ⓐ 상담원 ID 및 이름

　　ⓑ 채널번호, 채널이름(전화기번호)

　　ⓒ 고객전화번호(CID or ANI)

　　ⓓ 통화일자와 시간

　　ⓔ 녹음길이(통화시간)

　　ⓕ 고객정보(ID, 이름, 주민번호)

　　ⓖ 데이터베이스 접수번호

　　ⓗ 주석(꼬리표, 메모)내용

　　ⓘ 기타 CTI를 통해서 제공되는 정보

　㉡ 검색된 녹음내용을 청취하기 위한 방법

　　ⓐ PC를 사용한 네트워크 및 리모트 재생

　　ⓑ 전화기를 사용한 재생

ⓒ 재생시작, 종료, 앞/뒤로 이동, 멈춤

ⓓ 녹음 중인 통화콜을 실시간으로 청취

ⓔ 재생 시 청취 Log 이력 저장

⑦ 통계 및 모니터링

  ㉠ 녹음자료 저장 시 저장된 항목별 취합한 통계자료

  ⓐ 항목별 기간(시간별, 일자별, 주간별, 월별)통계

  ⓑ 상담원 개인별 통제

  ⓒ 업무그룹별 통계

  ⓓ 내선번호 통계(채널)

  ⓔ 고객정보(ID, 이름, 주민번호, 전화번호)별 통계

  ⓕ 기타 저장된 인식항목별 통계

  ㉡ 모니터링

  ⓐ 상담원별 / 내선별 녹음상태

  ⓑ 녹음저장 및 백업상태(백업교체 알람)

  ⓒ 녹음시스템 상태(장애발생 알람)

  ⓓ NMS(Network Management System)의 연동

⑧ 기타 기능

  ㉠ Q&A(Quality & Assurance)

  ⓐ 실시간 통화나 저장된 녹음파일을 청취하면서 상담원의 고객응대 품질을 평가하는 시스템으로 상담원이 고객과 대화할 때 친절한 응대, 전달능력, 전문적 지식사용, 어휘구사능력, 친근감, 언어의 높낮이 등을 평가하는 것이다.

  ⓑ 평가항목은 인사하는 과정, 제품 및 서비스에 대한 적절한 설명 및 전문성, 응대를 종료하면서 인사하는 과정으로 나눌 수 있다. 물론 콜센터의 업무특성에 따라 추가적으로 평가항목을 더 만들 수도 있다.

  ⓒ 그 외에 부적절한 언어 또는 적절한 언어의 사용, 고객과의 응대를 이끌어 가는 능력, 적절한 시기에 대화의 중단 등에 대해서 평가를 할 수 있다. 평가된 점수는 인터넷이나 상담원 프로그램을 통해서 확인할 수 있어야 한다.

  ㉡ AGC(Automatic Gain Control) : 시스템에서 설정해 놓은 값에 부합하지 않는 신호가 입력되면 자동으로 최상의 음질로 보상하여 주는 알고리즘으로 항상 일정한 음질을 유지할 수 있도록 한다.

  POINT AGC(Automatic Gain Control) … 우리말로 자동 이득 제어라고 하며, 앰프(회로)의 출력이 일정한 레벨의 범위가 되도록 자동적으로 앰프의 게인(증폭률)을 바꾸는 시스템을 의미한다. 이는 고주파 분야에서 FM 수신기의 튜너 등에 사용되어 전해진 전파의 강약에 관계없이 감도를 일정하게 유지하는 역할을 수행한다.

(8) 콜센터의 구조와 기능

① ITI(Internet Telephony Integration)

　㉠ ITI는 인터넷을 통한 음성통신을 기존의 전산업무와 통합시킨 인터넷 관련기술이다. 현재 ITI Solution은 CTI기술에 인터넷 Solution을 확장한 개념의 기술로 인터넷의 음성통신, 기존의 전화업무, 전산 컴퓨터 시스템을 하나로 통합시킨 Call Center구축의 최고기술로 평가받고 있다.

　㉡ 최근 인터넷환경의 급성장으로 인하여 ITI Solution에 대한 관심이 매우 높다. Internet의 일방향 고객서비스가 이제 ITI Solution에 의하여 양방향 서비스로 고객의 On-line서비스가 일반화되는 추세에 있다. 즉, ITI Solution을 응용한 온라인 콜센터가 인터넷 콜센터이다.

② CTI(Computer Telephony Integration)

　㉠ CTI란 컴퓨터와 전화를 통합시켜 기존의 분리된 전화업무와 컴퓨터 업무를 하나로 처리할 수 있게 구성된 지능형 통합 전산기술이다. 최근 CTI기술을 응용한 통합전산망은 고객만족을 최우선으로 하는 분야에서 최고의 기술로 인정받고 있으며, 특히 고객만족센터 구축에서는 필수적인 기술이다.

　㉡ CTI기술은 Multimedia Call Center, Internet Call Center의 근간을 이루는 기술로 차세대 콜센터 구축의 주된 기술이 될 것이다. 이제 고객에 대한 서비스가 과학화되지 않고는 변화하는 고객의 욕구나 치열한 경쟁상황에서 버티기 어려워지고 있다.

③ IVR(Interactive Voice Response)

　㉠ 외부에서 전화가 걸려오면 자동으로 응답하고 서비스를 시작한다. 즉, 외부에서 전화가 걸려오면 고객의 ID나 주민번호 및 비밀번호를 요구하며, 고객번호와 비밀번호가 check되면 host에서 해당 자료를 검색하고 ACD기능에서 지정한 상담원 단말ID로 고객자료를 전송한다.

　㉡ ACD기능에서 지정된 상담원 단말 ID가 없을 경우 VMS기능을 이용하여 메시지 녹음을 요구한다. 메시지를 녹음하는 도중에도 상담원 단말이 지정되면 즉시 연결시킨다.

④ ANI(Automatic Number Identification)

　㉠ ANI는 외부에서 걸려온 전화를 추적하는 기능이 있다.

　㉡ 외부에서 전화가 걸려오면 전화번호를 추적하여 Host의 고객 마스터 파일에서 해당고객을 조회하여 상담원에게 음성과 해당 자료를 동시에 전환시킨다.

⑤ ACD(Auto Call Distribution)

　㉠ ACD는 콜센터의 상담원들에게 균등하게 Call을 Transfer하는 것을 의미한다.

　㉡ ACD는 특정상담원에게 집중되는 Call을 균등하게 분배하여 상담원이 균등하게 업무를 처리할 수 있게 한다. 또한 통화가 종료되는 즉시 대기상태의 상담원을 선택하여 Call을 빠르게 연결한다.

⑥ VMS(Voice Mail Service)

　㉠ VMS의 기능은 상담원에게 메시지를 남기는 기능을 말한다. 이는 전화가 폭주하여 상담원이 직접 처리를 할 수 없을 때 메시지를 접수받는다.

　㉡ VMS에서 메시지는 상담원에게 균등하게 분배하여 관련업무를 처리한다. 이 메시지가 접수되면 해당 상담원에게 메시지가 접수되었다는 통보를 자동으로 한다.

> **POINT** VMS(Voice Mailing System) … 이는 부서별, 개인별, 또는 기능별로 사서함을 할당해서 메시지를 녹음하거나 또는 청취 및 통보할 수 있는 기능을 지니고 있으며 전하고자 하는 수화자가 통화중이나 또는 부재중일 경우에 간접으로 통화가 이뤄지도록 가능하게 해주는 시스템을 의미한다. 더불어서 컴퓨터의 데이터 처리능력을 활용해서 송화자의 voice를 mailbox에 저장을 시키고 수화자가 언제 어디서나 메시지를 확인하고 청취할 수 있도록 해주는 서비스를 말한다.

⑦ FOD(Fax On Demand)

　㉠ FOD는 외부에서 특정문서 파일을 전송받고자 할 때 이 문서를 전송하는 기능이다.

　㉡ 외부에서 전화를 걸어 고객이 자기 거래내역이나 계약약관 등의 자료를 요구하면 고객이 요구하는 FAX로 이 자료를 전송하게 된다.

⑧ FMS(Fax Mail Service)

　㉠ FMS는 외부에서 팩스문서를 보낼 때 이를 관리하는 기능을 말한다.

　㉡ 외부에서 FAX문서를 보내면 이 문서를 받아 상담원에게 균등하게 분배하거나 외부에서 이 문서를 받을 상담원의 ID를 누른 후 보내면 해당 상담원에게 즉시 통보하여 처리하게 된다.

⑨ UMS(Unified Message Service)

　㉠ UMS는 모든 서류를 통합하여 관리한다는 의미이다.

　㉡ 외부에서 접수되는 음성 메시지나 팩스메시지, E-Mail 등의 메시지를 통합 관리하는 기능을 말한다.

⑩ UP-Selling

　㉠ 상품이나 서비스 판매에 있어 고객이 희망하는 상품보다 한 단위 위의 상품 또는 판매단가보다 비싼 상품을 권유해서 고객의 양해를 얻어 판매하는 것을 말한다.

　㉡ 고객 프로필, 데이터의 파악, 텔레마케터의 폭넓은 상품지식, 고도의 매듭 테크닉, 정확한 대본이 요구된다. 미국에서는 판매액에 따른 보너스 지급이 있어 텔레마케터에 대한 동기부여수단이 되고 있다.

⑪ Script

　㉠ 고객과의 통화에서 사용할 수 있는 상담화법을 유형별로 정형화하여 성공적인 상담을 유도하는 데 목적이 있다.

　㉡ Script는 상담에 있어 매뉴얼과 같은 기능을 하는 자료로서, 영화의 대본과 같은 역할을 한다.

⑫ Screen POP

　　㉠ 고객의 자료를 상담원 단말에 자동으로 조회하는 기능이다. 이는 기존의 업무처리속도보다 2배 이상의 효과를 가져올 수 있다.

　　㉡ 외부의 고객에게 신상자료를 물어보기 전에 화면에 이미 그 고객의 자료가 조회되어 있기 때문에 다시 물어보지 않아도 되고 고객은 상담원에게 자신의 신상내용을 말하지 않아도 고객이 원하는 업무를 신속하게 처리할 수 있다.

⑬ Transfer

　　㉠ Transfer는 상담원이 다른 상담원에게 통화내용을 전환하는 기능이다. 상담원이 고객과 상담을 하던 중 다른 담당자에게 전화를 전환하고자 할 때 PC의 전화버튼만 누르면 상담하던 data와 voice를 함께 전환시킨다.

　　㉡ 이는 참고사항도 함께 전환되므로 다른 상담원은 그 내용만으로 고객의 요구사항을 빠르게 파악하여 즉시 업무처리를 할 수 있다.

⑭ Conference

　　㉠ 상담원이 다른 상담원과 동시에 고객상담을 원할 경우 3자 통화를 하는 기능이다. 상담원이 고객과 상담을 하던 중 다른 담당자와 동시에 상담을 해야 하는 경우 회의버튼을 눌러 3자가 동시에 상담을 하게 된다.

　　㉡ 이 회의버튼도 호 전환과 마찬가지로 회의버튼만 누르면 상담하던 data와 voice를 함께 전환시킨다. 특히 참고사항도 동일하게 이전하므로 다른 상담원은 그 내용만으로도 고객의 요구사항에 신속히 반응을 보이고 동시처리가 가능하다.

⑮ Predictive Dialing CTI

　　㉠ 상담원이 모두 통화 중이더라도 서버가 통계모델을 이용하여 곧 전화를 종료할 상담원이 있다는 것을 예측할 수 있다.

　　㉡ 아웃바운드(Outbound)를 시도하여 통화 가능한 고객과 상담원을 바로 연결하여 주는 자동시스템이다.

⑯ Preview Dialing

　　㉠ 전화를 걸 고객리스트와 정보를 상담원의 화면에 보여주는 자동시스템으로서 원하는 고객을 선택하여 자동으로 전화를 걸 수 있도록 되어 있다.

　　㉡ 기존의 수동으로 처리하던 전화업무를 자동으로 처리하는 시스템 기능이다.

⑰ MGM(Members Get Members) ⋯ 회원이 또 다른 회원을 소개하도록 하는 고객확보 방법이다.

⑱ QAA(Quality Assurance Analyst) ⋯ 통화품질 관리자는 상담원의 통화내용을 듣고 분석하여 통화목적에 가장 적합하도록 관리한다.

⑲ Supervisor ⋯ 텔레마케팅 실무와 텔레마케터들의 업무를 관리·감독하는 사람이다.

> **POINT** Supervisor … 통상적으로 회사 등의 경영조직체 내부에 어느 정도 멤버를 가지고 일정한 직무권한이 주어진 사람을 의미한다. 다시 말해 감독자는 제1선 감독자이며, 상위직 감독자의 계획 및 명령의 책임이 있는 실행하는 사람으로서 스태프의 지원 아래 직접 작업에 종사하는 사람을 직접적으로 지도 및 감독하면서 관리의 성과를 현장에 반영하고, 생산 또는 업무를 수행하는 것을 임무로 하는 사람이다. 그러므로 감독자가 합리적, 능률적인 능력을 터득해서 해당 작업에 종사하는 사람들을 지도 감독하는 것은 그들 사람의 노동력을 유효하게 발휘시키는데 상당히 중요하다.

⑳ TSR(Tele Sales Representative) … 전화판매를 담당하는 텔레마케터로 주로 Outbound 텔레마케터를 지칭한다.

㉑ TMR(Tele Marketing Representative) … 일시적인 이벤트를 통한 상품의 판매를 담당하는 텔레마케터를 지칭한다.

(9) 콜센터의 발전단계

① 개념적 설명

　㉠ 통신과 컴퓨터기술의 발전은 기업, 사람, 시장을 변화시켰다. 고객은 기업에게 다양한 매체를 편리하게 사용할 수 있도록 요구하고 다양한 서비스를 제공하도록 압력을 행사하고 있다. 고객목소리가 커지고 욕구가 빠르게 변화하는 시점에 콜센터는 고객접촉의 최전선에 있으면서 고객을 만족시키고 기업을 대변하는 중요한 부서로 인식되고 있다.

　㉡ 대량생산, 대량판매 시스템이 유행하던 시대에서 다품종 소량시대로 변화한 것처럼, 콜센터는 불특정 다수의 고객전화를 접수하고 응대하는 센터에서 고객을 분석하고 분류해서 고객유형별로 또는 고객 요구사항별로 상담원과 연결할 수 있는 CRM을 기반으로 하는 Multimedia Multicontact Center로 발전해 가고 있다.

　㉢ 그동안 기업에서 고객을 관리하는 담당자들은 시간 부족, 인력 부족, 시스템상의 문제, 고객관리정책의 미비 등으로 고객관리를 체계적으로 하지 않았다. 그로 인해 대다수의 기업은 고객을 위해 많은 비용을 지불하면서도 기업에 도움이 되는 고객을 집중관리하지 못했다.

　㉣ 이것은 기업이 고객을 우수고객, 일반고객, 가망고객 등으로 분류했지만 서비스는 같은 품질을 제공해 왔다는 것을 의미한다. 이렇게 문제점이 많은 고객서비스 정책 때문에 우수고객들은 좀 더 나은 서비스를 제공하는 경쟁사로 발길을 돌렸고 우수고객을 잃은 기업은 오히려 의미 없는 일반고객들의 증가만을 부추기게 되었다.

　㉤ 고객이 대중적인 의미에서 개별적이고 개성적으로 변화하고 있기 때문에 기업은 고객을 기업위주의 시스템에 연관시키지 말고, 고객을 위한 고객데이터베이스의 통합, CRM 등과 같은 고객 지향적인 시스템을 구축해야 할 것이다.

ⓗ 앞으로 고객은 적은 비용으로 많은 서비스를 받을 수 있고, 기업은 적은 비용으로 높은 매출을 올릴 수 있는 상호이익을 추구하는 시스템을 구축하는 기업만이 살아남을 것이다. 따라서 선택된 고객에게 최상의 서비스를 제공함으로써 고객과 기업이 서로 이익을 창출할 수 있는 콜센터 시스템을 구축해야 한다.

② **콜센터(Call Center)의 변화단계**

   ⓖ **변화의 개념**

      ⓐ 콜센터의 변화는 거래흐름, 상담원, 시스템(통신) 등의 3가지와 밀접하게 관련이 있다.

      ⓑ 거래변화가 콜센터에 미친 영향을 단계별로 설명할 수 있다.

   ⓛ **단계과정**

      ⓐ 1단계 : 고객들이 현금을 갖고 시장이나 상점에 들러서 원하는 물건을 구매하고 동시에 현금을 지불하던 시대이다.

      ⓑ 2단계 : 현금을 지니는 데 따른 불편함을 해소시키기 위해 현금대용으로 카드가 등장했으며 카드번호로서 물건을 구매할 수 있는 단계이다.

      ⓒ 3단계 : 고객이 전화를 이용하여 물건을 구매하거나 하던 것이 통신의 발전으로 인터넷이라는 매체로 이동하게 된 단계이다.

      ⓓ 4단계 : 인터넷은 컴퓨터와 통신이 있어야 하기 때문에 좀더 편리한 Mobile Phone으로 물건구매나 서비스를 받는 시대로서 채팅, 동영상전송, TV시청, 물건구매, 요금조회 등 사람과 관련된 모든 서비스를 제공하고 있는 단계이다.

      ⓔ 5단계 : 고객이 집으로 돌아오면 다양한 정보를 제공하는 위성TV와 실시간 정보검색 등의 단계를 말한다. 즉, TV와 PC기능의 다양한 장점이 합쳐진 시대이다.

③ Response Center

   ⓖ Response Center는 1단계 내용으로 텔레마케팅이라는 용어가 생기기 시작한 초기단계로 고객의 단순한 요구사항이나 문의, 안내 등에 대해서 서비스를 제공하는 단계라고 볼 수 있다.

   ⓛ Response Center단계에서는 기업의 고객데이터베이스 통합에 대한 인식이 부족하였고, 전화를 통한 고객응대가 미래에 이익을 창출하리라는 선견지명보다는 판매와 그에 따른 책임을 처리하기 위해 만들어졌기 때문에 상담원이 고객에게 좋은 품질의 서비스를 제공할 수 없었다.

   ⓒ Response Center단계에서는 PBX(교환기), IVR, FAX, 녹음 등의 시스템이 만들어졌지만 각각의 시스템을 통합할 수 있는 시스템이 없었기 때문에 콜과 데이터가 연동되지 않은 상태에서 별도로 운영되어 불편했다. 예를 들어 IVR에서 받았던 고객이 서비스를 좀더 알고 싶어도 상담원은 알 수가 없었기에 상담원은 고객이 원하는 것을 대답하기 위해서 다시 확인하는 과정을 거쳐야 했다.

   ⓔ Response Center단계에서는 고객에게 제공하는 수준이 높지 않았기 때문에 상담원이 고객서비스를 하는 데 높은 기술을 갖고 있을 필요가 없어 누구나 할 수 있었다.

메모 & 확인문제

다음 중 콜센터의 변화와 가장 관련이 없는 것은?

① 정치적 환경
② 상담원
③ 거래흐름
④ 시스템

 TIP

정치적 환경 등은 콜센터의 변화에 있어 관련성이 가장 떨어지는 요소이다.

❮정답 ①

④ Call Center

　㉠ Response Center가 기업에서 단순한 정보와 서비스를 제공하는 단계였다면 콜센터는 통신시스템과 정보시스템의 발전으로 탄생한 CTI를 사용해서 많은 시스템을 유기적으로 연결시키고 One Call Service, One Stop Service를 제공할 수 있는 센터로 발전했다. 즉, 분산된 콜센터와 고객 데이터베이스를 통합해서 분산된 콜센터를 하나의 콜센터처럼 운영할 수 있게 되었다.

　㉡ Call Center가 각광을 받기 시작하면서 기업은 내부에 있는 고객과 관련된 서비스를 통합하여 운영하는 고객서비스 조직을 만들기 시작하였고 어떤 기업은 서비스 조직을 외부로 분사하여 하나의 사업으로 육성했다. 이 단계에서는 음성 위주의 Voice Call Center(VCC)와 인터넷의 발전으로 탄생한 Internet Call Center(ICC)로 나눌 수 있다.

　㉢ Call Center는 CTI시스템을 중심으로 PBX, IVR, FAX, TTS, SMS, 녹음, DB 등의 시스템을 서로 유기적으로 연결시키는 체계를 갖추고 있었다. 따라서 CTI 시스템이 없는 콜센터는 Response Center라고 보아야 한다. ICC는 고객이 인터넷을 통해서 상담원과 대화할 때 사용되는 시스템으로 Collaboration, E-Mail, Chatting, Call back 등의 기능이 있다.

⑤ Contact Center

　㉠ Contact Center는 3단계 과정으로서 고객이 다양한 매체를 통해서 기업에 접근해서 많은 정보를 서비스 받을 수 있도록 구축된 센터이다. Call Center처럼 CTI를 중심으로 통합되어 운영되어야 하며, 다양한 정보를 제공할 수 있는 데이터베이스 시스템 구축이 필수이다.

　㉡ Contact Center는 VCC와 ICC가 통합된 Multimedia Multicontact Center를 구축하고, Datawarehousing, CRM, 각종 데이터베이스 등이 통합되어야 한다. 상담원들은 예절이나 언어능력은 기본이 되었고 고객에게 높은 수준의 서비스를 제공하기 위해 다양한 시스템, 데이터베이스, 프로그램을 사용할 수 있는 능력을 소유한 상담원이 필요한 단계이다.

　㉢ Contact Center의 상담원은 고객에게 높은 서비스를 제공하고, 기업의 다양한 상품을 판매할 수 있고, 각종불만에 대처할 수 있는 전문가로서 인정을 받을 수 있는 환경이 만들어졌다. 이 단계의 상담원을 말하자면 고객응대(response)라는 수동적인 의미에서 고객상담(consulting)이라는 적극적인 의미로 변환을 의미하는 것이다.

　㉣ Contact Center에서 중요한 것은 기업이 고객에게 다양한 접촉 채널을 통해 다양한 정보를 제공하는 것이며, 상담원은 고객응대를 위해서 많은 지식을 습득하고 IT기기의 사용능력을 향상시킨 단계이다.

⑥ Profit Center

　㉠ Profit Center는 기업이 Contact Center단계까지 구축하기 위해 투자한 비용들을 회수하고, 매출이나 생산성을 높이기 위한 단계이다. Profit Center의 근간은 Multimedia Multicontact Center이며 DDS시스템을 사용하여 짧은 시간에 많은 아웃바운드 콜을 발생시키고 좋은 성과를 얻을 수 있도록 하고, WFM을 사용하여 적절한 인원으로 최대의 생산성을 얻을 수 있도록 하는 것이다.

ⓛ Profit Center는 상담원의 업무가 인바운드 위주의 업무에서 아웃바운드의 체제로의 변화를 의미하는 것으로 고객에게 높은 서비스를 제공하던 체제를 기반으로 매출 지향적인 체제로 전환되는 것을 의미한다. 이것은 소품 중 대량생산 시대에는 고객이 시장을 찾았지만 다품종 소량시대에는 기업이 직접 고객을 찾아 나선 것처럼, 콜센터도 그동안 많은 고객접촉을 통해서 축적된 고객 데이터베이스를 분석하여 기업에게 이익이 되는 정예의 고객을 밀접하게 관리하는 시스템을 구축하는 것이다.

ⓒ Inbound 콜센터에서는 많은 콜을 받고, 평균통화시간이 짧고, 클레임을 최소화하는 것이 중요한 평가요소이지만, Outbound 콜센터는 고객으로부터 많은 이익을 내고, 고객으로부터 많은 정보를 얻어내고, 고객에게 다양한 정보를 제공해서 얻어지는 결과치가 중요한 평가요소가 될 것이다. 이 단계의 상담원은 태도와 능력을 기반으로 높은 성과를 요구한다. 태도와 능력이 뛰어나도 성과가 낮다면 좋은 평가를 얻을 수 없을 것이다.

⑦ Care Center

㉠ Care Center의 개념

ⓐ 기존의 Call Center는 고객의 요구사항이나 문제점이 발생했을 때 인바운드 (Inbound)와 아웃바운드(Outbound)가 발생하는 고객서비스였지만 Care Center는 고객주변에서 일어나는 일상생활에 관심을 갖고 지속적으로 고객과 대화하면서 '고객을 생각하는 기업이 아니라 기업을 생각하는 고객'으로 고객의 생각을 바꾸는 센터이다.

ⓑ Care Center에서는 IVR, TTS, 음성인식, Mobile, ERMS 등의 시스템이 중요하다. 왜냐하면 상담원이 고객과 지속적으로 관계하려면 고객의 단순한 Inbound 콜을 처리하는 시스템이 Profit Center보다는 기능과 성능이 강력해져야 한다.

> **POINT** 음성인식 … 이는 자동적인 수단에 의해 인간의 음성으로부터 언어적인 의미 내용을 식별하는 것을 말한다. 더 구체적으로 보면 인간의 음성파형을 입력해서 단어나 또는 단어열 등을 식별하고 의미를 추출하는 하나의 처리 과정이며, 크게 나누어보면 음성 분석, 음소 인식, 단어 인식, 문장 해석, 의미 추출 등의 5가지로 분류된다.

ⓒ Care Center에서 인바운드 및 아웃바운드 Call을 모두 상담원이 처리한다면 콜센터 운영비용이 높아지기 때문에 IVR, TTS, 음성인식, Mobile, ERMS 등의 시스템을 사용해 단순한 인바운드는 자동으로 처리하도록 시스템을 구축해야 한다. 물론 모든 인바운드를 자동으로 처리할 수는 없을 것이다. 정보시스템 및 통신의 발전추세를 보면 TTS, 음성인식, 음성인증, Mobile, ERMS 등을 사용해서 상담원보다도 더 빠르게 인바운드를 처리하게 될 것이다.

㉡ Care Center의 상담원

ⓐ Care Center에서 상담원은 핵심이고 Royalty가 부여된 전문직이 될 것이다. 상담원이 고객의 일상생활에서 일어나는 모든 정보를 수시로 얻고 고객으로부터 매출을 일으키려면 고객이 상담원을 생활의 편리함을 제공하는 동반자로 인식할 때까지 노력해야 하기 때문에 기업은 상담원이 오랫동안 근무할 수 있도록 해야 한다.

ⓑ Care Center의 상담원은 제품을 팔기 위해 고객과 관계하는 것이 아니라 고객의 마음을 얻어 자연스럽게 제품을 구매하도록 환경을 만드는 것이다. 또한 상담원은 고객이 취업하고, 결혼하고, 자녀를 낳고, 자녀 생활문제, 주택문제, 제품구입 등의 일상정보를 데이터베이스에 축적해서 기업에서 고객에게 가치를 부여할 수 있도록 준비하는 것이다.

ⓒ 사례를 통한 Care Center의 중요성

ⓐ 백화점 의류매장을 담당하는 직원 A는 백화점에서 고객에게 의류를 판매하는 판매원이며, 백화점에서 많은 매출을 올리고 있다. 직원 A가 좋은 품질의 옷을 적시에 공급하는 것도 있지만 고객들이 직원 A가 관리하는 의류코너를 좋아하는 특별한 매력이 있기 때문이다.

ⓑ A는 고객이 좋은 옷을 고르는 동안 고객과 많은 대화를 한다. 예를 들어 "사모님, 요즘 좋은 일이 있으신가 봅니다.", "요즘 자녀분들이 주로 입는 옷이 어떤 색인가요?", "전에 구입한 옷은 어떠셨나요?" 등의 대화를 하면 고객은 직원 A가 자신에게 관심이 많이 있다고 생각하여 깊이 있는 대화까지 하여 보이지 않는 신뢰가 형성되는 것이다.

ⓒ 고객은 A가 다른 백화점으로 옮기더라도 A의 Care Service를 받기 위하여 A가 근무하는 백화점으로 구매처를 옮기게 될 것이다. 상품은 고객이 구매하고 선택하는 것이지만 고객이 상품을 구매하도록 분위기를 만드는 것은 판매원의 역할인 것이다. Care Center의 상담원은 태도, 능력, 성과를 뛰어넘어 상담원 자체가 가치(Value or royalty)를 갖는 것이다.

⑽ CRM 콜센터 관리

① CRM 콜센터의 개념

㉠ CRM 콜센터는 마케팅, 영업, 서비스에 대한 실시간 데이터를 고객정보 및 비즈니스 데이터와 연동으로 인하여 고객관계의 효율성을 증대시킨다. 060, 080, 15××, …… 이러한 번호들이 대부분의 기업에서 사용하고 있는 콜센터 서비스 전화번호의 앞자리이다.

㉡ CRM에서는 콜센터를 고객과의 접점으로 전략적으로 중요하게 다루어야 한다. 과거와 같이 단순히 전화를 주고받는 기능을 하던 콜센터에서, 이제는 고객과 가장 활발하게 상호작용을 하는 콜센터로서 역할을 하도록 해야 한다.

> **POINT** **CRM의 등장배경** … 과거의 대중 마케팅 (Mass Marketing), 세분화 마케팅 (Segmentation marketing), 틈새 마케팅 (Niche marketing)과는 확실하게 구분되는 마케팅의 방법론으로 데이터베이스 마케팅(DB marketing)의 individual marketing, One-to-One marketing, Relationship marketing에서 진화한 요소들을 기반으로 등장했다.

② 콜센터의 활동

　㉠ CRM에서 콜센터는 고객과 가장 가깝게 위치하고 있으며, 상담원의 역할에 따라 기업 전체의 매출증대에 많은 영향을 주기 때문에 CRM에서 아주 중요한 역할을 담당하고 있다. 고객과의 상호작용이 가장 많이 그리고 가장 집중적으로 일어나는 곳이고 고객과 만나는 '기업의 얼굴', 즉 '기업 이미지를 형성하는 곳'이기 때문이다.

　㉡ 사람에 따라서는 콜센터에 약간의 부정적인 이미지도 있겠지만 콜센터는 원래 고객과의 상호 작용에 대한 필요성과 원가 절감을 이유로 만들어졌다. 콜센터 상담원의 성과는 판매와 관련한 양적인 부분에서 많이 평가되었고, 더 중요한 이유인 고객만족이나 불만처리 수준, 또는 충성도 등은 등한시된 경향이 있다.

　㉢ 기업은 고객만족, 불만의 효과적인 처리 등이 고객유지에 선행요인이라는 점을 자각하면서 콜센터에 대한 역할 변화를 하여야하며, 오늘날 콜센터의 역할은 고객 만족을 향상시키고 고객유지율을 증가시키는 활동을 하는 고객 접점이라는 것을 인식하여야 한다.

③ 콜센터의 역할

　㉠ 고객생애 단계와 콜센터

　　ⓐ CRM 통합모델에서 고객생애 단계에 따라 기본전략이 바뀌듯 콜센터도 기본전략에 따라 목표와 역할을 변경해야 한다. 즉, 고객유치단계의 기본전략이 '관계맺기'이고 그에 따라 마케팅 캠페인도 '관계유지' 단계에서의 마케팅 캠페인과 다른 목적을 갖는 것처럼, 콜센터의 목표와 역할도 생애 단계별 마케팅 캠페인 목표에 따라 변화해야 한다.

　　ⓑ 기업은 전략적이고도 일관된 얼굴을 보여주기 위해 서로 다른 단계의 고객들에게는 서로 다른 마케팅 목표를 가지고 접근해야 한다. 예를 들어, '관계 맺기'에서는 예상고객 명단을 가지고 신상품의 출시를 알린다거나 판촉행사를 알린다거나, 지금 가입하면 어떤 혜택을 받을 수 있는지를 알려주면서 자연스럽게 고객의 손을 잡아끄는 역할이 필요하다.

　　ⓒ '관계유지' 단계에서 고객이탈 원인분석을 수행하려 한다면, 이탈 고객의 명단을 가지고 정중히 거래를 단절한 이유를 물 필요가 있다. 고객의 불만을 접수하여 기업의 실수나 고객의 특수한 상황을 알게 되면 문제를 해결할 수 있는 실마리를 찾을 수 있고, 다시 자사의 고객으로 전환시킬 수 있기 때문이다. '관계강화' 단계에서는 우량고객을 관리하는 목적으로 콜센터를 활용할 경우, 우량고객에게 포인트가 얼마나 적립되었는지를 먼저 알려주면서 감사의 메시지를 전달하고 고객이 받을 수 있는 혜택을 알려준다.

　　ⓓ 새로운 고객을 추천하면 인센티브를 제공하고 있다는 메시지를 전달할 수도 있고 우량고객에게는 기업의 파트너로서 기업을 위한 조언을 구할 수도 있다. 모든 고객에게 동일한 목소리로 동일한 내용을 말해서는 안 된다. 모든 고객은 생애 단계와 고객진화 수준이 다르기 때문이다. 콜센터도 고객에 맞추어 서비스를 제공해야 하며 항상 개인화된 접근을 해야 한다.

ⓛ 정보의 보고로서의 콜센터

ⓐ 콜센터가 줄 수 있는 가장 흥미로운 정보는 신상품 아이디어일 것이다. 콜센터로 흘러 들어가는 정보는 가공되어 다시 콜센터로부터 흘러나올 수 있다. 콜센터 직원은 고객의 전화를 통해 빈번하게 들어오는 문의사항과 반복되는 불만 사항, 또 고객제안들을 검토해 볼 수 있다.

ⓑ 상담원은 콜센터에 기록 저장된 정보들을 규칙적으로 마케팅 시스템에 반영하고 고객들과 전화하는 동안 그 고객의 잠재된 욕구를 탐사해야 한다. 이런 의미에서 콜센터는 고객의 전화에 수동적으로 반응하는 자세보다는 적극적으로 행동하는 자세로 전환할 필요가 있다. 그렇게 해서 얻은 정보를 가진 상담원은 제품과 서비스의 개발에 중요한 공헌자가 될 수 있다.

ⓒ 고객으로부터 직접 나온 최신정보를 기초로 새로운 아이디어를 도출하고 옛것을 새로운 시각에서 조망하게 해주기 때문이다. 이런 의미에서 콜센터는 고객들로부터는 값진 정보를 얻을 수 있는 조직 내 '가장 창의적인 부서'라고 할 수 있다.

ⓓ 콜센터에서 이루어지는 데이터 수집은 지속적이기 때문에 항상 최신의 정보를 보유하게 된다. 데이터 수집과정은 콜센터 내에서 자체적으로 쉽게 통제되고 지속적으로 갱신된다. 그리고 고객정보는 신속하게 기업의 각 부문으로 전달되어 신속한 수정, 문제해결 및 신상품 아이디어로 다시 태어난다.

ⓒ 고객과의 상호작용과 기회를 창조하는 콜센터

ⓐ 콜센터는 조직의 다른 어떤 부서보다도 고객과의 접점이 많은 곳이다. 고객과의 접점이 많다는 것은 고객과의 상호 작용성이 높은 곳이라는 의미이다. 예를 들어, 이동통신 업종이나 소매 금융업의 경우 고객과의 상호작용 중 40% 이상이 콜센터에서 나온다.

ⓑ 고객은 콜센터에 전화, 팩스, 이메일 등을 이용하여 접촉하게 되는데 이곳을 통하여 고객은 자신의 계좌를 체크해 볼 수도 있고, 신상품에 대한 정보를 얻을 수도 있으며, 기술적인 지원을 받을 수도 있다.

ⓒ CRM의 중심에는 콜센터가 자리잡고 있고, 이러한 콜센터가 CRM을 실행하기 위한 가장 이상적인 매체라고 말할 수 있다. 그 이유는 한 번에 한 고객씩 관계한다는 최대 장점을 가지고 있고, 고객 개개인과 일대일 관계를 구축할 수 있기 때문이다.

ⓓ CRM 실행의 가장 이상적 매체인 콜센터는 효과성과 효율성을 동시에 달성할 수 있도록 해야 한다. 예를 들어, 자동화나 셀프서비스 인터페이스(self-service interface)를 사람이 매개하는 직접적인 인적 대화와 분리·운영함으로써 효율성을 높이되, 직접 대화를 원하는 고객이나 수익성이 높은 고객에 한해서는 인적 대응을 제공함으로써 효과성을 높이는 방법을 선택할 수 있다.

27 콜센터의 인력관리 프로세스를 바르게 나열한 것은?

> ㉠ 상담인력의 계산
> ㉢ 일별 성과의 관리 및 분석
> ㉤ 상담원의 스케줄 배정
> ㉡ 과거 콜 데이터의 수집과 분석
> ㉣ 콜량의 예측

① ㉠ - ㉡ - ㉢ - ㉣ - ㉤
② ㉡ - ㉠ - ㉣ - ㉤ - ㉢
③ ㉡ - ㉣ - ㉠ - ㉤ - ㉢
④ ㉡ - ㉢ - ㉣ - ㉤ - ㉠

TIPS!

콜센터 인력관리 프로세스 … 과거 콜 데이터의 수집 및 분석→콜량의 예측 →상담인력 계산→상담원의 스케줄 예정 →일별 성과의 관리 및 분석

28 인터넷 콜센터 서비스품질요소 중 기업이 고객에게 제공하는 개별적인 배려와 관심에 해당하는 것은?

① 공감성
③ 반응성
② 확신성
④ 유형성

TIPS!

① 기업이 고객에게 제공하는 개별적인 배려 및 관심은 공감성이다.
※ 서비스평가의 측정요소 … 신뢰성, 응대성, 확신성, 유형성, 공감

Answer 25.④ 26.③ 27.③ 28.①

고객관리

04

01 고객관계관리(CRM)의 기본적 이해
02 고객상담기술
03 기출예상문제

고객관계관리(CRM)의 기본적 이해

section 1 고객관계관리(CRM)의 이해

(1) 고객관계관리(CRM)의 등장 배경

CRM이란 고객관계관리를 말하며 기업이 고객에 대한 정보를 분석해 이를 마케팅에 유용한 자료로 만들어 마케팅을 개발하고 실행하는 고객 중심 경영기법이다. CRM은 기술의 발전과 경쟁의 심화, 고객의 욕구가 다양해지고 새로운 마케팅 커뮤니케이션이 등장하면서 나타난 것이라 할 수 있다.

> **POINT** 기업들이 CRM을 추진하고자 하는 가장 큰 목적은 기존의 고객들을 효과적으로 유지함으로써 지속적인 수익을 창출하기 위해서이다.

≫ CRM 등장 배경

(2) 시장의 변화

① **치열한 경쟁환경** … 시장규제완화와 더불어서 새로운 시장으로의 진입 기회가 확대됨에 따라 동일 업종 내의 경쟁자가 늘어나고 그만큼 경쟁이 치열해졌다. 시장이 성숙되었거나 혹은 전반적인 경기가 침체된 것과는 큰 관계없이 시장수요가 정체되고 있는 상황에서 공급자들이 늘어나고 대체상품 및 서비스가 증가하면서 실수요자가 시장의 중심으로 변화한 것이 CRM 등장의 원인이라 볼 수 있다.

② **시장의 세분화** … 개인의 특성이 중요시되는 풍토가 확산되면서 고객들의 개별 니즈를 충족하기 위해서 시장은 더욱 세분화된 것도 CRM이 나타나게 된 배경이라 볼 수 있다.

③ **제품 중심에서 고객 중심으로 이동**… 구매자 시장에서 소비자들은 각자의 선호 및 욕구를 충족시켜 주는 상품과 서비스를 찾게 되므로, 기업은 고객을 그룹으로 나누어 판매를 촉진시키는 매스 마케팅을 통해 더 이상 수요를 확대시키거나 이익을 얻을 수 없게 되었다. 따라서 고객정보를 활용한 전략적 고객세분화를 통해 목표고객층, 더 나아가 원자화된 개별목표고객을 대상으로 적절한 마케팅믹스전략을 수립 및 실행하여 경쟁자의 고객을 자사로 전환시키고 자사의 기존 고객과의 관계를 강화해야 할 필요성이 대두되었다.

④ **대중 마케팅(mass marketing)의 비효율성**… 매스 마케팅(Mass Marketing)이란 불특정 다수를 대상으로 상품을 선전하거나 판매를 촉진하는 마케팅 전략을 말한다. 즉 기업이 전체 시장에 표준화된 제품과 서비스를 제공하는데 사용하는 전략으로 우리가 알고 있던 대량생산과 대량유통, 대량판매 형식이 바로 매스 마케팅의 일환으로 볼 수 있다. 현재와 같이 수요보다 공급이 훨씬 초과되는 시장상황에서는 매스 마케팅이 더 이상 효율적이지 못한 방식이기 때문에 각각의 소비자들을 자신의 고객으로 만들고, 이를 장기간 유지하고자 하는 경영방식의 고객관계관리가 대두되었다. 만일 마케팅에서 고객관계관리(CRM)를 도입한다는 의미는 제품중심의 매스 마케팅에서 고객중심의 관계마케팅으로 전환하는 것을 의미한다고 볼 수 있다.

⑤ **고객확보 경쟁의 증가**… 전통적 시장의 지역적인 경계가 무너지면서 고객은 이제 물리적으로 속해 있는 시장뿐 아니라 세계 어느 시장으로의 접근이 가능해지면서 기업들의 고객확보는 한층 심화되었다.

≫≫ 시장의 변화에 따른 마케팅의 변화

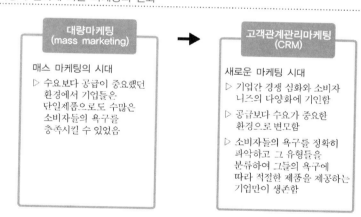

>>> CRM 마케팅과 매스마케팅의 비교

구분	CRM 마케팅	MASS 마케팅
등장	1960년대	1990년대 이후
성과지표	고객점유율 지향	시장점유율 지향
판매기반	고객가치를 높이는 것을 기반	고객과의 거래를 기반
관계측면	고객과의 지속적인 관계 유지를 하는 것이 목표	신규고객개발에 더욱 중점
목표고객	고객 개개인	불특정 대다수
의사교환방식	개인적 커뮤니케이션	일방적 의사교환
생산방식	다품종 소량생산	대량생산, 대량판매

(3) 기술의 변화

① **정보기술의 발달**… CRM이 등장하게 된 것에는 앞서 말한 것처럼 정보기술의 발달 역시 하나의 원인이 될 수 있다. 컴퓨터 및 관련 정보기술의 급속한 발전, 즉 컴퓨터 하드웨어의 속도 및 용량의 증가로 인하여 기업은 엄청난 양의 고객정보를 보유 및 관리할 수 있게 되었고, 소프트웨어기술의 발전으로 다양한 응용 프로그램이 개발되어 정보의 관리를 보다 효율적이고 효과적으로 할 수 있게 되었다.

② **개인 정보화기기의 보급 확대**… PC를 비롯하여 스마트폰, 태블릿 등 개인정보화기기의 보급이 활발해지면서 고객 상호간의 정보 교류가 편리해지게 되었고, 기업과 고객과의 직접적인 커뮤니케이션이 더욱 용이해졌다.

③ **유통기술의 발달**… 정보기술의 발달 영향으로 현재 소비자들은 24시간 내에 원하는 기업에 인터넷으로 접속하여 제품에 대한 탐색과 비교, 주문, 결제, 배송, 문의, A/S 접수 및 처리 등 모든 상거래 활동을 인터넷을 통해 실행할 수 있게 된 것도 CRM이 등장하게 된 배경으로 볼 수 있다.

(4) 고객의 변화

① **고객 욕구의 변화**… 사람들의 욕구는 시간이 지날수록 다양해져 왔다. 이러한 소비자들의 다양한 욕구는 시장의 종류를 불문하고 나타나는 현상으로, 이제는 고객 스스로 조차 자신의 욕구를 확실히 알 수 없을 정도로 빠르고 다양하게 변화하고 있다. 게다가 현대의 소비자들은 자신들의 복잡하고 다양한 욕구를 충족시키기 위해 기업에게 경쟁사와 차별화된 대우를 요구한다. 이것은 기업과 고객과의 관계에서 비롯되는 가치인데, 기업이 이러한 고객의 기대에 부응하지 못하면 소비자들은 다른 경쟁업체로 쉽게 옮겨 갈 수 있다.

② 소비자 라이프 스타일(consumer life style)의 변화… 소비자들의 욕구뿐만 아니라 삶의 방식도 사회변화에 따라 복잡하고 다양해졌는데, 가장 두드러지는 변화가 편리성의 추구이다. 현대사회에서는 시간의 중요성이 커짐과 동시에, 기업 간의 치열한 경쟁 속에서 제품관련 정보가 넘쳐나기 때문에 소비자들은 보다 편리하고 빠르게 정보를 획득하고 제품을 구매하고자 한다.

③ 고객의 지식화… 서로의 생각과 지식을 공유할 수 있는 다양한 멀티미디어 채널의 등장으로 기업들은 자사의 제품 및 서비스에 대한 정보의 공유가 용이해졌고 이에 따라 고객들은 과거보다 더 많은 정보를 소유할 수 있게 된 것도 CRM이 등장하게 된 배경이라 할 수 있다.

(5) 마케팅커뮤니케이션의 변화

① 마케팅커뮤니케이션의 변천… 마케팅커뮤니케이션이란 기업이 자사의 제품이나 정보를 소비자에게 전달하여 마케팅 목표를 효과적으로 달성하기 위해 벌이는 커뮤니케이션 활동으로 광고, 판매촉진, 홍보, 인적판매 등이 있다.
점차 심화되는 경쟁 속에서 기존의 마케팅 전략의 비효율성은 다른 부문에서와 마찬가지로 광고 등의 커뮤니케이션 방식에서도 나타났는데 고객의 이질성이 커지고 이로 인한 시장세분화가 진행되고 있는 상황에서 명확히 차별화되지 못하고 획일적인 메시지를 불특정 다수의 소비자들에게 반복적으로 호소하는 매스 커뮤니케이션으로는 더 이상 그 효과를 거둘 수 없게 된 것이다.

② 마케팅커뮤니케이션 방식의 변화… 전자상거래가 발생하는 웹 사이트(web sites)에서는 광고와 실재의 판매가 동시에 진행되기 때문에 광고와 판매의 경계가 모호해지므로 여러 가지 기능을 통합한 커뮤니케이션의 형태가 요구되도록 변화하고 있다. 발전된 정보기술을 이용하여 풀(pull)방식의 커뮤니케이션이나 판매업체가 자사 웹 사이트를 방문한 고객에게 능동적으로 정보를 제공하는 방법 또는 푸시(push)모형의 커뮤니케이션, 쌍방향 상호작용을 바탕으로 한 커뮤니케이션 등이 충분히 고려되었다.

section 2 고객관계관리의 이해

(1) 고객관계관리(CRM)의 정의

① 고객관계관리(CRM ; Customer Relationship Management)의 개념… 고객관계관리는 고객이 무엇을 요구하는지 파악하고 고객을 알기 위해 할 일들을 고객 중심의 데이터에 근거한 시스템을 말한다. 즉, 고객관계관리는 고객이 원하는 제품과 서비스를 지속적으로 제공함으로써 고객을 장기간 유지시키고 고객의 평생가치를 극대화하여 수익성을 높이는 통합된 고객관계관리 프로세스를 말한다.

메모 & 확인문제

성공적인 CRM 운영을 위하여 필요한 사항이 아닌 것은?
① CRM 관련 기술 및 마케팅 관련 전문 인력을 확보해야 한다.
② 매스미디어를 이용한 마케팅 활동이 중요시 되어야 한다.
③ CRM 중심의 부서 간 업무가 통합되어서 고객대응이 원활해야 한다.
④ 고객 및 정보 지향적 문화가 기업내부에 확산되어야 한다.

매스미디어를 이용한 마케팅활동은 CRM 이전의 접근방법에 해당한다.

◀정답 ②

② CRM의 목적…CRM은 신규고객의 유치에서 시작되는 고객과의 관계를 고객 전생애(customer life)에 걸쳐 유지함으로써 장기적으로 고객의 수익성을 극대화하는데 목적이 있다. 즉, 신규고객과 첫 거래부터 다양한 마케팅활동을 통해 그 관계를 유지 및 강화시켜 평생고객으로 발전시키고자 하는 것이라 할 수 있다.

③ 기업에서 CRM 활용…기업에서는 고객의 특성과 성향, 행동패턴 등을 파악해 이를 데이터베이스(database)에 축척한 후 시스템을 통해 정확히 분석한 후 고객의 성향에 맞춰 제품이나 상품을 개발해 1:1마케팅을 전개하고 있다.

④ 메타그룹 산업보고서의 CRM 세 가지 분류…홍보컨설팅, SNS 및 컨텐츠 개발 전문회사로 유명한 메타그룹은 CRM을 기능적인 측면에서 크게 세 가지로 분류하였다.

구분	내용
분석적 CRM	데이터웨어하우스에서 나온 유용한 고객관계관리 자료를 토대로 고객에 대한 정보를 추출하는 과정을 말한다.
운영 CRM	데이터웨어하우스나 데이터마트에 해당하는 부문으로서 고객에 대한 정보를 종합하고, 고객의 취향과 정보형태를 지속적으로 축적해가는 과정을 말한다.
협업적 CRM	운영적 CRM과 분석적 CRM의 통합을 의미하며 고객과 기업 간의 상호 작용을 촉진시키기 위해 고안된 메일링, 전자커뮤니티, 개인화된 웹 서비스 시스템 등을 말한다.

CRM에 대한 분류는 메타그룹의 산업보고서에 대한 분류 기준을 따른다. CRM은 프로세스 관점에 따라 몇 가지로 구분되는데 그 중 영업·마케팅·서비스 측면에서 고객정보를 활용하기 위해 고객자료를 추출하여 고객의 행동을 예측하는 시스템은 무엇인가?

① 분석 CRM
② 운영 CRM
③ 협업 CRM
④ 통합 CRM

❮정답 ①

POINT

구분	내용
데이터웨어하우스	사용자의 의사 결정에 도움을 주기 위하여, 다양한 운영 시스템에서 추출, 변환, 통합되고 요약된 데이터베이스를 말한다.
데이터마이닝	많은 데이터 가운데 숨겨져 있는 유용한 상관관계를 발견하여, 미래에 실행 가능한 정보를 추출해 내고 의사 결정에 이용하는 과정을 말한다.

≫ 분석적 CRM과 운영 CRM, 협업적 CRM의 관계

분석 CRM 고객 및 비즈니스 분석을 통해 고객 응대 전략을 수립하는 과정
- 고객 데이터의 수집
- 고객 중심의 데이터베이스 구축
- 고객 가치 및 비즈니스 성과 분석
- 고객 응대 전략 및 룰의 수립

운영 CRM 고객응대 프로세스를 관리하는 과정
- 마케팅자동화
- 세일즈자동화
- 서비스자동화

협업 CRM 접촉 채널별로 고객과의 상호작용을 관리하는 과정
- 전화, 지점/파트너, DM 등의 전통적 채널
- 웹/이메일 채널(eCRM)
- 모바일 채널(mCRM)

POINT CRM의 특징
- ㉠ 고객지향적
- ㉡ 고객의 생애 전체에 걸쳐 관계를 구축하고 강화시켜 장기적인 이윤을 추구
- ㉢ 개별고객의 생애에 걸쳐 거래 관계 유지
- ㉣ 정보기술에 기반을 둔 과학적인 제반 환경의 효율적 활용
- ㉤ 고객과의 직접적인 접촉을 통해 쌍방향 커뮤니케이션을 지속
- ㉥ 단순히 마케팅에만 역점을 두는 것이 아니라 기업의 모든 내부 역량의 통합적 경영방식

⑤ CRM 도입에 따른 기대효과

구분	내용
마케팅 기회분석	• 수익 및 고객 평생가치 증대 • 신규고객유지 및 기존고객 활성화 • 고객 라이프 사이클에서 결정적 시점에 효과적 마케팅이 가능 • 평생 고객으로 가치를 창출할 수 있음
영업지원 활동	• 시장에서의 경쟁력 있는 제품의 파악 및 신속한 대응 전략 수립 가능 • 수익성 높은 고객 분류와 타겟 마케팅
마케팅 관리	• 시장변화와 고객의 니즈에 맞는 상품의 개발 • 상품에 대한 시장반응의 신속한 파악 및 보완 • 고객 니즈 변화에 대한 신속한 파악 및 대응
고객 서비스	• 고객 충성도 증대 • 고객 유지율 증대 • 고객 행위에 대한 이해 • 교차 판매와 상향 판매의 기회증대
고객 채널 관리	• 고객 니즈에 맞는 최적의 채널 제공 • 비용을 최소화할 수 있는 고객 유도

>>> CRM의 도입효과

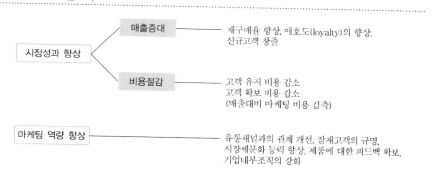

01. 고객관계관리(CRM)의 기본적 이해 **309**

⑥ **CRM의 과정**···CRM의 단계는 고객의 생애가치(customer lifetime value)를 극대화하기 위하여 신규고객유치단계를 시작으로 관계유지단계와 관계강화(평생고객화)단계의 3단계로 이루어진다.

구분	내용
신규고객 유치단계	• 고객과의 관계를 처음 만들기 위해 고객에게 필요한 정보를 제공하고 고객이 만족할 수 있는 여러 가지의 혜택을 주는 단계이다. • 신규고객을 유치하는 단계에는 많은 비용이 소모되며, 이 과정을 거쳐 고객이 된 경우 사용된 비용과 고객의 수익성은 부(−)의 관계를 갖는다.
고객관계 유지단계	• 새롭게 유치한 고객들의 반복구매를 촉진시키고자 고객과의 관계를 강화하면서 고객을 유지하는 단계이다. • 기업은 거래량과 횟수를 증가시키고자 고객을 유인하면서 비용이 많이 들어가지만 증가된 거래량으로 인하여 수익이 발생하게 된다.
평생고객화단계	• 고객유지단계를 보다 확장시켜 평생고객이라는 개념으로 만든 것을 말한다. • 높은 수준의 고객만족은 다시 재구매로 이어지게 된다. 이처럼 재구매율이 높은 고객처럼 충성도(loyalty)가 높으면 가격이 비싸더라도 민감하게 반응하지 않는다. 이들의 숫자가 많으면 많을수록 수익을 높게 해주기 때문에 이들 고객의 불만사항을 적극 대처하고 지속적인 혜택을 주어야 한다.

≫CRM의 프로세스

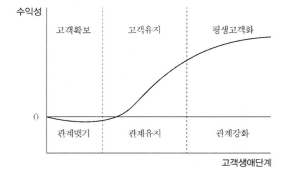

고객이 기업과 만나는 모든 장면에서 '결정적인 순간'을 의미하는 용어는?

① MOT
② RFM
③ LTV
④ FAB

 TIP

MOT는 소비자와 접촉하는 극히 짧은 순간들이 브랜드와 기업에 대한 인상을 좌우하는 극히 중요한 순간임을 강조하는 것

❮정답 ①

POINT 고객접점(MOT ; Moment Of Truth)···고객접점이란 고객이 기업의 한 부분(직원/환경)과 접촉하여 서비스(품질)에 대한 인식에 영향을 미치는 15초 내의 결정적인 순간을 말한다. 스페인의 투우 용어인 "Moment De La Verdad"에서 유래된 고객접점은 피하려 해도 피할 수 없는 실패가 허용되지 않는 매우 중요한 순간을 의미한다.

(2) 고객관계관리(CRM) 필요성

① **고객 충성도 제고**… 점점 더 치열해져 가는 경쟁환경 속에서 기업의 성공과 실패는 고객의 만족 그리고 지속적인 만족에서 형성될 수 있는 충성도(loyalty)에 크게 좌우된다. 강화된 고객의 파워를 이해하고, 이에 적합한 전략을 구사해야 하는 상황 속에서 CRM은 그 진가를 발휘한다.

> **POINT** 전략적인 CRM을 위한 전제조건
> ㉠ 고객 통합 데이터베이스가 구축
> ㉡ 고객 특성을 분석하기 위한 데이터 마이닝 도구 필요
> ㉢ 마케팅 활동을 대비하기 위한 캠페인 관리용 도구가 필요

② **경쟁심화의 돌파구**… 경쟁상황에서 지속적인 성장을 유지하려면 수익성이 높은 고객을 파악하고 이들과의 관계를 구축하는 노력이 필요하다. 그리고 시장성숙기에는 신규고객이 제한적이고 업체 간의 경쟁이 치열하기 때문에 시장점유율의 유지가 힘들뿐만 아니라, 지나친 가격경쟁이 빈번하게 발생하여 순수익이 줄어들게 되므로 이러한 상황에서는 기존고객의 이탈을 최소화하고 이들의 반복구매를 촉진시킴으로써 고객과의 거래관계를 강화시켜 나가기 위해 CRM의 필요성이 대두된다.

> **POINT** 20 : 80 법칙(파레토의 법칙)… 20 : 80 법칙은 부의 80%는 인구의 20%가 소유하고, 기업매출의 80%는 20%의 제품에서 나온다는 80 : 20의 법칙을 말한다. 20 : 80 법칙처럼 상위 20%의 고객이 매출의 80%를 점유하기 때문에 상위 20%의 수익성이 뛰어난 고객을 유지하고 관리하는 것이 매우 중요해졌다.

(3) 고객관계관리의 특성

구분	내용
고객지향적	CRM은 과거의 기술지향적 혹은 상품지향적인 관점에서 탈피하여 고객의 욕구를 충족시켜 줄 수 있는 상품 및 서비스 그리고 고객에 대한 차별적 혜택 등의 보상을 통하여 고객과의 관계 관리에 중점을 두는 고객중심적 활동이다.
장기적인 이윤추구	CRM은 고객의 전생애에 걸쳐 관계를 유지 및 강화하고자 한다. 이렇게 강화된 고객과의 관계를 통하여 기업은 장기적인 수익구조를 갖추고자 한다.
고객과 기업의 윈-윈 (win-win)단계	CRM은 고객과 기업간에 상호혜택과 신뢰로써 쌍방향적인 관계를 형성하고 이를 통해 상호이익을 거둘 수 있는 관계를 유지·발전시키고자 한다.
정보기술의 활용	CRM은 고객과의 관계를 관리하기 위하여 고객정보를 분석하고 컴퓨터 등 정보기술 및 이에 기반한 과학적인 마케팅 활동을 한다. CRM의 정보기술활용은 기업으로 하여금 경영활동의 효과 및 효율성을 가시적으로 평가할 수 있도록 하며, 현재의 상황을 개선하는데 보다 객관적인 자료를 제공한다.

쌍방향 커뮤니케이션	CRM은 고객과의 직접적인 접촉을 통해 이루어지며 지속적인 쌍방향적 커뮤니케이션을 유지하며 고객관계를 관리한다.
조직 통합적 활동	CRM은 단지 마케팅이나 커뮤니케이션만의 문제가 아니라 고객관리에 필요한 기업 내의 모든 부분, 표준화된 업무 프로세스, 조직역량 및 훈련, 기술적 하부구조, 영업전략 및 정보 등의 부분에서도 고객관계관리라는 하나의 목표를 위해 업무를 추진하고 상호 협력하는 경영방식이다.

(4) 고객관계관리의 분류

고객관계관리는 off-line CRM과 e-CRM으로 구분할 수 있다. 양자 간에는 고객을 바라보는 관점, 고객대응에 관한 방향성 그리고 활동은 동일하나, 고객정보 수집방법과 커뮤니케이션 수단에서 차이가 있다.

구분	내용
off-line CRM	off-line CRM은 점포·우편·전화 등을 이용하여 고객정보를 수집하며, Direct mail, Telephone marketing 등을 이용하여 고객과 커뮤니케이션을 수행한다.
e-CRM	e-CRM은 인터넷을 통하여 구매이력 등의 고객정보를 수집하고, e-mail 등을 통해 고객과 커뮤니케이션을 한다. 또한 고객에 대응할 때에는 한 가지 방법이 아닌 통합된 형식의 CRM이 필요하다.

(5) 고객관계관리(CRM)의 성공전략

① **고객의 종류**…고객은 CRM의 관계 변화에 따라 잠재 고객, 신규 고객, 기존 고객, 핵심 고객 그리고 이탈 고객으로 분류할 수 있다.

> **POINT** CRM의 중요성
> ㉠ 신규고객 획득소요비용은 기존고객에게 베푸는 서비스비용의 약 5배가 소요됨
> ㉡ 회사수익의 65%는 만족을 얻는 고객을 통해서 이루어짐
> ㉢ 15~20%에 해당되는 고객의 매출이 나머지 80%에 해당되는 고객 매출과 비슷함
> ㉣ 고객유지율이 몇 %만 증가해도 이윤의 괄목할 만한 증가 가능

구분	내용
잠재고객	자사의 제품이나 서비스를 구매하지 않은 사람들 중에서 향후 자사의 고객이 될 수 있는 잠재력을 가지고 있는 집단을 말한다.
신규고객	잠재 고객이 처음으로 구매를 하고 난 후의 고객을 가리킨다.
기존고객	신규 고객들 중 2회 이상의 반복 구매를 한 고객들은 어느 정도 안정화 단계에 들어선 고객들을 지칭한다.
핵심고객	기업과 강한 유대관계를 기지고 해당 제품이나 서비스를 반복적으로 구매하게 되는 핵심적 고객을 말한다.
이탈고객	더 이상 자사의 제품이나 서비스를 이용하지 않는 고객을 가리킨다.

≫ 관계 진화 과정에 따른 고객의 변화

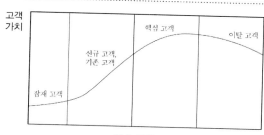

관계 진화 과정

② 고객유형별 대응전략

구분	내용
잠재고객	잠재고객을 유치하기 위해서는 신규고객화 전략이 필요하다.
신규고객 및 기존고객	고객과의 관계유지 강화 전략이 사용된다.
우량고객	로열티 프로그램과 같은 프로그램 운영으로 우량고객유지를 위한 전략이 필요하다.
이탈고객	고객이 이탈하여 기업과 관계를 끊거나 다른 동종 기업으로 이탈했다면 고객을 다시 재탈환하는 전략을 사용해야 한다.

≫ 고객별 고객관계관리기법

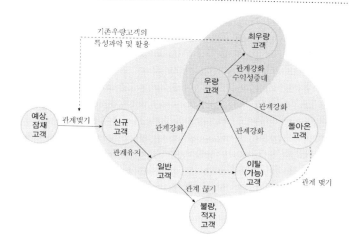

③ **고객가치측정**…고객의 가치를 측정하는 요소에는 고객점유율, RFM(recency frequency monetary), 고객평생가치(LTV ; life time value) 등이 사용된다.

구분	내용
RFM (recency frequency monetary)	RFM은 최근성(Recency), 구매빈도(Frequency), 구매금액(Monetary)이 세 가지 기준을 바탕으로 고객의 예상기여도를 예측하고 고객의 가치를 결정하는 방법을 말한다.
고객점유율 (Customer Share)	고객 점유율이란 장기간 동안 한 명의 고객이 동일한 상품 가운데 자사 제품의 구입을 위해 지출하는 비용의 비율 또는 점유율을 의미한다.
고객평생가치 (LTV ; life time value)	한 고객이 특정 기업의 고객으로 존재하는 전체 기간 동안 창출하는 총이익의 순 현재가치를 고객평생가치라 말한다. 현재까지 누적된 수익가치를 비롯해 미래의 평생가치에 대한 예측까지도 합산한 개념이다.

POINT RFM

구분	내용
Recency	고객이 얼마나 최근에 구입했는가? – 거래의 최근성
Frequency	고객이 얼마나 빈번하게 우리 상품을 구입했나? – 거래빈도
Monetary	고객이 구입했던 총 금액은 어느 정도인가? – 거래규모

section **3** 빅데이터를 이용한 고객관계관리(CRM)

(1) 빅데이터의 정의

① 데이터 수집 및 관리, 처리 가능한 소프트웨어의 한계를 뛰어넘은 크기의 데이터를 빅데이터라고 한다.

② 사이즈는 단일 데이터 집합의 크기가 수십 테라바이트부터 수 패타바이트까지 크기가 끊임없이 변화한다.

③ 빅데이터의 '3V'
 ㉠ **다양성**(Variety) : 정형, 반정형, 비정형 데이터 등 다양한 종류의 데이터를 말한다.
 ㉡ **데이터의 양**(Volume)
 ㉢ **속도**(Velocity) : 빅데이터는 대용량의 데이터를 빠르게 분석하고 그 처리가 가능하다.

고객과의 커뮤니케이션에 초점을 맞춘 분석으로 고객과 기업간의 접촉, 횟수, 금액사용 등의 고객분석은?

① 고객평생가치분석
② RFM분석
③ 손익분기분석
④ ROI(return on investment)분석

RFM에 관한 것으로 고객의 미래 구매 행위를 예측하는데 있어 가장 중요한 것이 과거 구매내용이라고 가정하는 시장분석기법이다. RFM은 최근의(Recency) 주문 혹은 구매 시점, 특정 기간 동안 얼마나 자주(Frequency) 구매하였는가, 구매의 규모는 얼마인가(Monetary Value)를 의미한다.

❮정답 ②

(2) 빅데이터의 수집 기술

① 스크래핑(Scraping) : 필요한 정보를 추출한 후 가공하여 제공하는 소프트웨어 기술

② 로그 수집 : 웹 로그, 웹 서버로그, 트랜잭션 로그 등 각종 로그 데이터들을 수집

③ Flume(플럼) : 분산 환경에서 대량의 로그 데이터를 효과적으로 수집하여, 합친 후 다른 곳으로 전송할 수 있는 신뢰성을 가진 서비스

④ Open API : 정보 및 데이터의 제공을 위해 웹사이트 운영자가 개발자와 사용자에게 공개하는 수집 기술

(3) 빅데이터의 처리 기법

① 분석 기술

   ㉠ 아파치 하둡(Apache Hadoop) : 대용량의 데이터들을 저장하고 처리, 분석할 수 있는 소프트웨어 프레임워크

   ㉡ 텍스트 마이닝 : 텍스트 데이터에서 자연 언어 처리 기술에 기반을 두어 유용한 정보를 얻어내는 분석기법

   ㉢ 오피니언 마이닝 : 웹사이트와 소셜미디어에 나타난 여론과 의견을 분석하여 유용한 정보로 재가공하는 기술

   ㉣ 소셜 네트워크 분석 : 소셜 네트워크의 연결 구조 및 강도 등을 바탕으로 사용자의 명성 및 영향력을 측정

   ㉤ 군집 분석 : 비슷한 특성을 가진 개체를 합쳐가면서 최종적으로 유사 특성의 군집을 발굴

② 표현 기술

   ㉠ R(프로그래밍 언어) : 통계 계산과 그래픽을 위한 프로그래밍 언어 및 오픈소스 소프트웨어

   ㉡ 빅데이터 처리 과정 : 데이터 소스 → 수집 → 저장 → 처리 → 분석 → 표현

고객상담기술

section 1 효율적인 상담을 위한 기술

(1) 의사소통능력

① 언어적 의사소통능력

　㉠ 상담자와 내담자가 대면을 통하여 의사소통이 이루어지므로 얼굴표정과 제스처가 잘 결합되어야 좋은 의사소통이 이루어질 수 있다.

　㉡ 상담원은 내담자에게 안정감을 심어주어야 자연스러운 상담이 이루어질 수 있다.

　㉢ 부드러운 인사말과 함께 명확하고 정확한 발음으로 표준말을 사용하여야 한다.

　㉣ 내담자의 말을 잘 귀 기울여 듣고 이해하여야 하며 상담자는 말을 아끼는 것이 좋다.

② 비언어적 의사소통능력

　㉠ 의사소통이 신체의 움직임을 통하여 나타난다.

　㉡ 악수, 얼굴표정, 아이컨택, 자세 등이 비언어적 의사소통에 해당한다.

　㉢ 음조의 음색, 말의 속도, 음성의 강약 등 또한 음성을 통한 비언어적 의사소통에 해당한다.

(2) 복장과 태도

① 복장 및 용모의 기준

　㉠ 단정하고 청결한 모습을 보여야 한다.

　㉡ 업무처리에 효율적인 복장을 갖추도록 한다.

　㉢ 지나치게 화려하거나 최신 유행의 복장은 피하는 것이 좋다.

　㉣ 자신의 인격과 기업 이미지를 고려하여 복장을 선택하여야 한다.

② 미소

　㉠ 미소는 자신감을 회복시켜 주며, 소극적인 면을 제거하는 데 도움이 된다.

　㉡ 고객을 항상 미소로 모시는 것은 환영의 상징이 된다.

　㉢ 미소는 화가 난 고객이나 불평고객에게 행복감 및 화를 절제시켜 주는 역할을 한다.

③ 태도

　㉠ 긍정적인 자세로 상담에 임하여야 한다.

　㉡ 전문가의 의식을 고취시키고 공유의식을 가져야 한다.

　㉢ 인내심을 가지고 상담에 임하여야 하며 고객과의 공감대 형성이 중요하다.

의사소통 방법 중 언어적인 메시지에 해당하지 않는 것은?

① 말
② 편지
③ 메일
④ 음성의 억양

🔊 TIP

음성의 억양은 비언어적인 메시지에 해당한다.

※ 의사소통 방법

구분	내용
언어적 메시지	말과 글을 사용하여 자신의 의사를 전달하는 것을 말한다.
비언어적 메시지	말과 글이 아닌 표정, 행동, 외모, 감정 등을 통해 전달하는 것을 말한다.

❰정답 ④

(3) 자료를 다루는 기술

① 효과적인 커뮤니케이션

ⓐ 사람들과 커뮤니케이션을 수행하는 과정에서 상대방의 본질을 파악하고 경청하는 능력이 필요하게 되며, 이러한 청각적인 능력으로 상대방의 감정상태를 파악하고, 대처능력을 가져야 한다. 또한 자신의 생각과 감정을 체계적으로 전달할 수 있는 능력이 필요하다거나, 적절한 화제의 선택이 필요함은 물론 대화의 효과적인 전개방법도 구상되어야 한다.

ⓑ 사람과 사람이 상호작용을 함에 있어, 특히 서비스맨의 고객과의 커뮤니케이션에 있어서는 언어적인 것과 비언어적인 요소들이 혼합되어 활용되기 마련이다. 즉, 언어라는 메시지에 비언어적인 것들을 계속해서 제공하게 되며 고객들은 동시에 언어적인 것과 비언어적인 것의 메시지들을 함께 받아들이고 판단하게 된다.

ⓒ 효과적인 커뮤니케이션에서는 비언어적인 것과 언어적인 요소가 일치해야 한다. 예를 들면 얼굴은 무표정한 채로 "어서 오세요, 무엇을 도와 드릴까요?"라고 한다면 어느 고객도 자신이 환영받고 있다고 느끼지 않을 것이다.

② 서비스는 행동으로 전달

ⓐ 중요한 것은 서비스 패러다임의 변화를 제대로 이해하고, 그것을 기반으로 새로운 서비스 테크닉을 훈련해 나가는 것이다. 친절은 이 시대의 진정한 경쟁력이다. 산업의 발달과 다양화된 기술의 개발이 일부제품을 제외하고는 제품력으로 경쟁하는 시대는 지났다. 즉, 고객욕구 충족의 범위가 제품력에 집중되는 것보다 훨씬 다양화되고 있는데 그 경쟁력이 친절이미지에 있다는 것이다.

ⓑ 우리 주위의 많은 기업들 중에는 직원들의 헌신적인 친절서비스 덕분에 어려운 상황에서 회생한 사례가 많다. 친절함 하나로 매출의 상승은 물론 전 종사원의 자부심까지 높이는 경우 역시 볼 수 있다. 친절은 마음으로 하기보다 '좋은 표현하기'의 행동적 훈련이다. 착한 일, 선한 일도 훈련된 사람이 잘한다고 하니 친절에서의 훈련은 당연하고 아마도 필수적인 과정이 될 것이다.

ⓒ 인간의 마음은 행동을 조정함으로써 자연히 조정된다. 결국 기분이 내키지 않을 때도 자세를 바르게 하고 밝은 목소리를 내며 웃는 얼굴을 지음으로써 자신의 몸과 마음을 바꿀 수 있는 것이다. 서비스맨이 어떤 마음가짐을 갖고 일에 임하고 있는가가 외면적인 매너로 나타나게 된다. 밝은 표정, 정감 있는 인사, 단정한 용모, 공손한 말씨, 아름다운 자세와 동작을 체득한 서비스맨은 고객과 따뜻한 마음의 상호교류를 하는 메신저(Messenger)이다.

section **2** 고객을 이해하기 위한 기술

(1) 고객의 욕구파악

① 고객의 개념
  ㉠ '고객'이라는 용어는 顧(돌아볼 고), 客(손 객), 접대하는 사람이나 기업의 입장에서 볼 때 다시 보았으면, 또 와 주었으면 하는 사람을 말한다.
  ㉡ 고객은 제품을 구매하는 당사자이기 때문에 제품구매 결정에 있어서 기업이 제공하는 서비스의 질이나 품질 등을 면밀히 검토하여 최종구매를 결정하게 된다.

② 고객의 분류
  ㉠ 일반적으로 고객은 협의의 고객과 광의의 고객으로 분류할 수가 있다. 기업에서 사용하는 고객의 개념은 제품과 서비스를 제공받는 최종 소비자를 말하며, 이는 협의의 고객이다. 광의의 고객 개념은 대리점, 거래처 그리고 소비자 등을 포함하는 외부고객(external customer)과 회사 내부업무를 처리하는 내부고객(internal customer)으로 분류할 수 있다.
  ㉡ 외부고객(external customer)이란 제품을 생산하는 기업의 종사자가 아닌 사람들로서 제품이나 서비스를 구매하는 사람들을 일컫는 협의의 고객, 즉 우리들이 보통 말하는 고객이다.
  ㉢ 내부고객(internal customer)은 제품의 생산을 위해 부품을 제공하는 업자나 판매를 담당하는 세일즈맨 등 제품생산이나 서비스 제공을 위해 관련된 기업 내 모든 종사원들도 고객의 범주에 포함시키는 개념이다. 예를 들어 어떤 생산과정의 다음 공정에서 일하는 작업자는 앞 공정의 고객이 된다. 이는 내부고객 관계에서 직원이 때로는 고객이 되고 또 다른 때는 공급자가 되는 것이다.
  ㉣ 가치를 중심으로 보면 내부고객은 가치를 창출하는 종업원들에 해당되고, 외부고객은 다시 가치를 전달해주는 사람들, 즉 공급업자, 중간상 등이 있고, 만들어진 가치를 구매해서 최종적으로 소비하는 최종 소비자가 있다. 따라서 고객은 넓은 의미로서 상품이나 변화과정에 의해 영향을 받을 수 있는 모든 사람이라고 정의할 수 있다.

③ 고객심리
  ㉠ 고객심리의 개념
    ⓐ 고객응대 서비스 종사자는 고객입장에서 생각하는 마음과 자세를 가져야 한다. 고객을 이해하고 고객의 말에 귀를 기울이면 고객도 종사자의 입장을 생각하는 마음을 갖게 된다. 고객의 마음을 읽고 기본심리를 존중하여 서비스하는 것이 중요하다.
    ⓑ 고객 개개인이 갖는 상황에 따른 다양한 심리요인도 있을 수 있으나 서비스맨은 이러한 고객의 일반적인 심리를 기본적으로 이해함으로써 고객의 입장에서 생각하고 행동하여 고객만족과 감동의 서비스를 창출할 수 있어야 한다.

고객의 일반적인 욕구에 대한 설명으로 적합하지 않은 것은?

① 개인적으로 알아주고 관심과 정성이 담긴 서비스를 제공받기를 원한다.
② 소비자가 원할 때 적시에 서비스를 제공받기를 원한다.
③ 책임당사자인 제3자에게 업무를 넘겨서 처리해 주기를 원한다.
④ 자신의 문제에 대해 공감을 얻고 공정하게 처리되기를 원한다.

TIP

고객은 3자에게 업무를 떠넘겨 처리하는 것을 원하지 않는다.

❮ 정답 ③

ⓛ 고객심리의 유형

ⓐ 환영기대심리

- 고객은 언제나 환영받기를 원하므로 항상 밝은 미소로 맞이해야 한다.
- 고객들이 고객으로서 가장 바라는 심리는 점포를 찾아갔을 때 나를 왕으로 대접해주길 바라는 것보다, 나를 환영해주고 반가워해 주었으면 하는 것이다.

ⓑ 독점심리

- 고객은 누구나 모든 서비스에 대하여 독점하고 싶은 심리를 가지고 있다.
- 고객 한 사람의 독점하고 싶은 심리를 만족시키다 보면 다른 고객들의 불편을 사게 된다. 따라서 모든 고객에게 공평한 친절을 베풀 수 있는 마음자세를 가져야 한다.

ⓒ 우월심리

- 고객은 서비스 종사자보다 우월하다는 심리를 갖고 있다. 따라서 서비스 종사자는 고객에게 서비스를 제공하는 직업의식으로 고객의 자존심을 인정하고 자신을 낮추는 겸손한 태도가 필요하다.
- 고객의 장점을 잘 찾아내어 적극적으로 칭찬하고 실수는 덮어주는 요령이 필요하다.

ⓓ 모방심리

- 고객은 다른 고객을 닮고 싶은 심리를 갖고 있다.
- 반말을 하는 고객이라도 정중하고 상냥하게 응대하면, 고객도 친절한 태도로 반응하게 되며 앞 고객이 서로 친절한 대화를 나누었다면, 그 다음 고객도 이를 모방하여 친절한 대화를 나누게 된다.

ⓔ 보상심리

- 고객은 비용을 들인 만큼 서비스를 기대하며, 다른 고객과 비교해 손해를 보고 싶지 않은 심리를 갖고 있다.
- 언제나 고객의 기대에 어긋나지 않는 좋은 물적·인적 서비스를 공평하게 제공하는 것이 중요하며, 특정 고객에게 별도의 서비스를 제공할 때에는 그 서비스를 받는 고객보다 주변의 다른 고객에 대해 더욱 신경을 써야 한다.

ⓕ 자기 본위적 심리

- 고객은 각자 자신의 가치기준을 가지고 있다.
- 고객은 항상 자기 위주로 모든 사물을 판단하는 심리를 가지고 있다.

④ 고객분류 및 분석의 의미

㉠ 고객은 자산이라고 할 수 있다. 고객은 다른 자산과 마찬가지로 기업이 평가하고, 관리하고, 최대화해야 하는 재무적인 자산이라고 할 수 있다.

㉡ 고객자산(Customer equity)관리는 재무적인 가치평가기법과 고객에 대한 자료를 이용해서 고객획득과 유지 및 추가제품 판매를 최적화하고, 고객수명주기, 전체에 걸쳐 기업에 대한 고객관계의 가치를 최대화하는 동태적 통합적인 마케팅시스템이다.

㉢ 고객자산관리의 밑바탕에 깔린 많은 개념이 새로운 것은 아니지만, 고객자산 접근법이 그러한 개념을 통합하고 그 이상으로 나아가는 방식은 새로운 것이다.

⑤ 상황에 대한 이해

   ㉠ 서비스맨으로서 다루어야 하는 많은 어려운 상황은 고객의 필요, 요구, 기대에서 비롯하게 된다. 고객의 요구에 응대함에 앞서 우선 고객의 감정상태가 어떠한지 이해해야 하며 진정시키도록 노력해야 한다.

   ㉡ 모든 고객에게는 고객으로서 '이렇게 대접받았으면~' 하는 공통된 심리가 있지만 그 표현 방법은 각양각색이다. 이러한 고객의 욕구를 만족시키기 위해서는 상대방에 맞춘 응대방법이 필요하다. 즉, 다양한 유형의 고객에게 성공적으로 서비스하는 열쇠는 각각의 고객을 한 개인으로서 다루어야 한다는 것이다. 모든 사람을 그들의 행동을 보고 일정한 유형으로 분류해서 동일한 방법으로 다루어서는 안 된다.

   ㉢ 궁극적으로 효과적인 의사소통, 긍정적인 태도, 인내심, 기꺼이 고객을 돕고자 하는 마음을 통해 성공적인 고객서비스가 이루어질 수 있다. 사람에 초점을 맞추기보다는 상황과 문제 자체에 집중할 수 있는 능력이 중요하다. 고객의 행동을 상식적으로 이해하지 못한다 하더라도 상호 관계를 긍정적으로 만들도록 노력해야 한다.

   ㉣ 고객을 응대함에 있어 벌어지는 상황은 가지각색이다. 이때 고객을 알아야 문제를 해결할 수 있다. 특히 까다로운 고객을 응대할 때에는 침착하게 전문가다운 모습을 보이도록 한다. 감정적으로 행동하는 고객은 대부분 서비스맨이 해결할 수 없는 구조, 과정, 조직 등에 화가 난 경우이므로 상황을 잘 듣고 고객의 입장에서 말과 행동을 이해하며 고객의 감정상태를 배려하는 것이 중요하다.

⑥ 고객의 욕구를 알아내는 질문방법

   ㉠ 개방형 질문

      ⓐ 고객에게 그들이 원하는 대로 표현하도록 하는 질문 형식으로 응답자의 견해를 보다 잘 서술할 수 있도록 해 준다.

      ⓑ 개방형 질문은 모든 가능한 응답의 범주를 모르거나 응답자가 어떻게 응답하는가를 탐색적으로 살펴보고자 할 때 적합하며, 특히 예비조사에서 유용하다.

      ⓒ 질문지에 열거하기에는 응답범주가 너무 많을 경우에 사용하면 좋다.

      ⓓ 응답자료가 개인별로 표준화되어 있지 않기 때문에 비교나 통계분석이 어렵고 부호화 작업이 주관적이어서 작업을 하는 사람들 간에 차이가 날 수 있다.

      ⓔ 응답자가 어느 정도 교육수준을 가지고 있어야 하며 응답하는 데 시간과 노력이 들기 때문에 무응답이나 거절의 빈도가 높을 수 있다.

      ⓕ 응답자가 질문에 대해 자신의 답을 제공하도록 요청 받는 질문방식이다.

      ⓖ 응답자는 질문에 대해 대답을 적을 수 있는 여백을 제공받으며, 보다 심층적이고 질적인 면접 방법에서 사용된다.

      ⓗ 조사자가 응답의 의미를 해석하는 과정에서 그릇된 해석과 조사자가 지닌 편견의 가능성이 열려 있다는 점과 몇몇 응답자들은 조사자의 의도와 전혀 상관없는 대답을 줄 위험이 있다.

② 고객 개개인에 정성을 다함

　　㉠ 서비스의 특징인 획일성의 문제점을 극복하는 길은 서비스를 개별화하는 것이
　　　다. 개별화 서비스는 수요자 중심의 서비스로 고객을 한 개인의 존재로 보며,
　　　획일적으로 하는 서비스가 아니라 개개인의 개성과 취향을 존중하는 개인에게
　　　초점을 둔 차별화된 서비스를 의미한다. 즉, 고객의 개성을 존중하고 고객의 사
　　　전욕구를 분석하여 이에 맞는 다양한 서비스를 제공해 나가야 한다.

　　㉡ 줄을 서서 기다리는 고객들을 응대할 때 무심코 서비스맨은 "다음 분!"하고 응
　　　대하게 된다. 그러나 이때에도 고객 개인에 초점을 맞추어 그들의 기다림, 시
　　　간, 노력 등에 인간적으로 응대해야 한다. 서비스맨이 모든 고객에게 같은 말을
　　　되풀이해서 말하고 있음을 오랜 시간 줄을 서서 기다리고 있는 다른 사람에게
　　　알리지 말아야 한다.

　　㉢ 다양한 유형의 고객들에게 성공적으로 서비스하는 방법은 각각의 고객을 한 개
　　　인으로 다루어야 한다는 것이다. 그들의 행동으로 일정하게 분류하여 유형화하
　　　는 것은 피해야 한다. 그리고 고객들을 차별하지 않고 공평하게 접대해야 한다.
　　　고객 개개인에게 차별 없이 배려한다는 것은 마음과 몸의 에너지를 모두 최상의
　　　상태로 충전시켜 굉장한 에너지가 필요하다.

③ 고객의 마음을 읽음

　　㉠ 서비스맨은 고객을 집에 오시는 손님처럼 생각하고 만나기 전부터 준비하여야
　　　한다. 고객의 마음을 사로잡는 것이 무엇일까 생각해 보고 고객이 기뻐하고 만
　　　족해하는 모습에서 자신의 기쁨을 찾는다면 고객의 보이지 않는 마음까지 읽어
　　　낼 수 있다.

　　㉡ 고객에 대한 중요한 사항은 항상 고객에게 흥미와 관심을 가지고 있어야 한다
　　　는 것이다. 연인 사이와 마찬가지로 고객의 마음을 미리 알아차려 구체적인 형
　　　태로 대응하는 적극적인 자세야말로 서비스맨에게 꼭 필요한 조건이다.

　　㉢ 단순히 묻는 말에 대답만 하는 서비스가 아니고 미리 알아서 요구하기 전에 먼
　　　저 제공한다. 더 많이 해주고, 더 빨리 해주고, 더 잘해 주도록 한다. 그리고 나
　　　서 고객에게 이익을 줄 수 있는 일이 무엇인지 더 찾도록 한다. 그리고 고객이
　　　이 정도로 만족을 하겠는가를 자문해 보아야 한다. 서비스는 고객이 요구하기
　　　전에 고객의 마음을 읽고 적극적으로 응대하는 것이다. 이를 위해서는 고객에
　　　대한 무한한 애정으로 고객의 일을 내 자신의 일처럼 여기고 신경을 써야 한다.

　　㉣ 서비스맨의 사명이 서비스를 통해 고객에게 작은 정성으로 큰 감동을 맛보게
　　　하는 것이라면, 그 첫걸음은 고객 한 사람 한 사람에게 흥미와 관심을 갖는 것
　　　이라 할 수 있다. 항상 고객으로부터 눈과 귀를 떼지 않아야 고객이 필요한 요
　　　구를 알아낼 수 있다. 변하는 고객의 요구와 기대를 읽고 그에 따라 서비스맨의
　　　서비스도 날마다 업그레이드되어야 한다.

④ 가장 적합한 시간에 하는 서비스

  ㉠ 고객에게 하는 서비스는 항상 타이밍이 그 서비스의 질(質)을 좌우한다. 즉, 고객 서비스에 있어 중요한 핵심이자 가장 쉬운 방법은 고객의 요구에 즉각적으로 '반응'하는 것이다. 언제든지 "무엇을 도와 드릴까요?"라는 자세로 임한다. 예를 들어 직장에서도 "○○○씨 ~ "하고 부르면 말이 끝나기도 전에 "네!"하고 대답하며 상사의 눈앞에 서 있는 직원이 있는가 하면 몇 번씩 불러도 못 듣고 있는 직원도 있다. 어느 쪽이 더 호감이 가겠는가? 어느 사람을 더 신뢰할 수 있겠는가?

  ㉡ 고객이 들어서면 우선 일어서서 고객에게 방향을 돌려야 한다. 그리고 친근한 표정으로, 고객의 시선을 바라보며 상황에 맞게 허리 굽힌 자세로 "어서 오십시오, 안녕하십니까?"하고 인사하는 것이 진정으로 고객을 환대하는 마음을 보이는 것이다.

  ㉢ 서비스에 대한 고객의 첫 인상은 서비스맨이 고객에게 접근하는 첫 단계에서 결정된다. 고객에게 접근하는 첫 단계의 성패는 그 50%가 첫 번째 자세로 좌우된다. 고객이 들어서면 반사적으로 우선 일어서야 한다. 즉, 반갑게 고객을 맞이하는 것이다. 고객에게 응대하는 속도는 고객의 중요성에 대한 표현이다. 고객에 대한 서비스의 시간이 지체될 경우 고객에게 이유를 설명하고 적절하고 유용한 대체 서비스를 제공해야 한다.

⑤ 고객의 입장에서 예의 바르고 친절하게 응대

  ㉠ 웃는 얼굴과 기쁜 마음으로 고객을 맞이하며 누구든지 먼저 인사부터 하고 열정적으로 도움을 제공할 의사를 보인다. 고객의 시선을 마주보며 밝은 표정으로 고객을 반갑게 맞이한다.

  ㉡ 고객에게 장소를 안내하거나, 고객의 질문에 성의껏 답변을 해드리거나, 고객이 무엇을 원하는지 고객의 고충을 듣거나, 고객이 떠날 때까지 어느 것 하나 소홀함이 없도록 고객의 입장에서 예의 바르고 친절하게 응대해야 한다. 어떠한 일이 있어도 고객의 면전(面前)에서 화를 내어서는 안 된다.

  ㉢ 고객에 대해 형식적인 인사가 아닌 마음에 남는 여운을 담은 감사의 인사를 한다.

⑥ 고객을 기억하여 호칭함

  ㉠ 고객을 기억하는 것은 고객관리의 첫걸음이다. 상대방을 안다는 것은 무엇보다 중요하며, 고객을 기억하기 위해서는 고객에 대한 관심과 노력이 필요하며 사람을 잘 기억하는 능력은 서비스맨에게는 필수 불가결하다고 할 수 있다. 고객의 이름을 기억하여 사용하는 것은 고객과 관계를 친밀하게 하는 좋은 방법이며 서비스맨의 의지가 있어야 한다.

  ㉡ 중요한 것은 언제나 호칭하는 것 그 자체가 중요한 것이 아니라 한 분 한 분 고객에게 관심을 갖고 알아주는 것이 목적이다. 고객에게 어쩌다 '한 번 정도만 하면 되겠지'하고 호칭하는 것은 고객에게 형식적인 느낌을 줄 수도 있다. 반면에 지나치게 남발하여 사용하게 되면 오히려 부담스러울 수 있다. '이 때쯤이다'라고 생각될 때 자연스럽게 호칭하기 위해서는 그 타이밍, 상황 등을 파악하는 감성이 필요하다.

ⓒ 대부분의 사람들은 특별하게 인식되어지고 특별한 개인으로 보여지고 있는 것처럼 느끼고 싶어한다. 고객이 어떤 식으로 불려지길 원하는지 아는 것은 그 고객을 응대하는 데 있어서 매우 중요한 영향을 미칠 수 있다. 만약 고객과의 대화를 시작하자마자 호칭으로 인해 실수를 한다면 회복하기가 쉽지 않다. 고객의 이름을 알고 대화를 통해서 몇 번 그리고 헤어질 때 인사하면서 이름을 사용하고 손님이란 호칭은 가급적 자제해야 한다.

⑦ 긍정적인 대화로 응대

ⓐ 서비스는 말과 행동으로 이루어져야 한다. 그 가운데에서도 적절한 언어의 선택은 응대의 가장 기본이 되고 있다. 고객이 '서비스맨이 무성의하다'라고 느낄 때는 바로 행동만 하고 말을 하지 않을 때이다. 말하지 않고 무표정한 행동으로 서비스를 한다면 친절과는 거리가 멀어지게 된다.

ⓑ 고객서비스 응대시 한 가지 행동을 할 때 반드시 한 가지 말을 해야 한다. 또한 고객은 두 단어, 즉 복수어로 말할 때 친절함을 느끼게 된다. 예를 들어 고객이 부를 때 즉시 "네"하고 대답하고, 다가가서는 "부르셨습니까, 고객님?"하며 밝은 목소리로 응대하는 것이다. 단순한 것 같지만 복수로 응대하는 것이 친절함을 느끼는 데 크게 좌우하므로 실천화하고 습관화하도록 해야 한다.

⑧ 기타 고객응대기술

ⓐ **고객의 허락을 먼저 얻고, 말하고 행동**

ⓐ 우리는 간혹 버스나 전철 같은 경우에 앉아 있는 사람이 서 있는 사람의 가방을 빼앗듯이 받아서는 "들어드릴게요"하는 경우가 있는데, 비록 앉아 있는 사람의 의도는 좋은 의미였지만 상대방은 오히려 불쾌감을 느낄 수도 있을 것이다.

ⓑ 고객에게 승인되지 않은 행동을 하기 전에는 반드시 고객에게 허락을 얻어야 한다. 이는 고객의 권위와 지위, 자존심을 높이는 일이며 고객으로 하여금 선택을 하게 함으로써 권력을 갖게 하는 일이다. 그렇지 않을 경우 오히려 불만과 불쾌감을 초래할 것이다. 고객이 요청하지 않은 상태에서 갑자기 고객을 돕는 행위는 오히려 고객을 당황하게 할 수 있다.

ⓒ **고객에게 재촉이 아닌 도움을 제공**

ⓐ 고객을 밀어내듯 서비스하지 말고 어떤 도움이든 기꺼이 제공하라. 항상 서비스를 다한 후에는 "제가 더 도와드릴 수 있는 것이 있습니까?"라고 묻도록 한다.

ⓑ 도움이 필요한 노인이나 장애고객일 경우 도움이 필요하다면 도움을 제공하되, 고객이 원하지 않을 경우 기꺼이 자제해야 한다. 원하지 않는 도움은 고객을 당황하게 하거나 불쾌하게 할 수 있다.

ⓒ **고객과 파트너십 맺기**

ⓐ 고객은 서비스맨이 직업을 갖고 일할 수 있고 회사가 존속될 수 있는 근원이 된다. 그 이유 하나만으로도 고객과의 관계를 향상할 수 있는 일은 무엇이든 해야 한다. 고객과 심리적으로 동료가 될 수 있다면 고객은 절대로 공격적일 수 없다. 고객응대 시 고객의 의견을 묻고 대화를 통해 친밀한 관계를 형성하고 참여하도록 하여 관여도를 높인다.

ⓑ 고객의 의견, 제안 등을 수용하여 만족감을 높이는 것도 좋은 방법이다. 예를 들어 고객에게 항상 열린 마음으로 대하고 항상 미소를 띠고 긍정적인 이미지를 형성하고, 열심히 듣고 적절히 반응하고, 고객과 회사가 상생할 수 있는 상황을 만들고, 고객과의 단 한 번의 서비스나 판매제공 기회를 갖는 대신 지속적인 관계를 발전시키고, 고객이 가장 편하다는 느낌을 갖도록 만들어라.

⑨ 잘못된 고객 응대방법

　ㄱ 자주 방문하는 고객의 이름을 모르는 경우

　ㄴ 가까이 다가가도 알아채지 못하는 경우

　ㄷ 고객이 기다리는 동안 사적인 일로 통화를 길게 하는 경우

　ㄹ 약속이 있었음에도 불구하고 기다리게 하는 경우

　ㅁ 추후에 연락하겠다고 하고서 연락하지 않는 경우

　ㅂ 옷차림이 단정하지 못한 경우

　ㅅ 의미 없는 기계적인 미소만 짓는 경우

　ㅇ 시선을 마주치지 않고 일을 처리하는 경우

　ㅈ 어떻게 문제를 해결해야 할지 고객의 의견을 묻지 않는 경우

　ㅊ 이미 말해준 정보를 되물어 오는 경우

　ㅋ 내키지 않는 일에 대해서 '할 수 없다'라고 일축하는 경우

　ㅌ 아무런 해명이나 설명 없이 규정을 적용시키는 경우

　ㅍ 자신의 실수를 인정하려들지 않는 경우

　ㅎ 자신의 잘못을 오히려 고객에게 설득하려는 경우

　㉮ 자신의 실수를 컴퓨터 등 기기의 탓으로 돌리는 경우

　㉯ 정확한 답을 모를 때 대충 넘기려는 경우

　㉰ 귀찮은 듯 건성으로 대답하는 경우

　㉱ 문제가 발생했음에도 고객이 알아차릴 때까지 말을 하지 않는 경우

　㉲ 결과에 대해 거짓말을 하는 경우

　㉳ 사소한 규정들을 내세우는 경우

　㉴ 생색을 내는 경우

　㉵ 고객의 진실성을 가벼이 처리하는 경우

(2) 상담처리 순서 및 방법

① 상담의 기초

　ㄱ 상담의 개념

　　ⓐ 상담은 어느 한 쪽이 다른 쪽의 질의나 문의사항에 대하여 대화 형식으로 답하는 것으로서 서로 간의 의사소통이라고 할 수 있다. 이는 필요한 정보를 교환하고 서로 협의하는 것을 목적으로 하고 있다.

메모 & 확인문제

고객응대 시 잘못된 응대와 그에 따른 효과적인 대응방법이 잘못 연결된 것은?

① 저는 모릅니다. → 제가 알아보겠습니다.

② 제 잘못이 아닙니다. → 저희 관리자와 상의하십시오.

③ 다시 전화 주십시오. → 제가 다시 전화 드리겠습니다.

④ 진정하세요. → 죄송합니다.

 TIP

상담원 개인의 잘못이 아니라도 책임을 회피하는 듯한 대답은 잘못된 응대이다. 사과하고 적절한 조치를 취하는 모습을 보이는 것이 바람직하다.

◀ 정답 ②

ⓑ 상담은 도움을 필요로 하는 사람이 전문적인 훈련을 받은 전문가에게 자기의 애로사항, 불만사항 등 문제를 해결하도록 도움을 청하고, 도움말이나 문서로서 상담받는 자기개발, 인간적 성장의 학습과정이다.

ⓒ 보편적으로 상담을 받는 대상자는 고객이 많다. 고객에 대한 상담은 항상 객관적인 입장에서 행해져야 하며, 고객불만에 대한 책임소재를 명확히 파악해야 한다.

ⓓ 고객상담에 응하는 상담원은 다양한 요건이 필요하다. 우선 육체적 · 정신적으로 건강해야 하며 언변이 좋아야 상담에 쉽게 대응할 수가 있다. 또한 자신이 맡은 분야의 법률적 지식, 상품지식, 심리적 처리기법, 실제사례, 통계자료 등뿐만 아니라 상식선에서 많은 지식을 가지고 있어야만 고객상담 요원으로서 충분한 자질과 자세를 갖추었다 할 수 있다.

ⓛ 고객상담의 배경

ⓐ 고객상담이 필요하게 된 배경에는 다양하고 복잡한 경제구조 속에서 고객의 선택과 의사결정을 도와주고, 문제 발생 시 문제해결의 조력자 기능을 할 수 있는 새로운 역할의 요구되었기 때문이다.

ⓑ 마케팅환경의 급속한 발전은 소비지향적 마케팅과 시장지향적 마케팅에서 고객을 만족시키는 방향으로 옮겨가고 있다. 또한 기업들의 경영마인드 역시 고객중심으로 변모되었다. 이에 따라 기업측면에서 고객과 기업 간의 연결통로 기능을 할 수 있는 새로운 역할에 대한 수요가 발생하게 되었다.

ⓒ 상담의 기본 원칙

ⓐ 상담원은 피상담원의 내용을 경청하는 자세가 필요하다.

ⓑ 상담원은 피상담자의 말과 행동에서 표현된 기본적인 감정 · 생각 및 태도를 상담원이 다른 참신한 말로 부연 설명하여 반영되도록 하여야 하며, 신속한 해결책을 제시해야 한다.

② 고객상담의 단계

㉠ 구매 전 상담

ⓐ 기업이 소비자들에게 거짓 정보를 흘려 소비를 조장하거나 구매를 유도하기도 하며 반대로 소비자들이 기업이 제공하는 정보에 맹목적으로 휩쓸려 가는 경우도 있다. 구매 전 상품정보나 회사정보 및 구매와 관련된 모든 정보는 소비자의 주관적 · 개인적인 판단에 기초하는 것이다.

ⓑ 구매 전 상담은 구매선택과 관련된 상담뿐만 아니라 소비생활 전반과 관련된 다양한 정보와 조언을 제공함으로써 소비 생활의 질적 향상을 도모하는 데 그 목적이 있다.

ⓒ 텔레마케터는 충분한 정보를 수집하고 충분한 교육을 수료하여 자신 있고 확실한 정보를 제공해야만 매출증대를 이룰 수 있다.

고객과의 커뮤니케이션을 효율적으로 하기 위해 사용하는 화법과 가장 거리가 먼 것은?

① 고객의 발언을 인용한다.
② 결론과 요점을 먼저 전한다.
③ 가급적 전문용어를 사용한다.
④ 요점이 되는 전달 내용을 복창 확인한다.

TIP

고객과의 커뮤니케이션에 있어서는 고객이 이해할 수 있는 용어를 사용하는 것이 효율적이다.

❮정답 ③

ⓛ **구매 시 상담**

ⓐ 구매 시 상담에서 상담원은 고객이 현명한 구매의사 결정을 할 수 있도록 종합적인 조언을 해주는 역할을 담당한다. 상담원이 판매원 역할을 동시에 하기 때문에 관련 상품에 대한 전문적이고 폭넓은 지식을 숙지하고 있어야 소비자의 문제를 이해하고 이를 해결할 수 있는 구체적인 정보와 판단기준을 제공할 수 있다.

ⓑ 오늘날에는 고객의 기호가 급변하고 제품이 다양·복잡해지면서 상품의 수명주기도 점점 더 단축되어 종래의 소품종 대량 생산에서 다품종 소량 생산의 체제로 변화되고 있다.

ⓒ 대부분의 구매과정이 EOS 등으로 전산화됨에 따라 고객은 구매의사결정을 하기 위해 상담원의 판매촉진 활동에 의존하게 되고 상담원의 역할이 단순한 판매자로부터 의사전달자, 계획자, 설득자, 정보수집 및 보고자, 소비자 문제의 정의 및 해결자, 고객 훈련 담당자로 확대되고 있다.

> **POINT** EOS(electronic ordering system) … 원거리에서 컴퓨터 통신망을 통해 상품을 주문받아 처리하는 시스템을 말한다.

ⓒ **구매 후 상담**

ⓐ 구매 후 상담은 고객이 재화나 서비스 등을 사용하고 이용하는 과정에서 고객의 기대에 어긋나는 일이 발생했을 때 이를 해결하는 과정에 해당한다. 구매 후 상담은 보통 각 기업의 서비스 센터나 소비자 상담실에서 이루어진다.

ⓑ 구매 후 상담에서 소비자와의 상담은 재화와 서비스의 사용에 관한 정보제공, 소비자의 불만 및 피해구제, 이를 통한 소비자의 의견반영 등에 관한 기능이 있다. 구매 후 상담은 혹시 발생할지도 모르는 고객의 불만을 사전에 예방하는 차원에서도 효과적이다.

ⓔ **주문과 자료 및 샘플 요구 상담**

ⓐ 주문업무는 고객상담의 전형적인 업무로서 콜센터 중심의 커뮤니케이션이 이루어지고 있다. 주문접수 처리화면의 이해와 작동, 상품 코드를 이용한 DB 검색, 고객 DB 검색과 고객 히스토리 확인, 고객 상담요원의 상황인식 등의 과정을 거친다.

ⓑ 전화로 자료를 요청하는 경우 정밀한 상담프로세스를 통해 자료요청고객의 정보를 관리하여 신뢰성 있는 커뮤니케이션이 이루어지도록 한다. 전자우편으로 자료를 요청한 경우에는 신속한 응대와 피드백, 사후관리, 다른 접촉수단의 다양한 활용을 통해 커뮤니케이션이 효율적으로 이용되도록 한다.

ⓒ 인터넷을 활용하여 전문란을 이용한 경우에는 요청한 자의 기본 인적 사항, 잠재고객의 성향, 구매방법과 결제시 유의사항 등을 체크할 수 있어야 한다.

③ **상담의 순서**

㉠ 문제의 제시 및 상담의 필요성에 대한 인식: 먼저 내담자에게 자신의 걱정거리, 문제, 찾아온 이유를 말하도록 하고 문제의 배경 및 관계요인을 토의한 후 내담자가 상담과정에 적극적으로 참여하도록 하여야 한다.

서비스 및 상품 구매 후 상담요령과 거리가 먼 것은?

① 상담의 문제점 및 잘못된 점을 파악한다.

② 서비스 가능성과 보상여부를 판단한다.

③ 사후관리에 따른 스케줄링을 한다.

④ 합리적인 구매의사 결정을 위해 정보를 제공한다.

합리적인 구매의사 결정을 위해 정보를 제공하는 것은 서비스 및 상품 구매 전에 요구된다.

❮ 정답 ④

ⓒ **촉진적 관계의 형성**: 상담의 촉진적 관계를 형성하기 위해서는 상담자의 공감적 이해, 성실한 자세, 내담자에 대한 수용적 존중 및 적극적인 경청 등이 필요하다.

ⓒ **목표설정과 구조화**: 상담과정의 방향과 골격을 분명히 하여 내담자가 상담에 대해 확실한 인식을 함으로써, 상담의 다음 진행과정에 대한 두려움이나 궁금증을 줄일 수 있게 된다.

ⓒ **문제해결의 노력**: 우선 문제에 관한 내담자의 감정표현을 촉진하고, 제시된 문제를 다시 구체적으로 정의하여 어떤 방법과 절차를 이용할 것인지를 먼저 결정해야 한다.

ⓒ **자각과 합리적 사고의 촉진**: 자각은 자신과 생활과정에서의 주요 경험 및 사건들을 이전보다 분명히 그리고 통합된 시야에서 재인식하는 것이다.

ⓒ **실천행동의 계획**: 내담자의 새로운 견해나 인식이 실생활에서 실현되도록 내담자의 의사결정이나 행동계획을 도울 필요가 있으므로 내담자와 구체적인 행동절차를 협의하고 세부적인 행동계획을 작성한다.

ⓒ **실천결과의 평가와 종결**: 종결은 주로 내담자와 상담자의 합의에 의하여 이루어지는데, 상담의 종결이 자기를 배척하는 것으로 생각하는 내담자도 있으므로 상담자는 내담자가 이러한 문제에 갑자기 직면하지 않도록 서서히 종결시켜야 한다.

④ **브래머(Brammer)의 8단계 상담 순서**

㉠ **준비와 시작**: 상담을 받는 것에 대한 마음의 준비, 면접과 조력 전체에 대해서는 물론이고 상담자 자신에 대한 내담자의 신뢰를 증가시켜 나간다.

㉡ **명료화**: 내담자의 문제를 명백히 하여 내담자가 도움을 청하는 원인과 문제의 배경을 밝힌다.

㉢ **구조화**: 심리적 조력관계의 본질, 제한점, 목표 등을 규정하고 상담자와 내담자의 역할 및 책임 등의 윤곽을 명백히 한다.

㉣ **관계심화**: 상담자와 내담자 간의 관계를 더욱 심화하고 내담자의 문제해결을 위해 상담과정에 전력으로 참여한다.

㉤ **탐색**: 내담자의 문제해결이나 행동수정을 위해서 어떤 변화가 일어나야 하는가, 도달하려는 목표를 성취하기 위해 어떤 방법이나 절차를 이용할 수 있는가를 탐색하여 내담자의 문제·감정·사고를 명확하고 구체적으로 밝혀 자신의 환경을 정확히 이해하도록 돕는다.

㉥ **견고화**: 탐색이 끝난 후 가장 적합한 대안, 방법, 사고, 행동 등을 확정하여 이를 실천해 나간다.

㉦ **계획**: 상담을 끝맺거나 계속할 것을 결정할 때 필요한 여러 가지 계획을 세운다.

㉧ **종료**: 상담을 통해 성취한 것들을 상담의 목적에 비추어 평가한다. 종료 시에는 상담자 자신이 상담의 전체과정을 요약할 수 있고, 내담자로 하여금 요약하게 할 수 있다.

⑤ **로저스(Rogers)의 12단계 상담 순서**

㉠ **제1단계**: 내담자의 자발적인 방문은 상담에서 매우 중요하므로 상담에 대한 자의적인 결정을 확인한다.

ⓛ 제2단계 : 상담자가 문제에 의한 해답을 가지고 있는 것이 아니며, 내담자가 원한다면 상담자의 도움으로 자기의 문제를 해결해나가는 것이 상담이라는 것을 이해시킨다.

ⓒ 제3단계 : 상담자는 우호적인 태도, 관심, 받아들이려는 태도를 보여 내담자로 하여금 자신의 문제에 관한 감정을 자유로이 표현하도록 돕는다.

ⓔ 제4단계 : 상담자는 표출되는 부정적 감정을 받아들이고 정리해준다.

ⓜ 제5단계 : 부정적 감정이 표현된 후에는 미약하나마 성장에 도움이 되는 긍정적 감정과 충동이 나타난다. 전에 표출했던 감정이 보다 맹렬하고 깊을수록 뒤따라서 오는 긍정적 감정도 더욱 확실해진다.

ⓗ 제6단계 : 상담자는 내담자의 부정적인 감정을 받아들인 것과 마찬가지로 긍정적 감정을 인정하고 받아들인다.

ⓢ 제7단계 : 부정적·긍정적 감정을 경험하면 자기이해와 자기수용, 자기통찰이 가능해진다.

ⓞ 제8단계 : 통찰이 나타난 후 의사결정을 위한 여러 가지 길이 나타나므로 상담자는 내담자에게 여러 가지 길이 보다 선명하게 보이도록 도움을 준다.

ⓩ 제9단계 : 상담자는 내담자가 점진적으로 바람직한 방향으로 행동하도록 이끌어준다.

ⓧ 제10단계 : 내담자가 통찰을 달성하고, 감정적으로 긍정적 행동을 취할 수 있으면 그 나머지는 더 큰 성장을 가져오므로 보다 완전하고 정확한 자기이해를 하게 된다.

ⓚ 제11단계 : 내담자는 보다 긍정적 행동을 더 많이 하게 되며, 상호 간의 개인적 유대가 가장 강해진다.

ⓔ 제12단계 : 내담자는 상담의 종결 시기를 느끼게 되며, 그런 가운데 상담면접의 종결시기가 자연스럽게 정해지며 마무리된다.

section 4 의사소통기법

(1) 의사소통의 구성요소

① 의사소통의 개념

㉠ 고객서비스 전문가로서, 중요한 정보가 교환되는 것을 보장하기 위한 책임은 상담원 바로 자신에게 있다.

㉡ 회사에 대한 고객 애호도를 높이고 궁극적으로 우수한 서비스를 제공할 수 있는 것은 전문가로서의 책임이다.

② 의사소통 모델요인

㉠ 환경 : 상담원의 메시지를 보내고 받는 환경, 즉 사무실, 상점, 집단이나 개별환경은 메시지의 효율성에 영향을 준다.

ⓛ 송신자 : 상담원은 고객과 메시지를 시작하면서 송신자의 역할을 맡는다. 반대로 고객이 반응을 보일 때에는 고객이 송신자가 된다.

ⓒ 수신자 : 처음에 상담원은 고객이 보내는 메시지의 수신자가 된다. 그러나 일단 상담원이 피드백을 하게 되면, 상담원의 역할은 송신자로 바뀐다.

ⓔ 메시지 : 메시지는 상담원이나 고객이 전달하고자 하는 생각이나 개념이다.

ⓜ 통로 : 상담원의 메시지를 이전하기 위해 선택하는 방법인 전화, 대면접촉, 팩스, 이메일이나 기타 통신수단을 말한다.

ⓗ 부호화 : 상담원의 메시지를 고객이 효과적으로 이해할 수 있는 형태로 바꾸기 위해서 부호화된다. 메시지를 해독할 수 있는 고객의 능력을 정확하게 파악하지 못하면 혼란과 오해를 일으킬 수 있다.

ⓢ 해독 : 해독은 상담원과 고객이 되돌려 받은 메시지의 의미를 해석함으로써 친밀한 생각으로 전환하는 것이다.

ⓞ 피드백 : 피드백은 양방향 의사소통 과정의 가장 중요한 요소 가운데 하나로 피드백이 없다면 상담원은 독백을 하는 것과 마찬가지이다.

ⓩ 여과 : 여과는 받은 메시지를 왜곡시키거나 영향을 미치는 요인들이다. 여과에는 태도, 관심, 경향, 기대, 교육 및 신념과 가치 등이 포함된다.

ⓧ 잡음 : 잡음은 정확한 정보의 수용을 방해하는 생리적이거나 심리적인 요인들인 신체적 특성, 주의력 부족, 메시지의 명확도나 메시지의 시끄러움과 같은 환경적 요인들이다.

>>> 개인 간 의사소통 모델

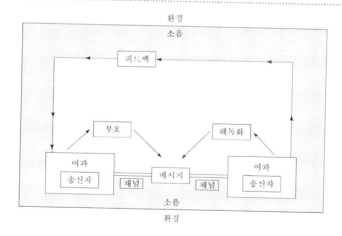

③ 의사소통의 요소

ⓞ 커뮤니케이션은 인간관계의 기본이라고 할 수 있으며 서비스는 고객에 대한 설득적인 커뮤니케이션이다. 서비스의 의미 자체도 지식이나 이론보다는 이미지나 태도의 표현이 더욱 중요하다고 볼 수 있으며 양방향 의사소통은 효율적인 고객 서비스의 기반이 된다.

의사소통의 발신자와 관련된 방해요소가 아닌 것은?

① 의사소통의 목적 결여 및 기술 부족
② 발신자의 신뢰성 부족
③ 반응적 피드백 부족
④ 타인에 대한 민감성 부족

반응적 피드백은 수신자와 관련된 방해요소이다.

❮정답 ③

대화를 이루는 요소 중 텔레마케팅에서 상대적으로 중요도가 가장 낮은 것은?

① Visual(시각적인 요소)
② Verbal(사용하는 단어와 문장)
③ Voice(목소리 음색과 톤)
④ Value-Added(감성 화법)

전화 상담으로 이루어지는 텔레마케팅에서 Visual은 상대적으로 중요도가 낮은 대화 요소이다.

❮정답 ①

    ⓛ 고객서비스는 외적 표현에 의해서 전달되고 고객을 움직이는 커뮤니케이션 기술로서 그 성공의 열쇠는 긍정적이고 효율적인 예절로 의사소통을 할 수 있는 서비스맨의 능력에 달려 있다.

    ⓒ 고객은 제공되는 서비스를 통해 가치를 느끼게 되고 그 가치를 고객만족 여부의 기준으로 삼게 된다.

(2) 언어적 의사소통

① 언어적 커뮤니케이션의 개념

    ㉠ 언어적 커뮤니케이션은 인간관계의 기본이라고 할 수 있으며 서비스는 고객에 대한 설득적인 커뮤니케이션이라 볼 수 있다.

    ⓛ 의사소통이라고 하면 일반적으로 사람들은 맨 먼저 말과 언어를 포함하는 언어적 의사소통을 생각한다.

② 언어적 커뮤니케이션 기술

    ㉠ 말하기

        ⓐ 표준말과 경어를 사용해야 하며 정확하기 발음을 하여야 한다.

        ⓑ 단정적인 말을 삼가는 것이 좋으며 고객의 수준에 맞는 어휘를 사용해야 한다.

        ⓒ 말의 속도, 음성의 크기 및 고저를 잘 조절하여야 한다.

        ⓓ 부정적인 말은 삼가고 긍정적인 마인드로 말을 하는 것이 좋으며 참고자료를 활용하는 것도 좋다.

    ⓛ 경청

        ⓐ 고객의 말에 귀를 기울여 잘 듣고 잘 이해하여야 한다.

        ⓑ 의사소통을 위하여 정확하게 듣는 것이 가장 중요하며 이 기술은 상담의 첫 번째 조건에 해당된다.

        ⓒ 고객의 마음을 미리 짐작하거나 충고를 하거나 걸러 듣는 것은 금물이다.

        ⓓ 눈을 맞추며 고객의 말에 관심이 있다는 표시로 고개를 끄덕이는 것도 중요하다.

        ⓔ 되도록이면 고객의 말에 집중하면서 고객의 질문을 명료화시켜야 한다.

(3) 비언어적 의사소통

① 비언어적 커뮤니케이션의 개념

    ㉠ 비언어적인 커뮤니케이션은 언어적 메시지 이상의 효과가 있다. 몸동작, 자세, 얼굴표정, 움직임 등 신체언어 또한 서비스 메시지를 구성하는 중요한 언어이다. 확실치 않은 상황이라면 사람들은 오히려 비언어적인 메시지를 신뢰하는 경향이 있다.

커뮤니케이션에 대한 설명으로 가장 적합한 것은?

① 커뮤니케이션을 통해 고객 불만이 증가된다.

② 의사결정을 하는데 있어 혼란을 초래한다.

③ 고객으로부터 정확한 정보를 얻기 위한 수단이다.

④ 원만하고 친밀한 인간관계의 형성은 커뮤니케이션의 역기능이다.

① 커뮤니케이션을 통해 고객 불만이 감소한다.

② 커뮤니케이션은 조직 내에서 토론이나 토의를 통한 의사결정과정에 중요한 기능을 한다.

④ 원만하고 친밀한 인간관계의 형성은 커뮤니케이션의 순기능이다.

〈정답 ③

고객의 이야기를 효율적으로 듣는 것을 방해하는 개인적인 장애요인이 아닌 것은?

① 편견

② 청각장애

③ 사고의 속도

④ 정보과잉

이야기를 효율적으로 듣는 것을 방해하는 개인적 장애요인으로는 청각장애, 편견, 사고의 속도 등이 있다.

〈정답 ④

ⓒ **침묵 지양** : 고객의 이야기를 넋을 잃고 듣고, 고객이 좋아하는 속도로 이야기하는 데에 맡기는 것을 알았을 때, 고객은 당신과의 대화에 만족을 느낀다. 고객은 '위대한 듣는 사람'을 원한다.

ⓓ **인내심과 끈기** : 고객이 말하고 있는 동안에 고객을 배려하려는 긍정적인 생각을 가지고 고객의 말을 끈기 있게 들어야 한다. 좋은 경청은 고객을 배려하는 마음자세에서 시작된다.

ⓔ **끝까지 경청** : 고객의 의견이 자신의 의견과 다르더라도 그들의 의견을 존중하고, 이야기 도중에 말을 끊지 말아야 한다. 말을 끊으면 관계형성에 부정적인 영향을 미친다. 서로에 대한 신뢰를 전제로 하면 좋은 경청자가 된다.

ⓒ **좋은 경청자로서 실패요인** : 일반적으로 사람들은 커뮤니케이션이 이루어지는 동안 고객의 감정·태도·역할에 대한 기대를 한다. 그러한 기대가 고객의 메시지를 전달하는데 방해를 한다. CRM종사자는 고객의 감정·태도·역할에 동요되지 않도록 하며, 섣부른 판단을 하지 않도록 한다.

ⓜ **효과적인 경청의 방법**

ⓐ 파트너 의식을 느끼게 하며, 고객의 입장에서 생각하고 말한다. '우리'라는 단어를 적절히 활용하도록 한다.

ⓑ 적극적으로 관여를 한다. 가끔 자신의 머리를 끄덕이거나, "그래요", "저도 동감입니다", "이해할 수 있습니다", "옳습니다", "알겠습니다" 등과 같은 말로 반응을 보인다.

ⓒ 사실과 느낌을 경청한다. 고객이 말을 할 때, 사실적인 정보뿐만 아니라 그들은 어떻게 느껴지는지를 커뮤니케이션한다.

ⓓ 예상을 하지 않는다. 고객이 말을 하는 동안, 미리 답변을 준비하지 않는다. 고객의 말을 중단시키거나 빨리 결론으로 건너뛰려고 하지 않는다. 대화에서 잠시의 침묵은 신뢰를 구축하는 좋은 기반이 되기도 한다.

ⓔ 분명하게 하고 불확실한 사항에 대해서는 꼭 질문을 한다. 훌륭한 경청자는 고객이 사용하고 있는 용어와 개념을 이해하는지를 확실히 한다.

ⓕ 고객에 대하여 미리 판단하지 말아야 한다. 자신의 고객에 대해 무엇을 느낀다고 하여도 말투, 외모가 아니라 그가 말하고 있는 것에 집중한다.

ⓖ 즉각적으로 반응을 보이는 것이 좋다. 사실을 이해하는 확실한 방법 중 하나는 즉각적으로 질문하도록 한다.

ⓗ 지나친 감정적 표현은 피하고, 중립적 자세를 취한다. 화를 내거나 미리 방어하지 않는다. 가급적 논쟁하는 것은 삼가야 한다.

④ **효과적인 의사소통기술**

㉠ **분명하게 대답**

ⓐ 단어를 분명하고 정확하게 발음함으로써 의도한 메시지가 정확하게 고객에게 전달될 수 있는 가능성이 커진다. 그렇지 않으면 상담원의 메시지를 고객이 이해하기 어려울 뿐만 아니라, 상담원이 게으르고 전문적이 아니거나 지성이나 교육이 부족하다고 판단할지도 모른다.

ⓑ 사투리나 속어, 구어체 등은 피하도록 하라. 이런 것들은 메시지를 왜곡하며 효과적인 의사소통능력을 어렵게 한다. 만약에 익숙하지 않은 단어나 어구가 의사소통 중에 나타나면 고객은 그런 단어나 어구를 생각하느라고 다음 내용을 듣지 못하는 수가 있다.

ⓛ 고객의 대화 중단을 지양

ⓐ 보통 많은 사람들이 정보를 더 주거나 질문을 하기 위해 고객의 이야기를 중단시키려는 경향이 있다. 이것은 무례할 뿐만 아니라 의사소통 실패의 원인이 되고 고객을 화나게 할 수도 있다.

ⓑ 상담원은 고객에게 질문을 하거나 말을 하고 있다면 자신의 의견이나 생각을 말하기 전에 고객의 말이 모두 다 끝날 때까지 기다려야 한다.

ⓒ 고객에 대한 대화의 소리를 조정

ⓐ 고객에게 말할 때 소리를 크게 하거나 부드러운 목소리가 필요할 때가 있다. "큰소리를 지를 필요는 없어요" 또는 "소리를 좀 더 크게 해 주실래요?" 등 고객으로부터의 분명한 신호가 온다. 이런 가능성을 테스트하기 위해서 상담원은 "죄송합니다. ○○○씨, 제 말이 분명히 잘 들리나요? 저는 너무 커서 힘든데요" 등으로 대답할 수 있다.

ⓑ 이야기하는 상대방에 따라서 말의 속도를 빠르거나 느리게 조절해야 한다. 상대방의 말하는 속도에 맞추는 것이 원칙이다. 왜냐하면 그것이 고객이 편안하게 여기는 속도이기 때문이다.

ⓔ 능동적으로 청취

ⓐ 직접 의사소통하는 것처럼 효과적으로 듣는 것이 전화 고객서비스 기술의 핵심이다. 전화는 비언어적 메시지를 전달하기 어렵고, 시각적 접촉을 하기 어려우므로 더욱 적극적으로 들어야 한다.

ⓑ 전화하는 동안 주의를 산만하지 않도록 하는 것이 의사소통에 있어서 장애가 없도록 하는 방안이다.

ⓜ 대화 중 잠깐씩 휴지(休止)

ⓐ 고객과 대화를 진행하다가, 즉 말을 하거나 질문을 한 후에 잠시 멈춤으로써 상담자는 숨을 돌릴 수 있고, 고객에게는 생각할 시간을 줄 수 있다.

ⓑ 이러한 대화 중의 잠깐의 휴식은 고객과의 대화에서 상당히 드라마틱한 기술이 된다. 또한 이야기가 잘 진행되지 않을 때 긴장감을 감소시키는 효과도 있다.

ⓗ 올바른 문법 사용

ⓐ 올바른 문법은 발음만큼이나 중요한 것으로, 긍정적이고 유능한 이미지를 창출한다. 의사소통에 있어서 올바른 문법을 적용하지 못했을 때 상담원은 나태하거나 교육을 받지 못한 것으로 인지될 수 있다.

ⓑ 고객이 바라보았을 때 상담원은 회사를 대표하며, 회사 이미지는 고객이 여러분에게서 듣는 것, 여러분의 말하는 방법에 의해 형성된다는 것을 분명히 명심해야 할 것이다.

ⓈＡ 말하는 동안 미소

ⓐ 고객과 전화로 통화할 때 미소를 지으면 즐겁고 따스하며 성실한 분위기가 조성된다.

ⓑ 긍정적인 태도는 종종 고객을 기운나게도 하고 짜증을 풀리게도 하며, 친밀감이 형성될 수도 있다.

ⓞ 전문가답게 전화상담 종결

ⓐ 전화내용을 요약하여 상대방에게 전해주고 상대방에게 확인을 한 후 상대방이 인정하면 전화를 건 것에 대해 감사하고 전화를 건 사람이 먼저 전화를 끊게 해야 한다.

ⓑ 만약 여러분이 전화를 끊을 때 잘못 마무리하면 당신이 비록 그 고객과 15분의 대화를 했다고 해도 고객은 자기를 위해 서비스하는 것을 너무 서두르고 있다고 느끼게 된다.

1 다음 중 조직측면의 CRM 성공요인이 아닌 것은?

① 최고경영자의 관심과 지원

② 고객 및 정보지향적 기업문화

③ 전문 인력확보

④ 데이터 통합수준

> **TIPS!**
> ④ 운영측면의 CRM 성공요인에 해당한다.

2 다음 중 관계마케팅 전략 개발을 위한 요소와 그에 대한 설명으로 틀린 것은?

① 제품 – 동일한 제품을 가지고 새로운 고객을 찾는 전략이 필요하다.

② 종업원 – 종업원들에 대한 적극적인 관리가 필요하다.

③ 고객 – 모든 고객을 대상으로 관계구축을 하는 것보다 고객 충성도가 높은 고객을 대상으로 한다.

④ 측정 – 측정내용을 계량화하여 정확한 마케팅 효과를 측정할 수 있게 한다.

> **TIPS!**
> ① 제품 – 고객이 원하는 제품을 가지고 기존 고객의 이탈 방지 및 서비스 전략이 필요하다.

3 고객생애가치에 영향을 미치는 요소 중 추상적이기는 하지만 고객접촉 채널별 이용의 편의성, 고객불만 처리 정도 등을 수시로 평가할 수 있는 것은?

① 고객반응률

② 고객신뢰도

③ 고객기여도

④ 고객의 성장성

> **TIPS!**
> ② 고객접촉채널별 이용의 편의성, 고객불만 처리정도 등을 수시로 평가할 수 있는 척도를 말한다.

32 다음 중 CRM의 분석방법에 해당하지 않는 것은?

① 협업적 CRM

② 분석적 CRM

③ 운영적 CRM

④ 통제적 CRM

> **TIPS!**
>
> CRM의 분석방법
> ㉠ 협업적 CRM
> ㉡ 분석적 CRM
> ㉢ 운영적 CRM

33 다음 중 CRM의 특징을 잘못 설명한 것은?

① 기업 지향적이다.

② 고객의 생애 전체에 걸쳐 관계를 구축하고 강화시켜 장기적인 이윤을 추구한다.

③ 정보기술에 기반을 둔 과학적인 제반 환경의 효율적 활용에 있다.

④ 단순히 마케팅에만 역점을 두는 것이 아니라 기업의 모든 내부 역량의 통합적 경영방식이다.

> **TIPS!**
>
> CRM은 고객 지향적이다.

34 다음 CRM의 도입에 따른 효과 중 성격이 다른 하나는?

① 고객 충성도 증대

② 비용을 최소화할 수 있는 고객 유도

③ 고객 유지율 증대

④ 고객 행위에 대한 이해

> **TIPS!**
>
> ①③④는 고객 서비스 측면에서의 기대효과이며, ②는 고객채널관리에 대한 기대효과이다.

Answer 29.① 30.③ 31.② 32.④ 33.① 34.②

핵심요약

05

01 판매관리
02 시장조사
03 텔레마케팅관리
04 고객관리
05 핵심 키워드

01 판매관리

section 1 아웃바운드 및 인바운드 텔레마케팅

≫ 아웃바운드 텔레마케팅 (개념, 특징)

- 고객의 정보에 대한 체계적인 데이터베이스를 기반으로 하여 제품 또는 서비스를 적극적으로 판매하는 것이다.
- 마케팅전략, 통화기법 등의 노하우, 텔레마케터의 자질 등에 큰 영향을 받는다.
- 업체 스스로 주도하는 능동적이고 목표지향적인 마케팅이다.
- Q&A보다 스크립트의 활용도가 높다.
- 아웃바운드 텔레마케팅은 인바운드보다 복잡하고 관리하기가 어려우므로 효율적인 아웃바운드 텔레마케팅의 수행을 위해서는 전문적인 텔레마케터가 필요하다.
- 텔레마케터는 세일즈맨이나 판매사원이라고 할 수 있는데 이러한 측면에서 기업들은 방문판매원을 텔레마케터로 대치하여 원가를 절감하고 보다 많은 고객을 관리하도록 하기도 한다. 이 경우에도 중요하고 필수적인 요소는 체계적이고 이용하기 쉽게 정리된 고객에 대한 자료나 정보이다.
- 오늘날에는 대중매체를 이용한 경쟁적 판촉활동이 한계점에 이르렀고 광고비용이 급증함에 따라 기업들이 표적으로 하는 고객군에 짧은 시간 내에 비교적 적은 비용으로 효과적인 판촉을 할 수 있는 아웃바운드 텔레마케팅이 점차 각광을 받고 있다.
- 잠재고객을 파악하고, 잠재고객의 특성을 정의하며, 고객에 대해 등급화나 스크리닝을 한 후 판매함과 동시에 사후관리 등의 일련의 절차를 거친다. 따라서 아웃바운드 텔레마케팅은 효과적인 판촉뿐만 아니라 고객에 대한 사후관리도 가능하다.

≫ 아웃바운드 텔레마케팅의 상담 흐름

소개 및 전화 건 목적 전달→정보제공 및 고객의 니즈 탐색→설명과 설득→고객 확답→종결→끝인사

≫ 아웃바운드 판매전략 과정

잠재고객 파악→잠재고객 특성 정의→스크리닝→판매→사후관리

≫ 제품의 수명주기

도입기→성장기→성숙기→포화기→쇠퇴기

≫ 아웃바운드 텔레마케팅 상품판매의 상담순서 ★

상담준비→소개 및 전화 건 목적 전달→정보제공 및 고객의 니즈 탐색→설명과 설득→고객 확답→종결

➤ 인바운드 텔레마케팅 (개념, 특징) ★
  – 고객 주도형의 방식
  – 이용 분야 : 주문처리, 문의대응, 고객 상담, 자료, 샘플 청구접수, 예약접수, 소비자 대응 창구, 소비자 고정(苦情) 처리, 광고 효과 측정, 조사, 전화서비스 등

➤ 인바운드 프로세스 ★
  업무 전 상담준비 → 전화상담 (전화받기) → 문의내용의 파악 (고객니즈의 탐색) → 문의에 대한 해결 → 반론의 극복 → 통화내용의 재확인 → 통화의 종결 및 끝인사

➤ 아웃바운드 전용상품의 요건 ★
  – 브랜드가 있고 인지도가 높은 상품이어야 한다.
  – 대중들에게 신뢰도가 높은 상품이어야 한다.
  – 비대면 판매이므로 사후관리가 용이한 상품이어야 한다.
  – 거래 조건의 변동을 최소화해야 한다.
  – 타 제품과 차별되는 구체적인 전략이 있어야 한다.

section 2 마케팅 믹스

➤ 마케팅 믹스 4P's ★★★
  – Product
  – Promotion
  – Place
  – Price

➤ 소비자 구매의사결정 과정 ★★
  문제인식 → 정보탐색 → 대안의 평가 및 선택 → 구매 → 구매 후 행동

➤ 소비자 구매의사결정의 단계별 설명
  – 문제인식 : 소비자 구매의사 결정단계의 첫 단계로 실제 필요한 것과 욕구의 차이가 발생한다.
  – 정보탐색 : 소비자들이 이용하는 정보탐색 활동에는 인적, 상적, 공공, 경험 등이 있으며 이를 바탕으로 소비자의 욕구가 충족될 만한 상품을 탐색한다.
  – 대체안 평가 : 탐색된 정보를 바탕으로 대체 안들의 장·단점을 평가하는 단계이다.
  – 구매 : 구체적인 상표와 상품, 구입방식과 점포 등을 결정하여 구매하는 단계이다.
  – 구매 후 행동 : 제품 사용성과에 만족한 소비자의 경우 재구매의 가능성이 높다.

≫ 코틀러 교수의 제품수준 3가지 ★★★
① **핵심제품** : 소비자가 상품을 소비함으로써, 얻을 수 있는 핵심적인 효용을 의미
② **유형제품(실제제품)** : 눈으로 보고, 손으로도 만져볼 수 있도록 구체적으로 드러난 물리적인 속성차원의 상품
③ **확장제품** : 유형제품의 효용가치를 증가시키는 부가서비스 차원의 상품을 의미. 즉, 유형제품에 부가로 제공되는 서비스, 혜택을 포함한 개념
　　예 설치, 배달, A/S, 신용판매, 품질보증 등

≫ 소비재
① **편의품(Convenience Goods)** ★
　– 구매빈도가 높은 저가의 제품을 말한다. 동시에 최소한의 노력과 습관적으로 구매하는 경향이 있는 제품이다.
　　예 치약, 비누, 세제, 껌, 신문, 잡지 등
② **선매품(Shopping Goods)**
　– 소비자가 가격, 품질, 스타일이나 색상 면에서 경쟁제품을 비교한 후에 구매하는 제품이다.
　　예 패션의류, 승용차, 가구 등.
③ **전문품(Specialty Goods)** ★★
　– 소비자는 자신이 찾는 품목에 대해서 너무나 잘 알고 있으며, 그것을 구입하기 위해서 특별한 노력을 기울이는 제품이다.
　　예 최고급 시계, 보석 등

	편의품	선매품	전문품
구매 전의 계획 정도	거의 없다.	있다.	상당히 높다.
가격	저가	중, 고가	고가
제품에 대한 브랜드 충성도	거의 없다.	있다.	특정상표를 선호
고객쇼핑에 대한 노력	최소한이다.	보통이다.	최대한이다.
제품회전율	빠르다.	느리다.	가장 느리다.

≫ 서비스의 4대 특성
　– **무형성(Intangibility)** : 유형적 제품과 달리 서비스는 객관적으로 보이는 형태로 제시할 수 없으며 만질 수 없는 것을 의미한다. 이는 제품과 서비스를 구별 짓는 가장 핵심적인 요인으로서 이러한 서비스의 무형성으로 구매 전 확인이 불가능하며 진열 또는 설명에 제약이 따른다.
　– **소멸성(Perishability)** : 서비스는 저장될 수 없기 때문에 재고로서 보관이 어려우며 구매 직후에 그 편익이 소멸된다. 따라서 서비스는 수요와 공급의 균형을 유지하기가 어렵다.

- 이질성(Heterogeneity) : 제공되는 동일한 서비스에 대하여 장소, 시간, 제공자 등의 변화에 따라 서비스의 질이나 성과가 다르게 표현됨을 의미하며 서비스의 이질성으로 표준화 및 정형화의 어려움으로 개별화 (Customization) 기회를 제공한다.
- 생산과 소비의 비분리성(Inseparability Of Production And Consumption) : 서비스의 생산과 소비가 동시에 이루어짐을 의미하며 따라서 대량생산이 곤란하다.

≫ 신제품 가격결정전략 (초기 고가격 전략)
- 스키밍 전략이라고도 한다.
- 시장 진입 초기에는 비슷한 제품에 비해 상대적으로 가격을 높게 정한 후에 점차적으로 하락시키는 전략이다.
- 자사가 신제품으로 타사에 비해 높은 우위를 가질 때 효과적으로 적용시킬 수 있는 전략
- 이러한 가격전략은 핸드폰이나 컴퓨터 등 하이테크 제품에서 고소득층을 목표고객으로 정했을 때 효과적으로 활용된다.

≫ 신제품 가격결정전략 (침투가격 전략)
- 시장 진입 초기에는 비슷한 제품보다 상대적으로 가격을 저렴하게 정한 후에 실질적인 시장점유율을 확보하고 나서부터는 서서히 가격을 올리는 전략이다.
- 보통 이러한 전략은 가격에 상당히 민감하게 반응하는 중·저소득층을 목표고객으로 했을 때 효과적이다.
- 이익수준 또한 낮으므로 타사의 진입을 어렵게 만드는 요소로 작용하게 된다.
- 대량생산이나 마케팅 제반비용 등을 감소시키는 데 있어 효과적인 전략이다.

≫ 심리적 가격결정방법
① 단수가격(Odd Pricing)
- 소비자들에게 심리적으로 값싸다는 느낌을 주어 판매량을 늘리려는 가격결정방법이다.
- 제품의 가격을 100원, 1,000원 등과 같이 현 화폐단위에 맞게 책정하는 것이 아니라, 그보다 조금 낮은 95원, 970원, 990원 등과 같이 단수로 책정하는 방식이다.
② 관습가격(Customery Pricing)
- 장기간에 걸친 소비자의 수요로 인해 관습적으로 형성되는 가격이다.
③ 명성가격(Prestige Pricing)
- 자신의 명성이나 위신을 나타내는 제품의 경우에 일시적으로 가격이 높아짐에 따라 수요가 증가되는 경향을 보이기도 하는데, 이를 이용하여 고가격으로 가격을 설정하는 방법
④ 준거가격(Reference Pricing)
- 구매자는 어떤 제품에 대해서 자기 나름대로의 기준이 되는 준거가격을 마음속에 지니고 있어서, 제품을 구매할 경우 그것과 비교해보고 제품 가격이 비싼지 여부를 결정하는 것이다.

➤➤ **교차판매(Cross-Selling)** ★
- 어떤 상품을 구입한 고객에게 다른 사람을 추가적으로 판매하는 전략이다.
- 교차판매와 상향판매는 고객 데이터베이스를 구축함으로써 고객의 라이프스타일과 생활단계에 따라 필요할 것으로 예상되는 상품에 대한 정보를 적시에 제공함으로써 차별화된 전략을 구사할 수 있는 것으로 고객관계관리 기법의 발달로 가능해졌다.

➤➤ **가격결정에 영향을 미치는 요인**
① 내부적 요인
 - 마케팅 목표
 - 마케팅믹스 전략
 - 원가
 - 목표시장 점유율
② 외부적 요인
 - 시장과 수요
 - 경쟁자
 - 기업의 활동에 관한 정부의 규제
 - 인플레이션 및 이자율

➤➤ **전환비용(Switching Cost)**
- 탐색비용 : 새로운 대안을 탐색하는데 수반되는 시간
- 거래비용 : 병원의 초진료와 같이 서비스 개시를 위해 들여야 하는 비용
- 학습비용 : 새로운 시스템에 적응하는데 수반되는 시간이나 금전적 비용
- 충성고객 할인 : 기존 공급자에게서 받던 할인혜택을 받지 못하는 손실 비용
- 고객의 습관 : 지금까지의 구매습관을 바꿈에 따라 발생하는 비용
- 감정비용 : 공급자와 장기적 관계가 끊어질 때 경험하는 감정적인 혼란
- 인지적 비용 : 공급자를 바꿀 것인지의 여부를 생각하는 것과 관련된 비용

➤➤ **점포 소매상**
① 전문점(Specialty Store)
 - 전문점에서는 취급제품의 범위가 한정되고, 전문화되어 있다.
 - 전문점은 취급상품에 관한 전문적 지식과 전문적 기술을 갖춘 경영자나 종업원에 의해 가공수리를 한다.
② 편의점(Convenience Store)
 - 편의점은 보통 접근이 용이한 지역에 위치하여 24시간 연중무휴 영업을 하며, 재고회전이 빠른 한정된 제품계열을 취급한다.
 - 또한 편의점은 가격에 있어 생필품을 취급하는 타 소매업체보다 다소 높은 가격을 유지하고 있지만, 이는 위치적 효용과 24시간 구매가 가능하다는 시간상의 편리성이 이를 상쇄하는 역할을 하고 있다.

③ 슈퍼마켓(Supermarket)

- 슈퍼마켓은 주로 식료품, 일용품 등을 취급하며, 염가판매, 셀프서비스를 특징으로 하는 소매 업태를 말한다.
- 다시 말해 슈퍼마켓은 식료품을 중심으로 일용잡화류를 판매하는 셀프서비스 방식의 대규모 소매점이다.
- 슈퍼마켓은 미국의 경우 1930년대 이후 크게 발달하였다.

④ 백화점(Department Store)

- 백화점은 하나의 건물 안에 의식주에 관련된 여러 가지 상품을 부문별로 진열하고 이를 조직, 판매하는 근대적 대규모 소매상을 의미한다.
- 여러 종류의 상품, 부문별 조직에 의한 합리적 경영, 집중적 대경영 등을 백화점의 특징으로 들 수 있다.

⑤ 할인점(Discount Store)

- 할인점은 셀프서비스에 의한 대량판매방식을 이용하여 시중가격보다 20~30% 낮은 가격으로 판매하는 유통업체를 의미한다.
- 철저한 셀프서비스에 의한 대량판매방식을 활용하여 시중가격보다 20~30% 싸게 판매하는 가장 일반적인 유통업체로 '종합할인점'이라고도 한다.

⑥ 회원제 도매클럽(MWC : Membership Wholesale Club)

- 회원제 도매클럽은 메이커로부터의 현금 일괄 구매에 따른 저비용 제품을 구비해서, 회원제로 운영되는 창고형 도매상을 의미한다.

≫ BCG (Boston Consulting Group) 매트릭스 성장 – 점유율 분석 매트릭스

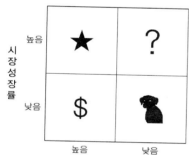

① 별(Star)

- 별 사업부는 시장성장률도 높고 상대적 시장점유율도 높은 경우에 해당하는 사업이다.
- 여기에 속한 사업부를 가진 기업은 시장 내 선도기업의 지위를 유지하고 성장해가는 시장의 수용에 대처하고, 여러 경쟁기업들의 도전에 극복하기 위해 역시 자금의 투하가 필요하다.

② 젖소(Cash Cow)

- 젖소 사업부는, 시장성장률은 낮지만 높은 상대적 시장점유율을 유지하고 있다.
- 이 사업부는 제품수명주기 상에서 성숙기에 속하는 사업부이다.
- 여기에 속한 사업은 많은 이익을 시장으로부터 창출해 낸다.
- 이유는, 시장의 성장률이 둔화되었기 때문에 그만큼 새로운 설비투자 등과 같은 신규 자금의 투입이 필요 없고, 시장 내에 선도 기업에 해당되므로 규모의 경제와 높은 생산성을 누리기 때문이다.

③ 물음표(Question Mark)

- 물음표 사업부는, 다른 말로 "문제아"라고도 한다.
- 이 사업부는 시장성장률은 높으나 상대적 시장점유율이 낮은 사업이다.
- 이 사업부의 제품들은 제품수명주기 상에서 도입기에 속하는 사업부이다.
- 시장에 처음으로 제품을 출시하지 않은 대부분의 사업부들이 출발하는 지점이 물음표이며, 신규로 시작하는 사업이기 때문에 기존의 선도 기업을 비롯한 여러 경쟁기업에 대항하기 위해 새로운 자금의 투하를 상당량 필요로 한다.

④ 개(Dog)

- 개 사업부는, 시장성장률도 낮고 시장점유율도 낮은 사업부이다.
- 제품수명주기 상에서 쇠퇴기에 속하는 사업이다.
- 따라서 낮은 시장성장률 때문에 그다지 많은 자금의 소요를 필요로 하지는 않지만, 사업 활동에 있어서 얻는 이익도 매우 적은 사업이다.

≫ 푸시전략 (Push Strategy)

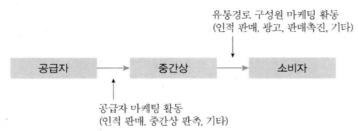

- 푸시전략은 제조업자가 소비자를 향해 제품을 밀어낸다는 의미로 제조업자는 도매상에게 도매상은 소매상에게, 소매상은 소비자에게 제품을 판매하게 만드는 전략을 말한다.
- 이것은 중간상들로 하여금 자사의 상품을 취급하도록 하고, 소비자들에게 적극 권유하도록 하는 데에 있다.
- 푸시 전략은 소비자들의 브랜드 애호도가 낮다.
- 브랜드에 대한 선택이 점포 안에서 이루어진다.
- 동시에 충동구매가 잦은 제품의 경우에 적합한 전략이다.

≫ 풀 전략 (Pull Strategy)

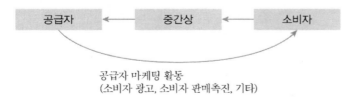

- 풀 전략은 제조업자 쪽으로 당긴다는 의미로 소비자를 상대로 적극적인 프로모션 활동을 하여 소비자들이 스스로 제품을 찾게 만들고 중간상들은 소비자가 원하기 때문에 제품을 취급할 수 밖에 없게 만드는 전략을 말한다.
- 풀 전략은 광고와 홍보를 주로 사용한다.
- 소비자들의 브랜드에 대한 애호도가 높다.
- 점포에 오기 전에 미리 브랜드 선택에 대해서 관여도가 높은 상품에 적합한 전략이다.

≫ 제품수명주기

① 도입기의 특징
- 도입기는 제품이 시장에 처음 소개된 시기, 즉 제품이 처음으로 출시되는 단계로서 제품에 대한 인지도나 수용도가 낮고, 판매성장률 또한 매우 낮다
- 이 단계에서는 이익이 전혀 없거나, 혹은 "−" 이거나, 있다 해도 이익수준이 극히 낮다.
- 시장 진입 초기이므로, 과다한 유통 · 촉진비용이 투입된다.
- 또한, 경쟁자가 없거나 혹은 소수에 불과하다.
- 제품수정이 이루어지지 않은 기본형 제품이 생산된다.
- 기업은 구매가능성이 가장 높은 고객 (보통 고소득층 집단)에게 판매의 초점을 맞추고, 일반적으로 가격은 높게 책정되는 경향이 있다.

② 성장기의 특징
- 제품이 시장에 수용되어 정착되는 단계
- 실질적인 이익이 창출되는 단계이다.
- 도입기에서 성장기에 들어서면 제품의 판매량은 빠르게 증가한다.
- 특히, 이 단계에서는 이윤도 증가하지만 또한 유사품, 대체품을 생산하는 경쟁자도 늘어난다.
- 가격은 기존 수준을 유지하거나 또는 수요가 급격히 증가함에 따라 약간 떨어지기도 한다.

③ 성숙기의 특징 ★★
- 경쟁제품이 출현해서 시장에 정착되는 성숙기에는 대부분의 잠재소비자가 신제품을 사용하게 됨으로써 판매성장률은 둔화되기 시작한다.
- 이 단계에는 경쟁심화를 유발시킨다.
- 많은 경쟁자들을 이기기 위해서 제품에 대한 마진을 줄이고, 가격을 평균생산비 수준까지 인하하게 된다.
- 기존과는 달리, 제품개선 및 주변제품개발을 위한 R&D 예산을 늘리게 된다.
- 강진약퇴(彊進弱退)의 현상이 발생하게 된다.

④ 쇠퇴기의 특징
- 제품이 개량품에 의해 대체되거나 제품라인으로부터 삭제되는 시기이다.
- 거의 모든 제품들의 판매가 감소하면서, 이익의 잠식을 초래하게 된다.

>> 시장세분화의 기준 변수 ★★★

세분화 기준	세분화 범주의 예
지리적 세분화	
지역 도시, 시골 기후	• 서울경기, 중부, 호남, 영남, 강원, 제주 • 대도시, 농촌, 어촌 • 남부, 북부
인구통계적 세분화	
나이 성별 가족 수 결혼유무 소득 직업 학력 종교	• 유아, 소년, 청소년, 청년, 중년, 노년 ; 7세 미만, 7~12세, 13~18세, 18~24세, … 60세 이상 • 남, 여 • 1~2명, 3~4명, 5명 이상 • 기혼, 미혼 • 100만 원 미만, 101~200만 원, 201~300만 원, 301만 원 이상 • 전문직, 사무직, 기술직, 학생, 주부, 농업, 어업 • 중졸 이하, 고졸, 대졸, 대학원졸 • 불교, 기독교, 천주교, 기타
심리 행태적 세분화 (생활양식)	
사회계층 라이프스타일 개성	• 상, 중상, 중, 중하, 하 • 전통지향형, 쾌락추구형, 세련형 • 순종형, 야심형, 이기형
인지 및 행동적 세분화	
태도 추구편익 구매준비 충성도 사용률 사용상황 이용도	• 긍정적, 중립적, 부정적 • 편리성, 절약형, 위신형 • 인지 전, 인지, 정보획득, 관심, 욕구, 구매의도 • 높다, 중간, 낮다 • 무사용, 소량사용, 다량사용 • 가정에서, 직장에서, 야외에서 • 비이용자, 과거이용자, 잠재이용자, 현재이용자
산업재 구매자 시장의 세분화	
기업규모 구매량 사용률 기업유형 입지 구매형태	• 대기업, 중기업, 소기업 • 소량구매, 대량구매 • 대량 사용, 소량 사용 • 도매상, 소매상, 표준산업분류 기준상의 여러 유형 • 지역적 위치, 판매지역 • 신규구매, 반복구매, 재구매

≫ 비탐색품

비탐색품은 소비자들에게 잘 알려지지 않은 혁신제품, 인지하고는 있으나 구매를 고려하지 않고 있는 제품 또는 당장에 필요하지 않아 구매를 고려하고 있지 않은 제품 ex) 보험상품, 비석 등

≫ RFM 분석 ★★

최근의(Recency) 주문 혹은 구매 시점, 특정 기간 동안 얼마나 자주(Frequency) 구매하였는가, 구매의 규모는 얼마인가(Monetary Value)를 의미

≫ 로열티 고객의 이점 ★★

– 고객 수 증가효과
– 고객의 기대 파악을 통해 만족스러운 제품과 서비스 제공
– 고객관리 유지비용이 절감
– 이윤 증대 효과
– 기업의 마케팅 및 서비스 비용 절감
– 상품 홍보를 통한 마케팅 효과

≫ 유통경로의 설계과정 ★★

– 고객욕구분석
– 유통경로의 목표설정
– 주요 경로대안의 식별
– 경로대안의 평가

≫ 일반적인 소비재의 유통경로

생산자 → 도매상 → 소매상 → 소비자

≫ 중간상이 창출하는 효용 (중간상의 필요성)

– 시간의 불일치 해결 : 생산시점과 소비시점의 불일치를 의미한다.
  예 우리나라의 쌀은 보통 가을에 생산되는데, 소비는 1년 내내 지속적으로 발생한다.
– 장소의 불일치 해결 : 생산지와 소비지의 불일치를 의미한다.
  예 쌀의 경우, 주로 농촌에서 이루어지며 소비는 전국에서 발생한다.
– 구색(형태)의 불일치 해결 : 공급자는 쌀을 대량생산하는 반면에, 각 소비자는 10kg, 30kg 등 소량으로 구매한다.

≫ 경로 커버리지

① **집약적 유통**(개방적 유통)

– 가능한 한 많은 소매상들로 해서 자사의 제품을 취급하게 하도록 함으로서, 포괄되는 시장의 범위를 확대시키려는 전략이다.

- 집약적 유통에는 대체로 편의품이 속한다.
- 소비자는 제품구매를 위해 많은 노력을 기울이지 않기 때문이다.
- 장점 : 충동구매의 증가 및 소비자에 대한 인지도의 확대, 편의성의 증가 등이 있다.
- 단점 : 낮은 순이익, 소량주문, 재고 및 주문관리 등의 어려움, 중간상 통제에 대한 어려움 등이 있다.

② 전속적 유통
- 각 판매지역별로 하나 또는 극소수의 중간상들에게 자사제품의 유통에 대한 독점권을 부여하는 방식의 전략을 말한다. 이 방법의 경우, 소비자가 자신이 제품구매를 위해 적극적으로 정보탐색을 하고, 그러한 제품을 취급하는 점포까지 가서 기꺼이 쇼핑하는 노력도 감수하는 특성을 지닌 전문품에 적절한 전략이다.
- 장점 : 중간상들에게 독점판매권과 함께 높은 이익을 제공함으로써, 그들의 적극적인 판매노력을 기대할 수 있고, 중간상의 판매가격 및 신용정책 등에 대한 강한 통제를 할 수 있다. 동시에, 자사의 제품 이미지에 적합한 중간상들을 선택함으로써 브랜드 이미지 강화를 꾀할 수 있다.
- 단점 : 제한된 유통으로 인해 판매기회가 상실될 수 있다.

③ 선택적 유통 ★
- 선택적 유통은, 집약적 유통과 전속적 유통의 중간 형태에 해당하는 전략이다.
- 즉, 판매지역별로 자사의 제품을 취급하기를 원하는 중간상들 중에서 일정 자격을 갖춘 하나 이상 또는 소수의 중간상들에게 판매를 허가하는 전략이다.
- 이 전략은, 소비자가 구매 전 상표 대안들을 비교, 평가하는 특성을 지닌 선매품에 적절한 전략이다.
- 판매력이 있는 중간상들만 유통경로에 포함시키므로 만족스러운 매출과 이익을 기대할 수 있으며, 생산자는 선택된 중간상들과의 친밀한 거래관계의 구축을 통해 적극적인 판매노력을 기대할 수 있다.

section 3 마케팅 기회의 분석

» **데이터마이닝의 적용 범위**
- 고객관리
- 고객유지
- 고객유치
- 고객세분화
- 수요와 판매 예측
- 마케팅 관리
- 텔레마케팅
- 카드도용 방지
- 위험관리
- 서비스 품질관리
- 자동화 된 검사

≫ 마케팅의사결정지원 시스템
수집된 자료를 수학적·통계적 분석기법을 이용하여 적절한 의사결정모델을 구축하여 마케팅 문제의 최적화를 기하는 시스템이다.

≫ 마케팅 정보시스템의 종류
- 내부정보 시스템(Internal Information System)
- 고객정보 시스템(Customer Information System)
- 마케팅 인텔리전스 시스템(Marketing Intelligence System)
- 마케팅조사 시스템(Marketing Research System)
- 마케팅의사결정지원 시스템(Marketing Decision Support System)

4. 시장세분화, 표적시장 선택 및 포지셔닝

≫ STP 전략 과정 ★★
시장세분화 → 표적시장 선정 → 포지셔닝

≫ 표적시장 선정 (Targeting)
몇 개의 세분시장 중 기업과의 적합도가 가장 높은 세분시장을 선택하는 과정이다.

① **무차별적 마케팅전략**
- 세분시장의 차이를 무시하고 단일 마케팅 프로그램으로 전체 시장을 공략하는 전략을 일컫는다. 마케팅 비용의 최소화시킬 수 있는 장점이 있다. 모든 계층의 소비자를 만족시킬 수 없으므로 경쟁사가 쉽게 틈새시장을 찾아 시장에 진입가능
   - **예** 코카콜라의 경우 전체 콜라시장을 하나의 시장으로 간주하고 똑같은 맛의 콜라를 똑같은 디자인의 병에 담아 전 세계 어디에서나 공급하는 방식

② **차별적 마케팅전략**
- 나뉘어진 각각의 세분시장마다 차별적 마케팅 프로그램을 적용시키는 전략을 말한다. 이 경우의 특징으로는, 자원이 풍부한 기업이 많이 사용한다. 전체의 판매량의 증가, 소비자 만족의 증가하는 장점을 가지고 있으나, 그에 따른 비용이 많이 든다.
   - **예** 현대자동차의 경우 소득수준에 따라 전체 시장을 나누어 800cc 경차에서부터 4,500cc 대형 고급승용차에 이르기까지 제품을 차별화하여 공급하고 있다.

③ **집중화마케팅 전략**
- 전체 세분시장 중에서 특정 세분시장을 목표시장으로 삼아 집중 공략하는 전략
- 이 경우의 특징으로는 동시에 생산·판매 및 촉진활동을 전문화함으로서 비용을 절감시킬 수 있다. 하지만, 자원이나 자본 또는 능력이 한정되어 있을 때 사용한다.
   - **예** 치약의 경우 값이 싼 치약, 충치예방용 치약, 하얀 이를 위한 치약을 따로따로 만들기보다는 그 중 하나를 선택하여 전문화하는 정책이다.

≫ 포지셔닝(Positioning) ★★

선택한 세분시장에서 고객들의 마음속에 자사의 브랜드를 자리 잡게끔 하는 활동

① **제품속성에 의한 포지셔닝** : 자사제품에 의한 포지셔닝은 자사제품의 속성이 경쟁제품에 비해 차별적 속성을 지니고 있어서 그에 대한 혜택을 제공한다는 것을 소비자에게 인식시키는 전략이다.

> 예 "Volvo" 경우는 안정성을 강조하는 것으로 포지셔닝

> 예 GM대우의 "마티즈"의 경우는 세금 및 저렴한 유지비를 강조

> 예 레간자의 경우, "소리 없이 강하다"라는 문구로 조용함이라는 속성을 강조

② **이미지 포지셔닝** : 제품이 지니고 있는 추상적인 편익을 소구하는 전략

> 예 맥심 커피의 경우 "가슴이 따뜻한 사람과 만나고 싶다", "커피의 명작. 맥심" 소비자들 에게 정서적, 사색적인 고급 이미지를 형성

③ **경쟁제품에 의한 포지셔닝** : 소비자가 인식하고 있는 기존의 경쟁제품과 비교함으로써 자사 제품의 편익을 강조

> 예 Sky의 경우, "It's different"라는 광고 문안으로 타 업체와는 무언가가 다르다는 것을 소비자에게 포지셔닝

> 예 7-Up의 경우, 자사의 세븐업이 콜라와 유사한 제품이 아니며, 사이다 제품의 대표적인 브랜드라는 것을 인식시킴으로써 Un-Cola 라는 것을 강조함

④ **사용상황에 의한 포지셔닝** : 자사 제품의 적절한 사용상황을 설정함으로서 타사 제품과 사용상황에 따라 차별적으로 다르다는 것을 소비자에게 인식시키는 전략

> 예 오뚜기 3분 요리의 경우 : 갑작스런 상황에 요리를 어떻게 해야 할지 모를 때, 또는 시간이 없어서 급하게 요리를 해야 할 때 등의 상황을 강조

> 예 게토레이 : 일반음료와는 다른 운동 후 마시는 음료라는 상황을 강조

⑤ **제품사용자에 의한 포지셔닝** : 이는 제품이 특정 사용자 계층에 적합하다고 소비자에게 강조하여 포지셔닝하는 전략

> 예 "도브"의 경우 : 피부가 건조한 소비자층을 표적으로 이에 적합한 비누라는 것을 강조

> 예 샴푸와 린스를 따로 쓰지 않는 겸용샴푸 [하나로], [랑데뷰] 같은 제품은 아침시간에 바쁜 직장인, 맞벌이 부부들을 등장시켜 시간을 절약할 수 있는 제품으로 포지셔닝하는 방법

≫ 유통경로 설계절차 ★

소비자 욕구 분석 → 유통경로의 목표설정 → 유통경로의 대안 확인 → 유통경로의 대안 평가

≫ 고객생애가치 ★★

- 한 고객이 특정 기업의 상품이나 서비스를 최초 구매하는 시점부터 마지막으로 구매할 것이라고 예상되는 시점까지의 누적액의 평가

- 다시 말해 고객이 평생 어떤 기업에 얼마나 기여하는지를 금전적인 수치로 나타낸 것

≫ 고객생애가치에 영향을 미치는 요소

- 고객반응률 : 신규고객유지율, 기존고객보유율, 고객반복이용률 등의 효과를 측정

- 고객신뢰도 : 고객접촉 채널별 이용의 편의성, 고객불만처리 정도 등의 평가

- 고객기여도 : 고객의 누적된 기여도

- 고객성장성 : 규모성장성과 로열티 성장성으로 구분하여 관리 및 측정

포지셔닝 전략수립 단계

소비자 분석 및 경쟁자 확인→경쟁 제품의 포지션 분석→자사 제품과 포지셔닝 개발→포지셔닝 확인→재포지셔닝

포지셔닝 전략 수립 시 각 분석에서 얻을 수 있는 정보
- 시장분석 : 소비자의 욕구 및 요구 파악, 시장 내 경쟁구조 파악, 신제품 기회의 포착, 기업 이미지 전략 수립, 세분시장의 크기와 잠재력
- 기업내부분석 : 조직구조 및 시스템의 시장지향성 여부, 현재 포지션의 장단점 파악, 경쟁우위 선점요소 확인 및 경쟁력 강화 방안 모색
- 경쟁분석 : 자사제품의 시장 내 위치 분석, 경쟁사와의 우위 선점 요소, 경쟁사의 브랜드 이미지 분석

세분시장의 평가요소
- 시장 상황 : 세분시장의 규모 및 성장성
- 시장 내 경쟁상황 : 세분시장의 구조적인 이점
- 자사와의 적합성 : 기업의 목표와 자원

상대적인 고가 전략이 적합한 경우 ★★
- 수요의 탄력성이 낮을 때
- 진입장벽이 높아 경쟁기업의 진입이 어려울 때
- 규모의 경제효과보다 이득이 적을 때
- 가격 및 품질연상효과(Price -Quality Association)에 의해 새로운 소비자층을 유입할 때
- 품질 경쟁력
- 시장에 경쟁자의 수가 적을 것으로 예상될 때

마케팅 전략의 주체 ★
- 고객(Customer)
- 경쟁사(Competitor)
- 자사(Company)

소비자의 신제품 수용단계
- 인식(Awareness) : 소비자가 신제품의 혁신성을 아는 단계
- 관심(Interest) : 소비자가 신제품의 혁신성에 대한 관심을 갖고 정보를 찾으려는 단계
- 평가(Evaluation) : 소비자가 신제품의 사용을 고려하는 단계
- 시용(Trial) : 실제 사용을 통해 신제품의 가치를 확인하는 단계
- 수용(Adoption) : 소비자가 신제품을 정규적으로 사용하게 되는 단계

≫ 구매의 AIDMA원칙
- Attention (주목) : 매장에 들르는 소비자의 눈에 잘 띄고, 주의를 끌 수 있도록 대량으로 진열·연출하고, 데몬스트레이션 등을 실시한다. (탑보드, 현수막, 포스터 등)
- Interest(흥미) : 매대로 고객을 유도하기 위하여 POP, 또는 아이 캐쳐, 상품 설명서, 요리 방법과 같은 제안을 통해 관심을 유발시키고 제품에 대한 이해도를 깊게 한다.
- Desire(욕구) : 매장 내에서 상품을 비교, 선택하기 쉽도록 하기 위하여 유사상품 끼리 그룹핑하여 눈에 띄기 쉽도록 진열하고, 향기와 맛 등 제품의 장점에 대하여 시식이나 견본품 제공 등을 통해 직접 소구, 또는 POP 등을 통해 충동구매를 불러일으킨다.
- Memory (기억) : 제품의 정보를 보다 알기 쉽게 제공하고, 제품의 가격을 눈에 잘 띄게 하여 소비자가 구입에 대한 확신을 가질 수 있도록 한다.
- Action (행동/구매) : 매장에 진열되어 있는 상품이 소비자의 최종적인 구입결정으로 이어질 수 있도록 매장의 분위기, 진열, 상품설명 POP, 가격표 등이 소비자의 관점에서 이루어졌는지 점검해 본다.

≫ 데이터베이스 마케팅 ★
기업이 고객에 대한 여러 가지 다양한 정보를 컴퓨터를 이용하여 Data Base화하고, 구축된 고객 데이터를 바탕으로 고객 개개인과의 지속적이고 장기적인 관계구축을 위한 마케팅 전략을 수립하고 집행하는 여러 가지 활동이다

≫ 데이터베이스 마케팅의 목적 ★
- 마케팅 리서치의 자동화
- 직접적인 커뮤니케이션
- 고객의 안정적 유지 및 고정 고객 확보
- 고객확보 및 지속적이고 장기적인 고객유지
- 기업의 가치 극대화

≫ 고객속성 데이터베이스
- 고객코드
- 성명
- 주소
- 전화번호
- 성별
- 생년월일

≫ 니치 마케팅(Niche Marketing) ★
- 마치 틈새를 비집고 들어가는 것과 같다는 뜻에서 붙여진 이름이다.
- '니치'란 '빈틈' 또는 '틈새'라는 뜻으로 '남이 아직 모르는 좋은 낚시터'라는 은유적 의미를 담고 있다.
- 시장의 빈틈을 공략하는 새로운 상품을 시장에 내놓음으로써, 소수의 소비자들을 표적으로 한다.

≫ SWOT 분석 ★

기업의 환경 분석을 통해 강점(Strength)과 약점(Weakness), 기회(Opportunity)와 위협(Threat) 요인을 규정하고 이를 토대로 강점은 살리고 약점은 보완, 기회는 활용하고 위협은 억제하는 마케팅 전략을 수립하는 마케팅 전략을 수립하는 기법이다.

≫ 시장침투(Marketing Penetration)

- 기존시장에 기존제품의 판매를 증대하는 기존시장 심화전략으로서, 이는 기존제품의 수명주기를 연장시키기 위한 전략이다.
- 기존 제품의 수정이나 변형을 가져오지 않고 기존의 표적시장에서 소비자들의 참가를 증진시키는 전략이다.

≫ 효과적인 시장세분화의 조건 ★★

- 측정가능성 : 세분시장의 규모와 구매력이 측정될 수 있는 정도
- 접근가능성 : 세분시장에 도달할 수 있고 그 시장에서 어느 정도 영업할 수 있는가의 정도
- 실질성 : 어느 세분시장의 규모가 충분히 크고, 이익이 발생할 가능성이 큰 정도
- 행동가능성 : 세분시장으로 유인하고, 그 세분시장에서 영업활동을 할 수 있도록 구성되어질 수 있는 효과적인 프로그램의 정도

≫ 통합 마케팅 커뮤니케이션(IMC; Integrated Marketing Communication)

- PR, 광고, 판매촉진, 홍보 등 다양한 커뮤니케이션 수단들의 전략적인 역할을 비교, 검토하여 최대한의 커뮤니케이션 효과를 거둘 수 있도록 이들을 통합하는 총괄적인 계획수립과정이다.
- 고객이 기업과 기업이 브랜드를 만날 수 있는 모든 접점을 통해 일관적이고, 설득력 있는 메시지를 전달할 수 있다.

≫ 리스트 스크리닝(List Screening)

기존 고객 리스트를 선발하여 목적에 적합한 가망 고객이나 로열티 고객을 추출해 내는 것이다.

≫ 프랜차이즈 제도

특정한 상품이나 서비스를 제공하는 주재자가 일정한 자격을 갖춘 사람에게 자기 제품·서비스·상표·상호·노하우 등에 대하여 일정 지역에서의 영업권을 주고 로열티를 받는 방식으로 시장 개척을 꾀하는 것이다.

시장조사

시장조사의 역할

– 마케팅활동을 수행할 때는 항상 불확실성의 위험을 고려하는 것이 중요하다. 따라서 시장, 환경, 마케팅활동 성과, 마케팅의사결정 효과 등에 대한 정확하고 객관적인 정보의 수집·분석을 통해 불확실성을 줄이는 것이 필요하다. 시장조사의 역할은 다음과 같다.

구분
마케팅활동의 수행과정에서 불확실성과 위험의 감소
경영의 의사결정에 도움을 주는 정보의 제공
고객의 정보에 대한 획득
의사결정에 필요한 정보의 파악
시장기회의 발견

종단조사

– 종단조사는 같은 표본을 시간적 간격을 두고 반복적으로 측정하는 조사를 말한다. 종단조사의 종류로는 패널 조사, 코호트 조사, 추세 조사 등이 있다.

구분	내용
패널 조사	구매행동이나 매체 접촉행동, 제품사용 등에 관한 정보를 계속 제공할 사람 또는 단체를 선정하여 이들로부터 반복적이며 지속적으로 연구자가 필요로 하는 정보를 획득하는 방식을 말한다.
코호트 조사	처음 조건이 주어진 집단(코호트)에 대하여 이후의 경과와 결과를 알기 위해 미래에 대해서 조사하는 방법으로 특정한 경험을 같이 하는 사람들이 갖는 특성에 대해 다른 시기에 걸쳐 두 번 이상 비교하는 방식이다. (예 386 세대의 생활양식 변화, 베이비부머 세대의 대학 진학률)
추세 조사	일반적인 대상 집단에서 시간의 흐름에 따라 나타나는 변화를 관찰한 것을 말하며 '추이조사'라고도 불린다.

탐색조사(exploratory research)

조사목적을 분명하게 정의하기 어렵거나, 어떤 정보가 필요한지 불문명한 경우 사용하는 조사방법이다. 탐색조사를 할 경우 조사를 통해 얻은 자료를 바탕으로 조사목적을 분명하게 정의 할 수가 있다. 보통 문헌조사, 표적집단면접법, 전문가의견조사 등을 활용한다.

기술조사(descriptive research)

실제 시장의 특성을 정확하게 분석하기 위해 수행하는 조사방법으로 특정상황의 발생빈도 조사, 관련변수 사이에 상호관계를 파악 등을 목적으로 한다. 기술조사에는 종단조사, 회단조사가 활용된다.

전수조사와 표본조사

구분	내용
전수조사	집단을 이루는 모든 개체들을 조사하여 모집단의 특성을 측정하는 방법을 말한다. 전수조사의 대표적인 사례는 인구 전수조사(census)가 있다.
표본조사	전체 모집단 중 일부를 선택하고 이로부터 진체 집단의 특성을 추정하는 방법을 말한다.

확률표본추출방법(probability sampling method)

확률표본추출방법이란 표본추출 프레임 내에 있는 단위들이 표본으로 추출될 확률이 알려져 있고 무작위적으로 추출되는 방법을 말한다. 표본추출과정에서 발생할 수 있는 오류의 크기에 대한 추정이 가능한 표본추출방법이다. 일반적으로 널리 알려진 확률표본추출방법으로는 단순무작위표본추출법, 체계적 표본추출법, 층화표본추출법, 군집표본추출법 등이 있다.

층화표본추출법(Stratified sampling)

층화표본추출법(Stratified sampling)이란 모집단을 특정한 기준에 따라 서로 상이한 소집단(strata)으로 나누고 이들 각각의 소집단들로부터 빈도에 따라 적절한 일정수의 표본을 무작위로 추출하는 방법이다.

비확률표본추출방법(Non-probability sampling method)

비확률표본추출방법은 모집단 내의 각 구성요소가 표본으로 선택될 확률을 알 수 없기 때문에 이들로부터 수집된 자료가 모집단을 어느 정도 잘 대표하는지에 대한 정확한 추정이 어렵다. 비확률표본추출방법은 조사대상이 되는 모집단의 규모가 매우 크거나 표본프레임을 구하기가 쉽지 않은 상업적 조사에서 흔히 사용된다. 대부분의 상업적 마케팅조사에서는 정확한 표본프레임이 필요 없는 비확률표본추출방법을 사용한다. 대표적인 방법에는 편의표본추출법, 판단표본추출법, 할당표본추출법 등이 있다.

편의표본추출법(Convenience sampling)

편의표본추출법(Convenience sampling)은 가장 간단한 형태의 표본추출방법으로서 임의로 선정한 지역과 시간대에 조사자가 임의로 원하는 사람들을 표본으로 선택하는 방법이다.

자료의 종류

구분	내용
1차 자료(primary data)	조사자가 조사목적을 위해 필요한 정보형태를 설문의 형태로 데이터를 분석하여 결과를 도출한 것을 말한다.
2차 자료(secondary data)	이미 존재하는 자료로 다른 조사목적을 위해 사전에 결과분석 된 자료를 말한다.

관찰법

질문과 답변을 통하여 정보를 수집하는 것이 아니라 응답자의 행동과 태도를 조사자가 관찰하고 기록함으로써 정보를 수집하는 방법이다.

표적집단면접법(FGI)

국내외에서 가장 널리 이용되는 면접조사방식으로 소수의 응답자와 집중적인 대화를 통하여 정보를 찾아내는 방식이다. 진행자의 주제로 8~10명 정도의 응답자들에 대해 약 2시간에 걸쳐 면접을 진행한다.

심층면접(In-depth Interview)

복수의 응답자가 참여하여 면접을 진행하는 세 가지 방법과는 달리 한 명의 응답자와 진행자 간의 집중적인 면담을 통해 자료를 수집하는 방법이다. 심층면접은 논의되는 주제가 개인의 사생활에 관련된 것이어서 공개적인 토론이 곤란한 경우나 한 명의 응답자를 대상으로 브랜드 사용경험, 잠재된 구매동기 등에 관한 집중적인 탐색이 필요한 경우 이용되며, 면접 진행시간은 1시간 정도이다.

서베이 조사

횡단적 조사의 일종으로 모집단에서 추출한 표본을 연구하여 모집단의 특성을 추론하는 방법을 말한다.

대인면접법(personal interview)

교육을 받은 조사원이 직접 응답자와의 대면접촉을 통해 자료를 수집하는 것을 말한다. 대인면접법은 가정에서의 면접(In-home personal interviews), 쇼핑몰이나 거리를 지나가는 소비자들을 상대로 한 면접(mall-intercept personal interviews), 또는 컴퓨터 터미널에 앉아 스크린에 나타난 질문에 키보드나 마우스를 이용하여 응답하는 면접(Computer-Assisted Personal Interviewing ; CAPI) 등으로 나눌 수 있다.

우편조사법(Mail survey)

응답자가 우편으로 발송된 설문지에 응답하도록 한 후 이를 반송용 봉투를 이용하여 회수함으로써 자료를 수집하는 것이다. 이 방법은 응답자 1인 당 조사비가 적게 들며 응답자가 조사문제에 대해 관심이 있는 경우에는 설문지의 양이 길어도 대답을 해 준다는 장점이 있다. 자료수집비용은 설문지의 인쇄비와 발송 및 회수를 위한 우편료 정도이며, 조사원 수당 등을 절약할 수 있다.

외부적 2차 자료

외부적 2차 자료는 조사를 실시하고 있는 기업·조직의 외부에서 찾을 수 있는 자료를 말한다. 외부자료는 그 종류가 매우 방대하여 나열하는 것이 쉽지 않지만 크게 정부·공공기관의 간행물 및 통계자료, 전문적인 서적 및 신문·잡지·방송 보도자료, 기업·조직의 정기간행물 및 연구보고서, 상업적 자료를 포함하는 마케팅조사기관의 자료(신디케이트)로 구분할 수 있다.

1차 자료의 장단점

구분	내용
장점	의사결정을 할 시기에 조사목적에 적합한 정보를 반영할 수 있다.
단점	2차적 자료에 비하여 자료를 수집하는 데 비용, 인력, 시간이 많이 소요되므로 조사목적에 적합한 2차적 자료의 존재 및 사용가능성의 유무를 확인한 후 2차적 자료가 없는 경우에 한해 1차적 자료를 수집하는 것이 경제적이다.

정성조사와 정량조사

구분	정량조사	정성조사
종류	면접조사, 우편조사, 전화조사, 모니터링, 온라인 조사	온라인 포커스 그룹(on-line focus group), FGI, 심층면접법(in-depth interview)
특징	• 구조화적 질문지를 활용한다. • 질문중심적이다. • 많은 표본을 사용한다. • 자료의 계량화를 통해 대량의 정보를 신속하게 처리한다.	• 가이드라인을 활용한다. • 반응중심적이다. • 적은 표본을 사용한다. • 주관적 해석이 이루어진다. • 주관성, 모호성, 표본의 비대표성으로 인해 그릇된 결론에 도달할 여지가 있다.

1차 자료의 수집방법

1차 자료의 수집방법으로는 관찰조사, 실험조사, 인터뷰, 서베이조사로 분류된다.

구분	내용
관찰조사	관찰조사는 조사원이 직접 또는 기계장치를 사용하여 조사 대상자의 행동이나 현상을 관찰하고 기록하는 조사 방법이다. 관찰조사는 질문을 하여 정보를 얻기보다는 조사하고자 하는 사람, 대상물 및 발생사건 등을 인식하고 기록하는 과정을 통해 정보를 얻으려는 방식이다.
실험조사	실험조사는 모든 조건이 일정하게 유지되는 경우의 상황에서 조사 주제와 관련된 하나 또는 그 이상의 변수들을 조작을 통해 인과관계를 파악하는 방법을 말한다.
인터뷰	응답자에게 조사목적을 밝히고 상황에 따라 적절한 형식과 내용의 질문을 하여 정보를 수집하는 방법을 인터뷰라 한다.
서베이조사	서베이조사는 전화, 우편, 면접, 온라인조사 등을 통해 자료를 수집하는 방법을 말한다.

서베이조사의 비교

구분	우편조사	전화	면접	인터넷 조사
비용	보통	낮음	높음	낮음
소요시간	느림	빠름	느림	빠름
자료의 정확성	제한적	보통	좋음	보통
자료의 양	보통	제한적	우수	보통
조사의 유연성	나쁨	보통	우수	보통

변수

변수 어떤 상황의 가변적 요인으로 내용에 따라 종속변수, 외생변수, 독립변수 등이 있다.

구분	내용
독립변수	다른 변수의 변화와는 관계없이 독립적으로 변화하고 이에 따라 다른 변수의 값을 결정하는 변수를 말한다.
종속변수	독립변수에 대해서 종속적으로 결정되는 형질이나 특성을 말한다.
외생변수	독립변수 이외의 변수로서 종속변수에 영향을 주어 이를 통제하지 않으면 연구결과의 내적 타당도가 문제가 되는 변수를 말한다.
내생변수	연립방정식으로 표시되는 모델에 있어서 미지수인 변수를 말한다.
선행변수	제3변수가 독립·종속변수보다 선행하여 작용하는 것을 말한다.
억제변수	독립·종속변수 사이에 실제로는 인과관계가 있으나 없도록 나타나게 하는 제3변수를 말한다.
왜곡변수	독립·종속변수 간의 관계를 정반대의 관계로 나타나게 하는 제3변수를 말한다.

개방형 질문과 폐쇄형 질문

구분	내용	예시
개방형 질문 (주관식 질문)	자유응답형 질문으로 응답자가 할 수 있는 응답의 형태에 제약을 가하지 않고 자유롭게 표현하는 방법이다.	• 지난주에 무슨 일이 있었니? • 현재 구조조정의 가장 심각한 문제는 무엇이라고 생각하십니까?
폐쇄형 질문 (객관식 질문)	사전에 응답할 항목을 연구자가 제시해 놓고 그 중에서 택하게 하는 방법이다.	• 당신이 가장 좋아하는 음식은 무엇입니까? 1. 야채 2. 과일 3. 물

투사법

직접 질문하기 힘들거나 직접 한 질문에 타당한 응답이 나올 가능성이 적을 때에 어떤 자극상태를 만들어 그에 대한 응답자의 반응으로 의도나 의향을 파악하는 방법을 말한다.

≫ 조작적 정의

개념적 정의가 내려진 추상적인 개념을 구체적인 실제 현상과 연결시켜 측정하기 위해서 관찰 가능한 형태로 정의해 놓은 개념을 말한다. 즉 개념적 정의를 연구목적에 적합하도록 관찰 가능한 지표로 변환시킨 것을 말한다.

≫ 명목척도 ★

단순히 다른 속성들을 갖는 변수를 기술하는 측정수준을 말한다. 명목척도는 남녀성별, 결혼여부, 출신지역, 인종, 운동선수 등번호처럼 상호 다르다는 것을 표시하는 척도로 측정대상 간의 크기를 나타내거나 더하기 빼기를 할 수 없으며, 설령 하더라도 의미 있는 결과가 도출되지 않는다.

≫ 서열척도 ★★

측정대상간의 순서관계를 통해 상대적 중요성을 밝혀주는 척도를 말한다. 서열척도에서는 서열이 특정 가능하지만 서열간의 차이는 측정을 할 수 없다.
(예 강의 만족도, 학점, 석차, 선호도, 사회계층, 장애 정도 등)

≫ 등간척도(구간척도) ★★

측정대상의 순서뿐만이 아니라 측정대상의 정확한 간격을 알 수 있는 것을 등간 척도라고 한다. 서열척도에 '거리'라는 개념이 더해진 것으로 값 간의 차이가 있어 자료가 가지는 특성의 양에 따라 순위를 매길 수 있다. 등간척도는 자료간의 양적 차이는 알 수 있지만 양의 절대적 크기는 알 수가 없다.
(예 온도, 물가지수, 대학학년, IQ 등)

≫ 비율척도 ★

가장 포괄적인 정보를 제공하는 최상위 수준의 측정척도로 등간척도의 모든 정보를 제공하면서 절대영점을 가진다. 따라서 측정된 두 값 차이뿐만 아니라 두 값의 비도 의미가 있다.
(예 소득, 시간, 체중, 가격 등)

≫ 평정척도

평가자가 측정대상의 속성이 연속선 상의 한 점에 위치한다는 전제 하에 일정한 기준에 따라 대상을 평가하고 그 속성을 구별하는 척도를 말한다. 평정척도는 기타의 다른 척도와 같이 측정대상의 속성, 그 연속성을 고려하는 이 외에 평가자 척도라는 점에서 평가자의 문제를 고려한다.

≫ 등간척도(등현등간척도)

평가자를 사용하여 척도상에 위치한 항목들을 어디에 배치할 것인가를 판단한 후 다음 조사자가 이를 바탕으로 척도에 포함된 적절한 항목들을 선정하여 척도를 구성하는 방법으로 서스톤이 개발한 척도라 하여 '서스톤 척도'라고도 불린다.

≫ **총화평정척도(리커트 척도)**

평정척도의 변형으로 여러 문항을 하나의 척도로 구성하여 전체 항목의 평균값을 측정치로 하며 리커트 척도라고도 한다. 2점, 3점, 5점, 7점 등의 응답범주로 척도를 구성되며 보통 5점 혹은 7점 척도를 널리 사용한다.

≫ **보가더스 척도**

누적척도의 일종으로 E. S. Bogardus가 여러 형태의 사회집단 및 추상적 사회가치의 사회적 거리를 측정하기 위해 개발한 방법으로 사회집단 등의 대상에 대한 친밀감 및 무관심의 정도를 측정한다. 주로 인종, 민족 또는 사회계층간 사회심리적 거리감을 측정하기 위해 사용되는 사회적 거리척도로 사용하고 있다.

≫ **누적척도**

일차원에 속하는 여러 문항들로 척도를 구성하여 일정한 기준에 의해 약한 강도부터 강한 강도의 질문으로 배열순서를 서열화하여 구성하는 척도이다. '거트만 척도'라고도 한다.

≫ **소시오메트리**

모집단 구성원 간의 거리를 측정하는 방법으로 J. L. Moreno가 중심이 되어 인간관계의 측정방법 등에 사용하여 발전시켰다. 방법은 대개 소집단 혹은 작은 규모의 지역 공동체에서 사람들 사이의 상호관계 · 상호작용 · 의사소통 · 리더십 · 사기 · 사회적응 · 사회적 지위 · 집단구조 등을 알아보는데 사용한다.

≫ **어의구별척도(SD척도)** ★

어떤 대상이 개인에게 주는 의미를 측정하고자 고안된 방법으로 개념이 갖는 본질적 의미를 몇 차원에서 측정함으로써 태도의 변화를 명확히 파악하기 위해 Osgood이 고안하였다.

≫ **신뢰도와 타당도**

- 신뢰도 : 신뢰도란 같은 검사를 반복 시행했을 때 측정값이 일관성 있게 나타나는 정도를 의미한다.
- 타당도 : 측정하고자 하는 사항을 측정했는지에 대한 문제이다.

» 신뢰도 검증방법

구분	내용
재검사법	• 가장 기초적인 신뢰성 검토 방법으로 어떤 시점을 측정한 후 일정기간 경과 후 동일한 측정도구로 동일한 응답자에게 재측정하여 그 결과의 상관관계를 계산하는 방법을 말한다. • 동일한 설문을 같은 응답자에게 2회 실시하는 방법이기 때문에 단순하지만 응답자의 기억효과로 신뢰도가 과대 추정될 소지가 있다.
반분법	• 설문의 문항을 양분하여 각각 채점하는 방법으로 한 설문지의 문항들을 반으로 나누어 구성된 두 부분의 상관 계수로부터 신뢰도의 추정값을 얻는다. • 간단하게 신뢰성을 검토할 수 있지만 어떤 특정 항목의 신뢰도를 정확하게 파악할 수 없다는 특징이 있다.
복수양식법	• 가장 유사한 측정도구를 이용하여 동일표본을 차례로 적용하여 신뢰도를 측정하는 방법을 말한다. • 어떤 특정 항목의 신뢰도를 정확히 파악할 수 없으며 동형검사 제작이 힘들다는 단점을 갖는다.
내적 일관성의 신뢰도	• 여러 개의 항목을 이용하여 동일한 개념을 측정하고자 할 때 신뢰도를 저해하는 요인을 제거한 후 신뢰도를 향상시키는 방법이다. • 하나의 문항을 하나의 설문지로 가정하는 것으로, 10문항이 있으면 설문조사를 10번 한 것처럼 가정법이다. • 크론바하 알파계수(α)를 사용한다.

» 내용타당도

측정하려고 하는 내용을 얼마나 잘 대표하고 있느냐를 알려주는 속성이다. 만일 측정도구가 측정하고자 하는 개념이나 속성을 포함하고 있다면 내용타당도는 높다고 할 수 있다.

» 개념 타당도

측정값보다 측정대상의 속성에 초점을 둔 타당성으로 감정, 지능과 같은 추상적 개념들을 효과적으로 측정할 수 있는 방법으로 구성타당도 또는 구조적 타당도라고도 한다.

》 내적 타당도 저해 요인

내적 타당도를 저해하는 요인에는 외적사건(history), 성장효과(maturation), 검사효과(testing effect), 도구효과, 통계적 회귀, 표본의 편중, 중도탈락, 치료의 모방 등이 있다.

구분	내용
외적 사건 (우연한 사건)	조사과정에 결과를 혼란스럽게 만드는 우연한 외부사건(예 복권당첨, 축제 등)이 일어날 수 있기 때문에 내적 타당도가 감소할 수 있다.
성장효과(성숙효과)	연구기간 중에 개인의 신체적, 심리적 성숙을 할 경우 내적 타당성이 자하될 수 있다.
검사효과	사전검사가 사후검사에 영향을 미치게 되어 종속변수에 변화를 초래하는 경우나 최초 검사보다 후의 검사 결과가 긍정적이거나 부정적인 방향으로 응답할 가능성 때문에 내적 타당도가 감소될 수 있다.
도구효과 (도구 사용)	사전검사와 사후검사에 있어서 측정도구(설문지)를 달리 사용할 경우, 실험에 의한(독립변수) 종속변수의 변화라고 할 수 없기 때문에 내적 타당도가 낮게 나타날 수 있다.
통계적 회귀	극단적인 사람들을 실험집단으로 선택했을 경우 다음 검사에는 독립변수의 효과가 없더라도 평균에 가깝게 행동하려는 경향이 나타나 내적 타당도에 영향을 미칠 수 있다.
중도탈락	피험자들이 실험과정에서 중도 탈락함으로써 실험결과에 영향을 주어 내적 타당도가 감소할 수 있다.
치료의 모방	두 집단의 다른 독립변수 적용 시 독립변수간의 유사성으로 인해 내적 타당도에 영향을 줄 수 있다.

》 외적타당도 저해요인

구분	내용
플라시보 효과 (위약 효과)	조사대상자가 어떤 특별한 개입을 받고 있다고 느낌으로써 나타나는 효과로 인하여 일반화시키는데 어려움이 존재한다.
편향성	실험대상자 선정에서 오는 편향으로 인하여 일반화의 어려움이 있다.
생태적 대표성	실험 자체의 인위성으로 인해 실험상황과 그 결과가 적용되는 현실상황은 다르기 때문에 일반화시키는데 어려움이 따른다.

》 신뢰도와 타당도의 관계

- 측정에 타당도가 있으면 항상 신뢰도가 있다.
- 측정에 타당도가 없으면 신뢰도가 있을 수도 있고 없을 수도 있다.
- 측정에 신뢰도가 있으면 타당도가 있을 수도 있고 없을 수도 있다.
- 측정에 신뢰도가 없으면 타당도가 없다.

텔레마케팅관리

section 1 **텔레마케팅 일반**

≫ 텔레마케팅의 특성
- 시간 절약이 가능
- 공간 및 거리 장벽의 극복 가능
- 유용한 고객정보의 효과적인 수집
- 데이터베이스(DB)를 기반으로 한 마케팅활동의 수행
- 텔레마케팅은 고객과의 관계를 중요시

≫ 텔레마케팅 및 전화 세일즈의 비교

전화이용목적	텔레마케팅	전화 세일즈
	마케팅 도구	판매 도구
지향점	고객지향, 서비스 지향	판매자 지향, 판매 지향
시스템	체계적, 장기적, 반복적	단기적, 불연속적
매체 믹스	매스미디어 및 DM 등 타 매체와의 연동 실시	전화단독이나 DM과 병행 실시
고객관리	DB 개발, 유지관리	리스트의 입수, 구입
실시 형태	Inbound/Outbound 조화	Outbound 지향
리스크	내부리스트 위주	편집리스트 위주
고객 반응	일반적으로 우호적	일반적으로 냉담

≫ 텔레마케팅의 분류 (대상에 의한 분류)
① B to C Telemarketing
- 제품 및 서비스 등을 직접적으로 사용할 일반소비자들에게 하는 텔레마케팅 활동
② B to B Telemarketing
- 제품 등을 구매해서 제조활동 및 통상적인 업무에 활용하거나 재판매하는 업체를 대상으로 하는 텔레마케팅 활동

≫ 텔레마케팅의 분류 (방향에 의한 분류)

① 인바운드 텔레마케팅
- 고객들이 외부에서 기업의 텔레마케팅 센터로 전화를 하는 경우로 고객들의 능동적인 참여를 전제로 하는 방식
- 예 클로버 서비스, 착신자 요금제도

② 아웃바운드 텔레마케팅
- 고객 또는 잠재고객들에게 전화를 걸거나 또는 비디오텍스에 제품정보에 관련한 메시지를 발송하는 방식

≫ 콜센터 문화에 영향을 미치는 사회적 요인 ★
- 콜센터 근무자에 대한 직업의 매력도 및 인식정도
- 취업정보 개방에 따른 콜센터 근무자 이직의 자유로움
- 관련 행정당국의 제도적 · 비즈니스적 지원 정도

≫ In-house에 적합한 상황
- 텔레마케팅에 필요한 인적 및 물적 자원이 거의 다 갖춰져 있는 경우
- 기업 비밀인 데이터베이스를 기업 외부에 유출시키기가 싫은 경우
- 텔레마케팅 노하우를 본격적으로 축적하고 싶은 경우
- 텔레마케팅을 장기적으로나 정기적으로 실행할 계획인 경우
- 업무의 성격상 위탁보다는 내부수행이 더 효율적이라 할 수 있는 경우

≫ 데이터베이스 마케팅 활용 절차
- 고객데이터 수집 : 다양한 정보수집원천을 이용하여 기업이 필요로 하는 고객과 관련된 다양한 데이터를 수집해야 한다.
- 유형별 고객 분류 및 데이터베이스화 : 고객데이터의 수집이 끝나면 고객을 유형별로 분류하고 이를 데이터베이스화 한다.
- 마케팅 전략과 시스템의 일치화 : 구축된 고객 데이터베이스를 바탕으로 고객 개개인과 장기적인 관계를 구축하기 위한 마케팅 전략을 수립하고 시스템을 일치화시킨다.
- 고객집단별 특성 추출 : 유형별로 분류된 고객군의 차별화된 속성을 발견하여 이를 추출한다.
- 변수 분석 : 차별화된 개별 고객별로 점수를 부여하고 다량소비자, 소량소비자 등으로 세분한 후 그 고객의 구매행위에 영향을 미친 변수들을 분석해 고객이 어떤 상품에 관심을 갖고 있는지를 알아낸다.
- 개별고객에 특화된 상품 및 서비스제공 : 분석된 결과를 토대로 개별고객에게 특화된 상품과 서비스를 제공한다.

≫ 텔레마케팅의 활용 분야
- 상품주문 접수
- 고객서비스
- 판매지원
- 고객관리
- 정보의 제공

≫ 통화 생산성 측정 지표
 - 평균 응대속도
 - 평균 콜 처리 시간
 - 통화 후 처리시간

≫ 텔레마케팅 성과지표 ★★
 - 콜 당 평균비용(CPC ; Cost Per Call) : 1콜에 소요되는 비용
 - 주문 당 평균비용(CPO ; Cost Per Order) : 1건의 주문을 받는데 소요된 비용
 - 콜 응답률(CRR ; Call Response Rate) : 총 발신수에 대한 반응비율
 - 주문 획득률(Order Rate) : 총 발신에 대한 주문의 비율
 - 건당 반응비용(CPR ; Cost Per Response) : 1건의 반응을 얻는데 소요된 비용
 - 계약률(CR ; Conversion Rate) : 리드(문의, 자료요청 등의 반응)를 주문으로 변환시키는 비율

≫ 아웃바운드 콜센터 지표 ★
 - 고객 DB 사용 대비 고객획득률 : 총 고객 DB 사용건수 대비 고객으로 획득한 비율
 - 콜 당 평균 전화비용 : 아웃바운드 텔레마케팅의 경우 1콜 당 평균적으로 소요되는 전화비용의 정도
 - 콜 접촉률 : 아웃바운드 텔레마케팅을 실행한 후 고객과 접촉한 총 건수
 - 총 매출액 : 일정기간 동안 아웃바운드 텔레마케팅을 실행한 결과 발생한 총매출액

≫ 인바운드 콜센터 생산성 관리지표
 - 평균통화시간 : 고객 1인당 평균 상담 소요시간
 - 평균 마무리 처리시간 : 통화 이후 콜 처리시간
 - 평균 통화 처리시간 : 평균 통화시간+평균마무리 처리시간
 - 평균 응대속도 : 상담원과 통화이전 대기하고 있는 총시간
 - 예상 인입율 총량 : 채널별, 시간대별 인입된 총 콜의 수
 - 콜 서비스목표율 : 평균 목표시간 내 받을 수 있는 콜의 수
 - 포기콜 수 : 콜 수 과다로 고객이 대기 중 포기한 콜의 비율

≫ WFMS(Work Force Management System)
콜 센터 인력 운영의 효율화 및 서비스 레벨의 유지를 도와주는 전문 소프트웨어로서, 콜 센터의 콜 량을 예측하고(Forecasting), 상담원들의 스케줄을 배치하고 (Scheduling), 실적을 체크(Tracking)하는 주요 기능이 있다.

≫ 콜 예측량 모델링을 위한 콜센터 지표
 - 평균통화시간(초) : 일정시간 동안에 모든 상담원이 모든 호와 통화하는 데 소요되는 평균시간을 말한다.
 - 평균통화처리시간(초) : 평균통화시간과 평균마무리처리시간을 합한 것이다.
 - 평균응대속도(초) : 고객이 상담원과 대화 이전에 대기하고 있는 총시간을 응답한 총통화수로 나눈 값을 말한다.
 - 평균마무리처리시간(초) : 평균통화시간 이후 상담내용을 별도로 마무리 처리하는 데 소요되는 평균적인 시간을 말한다.

≫ **2080법칙**

- 경제학자인 파레토가 소득과 부의 관계를 연구하다가 발견한 법칙으로 파레토의 법칙이라고도 한다.
- 80%의 효과는 20%의 노력으로 얻어진다는 것으로, 이를 기업에 적용하면 20%의 제품이 전체 매출이나 이익의 80% 이상을 차지하고 전체 고객 중 핵심 고객 20%가 매출의 80% 이상을 소비하는 현상을 해석할 수 있다.

≫ **콜센터 직무별 역할**

① **텔레마케터(TMR; Telemarketer)** : 고객관리 · 고객 상담에 직접적으로 관련되는 텔레마케팅의 일을 하는 사람들이다.
② **유니트 리더** : 텔레마케팅의 소단위 업무리더로 고객의 문의사항에 대하여 좀 더 높은 격으로 직접 처리하거나 슈퍼바이저에게 직접 보고하여 업무처리를 원활하게 돌아가도록 한다.
③ **슈퍼바이저(Supervisor)** : 텔레마케팅의 교육, 훈련, 관리에서 스크립트 작성, 리스트 세분화, 판매 전략의 기획 입안, 운영코스트의 관리, 활용 등 여러 직무를 수행한다.
④ **제너럴 매니저(General Manager)** : 텔레마케팅 업무 전체의 작업효율, 손익분기점 등을 고려하면서 운영효율화를 위한 ACD 등의 도입 시기 결정, 운영예산책정, 작업환경의 정비, 근무체계의 확립, 인사, 관리, 운영체계의 강화 등을 담당한다.

≫ **고객 상담의 필요성**

① **고객입장**
- 정보와 지식 부족, 기업에 비해 약자의 위치
- 대량생산 · 불량품 등 소비자피해의 증가
- 소비확대와 구매량 증가
- 법규 위반과 사기행위 증가
② **기업입장**
- 제품이나 서비스의 불량으로 고객에게 피해를 끼치며 회사 이미지에 악영향
- 수집된 고객 데이터를 확대재생산의 정보로 활용
- 소비자 지향, 고객지향적인 마케팅활동 전개로 경쟁 우위를 점함
- 고객의 무리한 피해보상요구에 올바르게 대응
- 제품 판매 감소의 원인 파악

≫ **고객가치 측정기법**

- **고객순자산가치(Customer Equity)** : 고객을 기업의 자산항목으로 간주하여 그 가치를 평가
- **고객생애가치(Customer Lifetime Value)** : 고객들로부터 미래의 일정 기간 동안 얻게 될 이익을 할인율에 의거해 현재가치로 환산한 재무적 가치
- **RFM(Recency, Frequency, Monetary)** : 최근성, 구매의 빈도, 구매액 등의 3가지 지표들을 통해 얼마나 최근에, 얼마나 자주, 그리고 얼마나 많은 구매를 했는가에 대한 정보들을 기반으로 고객의 수익 기여도를 나타내고자 하는 지표
- **고객점유율(Share Of Customer)** : 한 고객이 소비하는 제품이나 서비스군 중에서 특정 기업을 통해 제공받는 제품이나 서비스의 비율

조직관리

>> 조직설계의 기본 요소
① 분화
– 전체의 과업을 더 작은 과업의 단위로 세분화시키는 것
② 부문화
– 전문가 중에서 유사한 직무를 수행하는 집단으로 집단화하는 것
③ 조직도
– 기업 조직에 있어 직위 및 직위상호 간 공식적인 관계를 단순한 도표를 나타낸 것

>> 조직설계의 기본 변수
① 복잡성
– 조직 내 분화의 정도를 의미
② 집권화
– 조직의 어느 한 곳에 의사결정이 집중되는 정도
③ 공식화
– 조직에서 실행되어지는 수행이 문서화되어 안정적인 형태를 띠는 것

>> 텔레마케팅 조직문화의 변화 추세
– 고객지향화
– 대형화
– 다수의 채널화
– 집중 및 통합화
– 시스템 및 자동화
– 제휴 및 아웃소싱화
– 조직 · 전문 · 고급화
– 고품격 서비스화
– 전략 및 전사화
– 복합상황의 대응화
– 수익화

>> 텔레마케팅 조직원의 역할과 자세
– 고객을 설득시킬 수 있는 전문성 보유
– 고객 카운슬러 기능
– 고객관리 전문요원
– 고객분석가
– 마케팅 혁신가

≫ 텔레마케터에게 요구되는 자질
- 정확한 발음과 음성
- 표현과 구술능력
- 훌륭한 청취력
- 이해와 배려
- 품성 및 조직적응력
- 정서적 안정과 자기회복능력
- 제품 및 서비스상식
- 마케팅 · 경제 · 시사상식
- 긍정적인 사고방식

≫ 관리적 측면에서의 리더십의 기능
- 부하직원에게의 업무 배정
- 부하직원에게의 동기부여
- 부하직원의 업무수행능력 지도 및 개발
- 구성원들 간 커뮤니케이션

≫ 행동과학적 관점에서의 리더 기능
- 행동
- 기술
- 지식
- 가치

≫ 행동과학적 관점에서의 집단 기능
- 규범 및 가치
- 응집력
- 목표 위임
- 구성원의 기대
- 구성원의 욕구

≫ 행동과학적 관점에서의 상황기능
- 조직의 가치관
- 기술
- 과업의 요구
- 과업의 다양성

❯❯ 성공적인 리더의 특성 및 능력

특성	능력
• 상황에 대한 적응력이 높다. • 사회 환경에 대해 민감한 반응을 보인다. • 야심이 강하고 성취 지향적이다. • 결단력이 있다. • 협동심이 강하다. • 단호하다. • 신뢰성이 있다. • 타인을 지배하려는 욕구가 강하다. • 활동적이다. • 인내심이 강하다. • 자신감이 있다. • 스트레스에 잘 대처한다. • 책임지기를 좋아한다.	• 두뇌가 명석하다. • 개념 파악력이 우수하다. • 창의성이 높다. • 유머가 있다. • 언어구사능력이 좋다. • 과업수행에 대한 지식을 지니고 있다. • 행정능력이 우수하다. • 설득력이 있다. • 대인관계가 원만하다.

❯❯ 리더십 이론

① 특성이론
  - 성공적인 리더와 그렇지 못한 리더를 구분할 수 있는 특성이나 특징이 존재한다는 것
  - 모든 사람이 리더가 될 수 있는 우수한 자질을 가지고 있는 것은 아니기 때문에 그러한 특성을 가지고 있는 사람만이 리더가 될 수 있는 가능성이 있다는 것으로 본 것
  - 버나드(C.I. Barnard)는 리더의 자질로서 지구력과 인내력, 설득력, 책임감, 지적 능력 등을 제시
  - 데이비스(K. Davis)는 성공적인 리더의 일반적인 특성으로 지력, 사회적 성숙 및 관용, 내적 동기부여 및 성취동기, 인간관계적 태도 등을 제시
  - 특성이론은 상황요인을 고려하지 않고 있다.
  - 특성이론은 개인적인 자질에만 초점을 두고 있기 때문에 개인이 리더십 상황에서 실제 어떻게 행동하는가를 설명하지 못하고 있다.

② 행위이론
  - 성공적인 리더와 비성공적인 리더는 그들의 리더십 유형에 의해 결정된다는 이론

③ 상황이론
  - 모든 상황에 언제나 적합하고 유일한 리더십의 유형은 없다는 내용

❯❯ 리더십의 기본유형

① 의사결정 방식에 따른 구분
  - 독재형 리더십
  - 민주형 리더십
  - 자유방임형 리더십

② 태도에 따른 구분
  – 직무 중심형 리더십
  – 인간관계 중심형 리더십

≫ 변혁적 리더십
  – 조직구성원들로 하여금 리더에 대한 신뢰를 갖게 하는 카리스마는 물론, 조직변화의 필요성을 감지하고 그러한 변화를 이끌어 낼 수 있는 새로운 비전을 제시할 수 있는 능력이 요구되는 리더십
  – 자질 : 비전을 통한 단결능력, 비전을 전달할 수 있는 능력, 신뢰감의 획득, 자신의 이미지 관리에 관심

≫ 카리스마적 리더십
  자기 자신과 자신이 이끄는 조직구성원에 대한 극단적인 신뢰, 이들을 완전히 장악하는 거대한 존재감, 그리고 명확한 비전을 갖고 일단 결정된 사항에 관해서는 절대로 흔들리지 않는 확신을 가지는 리더십

≫ 리더십 이론의 발전 순서
  특성이론(1940~50년대) → 행동이론(1940년대 말부터 미국의 오하이오 주립대학과 미시건 대학의 연구자들에 의해 주도) → 상황이론(1960년대 후반) → 변혁적 리더십이론(1978년 Burns의 이론 전개)

≫ 하우스(House)의 목표–경로 이론
  – 지시적 리더십 : 구체적 작업지시, 규칙 및 절차, 계획통제조정, 의사결정에의 참여
  – 후원적 리더십 : 우호적이고 친밀감, 인간적 관심, 하급자의 의사표현존중
  – 참여적 리더십 : 부하들과의 협의 및 제안을 활용하나 의사결정은 리더가 함
  – 성취지향적 리더십 : 도전적 목표설정 강조, 부하능력 신뢰(성과에 대한 책임)

≫ 교수설계의 일반모형 ★
  – 분석(Analysis) : 요구분석, 학습자분석, 학습환경 분석, 직무 및 과제 분석
  – 설계(Design) : 목표명세화, 평가도구설계, 교수전략결정, 교수매체선정
  – 개발(Development) : 교수자료개발, 교수자료수정, 제작
  – 실행(Implementation) : 사용 및 설치, 유지 및 관리
  – 평가(Evaluation) : 교육훈련, 성과평가

≫ 텔레마케터에 대한 코칭의 목적 ★
  – 목표부여 및 관리
  – 자질 향상을 위한 지원
  – 상담원의 역할 인식
  – 텔레마케터로서의 집중적인 학습 및 자기개발

section 3 인사관리

≫ 인사관리의 특성
- 관리의 대상은 인간
- 인사관리의 주체는 인간

≫ 직장에서의 노동력 유효이용에 대한 사항
- 직무할당
- 직장에서의 직무지도 등으로 능력육성
- 개개의 안전위생지도
- 근로의욕에의 동기부여

≫ 관찰법
- 직무분석자가 직무수행자를 직접 관찰하면서 정보를 수집하는 형태
- 제공할 수 없거나 제공하기를 꺼리는 정보 등을 취득하는 데 적합
- 피 관찰자의 느낌·동기, 장기적인 행동 등에 대해서는 관찰할 수 없다.
- 피 관찰자 자신이 관찰 당한다는 사실을 인지하지 못하게 하는 것이 중요
- 자료를 수집하는 데 있어 피 관찰자의 협조의도 및 응답능력이 문제가 되지 않는다.
- 작업의 시작에서 끝까지의 장시간이 소요되는 업무의 경우 적용이 곤란하며, 직무관찰행위가 작업자의 직무수행에 영향을 미칠 수도 있다.
- 수작업 및 육체적 작업인 경우 적은 시간과 비용으로 직무분석이 가능하다.

≫ 질문지법
- 설문지를 통해 직접 질문해서 자료를 수집
- 전화, 편지, 인터뷰 등의 방식을 통해 시행
- 다량의 정보를 짧은 시간 안에 수집이 가능
- 인구통계적인 특성, 행동의 동기, 태도 및 의견 등의 광범위한 정보의 수집이 가능

≫ 면접법
- 연구자와 응답자 서로간의 언어적인 상호작용을 통해 필요한 자료를 수집하는 방법
- 모든 사람에 대해서 할 수 있다.
- 응답자 과거의 행동이나 사적 행위에 관한 정보를 얻을 수 있다.
- 개별적 상황에 따라 높은 신축성과 적응성을 갖는다.
- 다양한 질문을 사용할 수 있고 정확한 응답을 얻어 낼 수 있다.
- 질문지법보다 더 공정한 표본을 얻을 수 있다.
- 타인의 영향을 배제시킬 수 있다.

- 환경을 통제, 표준화할 수 있다.
- 절차가 복잡하고 불편하다.
- 시간, 비용, 노력이 많이 든다.
- 응답에 대한 표준화가 어렵다.

타당성 측정 방법

① **준거관련 타당성** : 시험성적과 하나 또는 그 이상의 기준치를 비교함으로써 결정하며 종업원의 직무성과 달성정도라 할 수 있다.

- **동시타당성** : 현직 종업원에 대하여 시험을 실시하여 시험성적과 현재 종업원의 직무성과를 비교하여 타당성을 측정
- **예측타당성** : 선발시험을 치러 합격한 지원자들의 시험성적과 입사 후 직무성과를 비교하여 타당성을 측정

② **내용 타당성** : 상세한 직무분석에 의한 직무내용과 시험문제의 상관성을 파악하여 전문가들에 의해 평가하는 방법

③ **구성타당성** : 선발도구가 리더십, 성격, 적성 등의 추상적인 개념을 제대로 측정하는 지를 평가

직무평가의 방법

① **분류법**

- 사전에 규정된 등급 또는 어떠한 부류에 대해 평가하려는 직무를 배정함으로써 직무를 평가하는 방법

장점	단점
• 이 방식은 서열법에 비해 직무를 훨씬 더 명확하게 분류 가능하고, 조직의 직원 및 관리자들이 여러 가지의 직무 사이의 공통적인 요소를 발견하기가 용이하다.	• 분류 자체에 대한 정확성 등을 명확하게 보장할 수 없다. • 고정화된 등급의 설정으로 인해 사회적, 경제적, 기술적 변화 등에 따른 탄력성이 부족하다. • 직무들의 수가 많아지고 내용도 복잡해짐에 따라 명확한 분류를 할 수 없게 된다.

② **서열법**

- 직무평가의 방법 중 가장 간편한 방법으로, 각 직무의 상대적 가치들을 전체적이면서 포괄적으로 파악한 후에, 순위를 정하는 방법

장점	단점
• 비용이 저렴하다 • 쉬우면서도 간편하다.	• 평가 시 평가자의 주관이 개입될 수 있다. • 평가대상의 직무수가 많아지면, 활용하기 어렵다. • 절대적인 성과차이를 구별할 수 없다.

③ 점수법

- 각 직무를 여러 가지 구성요소로 나누어서 중요도에 따라 각 요소들에 점수를 부여한 후, 그렇게 각 요소에 부여한 점수를 합산해서 해당 직무에 대한 전체 점수를 산출해서 평가하는 방법

장점	단점
• 종업원 및 감독자가 용이하게 이해할 수 있다. • 각 평가요소의 중요도가 미리 마련되어 있어 평가에 대한 객관성을 확보할 수 있다.	• 각각의 평가요소를 선정하는 데 있어 많은 시간 및 노력 등이 소모된다. • 각각의 평가요소의 가중치를 산정하는 데 있어 어려움이 존재한다.

④ 요소비교법

- 기업 조직 내에서 가장 기준이 되는 기준직무를 선정하고, 그 다음으로 평가자가 평가하고자 하는 직무에 대한 평가요소를 기준직무의 평가요소와 비교해서 그 직무의 상대적 가치를 결정하는 방법

장점	단점
• 평가결과가 임금액으로 나타나므로 임금결정에 있어 공정성의 확보가 가능하다. • 기준 직무의 가치를 합리적으로 설정하면 타 여러 직무와의 비교평가가 가능하다. • 평가방법이 비교적 정교하며, 타당성 및 신뢰성 등이 높은 편이다.	• 활용 방법이 복잡해서 각 종업원들의 이해가 어렵다. • 기준직무의 내용이 변경될 시에는 평가척도의 전체를 변경시켜야 하는 번거로움이 발생하게 된다. • 시간 및 비용 등이 과다 소요된다. • 기준직무의 가치가 이상하게 측정되면 다른 직무의 평가 자체를 그르치게 될 소지가 있다.

>> 배치전환의 원칙

- 적재적소의 원칙
- 인재육성주의의 원칙
- 능력주의 원칙
- 균형주의 원칙

➤➤ 교육훈련의 비교

OJT : ★★

	OJT (On The Job Training ; 사내 교육훈련)	OFF JT (Off The Job Training ; 사외 교육훈련)
개념	조직에서 구성원이 업무에 대한 기술 및 지식을 현업에 종사하면서 감독자의 지휘 하에 훈련받는 현장실무 중심의 교육훈련 방법	종업원들을 일정기간 동안 직무로부터 분리시켜 기업 내 연수원 등의 일정한 장소에 집합시켜 교육훈련을 시키는 교육훈련 방법
장점	• 일을 하면서 훈련을 할 수 있다. • 낮은 비용으로 훈련이 가능하다. • 상사 또는 동료 간의 이해 및 협조정신을 높일 수 있다. • 훈련이 추상적이 아닌 실제적이다. • 실행 면에서도 OFF JT보다 훨씬 용이하다. • 각 종업원의 습득 및 능력에 맞춰 훈련할 수 있다	• 전문가가 교육을 실시한다. • 많은 수의 종업원들의 교육이 가능하다. • 현재의 업무와는 별개로 예정된 계획에 따라 실시가 가능하다. • 종업원들은 현업의 부담에서 벗어나 훈련에만 집중하므로 교육의 효율성이 제고된다.
단점	• 전문적 지식 및 기능의 교육이 어렵다 • 일과 훈련에 따른 심적 부담이 증가된다. • 다수의 종업원을 훈련하는 데에는 부적절하다. • 교육훈련의 내용 및 수준에 있어서 통일시키기 어렵다.	• 비용이 많이 소요된다. • 직무수행에 있어 필요한 인력이 줄어든다. • 받은 교육에 대한 결과를 현장에서 바로 활용하기가 어렵다.

➤➤ 교육훈련 참가자에 대한 평가
- 선발평가 : 교육훈련 대상자를 제대로 선발하였는지에 대한 평가
- 반응평가 : 교육훈련에 참가한 사람들의 교육에 대한 긍정적 혹은 부정적 태도를 파악
- 학습성과평가 : 기업이 원하는 수준에 교육훈련 참가자가 도달했는가를 판단
- 적용평가 : 습득된 학습내용이 실제 업무에서 어느 정도 적용되는지를 파악

➤➤ 감독자의 주요 업무
- 채용기준의 설정
- 텔레마케터의 채용
- 교육 및 훈련
- 텔레마케터의 관리
- 스크립트의 작성
- 리스트 및 고객 데이터
- 운영 및 진도 관리
- 매뉴얼 작성 및 수정
- 모니터링
- 비용관리

슈퍼바이저의 역할
- 모니터링을 통한 성과분석
- 텔레마케터 능력 개발 요소 분석
- 스케줄 관리
- 텔레마케팅 스크립트 작성 및 개선작업 수행
- 텔레마케터에 대한 교육 및 코칭

텔레마케터 선정 시의 체크포인트
- 성격 : 상식이 풍부하며, 건강하고 밝은 성격
- 음성 : 깨끗한 발음과 맑은 목소리
- 언어 : 정확한 언어 사용
- 회화 : 명랑하고 친절한 말씨, 풍부한 표현력
- 경청 : 말하는 것뿐 아니라 잘 듣는 태도
- 인내력 : 반복 작업을 통한 되풀이 가능
- 판단력 : 고객반응을 빨리 이해하고 냉정히 대처
- 적극성 : 고객에게 적극 대처, 스트레스 해소능력
- 지식욕 : 왕성한 호기심과 강한 지식욕구
- 신뢰성 : 정직하고 객관적임
- 유연성 : 고정관념에 빠지지 않고 탄력적으로 대응
- 협조성 : 그룹 공동작업, 팀플레이의 가능성
- 독립심 : 타인에게 의존하지 않고 스스로 처리, 자립심

텔레마케팅의 특성
- 시간의 절약이 가능하다.
- 공간과 거리의 장벽을 극복할 수 있다.
- 유용한 고객정보를 효과적으로 수집할 수 있다.
- 데이터베이스(DB)를 기반으로 마케팅활동을 수행한다.
- 텔레마케팅은 고객과의 관계를 중시한다.

상담 모니터링 평가결과를 기반으로 한 활용분야
- 개별 코칭
- 보상 및 인정
- 통합 품질측정

QAA의 역할
- 상담원 코칭
- 통화품질관리
- 상담 내용 모니터링

>> **커크패트릭의 교육훈련 평가의 4가지 기준**

단계	특징
1. 반응도 평가	프로그램에 대한 교육생들의 반응 및 이해관계자의 만족도(효과성) 측정
2. 학습성취도 평가	기술, 지식, 태도의 변화를 측정
3. 현업적용도 평가	업무 현장에서의 행동변화나 특정 분야에서의 적용 및 수행결과 측정
4. 경영성과 기여도 평가	프로그램의 결과로 인한 경영성과의 측정

>> **콜센터의 인력관리 프로세스 ★**

과거 콜 데이터의 수집과 분석→콜량의 예측→상담인력의 계산→상담원의 스케줄 배정→일별 성과의 관리 및 분석

>> **콜센터 조직의 일반적 특징**
- 비정규직 중심의 전문조직
- 상담원의 특정 업무 선호도 심화
- 근로조건에 따라 이직이 용이함
- 커뮤니케이션 장벽 발생
- 개인의식 및 능력 편차 발생에 따른 극복 필요

>> **콜센터 조직의 구성 원칙**
㉠ 전문화의 원칙
㉡ 직능화의 원칙
㉢ 조정의 원칙
㉣ 통제한계의 원칙
㉤ 명령일원화의 원칙
㉥ 계층화의 원칙
㉦ 권한이양의 원칙

>> **콜센터의 생산성을 향상시킬 수 있는 방안**
- 텔레마케팅 성과분석을 위한 지표를 분석한다.
- 콜센터 환경을 개선한다.
- 콜센터 인력에 대한 교육을 강화한다.
- 통화품질관리를 실시한다.

》》 동료(Peer) 모니터링

　① 장점

　- 품질 프로세스에 상담원이 참여하여 상담원의 책임을 강화하는데 도움이 되며, 통화품질담당자의 주요 역할을 스스로 행할 수 있다.

　- 모니터링 수행 시 거부감이나 두려움이 적고 자연스럽게 코칭이 이루어진다.

　- 상담원의 프로의식과 공헌도를 인지시켜주는 직업의식 고취의 한 형식이 될 수 있다.

　- 상담원끼리 서로 학습함으로써 슈퍼바이저와 매니저로부터 받은 교육을 스스로 강화시킬 수 있다.

　- 상호 피드백을 제공함으로써 상담원 커뮤니케이션 스킬을 공유한다.

　② 단점

　- 잘못된 피드백을 할 수 있으므로 우수한 상담원들을 신중하게 선별한다.

　- 모니터링 수행자에게 피드백 방법을 훈련시켜야 한다.

　- 우수 상담원들의 콜 응대시간을 감소시킬 수 있다.

　- 성과 보상 시스템과 연계되어야 한다.

》》 SMART 성과 목표 설정 항목 ★

　- S(Specific) : 구체적이어야 한다.

　- M(Measurable) : 측정할 수 있어야 한다.

　- A(Attainable) : 달성 가능한 지표여야 한다.

　- R(Result) : 전략과제를 통해 구체적으로 달성하는 결과물이어야 한다.

　- T(Time-bound) : 일정한 시간 내에 달성 여부를 확인할 수 있어야 한다.

》》 프리뷰 다이얼링(Preview Dialing)

　- 미리보기 다이얼링이라고도 하며, 상담원이 미리 전화를 걸 대상 고객의 정보를 컴퓨터 화면에 디스플레이 해 놓고, 자동 발신키를 누르면 시스템이 자동으로 전화를 걸어주는 방식이다.

　- 사용되는 장비는 자동 다이얼링 장치(ADU, Automatic Dialing Unit)이며 모뎀을 통한 다이얼링과 동일한 기술이 적용되어 있다.

》》 허시-블랜차드의 리더십 상황이론

　- 지시적 리더

　- 설득적 리더

　- 참여적 리더

　- 위양적 리더

》》 모니터링의 성공요소 ★

　- 대표성 : 모니터링 대상 콜을 통하여 전체 콜센터의 특성과 수준을 측정할 수 있어야 한다. 모니터링의 대상 콜은 하루의 모든 시간대별, 요일별, 모든 주를 대표할 수 있어야 한다.

- 객관성 : 텔레마케터의 장·단점을 발견하고 능력을 향상시킬 수 있는 수단으로 활용해야 하며 편견 없이 객관적인 기준으로 평가하여 누구든지 인정할 수 있어야 한다.
- 차별성 : 모니터링 평가는 서로 다른 스킬 분야의 차이를 반드시 인정하고 반영해야 하며, 기대를 넘는 뛰어난 스킬과 고객 서비스 행동은 어떤 것인지, 또 거기에 대한 격려와 보상은 어떻게 해야 되는지 등을 판단하는데 도움이 된다.
- 신뢰성 : 평가는 지속적으로 이루어져야 하고 누구든지 결과를 신뢰할 수 있어야 하므로 평가자는 성실하고 정직해야 한다. 모든 평가자는 동일한 방법으로 모니터링을 해야 하며 누가 모니터링을 하더라도 그 결과가 큰 차이가 없이 나와야 신뢰를 획득할 수 있다.
- 타당성 : 고객들이 실제적으로 어떻게 대우를 받았는지에 대한 고객의 평가와 모니터링 접수가 일치해야 하고 이를 반영해야 한다. 모니터링 평가표는 고객 응대 시의 모든 중요한 요소가 포함될 수 있도록 포괄적이어야 하고 고객을 만족시킬 수 있는 행동들은 높게 평가해야 하며 고객 불만족 행동들은 낮게 평가되도록 설정해야 한다.
- 유용성 : 모니터링 정보는 조직과 고객에게 영향을 줄 수 있어야만 가치를 발휘하게 되며 타당성, 대표성, 차별성, 객관성, 신뢰성들은 대표적이고 객관적이며 신뢰할 수 있는 유용한 데이터를 만들기 위하여 이용된다.

›› 콜센터 시스템 매니저의 역할
- 콜센터 전반의 시스템 관리
- 시스템 업그레이드
- 시스템 장애 예방 및 복구
- 보안 대처

›› 콜센터 생산성 평가요소
- 인적자원 생산성
- 매출·이익률
- 콜 생산성관리
- 콜센터 근무환경 생산성,
- 콜센터 시스템 접근 및 생산성
- 콜 품질관리 생산성
- 실시간 성과분석과 모니터링
- 고객데이터 생산성
- 수시 및 정기 미팅을 통한 커뮤니케이션 차이 조정
- 사후관리

›› 역할 연기(Role Playing)의 효과 ★★
- 참여를 적극적으로 유도하고 사고를 자극한다.
- 모방, 관찰, 피드백, 분석 및 개념화를 통해서 학습이 이루어진다.
- 정보를 제공하고 성과에 대한 즉각적인 평가를 통해 기술을 향상시킨다.
- 연습을 통해서 새롭고 유용한 행동을 습관화시킬 수 있다.

- 문제의 해결안을 실행하는 능력을 향상시킬 수 있다.
- 상대방의 입장에 서서 다양한 문제 상황을 이해하고 경험해 볼 수 있다.
- 타인이 그 자신의 행동에 대해 인식하고 통찰할 수 있도록 피드백 해주고 능력을 키울 수 있다.
- 자기반성의 기회를 가질 수 있으며, 자주성과 창조성을 제고시킬 수 있다.

≫ 매트릭스 조직 ★
- 기능별부문화와 사업별부문화가 결합된 혼합형부문화가 이루어진 모형을 말한다.
- 이를 통해 조직의 활동을 기능적 부문으로 전문화시킴과 동시에 전문화된 부문을 다시 사업별로 연결 통합시키는 사업형태를 가지고 있다.
- 매트릭스 조직은 전문 인력과 기술 및 장비를 여러 사업 부서에서 공동으로 활용할 수 있으나 이중적 권위구조로 인해 갈등을 유발하게 되는 단점을 가지고 있다.

고객관리

≫ CRM(고객관계관리)

고객과 관련된 기업의 내·외부 자료를 분석·통합하여 고객특성에 기초한 마케팅활동을 계획하고 지원하며 평가하는 과정을 의미한다. 다양한 고객접점을 활용하여 여기서 발생되는 수많은 데이터를 세분화하여 신규고객의 획득→우수고객의 유지→고객가치의 증진→잠재고객의 활성화→평생 고객화와 같은 사이클링을 통한 고객의 니즈(needs)에 초점을 두어 일대일로 실시하는 차별화된 마케팅전략이다.

≫ CRM의 등장배경 ★
- 산업사회의 성숙기 진입, 세계화, 다국적기업의 진출 등으로 인한 경영환경의 변화
- 고객중심으로의 변화
- 고객 가치의 변화
- 인터넷의 등장과 정보기술의 발전

≫ CRM의 세 가지 분류 ★★★

메타그룹 산업보고서의 CRM 세 가지 분류 : 홍보컨설팅, SNS 및 컨텐츠 개발 전문회사로 유명한 메타그룹은 CRM을 기능적인 측면에서 크게 세 가지로 분류하였다.

구분	내용
분석적 CRM	데이터웨어하우스나 데이터마트에서 나온 유용한 고객관계관리 자료를 토대로 고객에 대한 정보를 추출하는 과정을 말한다.
운영 CRM	데이터웨어하우스나 데이터마트에 해당하는 부문으로서 고객에 대한 정보를 종합하고, 고객의 취향과 정보 형태를 지속적으로 축적해 가는 과정을 말한다.
협업적 CRM	운영적 CRM과 분석적 CRM의 통합을 의미하며 고객과 기업 간의 상호 작용을 촉진시키기 위해 고안된 메일링, 전자커뮤니티, 개인화 된 인쇄 등을 말한다.

≫ CRM 마케팅과 매스마케팅의 비교

구분	CRM marketing	MASS marketing
등장	1960년대	1990년대 이후
성과지표	고객점유율 지향	시장점유율 지향
판매기반	고객가치를 높이는 것을 기반	고객과의 거래를 기반
관계측면	고객과의 지속적인 관계 유지를 하는 것이 목표	신규고객개발에 더욱 중점
목표고객	고객 개개인	불특정 대다수
의사교환방식	개인적 커뮤니케이션	일방적 의사교환
생산방식	다품종 소량생산	대량생산, 대량판매

≫ CRM시스템의 구성요소

구분	내용
고객 정보 분석 부문	분석 도구, 의사 결정 지원 도구, 계획 도구
실행 부문	채널 관리자, 로직 저장소, 캠페인 관리자, 플로 관리자
공통 부문	고객 정보 분석, 실행에서 공통적으로 사용되는 고객 정보 저장소, 지식 관리자

≫ e-CRM

e-CRM은 인터넷을 통하여 구매이력 등의 고객정보를 수집하고, e-mail 등을 통해 고객과 커뮤니케이션을 한다. 또한 고객에 대응할 때에는 한 가지 방법이 아닌 통합된 형식의 CRM이 필요하다.

≫ 고객가치 측정기법 ★

구분	내용
고객순자산가치 (Customer equity)	고객을 기업의 자산항목으로 간주하여 그 가치를 평가
고객생애가치 (Customer lifetime value)	고객들로부터 미래의 일정 기간 동안 얻게 될 이익을 할인율에 의거해 현재가치로 환산한 재무적 가치
RFM (Recency, Frequency, Monetary)	최근성, 구매의 빈도, 구매액 등의 3가지 지표들을 통해 얼마나 최근에, 얼마나 자주, 그리고 얼마나 많은 구매를 했는가에 대한 정보들을 기반으로 고객의 수익기여도를 나타내고자 하는 지표
고객점유율 (Share of customer)	한 고객이 소비하는 제품이나 서비스군 중에서 특정 기업을 통해 제공받는 제품이나 서비스의 비율

≫ 전화상담 시 의사전달에 영향을 미치는 요소
- 시각적 요소
- 청각적 요소
- 언어적 요소

≫ 가치관점에서의 고객의 분류

구분	내용
가치생산고객	사내고객
가치전달고객	중간고객
가치사용고객	최종고객

≫ 단호한 성향을 가진 고객의 특징
- 경쟁적이다.
- 자신만만하고 거만한 태도를 보이기도 한다.
- 듣기보다 말을 많이 한다.
- 매우 구체적이며, 직접적으로 질의 한다.
- 권력 등을 상징적으로 사용하기도 한다.
- 자기주장이 강하다.
- 즉각적인 결과나 욕구충족을 원한다.

≫ 고객접점(MOT ; Moment Of Truth) ★★
고객접점이란 고객이 기업의 한 부분(직원/환경)과 접촉하여 서비스(품질)에 대한 인식에 영향을 미치는 15초 내의 결정적인 순간을 말한다. 스페인의 투우 용어인 "Moment De La Verdad"에서 유래된 고객접점은 피하려 해도 피할 수 없는 실패가 허용되지 않는 매우 중요한 순간을 의미한다.

≫ 폐쇄형 질문
- 미리 작성된 질문으로, 제기될 수 있는 모든 가능한 질문들을 말한다.
- 응답자는 응답들 가운데 하나를 선택하도록 질문을 받으므로 응답을 쉽게 입력하고 시간과 돈을 절약하는 장점을 가진다.
- 구조화 된 질문은 응답자들에게 제시된 답들을 선택하도록 강요한다는 어려움이 있으므로 응답자가 '예', '아니오'를 나타내도록 요구받을 때 보다 자세한 내용을 알기 위해서 '왜', 또는 '더 상세한 내용을 제시해주세요'라는 말이 뒤따를 수 있다.
- 선택지가 주어졌을 때 '기타'라는 범주는 항상 적절한 응답을 찾을 수 없는 경우에만 제시되어야 한다.
- 응답자는 조사자가 마련한 보기 중에서 대답을 선택하도록 요청받는 질문방식으로, 탁월한 응답의 통일성을 제공해주고 또한 보다 쉽게 처리될 수 있다.

- 조사자가 응답을 구조화하는 것은 주어진 질문에 연관된 대답이 상대적으로 분명할 때에는 아무 문제가 없지만, 몇몇 중요한 응답을 간과하게 되는 측면이 있다.
- 응답의 범주는 상호 배타적으로 응답자가 두 개 이상을 선택하도록 강요받고 있다고 느끼게 하여서는 안 된다.

≫ 개방형 질문
- 고객에게 그들이 원하는 대로 표현하도록 하는 질문 형식으로 응답자의 견해를 보다 잘 서술할 수 있도록 해준다.
- 개방형 질문은 모든 가능한 응답의 범주를 모르거나 응답자가 어떻게 응답하는가를 탐색적으로 살펴보고자 할 때 적합하며, 특히 예비조사에서 유용하다.
- 질문지에 열거하기에는 응답범주가 너무 많을 경우에 사용하면 좋다.
- 응답자료가 개인별로 표준화되어 있지 않기 때문에 비교나 통계분석이 어렵고 부호화 작업이 주관적이어서 작업을 하는 사람들 간에 차이가 날 수 있다.
- 응답자가 어느 정도 교육수준을 가지고 있어야 하며 응답하는 데 시간과 노력이 들기 때문에 무응답이나 거절의 빈도가 높을 수 있다.
- 응답자가 질문에 대해 자신의 답을 제공하도록 요청 받는 질문방식이다.
- 응답자는 질문에 대해 대답을 적을 수 있는 여백을 제공받으며, 보다 심층적이고 질적인 면접방법에서 사용된다.
- 조사자가 응답의 의미를 해석하는 과정에서 그릇된 해석과 조사자가 지닌 편견의 가능성이 열려있다는 점과 몇몇 응답자들은 조사자의 의도와 전혀 상관없는 대답을 줄 위험이 있다.

≫ 고객생애가치
한 고객이 특정 기업의 상품이나 서비스를 최초 구매하는 시점부터 마지막으로 구매할 것이라고 예상되는 시점까지의 누적액의 평가를 말한다. 고객생애가치를 평가하기 위해서는 할인율, 공헌마진, 마케팅비용 등을 고려하여야 한다.

≫ Richard L. Oliver의 고객 만족·불만족의 영향 요인

구분	내용
일치/불일치	사전 기대와 지각된 성과와의 관계 차이
지각된 성과	소비자가 지각하는 제품성과 수준
기대	소비자 예상 제품성과 수준

≫ 소비자 구매행동의 결정요인
- 개인적 요인 : 연령, 직업, 라이프스타일
- 심리적 요인 : 동기, 지각, 신념과 태도, 학습
- 문화적 요인 : 문화, 사회계층
- 사회적 요인 : 준거집단, 사회적 지위
- 마케팅 요인 : 마케팅 전략 및 마케팅 자극

>> 고객 불만 처리 기법인 MTP법

구분	내용
Man	누가 처리할 것인가?
Time	어느 시간에 처리할 것인가?
Place	어느 장소에서 처리할 것인가?

>> 커뮤니케이션의 과정

발신자 → 기호화 → 메시지 → 매체 → 수신자 → 해독 → 매체 → 피드백

>> 화가 난 고객 응대 방법

- 무조건 화내는 고객에게는 일단 사과하고 고객이 불만을 토로하도록 한 후 귀 기울여 경청한다.
- 긍정적인 태도로 제공이 불가능한 것보다 가능한 것을 제시한다.
- 고객의 감정을 인지한다.
- 고객을 안심시킨다.
- 객관성을 유지한다.
- 원인을 규명한다.

>> 적극적 질문기법

- 개방적 질문이 바람직하다.
- 구체적인 질문이 좋다.
- 비난이나 압박감을 주는 질문형태보다는 순수한 질문으로 느껴질 수 있는 표현 방법으로 질문한다.
- 이중질문을 사용하지 않고 단일 질문을 사용한다.

>> 언어적 커뮤니케이션 기술

- 표준말과 경어를 사용해야 하며 정확하기 발음을 하여야 한다.
- 단정적인 말을 삼가는 것이 좋으며 고객의 수준에 맞는 어휘를 사용해야 한다.
- 말의 속도, 음성의 크기 및 고저를 잘 조절하여야 한다.
- 부정적인 말은 삼가고 긍정적인 마인드로 말을 하는 것이 좋으며 참고자료를 활용하는 것도 좋다.

>> 소비자의 구매과정

구매 의사 → 정보 탐색 → 대안 평가 → 구매 결정 → 구매 후 행동

⟫ 의사소통능력

구분	내용
언어적 의사소통능력	자신이 얻고자 하는 어떤 의도를 지닌 생각, 의사, 정보 등을 직접적인 말이나 서류, 보고서, 편지 등으로 전달
비언어적 의사소통능력	몸짓, 표정, 자세, 눈짓, 음성을 높이거나 낮추는 것과 같은 방법으로 전달

⟫ 서비스 품질 측정 척도

- 유형설비(tangibles) : 시설, 장비, 인력 등 물리적 환경의 상태
- 신뢰성(reliability) : 약속한 서비스의 정확한 수행
- 요구응대성(responsiveness) : 신속하고 즉각적인 서비스 제공
- 확신성(assurance) : 직원의 자세와 전문적 지식 및 태도의 확신성
- 감정적 배려(empathy) : 고객에 대한 배려와 개별적 관심을 보일 자세

⟫ 표현적인 유형의 고객 상담전략

- 고객의 감정에 호소함으로써 고객의 욕구가 선호되고 받아들여지는 것에 초점을 둔다.
- 고객의 생각을 인정해주고 긍정적인 피드백을 준다.
- 고객의 이야기를 듣고 자신에 관한 이야기를 재미있게 한다.
- 간청하지 않는 한 제품의 세부사항은 최소한으로 제공한다.
- 개방형 질문을 하고 친숙하게 접근한다.
- 제품이나 서비스가 고객의 목표나 욕구를 어떻게 충족시켜 줄 수 있는지 설명한다.

⟫ 합리적인 고객의 응대전략

- 자사의 제품과 서비스가 고객에게 어떠한 도움을 주는지를 설명해야 한다.
- 고객의 견해에 진심으로 관심을 보이며 자신의 정보를 논리적으로 제공한다.
- 가급적 의견을 존중하는 사람과 같이 확인해보도록 권유한다.
- 변화가 생길 때 고객이 적응할 시간을 주고 변화가 필요한 이유를 설명해야 하며 이용가능한 지원시스템을 알려준다.

⟫ 고객의 발전단계

구분	내용
표적고객 발굴단계	접촉해야 할 대상, 즉 표적고객을 발견하고 최초 접근을 시작하는 단계
표적고객의 가망고객화 단계	발견한 표적고객과의 관계를 시작으로 관계를 진전시키고 자격을 검증하는 단계
고객상담을 통한 신규고객화 단계	가망고객과의 관계를 더욱 진전시키면서 상담을 통해 상품을 추천하고, 첫 거래를 트는 단계
고객충성화 단계	차별적인 서비스로 추가거래를 확장하거나 충성고객화시키는 단계

>> **텔레커뮤니케이션의 3요소**

구분	내용
음성품질	목소리, 억양, 속도, 발음
경청능력	끝까지 듣기, 재진술, 재확인, 탐색질문
언어표현	고객지향적, 긍정형, 알아듣기 쉬운 표현

>> **데이터베이스의 수집과 활용**

구분	내용
고객속성 데이터베이스	고객이 지닌 원초적인 속성(이름, 성별, 연령, 직업 등)
거래속성 데이터베이스	고객의 세분화에 부응하는 상품제공을 위한 속성(상품내용, 거래처, 구입장소, 연체내역, 고객등급 등)

>> **고객의 불평, 불만 처리요령**
- 진지한 경청 : 분노가 발산될 수 있도록 경청하고 원인을 파악해야 한다.
- 공감표시 : 상황에 대해 충분히 이해하고 있음을 인지시켜야 한다.
- 사과 및 긴급 복구 : 고객의 관점에서 진실하게 사과하고 빠르게 해결하여야 한다.
- 보상 : 고객에게 합리적인 해결책을 제안하여야 한다.

>> **화법의 기능**

구분	내용
설명기능	청자가 모르는 사실이나 새로운 사실을 이해시키기 위한 기능
설득기능	상대를 설득하여 어떤 사실을 믿게 하거나 어떤 행동을 하도록 하는 기능
환담기능	이야기 상대와의 친교적 기능

>> **클레임 전화에 대응하는 포인트**
- 우선 성심 성의껏 사과한다.
- 다음에 고객의 상황을 신중히 듣는다.
- "담당자에게 돌리겠습니다"라고 말을 한다.
- 현장에 나가 고객의 불만사항을 눈으로 확인하고 빨리 대응책을 세운다.
- 손해배상 문제 등 책임문제에 대해서는 혼자서 판단할 것이 아니라 상사와 의논한다.
- 원인이나 책임이 상대방에게 있다고 생각될 때에는 객관적으로 인과관계를 설명한다. 단, 고객의 자존심을 손상시키거나 고객에게 책임을 떠넘기려고 해서는 안 된다.

≫ 커뮤니케이션 네트워크의 유형

구분	내용
Y형	확고한 중심인은 존재하지 않아도 대다수의 구성원을 대표하는 리더가 존재하는 경우에 나타나는 유형으로, 라인과 스텝이 혼합되어 있는 집단에서 흔히 나타난다. Y형은 주로 세력집단의 리더가 커뮤니케이션의 중심역할을 맡고, 비세력 또는 하위집단에도 연결되어 전체적인 커뮤니케이션망을 형성한다.
사슬형	공식적인 계통과 수직적인 경로를 통해서 정보전달이 이루어지는 형태인 수직적 커뮤니케이션과 중간에 위치한 구성원이 중심적 역할을 하는 수평적 커뮤니케이션의 두 가지로 구분 할 수 있다.
원형	집단 구성원 간에 뚜렷한 서열이 없는 경우에 나타나는 유형으로 중심인물이 없는 상황에서 커뮤니케이션의 목적과 방향 없이 구성원들 사이에 정보가 전달된다.
수레바퀴형	집단구성원 간에 중심인물이 존재하고 있는 경우 흔히 나타나는 커뮤니케이션 유형으로서 구성원들이 정보 전달이 어느 중심인물이나 집단의 지도자에게 집중되는 패턴이다.
상호연결형	가장 바람직한 커뮤니케이션 유형으로서 구성원들 사이의 정보교환이 완전히 이루어지는 유형이다.

≫ 의사소통 모델요인

구분	내용
환경	상담원의 메시지를 보내고 받는 환경, 즉 사무실, 상점, 집단이나 개별환경은 메시지의 효율성에 영향을 준다.
송신자	상담원은 고객과 메시지를 시작하면서 송신자의 역할을 맡는다. 반대로 고객이 반응을 보일 때에는 고객이 송신자가 된다.
수신자	처음에 상담원은 고객이 보내는 메시지의 수신자가 된다. 그러나 일단 상담원이 피드백을 하게 되면, 상담원의 역할은 송신자로 바뀐다.
메시지	메시지는 상담원이나 고객이 전달하고자 하는 생각이나 개념이다.
통로	상담원의 메시지를 이전하기 위해 선택하는 방법인 전화, 대면접촉, 팩스, 이메일이나 기타 통신수단을 말한다.
부호화	상담원의 메시지를 고객이 효과적으로 이해할 수 있는 형태로 바꾸기 위해서 부호화된다. 메시지를 해독할 수 있는 고객의 능력을 정확하게 파악하지 못하면 혼란과 오해를 일으킬 수 있다.
해독	해독은 상담원과 고객이 되돌려 받은 메시지의 의미를 해석함으로써 친밀한 생각으로 전환하는 것이다.
피드백	피드백은 양방향 의사소통 과정의 가장 중요한 요소 가운데 하나로 피드백이 없다면 상담원은 독백을 하는 것과 마찬가지이다.
여과	여과는 받은 메시지를 왜곡시키거나 영향을 미치는 요인들이다. 여과에는 태도, 관심, 경향, 기대, 교육 및 신념과 가치 등이 포함된다.
잡음	잡음은 정확한 정보의 수용을 방해하는 생리적이거나 심리적인 요인들인 신체적 특성, 주의력 부족, 메시지의 명확도나 메시지의 시끄러움과 같은 환경적 요인들이다.

>> **부메랑 화법**

부메랑을 던지면 다시 그것이 되돌아오는 특성을 화법에 응용시킨 것으로, 고객이 자꾸 내 곁을 떠나려는 변명과 트집을 잡을 때 그 트집이 바로 나의 장점이라고 주장하여 나의 곁으로 돌아오게 하는 것이다.

>> **듣기 3요소**

파악, 이해, 반응

>> **수신자에 의한 의사소통 장애요인**
- 선입견
- 속단적 평가 경향
- 선택적인 취향
- 반응과 피드백 부족

>> **로열티 고객의 이점**
- 고객 수 증가효과
- 고객의 기대 파악을 통해 만족스러운 제품과 서비스 제공
- 고객관리 유지비용이 절감
- 이윤 증대 효과
- 기업의 마케팅 및 서비스 비용 절감
- 상품 홍보를 통한 마케팅 효과

>> **화가 난 고객 응대 방법**
- 무조건 화내는 고객에게는 일단 사과하고 고객이 불만을 토로하도록 한 후 귀 기울여 경청한다.
- 긍정적인 태도로 제공이 불가능한 것보다 가능한 것을 제시한다.
- 고객의 감정을 인지한다.
- 고객을 안심시킨다.
- 객관성을 유지한다.
- 원인을 규명한다.

>> **순환의 원리**

성공적인 대화를 위해서는 말하기와 듣기가 순차적으로 반복되면서 상호 간 의사 전달이 되어야 한다는 것을 말한다.

노년층 고객 상담기법

- 어떠한 경우라도 절대로 공손함을 잃지 않는다.
- 고객의 반응을 인내하며 시간을 배려하고 끊임없이 응답한다.
- 특히 경어사용과 호칭에 유의해야 한다. 친근감 있는 '할아버지, 할머니'의 호칭을 사용해도 된다고 판단된다면 '할아버님, 할머님'으로 호칭하도록 한다.

에드워드 홀의 공간적 영역

에드워드 홀에 의하면 사람들이 무의식적으로 다른 사람들과 상호작용할 때 사용하는 영역을 친밀한 거리, 개인적 거리, 사회적 거리, 대중적 거리로 구분할 수 있다고 하였다.

구분	내용
친밀한 거리(0~45cm)	한쪽 손을 뻗으면 상대방이 닿을 수 있는 거리 연인이나 부부와 같이 정서적으로 매우 가까운 사이일 때 대화를 나누는 거리
개인적 거리(45cm~2m)	편안하게 이야기를 나누며 상대방과 닿거나 손을 뻗으면 닿을 수 있는 거리, 친구나 직장 동료들과 대화를 나눌 때 거리
사회적 거리(2m~6m)	낯선 사람이나 잘 모르는 관계에서 유지되는 거리, 고객과 서비스맨에게 이야기할 때와 같이 주로 대인업무를 수행하는 때의 거리
공공적 거리(6m~10m)	통상적으로 대중연설 때 편안하게 느끼는 거리

핵심 키워드

≫ 텔레마케팅 개념

비대면의 접촉방법인 전화 및 정보통신 시스템을 효과적으로 활용해서 전문적인 지식을 갖춘 상담원이 고객과 1대1 커뮤니케이션으로 고객들에게 필요한 정보를 제공하게 되는 마케팅 기법을 말한다.

≫ B to B

기업 대 기업, 기업체를 대상으로 제품 또는 서비스 등을 판매하거나 판매경로와 상권을 도모하기 위한 텔레마케팅 기법을 말한다.

≫ 인 하우스(In-House) 텔레마케팅 개념

- 기업 조직 내에 콜센터 설비를 직접적으로 구축하고 그에 맞는 인원을 배치해서 기업 조직의 모든 텔레마케팅 활동을 계획 및 관장하고 실행하는 기법이다.
- 기업 조직의 자체제품을 판매하거나 또는 마케팅을 하기 위해 특별하게 훈련되어진 기업조직의 내부 인력에 의해 수행되는 텔레마케팅을 말한다.

≫ 텔레마케팅 운영을 외부전문기관에 아웃소싱 시 얻게 되는 이점

- 고정 투자비가 적게 든다.
- 전문적인 아웃소싱 업체의 노하우의 활용이 가능하다.
- 초기 진행의 리스크를 줄일 수 있다.

≫ 아웃바운드 텔레마케팅

- 미리 선정되어진 고객들에 대한 DB를 갖추고, 고객들에게 전화를 걸어 자사의 제품이나 또는 서비스 등을 적극적으로 안내 및 판매하는 마케팅 기법을 말한다.
- 고객들에게 전화를 거는 즉, 업체 주도형이므로 능동적이고, 목표지향적인 마케팅 기법이다.
- 스크립트(Script)에 대한 활용도가 높고, 텔레마케터의 자질에 영향을 받는다.
- 반복구매의 촉진, 가망고객의 획득, 구입에 따른 예약확인, 계약의 갱신 등에 대한 실시

≫ 아웃바운드 텔레마케팅의 특징

- 기업주도형의 마케팅 기법
- 목표지향적인 마케팅 기법
- 적극적이면서, 능동적인 마케팅 기법
- 스크립트에 대한 높은 활용도
- 텔레마케터의 능력이 성과에 영향을 미침

≫ Push 전략
- 유통경로 상에서 다음 단계의 구성원에게 판매촉진 및 인적판매의 수단 등을 집중적으로 투입해서 영향을 미치고자 하는 전략이다.
- 유통경로 상에서 다음 단계의 구성원들에게 영향을 주고자 하는 전략으로 인적판매 중심의 마케팅 전략이다.

≫ 고객 니즈(Needs)의 파악
텔레마케팅 아웃바운드 시에 고객과의 통화하기 전에 준비할 것 중에서 고객 맞춤 상담을 위해 반드시 확인해야 하는 것은 고객에 대한 니즈의 파악이다.

≫ 인 바운드 텔레마케팅 활용분야
제품의 주문접수, 고객 클레임에 대한 응대, 애프터서비스, 제품에 대한 정보의 제공, 상담문의

≫ 데이터 시트(Data Sheet)
통화 내역에 대한 일일장부라고 할 수 있는 통화기록부로서 상담원이 일일 통화내역을 정리하는 문서를 말한다.

≫ 고객 충성도
고객이 자사의 제품 및 서비스를 지속적으로 활용하는 평생 고객이 되도록 기업 조직이 고객의 확고한 마음 및 믿음을 확보하는 것을 말한다.

≫ 고객 충성도의 촉진방안 4가지
- 정기적인 할인권 제공
- 정기적인 고객관리
- 아이디어 제안자에 대한 포상
- 고객들 간의 친목도모 및 교류추진

≫ 고객의 종류
- 구매용의자의 개념 : 자사의 제품 또는 서비스 등을 활용할 것인지의 여부가 불확실하며, 애매모호하게 느껴지는 사람, 또는 고객이라고 인지하기에는 불투명한 상태의 고객을 말한다.
- 잠재고객 : 비록 구매고객은 아니지만 빠른 시간 내에 자사의 제품을 구매할 것으로 판단되는 고객을 말하고, 자사의 제품이나 또는 서비스 등에 대한 문의 또는 상담을 원하는 고객을 말한다.
- 충성고객 : 자사의 제품이나 또는 서비스 등을 신뢰하고 정기적 또는 수시로 재구매하거나 주위의 사람들에게 자사를 추천하는 고객을 말한다.

>> **넓은 의미의 고객의 구분**
- 내부고객 : 기업 조직안의 고객(종업원)
- 외부고객 : 거래처
- 최종 소비자

>> **마케팅의 3C**
- Company(자사)
- Customer(고객)
- Competitor(경쟁사)

>> **STP (마케팅 전략 수립의 단계, 시장세분화 단계)**
표준화된 서비스 전략이 실행 될 때는 고객의 요구수준과 상황에 맞추어 전달되어야 한다. 각각이 의미하는 것은 아래와 같다.
- S(Segmentation) : 시장 세분화
- T(Targeting) : 표적시장 선정
- P(Positioning) : 전략적인 위치수립

>> **시장세분화**
시장을 이질성 정도에 따라 몇 개의 시장으로 구분하여 소비자 분류를 명확하게 하고 마케팅 활동을 하는 것

>> **시장세분화 단계**
시장세분화 → 표적시장 선정 → 전략적 위치수립

>> **표적마케팅**
시장세분화를 통해 얻은 표적시장 내의 고객을 대상으로 마케팅 활동을 펼치는 것

>> **포지셔닝(Positioning)**
시장 세분화된 시장 중에서 표적시장을 정한 후에 경쟁 제품과의 차별적 요소를 표적시장의 목표 고객의 머릿속에 인식시키기 위한 마케팅믹스 활동

>> **AIO 분석**
소비자들의 라이프스타일을 사람들의 활동(Activity), 관심(Interest), 의견(Opinion)을 기준으로 세분화 한 것

마케팅믹스 4P

Product(상품), Promotion(촉진), Price(가격), Place(유통경로)

모집단

시장조사를 진행하고자 하는 대상 전체

조사 설계의 목적에 의한 조사 종류

- 기술조사 : 특정 제품의 특성을 조사하기 위한 조사
- 탐색조사 : 가설을 설정하기 위한 조사
- 인과조사 : 인과관계를 밝히기 위한 조사, 실험연구

코딩

조사의 항목별로 전산처리에 의한 분석을 편리하게 처리하기 위해 각각의 항목에 대한 응답을 숫자로 표현한 것

커뮤니케이션(접촉방법)에 의한 조사방법

면접조사, 전화조사, 우편조사

전화조사의 개념

응답자에게 전화를 걸어서 질문지에 있는 질문사항들을 읽어준 후에 응답자가 응답한 내용을 조사자가 기록함으로써 자료를 수집하는 방법

전화조사의 장점

- 조사자 통제가능
- 저렴한 조사비용
- 짧은 조사기간
- 면접이 어려운 경우에도 조사가능
- 우편조사보다 높은 응답률

전화조사의 단점

- 공간제약의 문제
- 전화 중단의 문제
- 시간제약의 문제
- 상세한 정보획득의 어려움
- 시각적 자료를 사용하지 못하는 문제

» 전화조사 시의 신분별 장점
- 조사자 : 경제성, 효율성, 조사자 통제가능
- 응답자 : 신속성, 비밀보장성

» 텔레마케터가 전화조사 시 응답자의 상황을 고려해야 하는 3가지
- 식사시간
- 통화가능여부
- 저녁 늦은 시간

» 전화조사 비표준의 오류
- 변경 전화번호
- 무응답
- 전화번호부 미등재로 인한 오류

» 전화면접
전화상으로 몇 가지의 질문을 통해 적합성 여부를 1차 판단하여 면접대상자를 선정하는 것

» 질문지
이는 조사자가 조사대상으로부터 얻고자 하는 내용에 관련된 질문들을 체계적으로 정리해 놓은 책자

» 설문지 작성 시의 응답형태 및 장단점
- 다지선다형
- 양자택일형
- 자유응답형

» 고객 상담 기법
① **질문기법** : 개방형질문, 폐쇄형 질문, 이익 질문법
- 개방형 질문
- 질문지의 제작 시 자유롭게 응답하도록 하는 질문형태
- 장점 : 응답자가 자유롭게 응답할 수 있으며, 다양하고 자세한 응답을 얻을 수 있다.
② **FAB 기법** : 상품이나 서비스의 특징, 이점 위주로 설명하는 기법
③ **SPIN 기법**
- 고객의 이해 정도를 확인하고자 할 때 사용하는 기법
- Situation(상황), Problems(문제), Influence(시사), Needs(해결) 질문
④ **Rapport 형성기법** : 고객과 상담원간의 사이에 신뢰를 바탕으로 한 공감대 형성기법

>> 판매 종결 방법 중 종결화법에 들어가는 것
- 재확인
- 추가권유
- 끝인사

>> 고객에게 호응을 얻어내기 위한 상담기법
① 쿠션어의 사용
② 3F 기법 사용
③ I, You, Do message : I Message 3단계
상대방의 구체적인 행동→상대방의 행동이 미치는 영향→본인의 느낌

>> 고객만족(Customer Satisfaction)
- 고객이 제품이나 또는 서비스 등을 활용하기 전에 가지게 되는 기대치 및 활용할 시 기대치에 대비해서 받게 되는 수준의 정도
- '판매원은 단순하게 물건을 파는 것이 아니라 혜택(Benefits)을 파는 것이다.'의 의미

>> 고객의 사전기대
- 본인의 예전경험
- 매스컴을 통한 광고
- 이해관계가 없는 제3자의 의견

>> 고객만족 3요소
제품 요소, 서비스 요소, 기업 이미지
(대표적인 2가지 요소 : 제품 요소, 서비스 요소)

>> 서비스의 특징 5가지
- 무형성
- 소멸성
- 비분리성
- 이질성

>> 클레임 발생원인
- 수준 이하의 서비스 제공
- 고객의 지나친 기대
- 상담원과 고객 간의 불충분한 커뮤니케이션

➤➤ **클레임 고객응대 절차**

사과를 한다 → 고객의 불만을 듣는다 → (불만의 원인을 파악한다) → 불만에 대한 해결책을 마련한다 → 해결책을 전달한다 → 감사 인사를 한다.

➤➤ **물류관리에서 말하는 3S 1L**
- Speedy(신속히)
- Safety(안전하게)
- Surely(확실하게)
- Low(싸게)

➤➤ **CATS(Computer Assisted Telephone Survey)**

고객이 상담원과의 통화내용에 얼마나 만족하였는지의 여부를 통화 종료 후에 컴퓨터 시스템을 활용해서 자동으로 설문조사 하는 방법을 말한다.

➤➤ **CALL Routing**

사용자가 직접 경로를 선택하는 것, 걸려온 전화를 어디로 보내야 할지를 사용자가 정할 수 있도록 지정 경로 선택한 시스템

➤➤ **Cold Call**

이전에 일체의 접촉이 없었던 고객과의 첫 통화, 고객이 상담원의 전화를 냉담하게 받는 것

➤➤ **Call Blending**

한 상담원이 인바운드 및 아웃바운드 콜을 동시에 처리할 수 있도록 한 시스템

➤➤ **CPO(Cost Per Order)**

한 건의 주문을 획득하는데 있어 들어가는 평균비용

➤➤ **크로스 셀링(교차판매 Cross-Selling)**

고객들이 구매한 제품이나 서비스와 비슷한 제품이나 서비스를 추가 구매하도록 유도하는 판매기법

➤➤ **끼워 팔기**

본래의 주상품만 파는 것이 아니라 보조 제품을 세트식으로 끼워 팔거나 용기나 용량이 적은 제품을 부가적으로 파는 방법

≫ 스크린 팝업

상담하는 고객의 정보를 컴퓨터 화면에 보여주는 기능

≫ 마인드 콘트롤(Mind Control : 자기관리)을 위한 요소

• 좋은 생각만 하도록 한다.

• 본인이 희망하는 미래를 생각한다.

• 열린 마음으로 동료들과 어려움을 공유한다.

• 음악을 들으면서 차분히 마음을 가라앉힌다.

06

최근
기출문제분석

01 2019년 제1회 기출문제
02 2019년 제2회 기출문제
03 2019년 제3회 기출문제

✔️ 제1과목 판매관리

1 재포지셔닝이 필요한 상황과 가장 거리가 먼 것은?

① 기업 매출 증가　　　　　　　　　　② 경쟁우위 열세
③ 소비자 기호의 변화　　　　　　　　④ 제품속성 선택 실패

 TIPS!

포지셔닝은 소비자의 마음 속에 자사제품이나 기업을 가장 유리한 포지션에 있도록 노력하는 과정을 말하는데, 기업 매출이 증가하고 있는 상황에서는 굳이 다시 포지셔닝을 하지 않아도 된다.

2 아웃바운드 텔레마케팅의 특성으로 옳지 않은 것은?

① 고객주도형의 마케팅유형이다.
② 고객접촉률과 고객반응률을 중시한다.
③ 대상고객의 명단이나 데이터가 있어야 한다.
④ 고객에게 전화를 거는 능동적, 공격적, 성과지향적인 마케팅이다.

TIPS!

아웃바운드 텔레마케팅은 업체 주도형이며 능동적이고 목표지향적인 마케팅이다.

3 마케팅에서 판매촉진 비중이 증가하게 된 주된 원인으로 볼 수 없는 것은?

① 광고노출 효과　　　　　　　　　　② 소비자 가격 민감도
③ 기업 간 경쟁의 완화　　　　　　　④ 기업 내 판매성과 측정

TIPS!

기업 간의 경쟁이 심화되면서 쿠폰이나 샘플 등의 판매촉진 마케팅수단이 증가하였다.

4 표적시장을 선택하기에 앞서 효과적인 시장세분화를 위해 충족되어야 하는 요건으로 볼 수 없는 것은?

① 측정가능성

② 기대가능성

③ 접근가능성

④ 유지가능성

TIPS!

시장세분화의 기준 : 측정가능성, 접근가능성, 실질가능성, 행동가능성, 유지가능성

5 소비자에 의하여 자사의 제품 특성이 정의되는 것을 의미하며, 경쟁 브랜드에 비하여 차별적으로 받아들일 수 있도록 고객들의 마음속에 위치시키는 노력을 의미하는 것은?

① 제품 가격설정

② 제품 포지셔닝

③ 제품 브랜딩

④ 제품 촉진

TIPS!

포지셔닝이란 소비자의 마음 속에 자사제품이나 기업을 표적시장·경쟁·기업능력과 관련하여 가장 유리한 포지션에 있도록 노력하는 과정 또는 소비자들의 인식 속에 자사의 제품이 경쟁제품과 대비하여 차지하고 있는 상대적 위치를 말한다.

6 구매의사결정에 영향을 미치는 요인으로 볼 수 없는 것은?

① 개인적요인

② 심리적요인

③ 사회적요인

④ 정치적요인

TIPS!

구매의사결정에 영향을 미치는 요인 : 개인적 요인, 심리적 요인, 사회적 요인, 문화적 요인

Answer 1.① 2.① 3.③ 4.② 5.② 6.④

7 특정 상품이나 서비스에 대해 관심이 있는 고객으로부터 온 전화를 콜센터에서 받아 처리하는 텔레마케팅 유형은?

① 인사이드 텔레마케팅
② 인바운드 텔레마케팅
③ 아웃사이드 텔레마케팅
④ 아웃바운드 텔레마케팅

 TIPS!

인바운드 텔레마케팅은 고객이 외부에서 기업이나 기업 내부의 콜센터로 전화를 하는 경우를 말하고, 아웃바운드 텔레마케팅은 기업에서 고객이나 잠재고객에게 전화를 걸어 상품정보와 관련된 메시지를 발송하는 형태의 마케팅이다.

8 마케팅믹스의 구성요소(4P)에 해당하지 않는 것은?

① 유통
② 가격
③ 제품
④ 고객

TIPS!

마케팅믹스 4P : Product(제품), Promotion(판매촉진), Place(유통), Price(가격)

9 마케팅의 범위를 대중고객과 개별고객으로 구분할 때, 마케팅 촉진수단별 마케팅 범위의 연결이 옳지 않은 것은?

① 광고 – 대중고객
② 인적판매 – 대중고객
③ publity – 대중, 개별고객
④ PR(public relations) – 대중, 개별고객

TIPS!

인적판매는 판매원이 개별고객에게 구입을 유도하기 위해 기울이는 여러 가지 노력이다.

10 마케팅 정보시스템에 관한 설명으로 옳지 않은 것은?

① 마케팅 정보시스템은 경영 정보시스템의 상위 시스템이다.

② 기업 내부 자료, 외부 자료와 정보를 체계적으로 관리한다.

③ 경영자의 마케팅 의사 결정에 사용할 수 있도록 하는 정보관리 시스템이다.

④ 마케팅을 보다 효과적으로 수행하기 위하여 관련된 사람, 고객의 정보, 기구 및 절차, 보고서 등을 관리하는 시스템을 말한다.

 TIPS!

마케팅 정보시스템은 경영 정보시스템의 하위 시스템이다.

11 회사가 제품에 대한 가격을 결정할 때 제품의 저가전략이 적합한 경우가 아닌 것은?

① 경쟁사가 많을 때

② 시장수요의 가격탄력성이 낮을 때

③ 소비자들의 수요를 자극하고자 할 때

④ 경쟁기업에 비해 원가우위를 확보하고 있을 때

TIPS!

저가전략 조건

• 시장수요의 가격탄력성이 높을 때
• 시장에 경쟁자의 수가 많을 것으로 예상될 때
• 소비자들의 본원적인 수요를 자극하고자 할 때
• 원가우위를 확보하고 있어 경쟁기업이 자사 제품의 가격만큼 낮추기 힘들 때
• 가격 경쟁력이 있을 때

Answer 7.② 8.④ 9.② 10.① 11.②

12 매우 비탄력적인 수요곡선을 지니는 신상품을 도입할 때 가장 적합한 가격책정전략은?

① 침투가격전략 ② 초기할인전략

③ 고가가격전략 ④ 경쟁가격전략

> **TIPS!**
>
> 고가가격전략은 신제품의 시장진입 초기에 고가의 가격을 설정하여 가격에 대한 민감도가 낮은 고소득층을 유인한 후 점차 가격을 인하하여 저소득층으로 제품 대상을 확대하는 전략이다.

13 아웃바운드 텔레마케팅 업무 시 관리자의 역할로 옳지 않은 것은?

① 텔레마케터가 고객과 통화할 수 있는 시간을 최대한 확보해 주어야 한다.

② 통계분석 등의 잔무에서 해방시켜 업무에 집중할 수 있는 여건을 마련해 주어야 한다.

③ 통화 성공률을 시간대별로 분석하여 통화업무 집중 시간대를 조정할 수 있어야 한다.

④ 고객 구매이력정보 등의 개인정보가 텔레마케터에게 노출되지 않도록 보안을 유지해야 한다.

> **TIPS!**
>
> 텔레마케터는 고객 구매이력정보 등의 개인정보를 통해 고객에게 전화를 할 수 있다.

14 STP 전략의 절차를 바르게 나열한 것은?

① 표적시장 선정 → 포지셔닝 → 시장세분화

② 포지셔닝 → 표적시장 선정 → 시장세분화

③ 시장세분화 → 표적시장 선정 → 포지셔닝

④ 시장세분화 → 포지셔닝 → 표적시장 선정

> **TIPS!**
>
> STP의 S는 시장세분화, T는 목표시장 선정, P는 포지셔닝을 말하며, 전략절차는 시장세분화 → 표적시장 선정 → 포지셔닝의 순으로 이루어진다.

15 유통경로의 원칙에 대한 설명으로 옳지 않은 것은?

① 총 거래 수 최소화 원칙 : 유통경로를 설정할 때 중간상을 필요로 하는 원칙으로, 거래의 총량을 줄여 제조업자와 소비자 양측에게 실질적인 비용부담을 감소시키게 하는 원칙

② 집중준비의 원칙 : 제조업자가 물품을 대량으로 보관하게 하여 소매상의 보관 부담을 덜어주는 원칙

③ 분업의 원칙 : 유통경로에서 수행되는 제반활동을 중간상을 통하여 특화, 분업화하여 효율성과 경제성을 향상하고자 하는 원칙

④ 변동비 우위의 원칙 : 중간상의 역할분담을 중시하여 결국에는 비용부담을 줄이는 원칙

> **TIPS!**
>
> **집중준비의 원칙** : 도매상은 상당량의 브랜드 제품을 대량으로 보관하기 때문에 유통경로 상의 다른 경로 구성원들은 적정량만을 보관함으로써 원활한 유통기능을 수행할 수 있다는 원칙

16 다음 괄호 안에 들어갈 알맞은 것은?

( )는 기업의 경영 활동에 있어서 고객들이 기업의 서비스에 반응하는 각종 문의, 불만, 제안 등을 의미한다.

① 고객충성도

② 고객의 수요

③ 고객의 니즈(needs)

④ 고객의 소리(VOC)

> **TIPS!**
>
> • **고객 충성도** : 특정 제품 또는 서비스를 얼마나 지속적으로 구매하는 정도를 나타내는 고객의 태도
> • **고객의 소리(Voice Of Customer)** : 고객의 문의, 불만, 제안 등

Answer 12.③ 13.④ 14.③ 15.② 16.④

17 소비재 유형 중 선매품의 일반적인 소비자 구매행동으로 가장 거리가 먼 것은?

① 계획구매를 한다.
② 반복구매를 자주 하지 않는다.
③ 쇼핑에 대한 노력을 적게 하게 한다.
④ 가격, 품질, 스타일에 따라 상표를 비교한다.

 TIPS!

선매품은 소비자가 구매하기 전 예산을 세우고 구매계획을 수립하여 가격, 품질, 스타일 등을 비교하여 구매하는 제품으로 쇼핑에 대해 이러한 노력을 거친 후 구매하게 된다.

18 일반적인 아웃바운드 텔레마케팅의 활용분야로 볼 수 없는 것은?

① 직접 판매
② 가망고객 획득
③ 반복구매 촉진
④ 컴플레인 접수

TIPS!

컴플레인 접수는 일반적으로 인바운드 텔레마케팅의 활용분야에 해당한다.

19 고객의 모든 정보를 전화 인입과 동시에 상담원의 모니터에 나타내주는 시스템은?

① ACD
② ANI
③ ACRDM
④ ADRMP

TIPS!

• ACRDM(Automatic Computer Record Dialing Machine) : 미리 지정된 전화번호를 스스로 돌린 후 자동적으로 녹음된 메시지를 전달하는 시스템
• ADRMP(Automatic Interaction Detection) : 새 프로그램된 전화번호 데이터베이스 기능에 의해 순차적으로 자동 다이얼링해서 녹음 메시지 보내고 그 반응 기록까지 처리하는 시스템
• ANI(Automatic Number Identification) : 외부에서 걸려온 고객 번호를 수신자가 알 수 있게 추적하는 장치

20 다음 중 제품이 가지는 전문성이나 독특한 성격 때문에 대체품이 존재하지 않고 브랜드 인지도와 상표충성도가 높은 것은?

① 전문품

② 편의품

③ 선매품

④ 원재료

> **TIPS!**
>
> 명품시계, 명품가방과 같은 전문품은 독특성 제품의 특성을 지녔음에도 소비자는 원하는 제품과 상표를 얻기 위해 많은 노력을 하며, 가격 또한 소비재 중 가장 비싸다.

21 서비스의 특성에 관한 설명으로 옳지 않은 것은?

① 소멸성 – 서비스는 저장하거나, 재판매하거나 돌려받을 수 없다.

② 비분리성 – 서비스는 제품의 특성과 분리되지 않고 동일하게 생산 후 소비가 된다.

③ 무형성 – 서비스는 객체라기보다 행위이고 성과이기 때문에 유형적 제품처럼 보거나 느낄 수 없다.

④ 이질성 – 서비스를 제공하는 행위자에 따라 오늘과 내일이 다르고 시간마다 달라질 수 있다.

> **TIPS!**
>
> 비분리성 : 서비스는 제품의 특성과 분리되지 않고 일반적으로 생산과 동시에 소비된다.

22 2개 혹은 그 이상의 세분시장을 표적시장으로 선정하고 각각의 세분시장에 적합한 제품과 마케팅 프로그램을 개발하여 공급하는 전략은?

① 차별화 마케팅

② 집중화 마케팅

③ 노이즈 마케팅

④ 다이렉트 마케팅

> **TIPS!**
>
> ② 집중화 마케팅 : 중간상을 배제하고 소비자에게 직접 판매하는 즉, 소매업자에 대한 제조업자의 직접 판매를 포함하는 마케팅 전략을 말한다.
>
> ③ 노이즈 마케팅 : 전체 시장 구성원이 원하는 것의 차이를 인식하여 시장을 세분하고 그 결과로 도출된 세분시장들 중에서 하나의 표적시장을 선정하여 마케팅노력을 집중시키는 전략을 말한다.
>
> ④ 다이렉트 마케팅 : 기업의 자원이 제약되어 있을 때 한 개 또는 소수의 세분시장에서 시장점유율을 확대하려는 전략을 말한다.

Answer 17.③ 18.④ 19.② 20.① 21.② 22.①

23 가격의 특징으로 옳지 않은 것은?

① 정형화된 일정한 체계를 구축하기가 쉽다.
② 예기치 않은 상황에 의해 가격이 결정될 수도 있다.
③ 마케팅 믹스 중에서 가장 강력한 경쟁도구이다.
④ 수요가 탄력적인 시장상황에서 매우 쉽게 변경할 수 있는 요인이다.

> **TIPS!**
>
> 정형화된 일정한 체계를 구축하기가 어렵다.

24 기업의 환경분석을 통해 강점과 약점, 기회와 위협 요인으로 규정하고 이를 토대로 마케팅 전략을 수립하는 기법은?

① 5 Force 분석　　　　　　　　　　② 경쟁사 분석
③ SWOT 분석　　　　　　　　　　④ 소비자 분석

> **TIPS!**
>
> • **SWOT 분석**: 기업의 내부환경과 외부환경을 분석하여 강점과 약점, 기회와 위협 요인을 규정하고 이를 토대로 경영전략을 수립하는 마케팅 기법
> • **5 Force 분석**(Porter's five forces analysis): 경쟁 정도, 잠재적 시장 진입자, 대체제의 위험, 공급자의 파워, 구매자의 파워 등의 5가지 경쟁 요인을 분석함으로써, 산업의 매력도를 판단한다.
> • **경쟁사 분석**: 목표로 하는 경쟁사의 전략이나 보유 능력 등을 벤치마킹하여 뛰어넘을 수 있는 전략을 수립하는 것

25 본사가 다른 업체와 계약을 맺고 그 업체가 일정기간 동안 자사의 상호, 기업운영 방식 등을 사용하여 사업을 할 수 있도록 권한을 부여하는 유통 제도를 일컫는 말은?

① 소매상 제도　　　　　　　　　　② 도매상 제도
③ 분업화 제도　　　　　　　　　　④ 프랜차이즈 제도

> **TIPS!**
>
> 프랜차이즈 제도에서 본사는 다른 업체에게 일정기간 동안 자사의 상호와 기업운영 방식 등을 사용할 수 있도록 권한을 부여하고 이에 일정한 로열티를 받아 계약을 맺는 제도이다.

26 시장조사의 역할로 옳지 않은 것은?

① 의사결정력 제고
② 문제해결을 위한 조직적 탐색
③ 타당성과 신뢰성 높은 정보획득
④ 고객의 심리적, 행동적 특성 배제

> **TIPS!**
>
> 시장조사를 함으로써 고객의 심리적, 행동적 특성과 행동에 대해 이해를 하여 고객지향적인 마케팅활동을 가능하게 한다.

27 면접조사의 원활한 자료수집을 위해 조사자가 응답자와 인간적인 친밀 관계를 형성하는 것은?

① 라포(rapport)
② 사회화(socialization)
③ 개념화(conceptualization)
④ 조작화(operationalization)

> **TIPS!**
>
> 면접진행에 필요한 기술로 RAPPORT(친근한 관계)를 형성하여 유지하도록 한다.

28 어떤 정보를 얻기 위해서 연구대상으로 선정된 집단 전체를 무엇이라 하는가?

① 확률
② 추출틀
③ 표본
④ 모집단

> **TIPS!**
>
> ③ 표본: 모집단의 특성을 나타내는 수치를 말한다.
> ④ 모집단: 통계적인 관찰의 대상이 되는 집단 전체를 의미한다.

Answer 23.① 24.③ 25.④ 26.④ 27.① 28.④

29 조사 시 활용되는 변수에 대한 설명으로 옳지 않은 것은?

① 교육수준에 따라 월평균소득에 차이가 있다면 월평균소득이 종속변수가 된다.

② 연속변수는 사람·대상물 또는 사건을 그들 속성의 크기나 양에 따라 분류하는 것이다.

③ 이산변수는 시간, 길이, 무게 등과 같이 측정 시 최소한의 단위를 확정할 수 없을 때 사용하는 변수를 말한다.

④ 독립변수는 한 변수(X)가 다른 변수(Y)에 시간적으로 선행하면서 X에 변화가 Y의 변화에 영향을 미칠 때 영향을 미치는 변수를 의미한다.

> **TIPS!**
>
> • **이산변수** : 학생수, 개수, 과목수와 같이 하나씩 셀 수 있는 정수의 값을 가지는 변수
> • **종속변수** : 다른 변수에 의해 영향을 받는 변수(월평균소득)
> • **독립변수** : 다른 변수에 영향을 주는 변수(교육수준)

30 비확률표본추출 방법에 해당하는 것은?

① 층화표본추출법   ② 군집표본추출법

③ 편의표본추출법   ④ 단순무작위표본추출법

> **TIPS!**
>
> | 확률표본추출방법 | 비확률표본추출방법 |
> |---|---|
> | • 단순 무작위표본추출법
• 체계적추출법
• 층화표본추출법
• 군집표본추출법 | • 편의표본추출법
• 판단표본추출법
• 할당표본추출법 |

31 면접방법 중 조사자가 응답자를 직접 만나는 개인면접조사의 장점으로 볼 수 없는 것은?

① 조사자가 필요에 따라서 질문을 수정할 수 있다.

② 응답자의 응답이 모호해도 재질문을 할 수 없다.

③ 질문을 반복하거나 변경함으로써 응답자의 반응을 살필 수 있다.

④ 조사자는 응답자의 비언어(몸짓, 표정 등)에서도 반응을 살필 수 있다.

> **TIPS!**
>
> 면접조사는 자유로운 분위기 속에서 면담을 진행하면서 정보를 수집하는 방법으로, 응답자의 응답이 모호한 경우 재질문하여 정확한 정보를 수집할 수 있다는 장점이 있다.

32 일반적으로 응답률이 가장 낮은 조사 방법은?

① 웹조사

② 전화조사

③ 우편조사

④ 대인면접조사

> **TIPS!**
>
> 우편조사법은 응답자가 우편으로 발송된 설문지에 응답하도록 한 후 이를 반송용 봉투를 이용하여 회수하여 자료를 수집하는 방법이다. 1인당 조사비가 적게 드는 장점이 있지만 응답률이 낮다는 단점을 가진다.

33 탐색조사의 종류가 아닌 것은?

① 문헌조사

② 전문가조사

③ 횡단조사

④ 사례조사

> **TIPS!**
>
> 횡단조사는 기술조사의 종류에 해당한다.
>
> ※ 조사설계 목적에 따른 분류

탐색조사	기술조사	인과관계조사
• 문헌조사 • 표적집단면접법 • 전문가 의견조사	• 종단조사 • 횡단조사	• 실험

Answer 29.③ 30.③ 31.② 32.③ 33.③

34 실험설계의 내적타당성과 외적타당성을 저해하는 외생변수의 종류에 해당되지 않는 것은?

① 우발적 사건
② 표본의 균형
③ 실험대상의 소멸
④ 측정수단의 변화

> **TIPS!**
>
> • 내적 타당도 저해 요인 : 외적 사건(우발적 사건), 성장효과, 검사효과, 도구효과, 통계적 회귀, 중도탈락(실험
>   대상의 소멸), 치료의 모방
> • 외적 타당도 저해 요인 : 위약 효과, 편향성, 생태적 대표성

35 전화면접법에 대한 설명으로 옳지 않은 것은?

① 통화시간상 제약이 존재한다.
② 전화번호부를 표본프레임으로 선정하여 사용한다.
③ 전화면접법은 링크 서베이(link survey)라고도 한다.
④ 무작위로 전화번호를 추출(random-digit dialing)하는 방법이 사용된다.

> **TIPS!**
>
> 링크 서베이(link survey)는 인터넷조사의 한 종류이다.

36 획득하고자 하는 정보의 내용을 대략 결정한 이후 이루어져야 할 질문지 작성과정을 바르게 나열한 것은?

> ㉠ 자료수집방법의 결정　　　　　　　　㉡ 질문내용의 결정
> ㉢ 질문형태의 결정　　　　　　　　　　㉣ 질문순서의 결정

① ㉠ → ㉡ → ㉢ → ㉣
② ㉡ → ㉢ → ㉣ → ㉠
③ ㉡ → ㉣ → ㉢ → ㉠
④ ㉢ → ㉠ → ㉡ → ㉣

> **TIPS!**
>
> 질문지 작성단계
> ① 자료수집방법의 결정 : 면접자를 사용할 것인지, 자기기입식 조사를 할 것인지 결정
> ② 질문내용의 결정 : 연구주제를 사용할 것인지 직접 자료를 수집하여 사용할 것인지 결정
> ③ 질문지 길이의 결정 : 조사범위, 면접조사원의 자질, 면접상황, 조사비용 등을 고려하여 질문지의 전체 길이를 결정
> ④ 질문형태의 결정 : 개방형 질문 또는 폐쇄형 질문 등을 결정
> ⑤ 질문순서의 결정

37 1차자료를 수집하는 방법과 특징에 대한 설명으로 옳지 않은 것은?

① 의사소통방법은 관찰방법에 비해 자료수집이 신속하다.
② 의사소통방법에 의해 자료를 수집하면 응답자가 응답을 회피하는 경우가 없다.
③ 의사소통방법은 설문지나 응답자에게 직접 질문하여 자료를 얻는 방법이다.
④ 관찰에 의한 방법은 관심 있는 어떤 상황을 측정하거나 응답자의 행동 또는 사건 등을 기록하는 방법이다.

> **TIPS!**
>
> 의사소통법은 질문과 답변을 통하여 정보를 얻는 방식이고 관찰법은 응답자의 행동과 태도를 관찰하여 기록하는 방법으로, 의사소통방법이 관찰법에 비해 자료수집이 느리다.

Answer　34.② 35.③ 36.① 37.②

38 면접조사의 장단점에 관한 설명으로 옳지 않은 것은?

① 장점 : 심층질문이 가능하다.

② 단점 : 응답률이 대체로 낮다.

③ 단점 : 면접원의 통제가 어렵다.

④ 장점 : 응답자의 적극적인 참여 유도가 가능하다.

 TIPS!

면접조사는 조사대상을 조사원이 직접면접을 통해 조사대상이 바로 응답하기 때문에 응답률이 높다는 장점이 있다.

39 과학적 조사방법의 설명으로 옳지 않은 것은?

① 과학적 조사방법을 통해 시장조사과정과 분석과정에서 오류를 최소화하도록 해야 한다.

② 과학적 조사방법은 개인적 경험, 직관, 감성을 근거로 자료를 수집하여 시장문제를 분석한다.

③ 과학적 조사방법으로 시장의 문제점을 발견하고, 원인규명을 통하여 시장문제를 예측할 수 있다.

④ 조사자는 시장문제를 구성하고 있는 요소들을 구분하고 그 상호관계를 분석함으로써 시장문제의 원인을 파악하고 해결방안을 모색한다.

TIPS!

과학적 조사방법은 어떤 관찰 가능한 현상을 기술하고, 설명하며, 예측하기 위한 객관적, 논리적, 체계적 분석방법으로 시장문제를 분석한다.

40 다음 문항은 어떤 수준의 측정인가?

> [질의]
> 뱅킹 서비스방식에 대한 당신의 선호도를 알기 위한 질문입니다. 가장 선호하는 방식에 대해서는 1을, 다음으로 선호하는 방식에 대해서는 2로 표시함으로써 각각의 서비스 방식에 대해 선호도 순위를 매겨주시기 바랍니다.
>
> [답변]
> 은행 창구 ( )　　　　ATM ( )
> 온라인뱅킹 ( )　　　우편뱅킹 ( )
> 텔레폰뱅킹 ( )

① 비율수준의 측정　　　　　　　　② 등간수준의 측정
③ 명목수준의 측정　　　　　　　　④ 서열수준의 측정

 TIPS!

서열식 질문은 어떤 문제에 대한 가능한 응답을 나열해 놓고 중요한 순서, 좋아하는 순서대로 번호를 기입하는 질문방식을 말한다.

41 다음 설문 문항에서 나타나는 오류는?

> 당신은 현재 근무하는 고객센터의 복지수준과 임금 수준에 대해서 어느 정도 만족하고 계십니까?

① 대답을 유도하는 질문을 하였다.
② 단어들의 뜻을 명확하게 설명하지 않았다.
③ 하나의 항목으로 두 가지 내용을 질문하였다.
④ 응답자들에게 지나치게 자세한 응답을 요구하였다.

TIPS!

보기는 현재 근무하고 있는 고객센터의 '복지수준'과 '임금수준' 두 가지에 대해 질문을 하고 있다. 하나의 질문 문항 속에 두 개 이상의 질문이 내포되어 있는 질문을 하지 않도록 한다.

Answer 38.② 39.② 40.④ 41.③

42 다음 괄호 안에 들어갈 알맞은 것은?

> A텔레콤에서 50대 이상 연령층을 목표시장으로 하는 새로운 브랜드를 출시하기 위해 연령에 따른 인구통계적 자료가 필요하다고 가정할 때, 이를 위하여 소비자들을 대상으로 설문조사 등을 통해 정보를 수집할 경우 이것은 (㉠)자료지만, 기존의 자료를 이용한다면 이는 (㉡)자료가 된다.

① ㉠ : 1차, ㉡ : 2차
② ㉠ : 1차, ㉡ : 3차
③ ㉠ : 2차, ㉡ : 1차
④ ㉠ : 2차, ㉡ : 3차

> **⚡ TIPS!**
> 1차 자료는 조사자가 현재 수행 중인 조사목적을 달성하기 위해 직접 수집한 자료를 의미하며 2차 자료는 수행 중인 조사목적에 도움이 될 수 있는 기존의 모든 자료를 의미한다.

43 전수조사와 비교하여 표본조사가 가지는 이점으로 볼 수 없는 것은?

① 시간과 비용, 인력을 절약할 수 있다.
② 조사대상자가 적기 때문에 조사과정을 보다 잘 통제할 수 있다.
③ 통계자료로부터 올바른 모수추정이 어려운 경우에 더 효율적이다.
④ 비표본오류를 상대적으로 더 많이 줄일 수 있기 때문에 정확도를 높일 수 있다.

> **⚡ TIPS!**
> 표본조사는 전체 모집단 중 일부의 모집단에서 전체 집단의 특성을 추정하는 방법으로 올바른 모수추정이 어려운 경우 모든 개체들을 조사하여 모집단 특성을 측정하는 전수조사가 효율적이다.

44 마케팅조사 업체들이 조사 업무 수행 시 지켜야 할 사항으로 볼 수 없는 것은?

① 사전에 정한 표본추출대상을 추출하고 정확한 조사를 실시해야 한다.
② 면접원의 교육과 감독을 철저히 하여 올바른 자료가 수집되도록 해야 한다.
③ 조사 자료의 분석과 해석은 조사 의뢰 회사가 원하는 방향으로 맞추어서 해야 한다.
④ 조사실시과정에서 일어난 오류는 조사 의뢰 회사에 보고해야 한다.

> **TIPS!**
>
> 조사 자료의 분석과 해석은 객관적으로 처리해야 한다.

45 비확률표본추출방법의 종류 중 인구통계적 요인, 경제적 요인, 사회·문화·환경적 요인 등의 분류기준에 의해 전체 표본을 여러 집단으로 구분하고 각 집단별로 필요한 대상을 사전에 정해진 비율로 추출하는 방법은?

① 할당표본추출법(quota sampling)
② 판단표본추출법(judgement sampling)
③ 편의표본추출법(convenience sampling)
④ 층화표본추출법(stratified random sampling)

> **TIPS!**
>
> ② **판단표본추출법**(judgement sampling) : 조사문제를 잘 알고 있거나 모집단의 의견을 효과적으로 반영할 수 있을 것으로 판단되는 특정집단을 표본으로 선정하여 조사하는 방법이다.
> ③ **편의표본추출법**(convenience sampling) : 임의로 선정한 지역과 시간대에 조사자가 임의로 원하는 사람들을 표본으로 선택하는 방법이다.
> ④ **층화표본추출법**(stratified random sampling) : 모집단을 특정한 기준에 따라 상이한 소집단으로 나누고 이들 각각의 소집단들로부터 빈도에 따라 적절한 일정수의 표본을 무작위로 추출하는 방법으로, 확률표본추출방법에 해당한다.

46 측정도구의 타당도에 관한 설명으로 옳지 않은 것은?

① 내용타당도(content validity)는 전문가의 판단에 기초한다.

② 구성타당도(construct validity)는 예측타당도(predictive validity)라 한다.

③ 동시타당도(concurrent validity)는 신뢰할 수 있는 다른 측정도구와 비교하는 것이다.

④ 기준관련 타당도(criterion-related validity)는 내용타당도보다 경험적 검증이 용이하다.

> 💡 **TIPS!**
>
> 타당도는 내용타당도, 구성타당도, 준거타당도가 있으며, 준거타당도는 공인타당도와 예측타당도로 구분된다. 구성타당도는 개념타당도 또는 구조적 타당도라고도 한다.

47 면접조사 시 면접조사원이 지켜야할 사항과 가장 거리가 먼 것은?

① 응답자가 불필요한 말을 할 때는 질문에 관련된 화제로 자연스럽게 유도한다.

② 응답자가 왜 하필이면 자기가 선정되었냐고 질문하면 "귀하는 무작위로 선정되었고 표집 원칙상 귀하에게 반드시 질문을 해야 한다."고 응답한다.

③ 면접조사를 할 때 친구나 다른 사람을 대동하는 것이 응답자의 어색함을 덜어주므로 가급적 함께 다닌다.

④ 한 가족은 대체로 비슷한 의견이나 태도를 지니고 있기 때문에 한 가구당 한 사람으로부터 응답을 받는다.

> 💡 **TIPS!**
>
> 면접조사의 종류 중 FGI, MGI, FGD와 같이 복수의 응답자가 참여하여 면접을 진행하는 방법과 달리 한명의 응답자와 진행자 간의 집중적인 면담을 통해 자료를 수집하는 심층면접법의 경우에는 친구나 다른 사람을 대동하는 것이 오히려 불편할 수 있다.

48 고정된 일정수의 표본가구 또는 개인을 선정하여 반복적으로 조사에 활용하는 방법은?

① 소비자패널 조사

② 신디케이트 조사

③ 옴니버스 조사

④ 가정유치 조사

> 💡 **TIPS!**
>
> 일정한 간격을 두고 정보제공에 동의한 응답자의 표본을 만드는 조사방법을 패널조사라 한다.

49 마케팅 조사의 과학적 특성으로 적절하지 않은 것은?

① 이론적으로 근거가 있는 객관적 사실에 입각하여 자료를 수집한다.
② 현재의 사실에만 국한하여 사실의 원인을 설명해야 한다.
③ 구성요소들의 상관관계, 원인 등을 분석한다.
④ 이론이나 가설이 보편적으로 적용될 수 있어야 한다.

TIPS!

일정시기에 국한하여 사실의 원인을 설명해서는 안된다.

50 질문의 유형 중 폐쇄형 질문의 장점이 아닌 것은?

① 부호화(coding)와 분석이 용이하다.
② 측정에 통일성을 기할 수 있어 신뢰성을 높일 수 있다.
③ 응답의 처리가 간편하고 신속해 질문지 완성이 용이하다.
④ 한정된 응답지 가운데 선택하도록 되어 있기 때문에 응답자의 의견을 충분하게 반영시킬 수 있다.

TIPS!

개방형 질문은 강제성이 없어 응답자의 다양한 응답이 충분히 가능하다. 폐쇄형 질문은 한정된 응답지 중에서 선택하기 때문에 응답자의 의견을 충분히 반영하기 어렵다.

Answer 46.② 47.③ 48.① 49.② 50.④

✅ 제3과목 텔레마케팅 관리

51 임금의 계산 및 지불방법을 의미하는 임금형태에 대한 설명으로 틀린 것은?

① 변동급제에는 성과급제, 상여급제가 있다.

② 고정급제에는 시간급제, 일급제, 주급제, 월급제, 연봉제가 있다.

③ 일을 기준으로 연공급, 직능급, 사람을 기준으로 직무급, 성과급으로 분류할 수 있다.

④ 경영이 안정 지향적이냐 혹은 성장 지향적이냐에 따라 고정급과 성과급으로 구분된다.

> **💡 TIPS!**
>
> 일을 기준으로 직무급과 성과급, 사람을 기준으로 연공급과 직능급으로 분류할 수 있다.
> - **연공급** : 근속연수에 따라 임근수준을 결정
> - **직능급** : 근로자가 직무를 수행하는데 요구되는 능력을 기준으로 결정
> - **직무급** : 직무의 난이도, 책임도, 작업조건, 중요도 등을 기준으로 직무의 가치를 평가하고 그 결과에 따라 임금을 결정하는 방식
> - **성과급** : 개별근로자 및 집단이 수행한 작업의 성과를 기준으로 임금을 결정하여 지급하는 방식

52 콜센터의 생산성을 향상시킬 수 있는 방안과 가장 거리가 먼 것은?

① 전반적인 업무환경(콜센터환경)을 개선한다.

② 콜센터 인력을 신규인력으로 대폭 교체한다.

③ 텔레마케터 성과에 대한 인센티브를 강화한다.

④ 콜센터의 인력(리더 및 상담원 등)에 대한 교육을 강화한다.

> **💡 TIPS!**
>
> 판매를 위한 아웃바운드 텔레마케팅을 실시할 경우 신규인력보다는 경력자가 생산성을 향상시킬 확률이 더 높다.

53 개인 혹은 집단의 조직변화에 대한 거부적 행위를 변화에 대한 저항(resistance to change) 이라고 하는데 이 변수에 속하지 않는 것은?

① 갈등

② 근무의욕 감퇴

③ 조직 내 불신

④ 정시 출퇴근

> **TIPS!**
>
> 조직변화에 대한 저항으로 갈등, 근무의욕 감퇴, 조직 내 불신, 등이 있으며 정시출퇴근과 관련이 없다.

54 역량관리를 위한 직무분석의 내용으로 옳지 않은 것은?

① 역량관리는 직무를 수행할 종업원을 분석하는 것이 아니라 직무를 분석한다.

② 역량관리는 개인의 역량과 조직의 목표 간 직접적인 연결 관계가 있다.

③ 역량관리는 성공적 직무수행에 반드시 필요한 것이라고 규명된 일련의 역량세트로 구성된다.

④ 역량관리는 직무의 담당자가 일을 성공적으로 수행할 수 있는 역량을 갖는 것에 초점을 맞춘다.

> **TIPS!**
>
> 역량관리는 직무를 수행할 종업원을 분석하는 것이다.

55 다음은 어떤 리더십에 관한 설명인가?

> 추종자들에게 장기적 비전을 제시하고, 비전 달성을 위해서 함께 매진할 것을 호소하며 비전 성취에 대한 자신감을 고취시킴으로서 조직에 대한 몰입을 강조하며 부하를 성장시키는 리더십

① 거래적 리더십

② 변혁적 리더십

③ 전략적 리더십

④ 자율적 리더십

> **TIPS!**
>
> 변혁적 리더십은 추종자들의 신념, 요구, 가치를 변화시킬 수 있어야한다. 또한 변혁적 리더는 추종자들로부터 신뢰감을 얻어야 하는데, 이는 리더 자신이 추종자들로부터 전적으로 충성과 신뢰를 받을 수 있는 능력을 가지고 있어야 한다.

Answer 51.③ 52.② 53.④ 54.① 55.②

56 콜센터 조직의 인력 채용 및 선발에 대한 설명으로 가장 적합한 것은?

① 슈퍼바이저, 강사 등 관리자는 가능한 외부에서 선발하는 것이 바람직하다.
② 상담사는 경력자보다는 비경력자를 선발하는 것이 바람직하다.
③ 직무별 요구자질에 따른 선발기준이 객관적으로 마련되어 있어야 한다.
④ 상담사 인력투입은 적응기간을 고려하여 1주일 전에 선발하도록 한다.

> **TIPS!**
> ① 외부에서 충원하기에 앞서 조직 내부에 적절한 인적 자원이 존재하는지 먼저 살핀다.
> ② 상담자는 비경력자보다는 경력자를 선발하는 것이 조직의 생산성 향상에 도움된다.
> ④ 상담사 인력투입은 적응기간을 고려하여 한달전에 선발하도록 한다.

57 다음에서 설명하구 있는 콜센터의 현상은?

( )은/는 근무조건의 변화, 급여의 차이, 업무의 난이도, 복리후생 정책 등의 비교 정보를 획득했을 때 심리변화와 태도변화를 일으켜 조금이라도 자신에게 유리한 콜센터로 근무지를 옮기는 현상을 말한다.

① 유리천장
② 철새둥지
③ 콜센터 심리공황
④ 콜센터 바이러스

> **TIPS!**
> 철새는 계절에 따라 서식지를 이동하는 새를 말하는데 이를 빗대어 조금이라도 자신에게 유리한 콜센터가 있을 때 마다 자주 근무지를 이동하는 현상을 철새둥지라고 한다.

58 다음에서 설명하고 있는 텔레마케팅의 유형이 올바르게 나열된 것은?

> A 생명보험 회사는 주요 5대 일간지에 저렴한 보험료의 상해보험 상품을 광고하고 고객들이 무료전화를 이용하여 전화를 걸어오면 보험 가입을 받고 상품을 판매하고 있다.

① 인바운드(Inbound), 기업 대 소비자(B to C)
② 인바운드(Inbound), 기업 대 기업(B to B)
③ 아웃바운드(Outbound), 기업 대 소비자(B to C)
④ 아웃바운드(Outbound), 기업 대 기업(B to B)

 TIPS!

고객이 콜센터로 전화를 하는 방식은 인바운드, 일반소비자를 대상으로 하는 텔레마케팅은 B to C(기업 대 소비자) 텔레마케팅이라고 한다.

59 콜센터 조직에서 상담사에게 필요한 동기부여의 조건이 아닌 것은?

① 칭찬과 인정
② 자부심과 소속감
③ 상사의 권위적 리더십
④ 업무에 몰입할 수 있는 분위기 조성

TIPS!

상사의 권위적 리더십은 오히려 상담사에게 부담되어 능력을 저해할 수 있다.

60 조직관리의 목적으로 옳지 않은 것은?

① 운영전략과 수행 효율성의 최적화를 이룬다.
② 인적자원의 능력을 초과한 업무수행이 가능하도록 한다.
③ 충성심과 애호도를 높일 수 있도록 교육 및 훈련을 시킨다.
④ 조직의 역할이 최적화 될 수 있도록 구성원 간의 역할과 기능을 명확히 한다.

TIPS!

조직관리의 목적으로 한정된 인적자원을 최대한 활용할 수 있도록 한다.

Answer 56.③ 57.② 58.① 59.③ 60.②

61 'House'가 제시한 목표 – 경로 모형의 리더십 유형에 관한 설명으로 틀린 것은?

① 후원적 리더십 – 부하의 복지와 욕구에 관심을 가지며 배려적이다.

② 참여적 리더십 – 하급자들과 상의하고 의사결정에 참여시키며 팀워크를 강조한다.

③ 성취지향적 리더십 – 일상적 수준의 목표를 가지고 지속적인 성과를 달성할 수 있도록 유도한다.

④ 지시적 리더십 – 조직화, 통제, 감독과 관련되는 행위, 규정, 작업일정을 수립하고 직무의 명확화를 기한다.

 TIPS!

성취지향적 리더십에서는 능력을 최대한 발휘하고, 도전적 목표를 설정할 수 있도록 자신감을 강조한다.

62 콜센터 조직의 변화의 슬로건이 '즐겁고 행복한 콜센터 조직문화 만들기'일 경우 나타날 수 있는 조직의 변화로 옳지 않은 것은?

① 칭찬과 인정이 넘쳐나는 조직으로 변화

② 풍부한 감성이 묻어나는 조직으로 변화

③ 상명하복이 바탕이 된 수직조직으로 변화

④ 다름과 차이를 인정할 수 있는 조직으로 변화

TIPS!

상명하복배치방법은 과거에 종업원의 수평적 직위의 이동으로 상부에서의 일방적인 형태로 현재는 자기신고제를 통해 개개인의 의사를 반영하여 배치하도록 한다.

63 모니터링 평가 시 고려 요소의 하나로서 고객들이 실제로 상담원에게 어떻게 대우를 받았는지에 대한 서비스 평가와 서비스 모니터링 점수가 일치해야 하는 것을 의미하는 것은?

① 모니터링의 객관성   ② 모니터링의 차별성

③ 모니터링의 타당성   ④ 모니터링의 대표성

TIPS!

① **모니터링의 객관성** : 주관성을 배제한 편견없이 객관적인 기준으로 평가하여 누구든지 인정할 수 있게 해야 한다.

② **모니터링의 차별성** : 모니터링은 서비스 전·후의 내용을 차별을 둠으로써 해당 서비스에 대한 이점은 인정할 수 있도록 해야 한다.

④ **모니터링의 대표성** : 모니터링 대상 콜은 하루의 모든 시간대별·요일별 및 그 달의 모든 주를 대표할 수 있도록 수행되어야 한다.

64 콜센터 운영 및 전략수립에 관한 내용으로 적절하지 않은 것은?

① 제품의 가격을 고려할 때 고객이 부담없이 접근할 수 있는 가격대가 좋다.

② 콜센터 운영에 적합한 제품이나 서비스를 선택할 때 신뢰성이 없는 제품이나 서비스도 선택하는 것이 유리하다.

③ 텔레마케팅 전략의 수립은 고객에 대한 접근의 틀을 제공하고 고객으로부터의 신뢰창출 및 매출증대, 고객서비스 향상에 결정적인 영향을 미친다.

④ 아웃바운드형 콜센터를 운영할 때에는 전화를 거는 주고객층의 데이터를 직접 확보하거나 간접적인 제휴방식을 통해 확보할 수 있어야 한다.

> **TIPS!**
>
> 콜센터 운영에 적합한 제품이나 서비스를 선택할 때 신뢰성이 있는 제품이나 서비스를 선택하는 것이 유리하다.

65 다음과 같은 요인들의 상호작용을 통해서 나타날 수 있는 리더십 이론은?

> - 리더와 구성원 관계가 좋다 또는 나쁘다.
> - 과업구조가 높다 또는 낮다.
> - 직위권력이 강하다 또는 약하다.

① 리더십 특성이론

② 리더십 관계이론

③ 리더십 상황이론

④ 리더-구성원 상호작용이론

> **TIPS!**
>
> 피들러의 상황이론은 리더십의 유형을 LPC 점수에 따라 관계형·과업형으로 구분하고, 리더와 부하의 관계, 과업구조, 리더의 직위권한을 상황변수로 정하여 상황에 적합한 효과적인 리더십을 발견하려고 하였다.

Answer 61.③ 62.③ 63.③ 64.② 65.③

66 OJT(On the Job Training) 교육단계로 옳은 것은?

① 학습준비 → 업무설명 → 업무실행 → 결과확인

② 업무실행 → 학습준비 → 업무설명 → 결과확인

③ 업무실행 → 결과확인 → 업무설명 → 학습준비

④ 업무실행 → 업무설명 → 학습준비 → 결과확인

> **TIPS!**
>
> 직장내 훈련(OJT)는 상사나 숙련공이 일하는 과정에서 직접 부하 종업원에게 실무 또는 기능에 관하여 훈련시키는 방법으로 학습준비 → 업무설명 → 업무실행 → 결과확인 단계를 거친다.

67 인바운드형 콜센터 조직에 대한 설명으로 옳은 것은?

① 인바운드형 콜센터는 고객이 전화했으므로 전문적인 상담스킬을 필요로 하지 않는다.

② 인바운드형 콜센터는 무엇보다 고객상담 서비스의 질적인 관리와 업그레이드가 요구된다.

③ 외부로부터 걸려오는 전화를 받아서 처리하는 곳이기 때문에 전화량을 사전예측할 필요가 없다.

④ 인바운드형 콜센터는 각종 광고나 알림, 서비스 개선 약속을 대중매체를 통해 전달하는 곳이다.

> **TIPS!**
>
> ③ 인바운드는 통화중을 발생시키지 않도록 하기 위해서 피크타임시의 착신예약 콜수를 예상해서 이를 기준으로 인원을 배치한다.
> ④ 아웃바운드형 콜센터에 대한 설명이다.

68 인적자원의 개발을 위한 교육훈련의 성과를 측정하기 위한 평가 방법에 관한 설명으로 옳지 않은 것은?

① 전이 평가 – 교육의 결과를 얼마나 현업에서 활용하고 있는지를 측정한다.

② 학습 평가 – 실제 교육을 통해 향상된 지식과 기술 및 태도를 측정한다.

③ 반응 평가 – 설문을 통해 피교육자가 교육을 어떻게 생각하는지 조사한다.

④ 효과성 평가 – 교육의 결과를 얼마나 동료에게 효과적으로 전달했는지 평가한다.

> **TIPS!**
>
> 효과성 평가는 교육훈련의 결과로 얼마나 현업에서 활용할 수 있는지 평가한다.

79 메타그룹의 산업보고서에서 처음 제안된 CRM 시스템 아키텍쳐(architecture)의 3가지 구성요소에 포함되지 않는 것은?

① 분석CRM

② 운영CRM

③ 협업CRM

④ 통합CRM

> 💡 **TIPS!**
>
> 홍보컨설팅, SNS 및 컨텐츠 개발 전문회사로 유명한 메타그룹은 CRM을 기능적인 측면에서 분석적 CRM, 운영 CRM, 협업적 CRM으로 분류하였다.

80 고객 성격의 특성에 따른 상담요령으로 옳지 않은 것은?

① 급한 성격은 신속하게 행동하고 설명도 핵심만 강조한다.

② 결단성이 없는 성격은 기회를 잡아 빨리 요점만 설명한다.

③ 내성적인 성격은 조용하게 응대하고 상대의 의견을 충분히 들어준다.

④ 흥분을 잘하는 성격은 부드러운 분위기를 유지하며 강압하지 않는다.

> 💡 **TIPS!**
>
> 결단형 고객은 이미 점포에 도달하기 전에 자신이 어떤 것을 구매해야 하는지 명확하기 때문에 기회를 잡아 빨리 요점만 설명하고, 가급적 고객이 혼자 선택하도록 해야 하며 고객이 직접 문의를 하기 전에 무엇을 하는 일이 없어야 한다.

81 관계마케팅 전략 개발을 위한 요소와 그에 대한 설명으로 틀린 것은?

① 제품 – 동일한 제품을 가지고 새로운 고객을 찾는 전략이 필요하다.

② 종업원 – 종업원들에 대한 적극적인 인적관리가 필요하다.

③ 고객 – 모든 고객을 대상으로 관계구축을 하는 것보다 고객 충성도가 높은 고객을 대상으로 한다.

④ 측정 – 측정내용을 계량화하여 정확한 마케팅 효과를 측정할 수 있게 한다.

> 💡 **TIPS!**
>
> 제품 – 고객이 원하는 제품을 가지고 기존 고객의 이탈 방지 및 서비스 전략이 필요하다.

Answer 76.① 77.② 78.① 79.④ 80.② 81.①

82 다음 중 언어적 의사소통의 도구는?

① 표정 　　　　　　　　　　　② 몸짓

③ 음성 　　　　　　　　　　　④ 스크립트

> **TIPS!**
>
> • 언어적 의사소통 : 말과 글을 사용하여 자신의 의사를 전달하는 것
> • 비언어적 의사소통 : 말과 글이 아닌 표정, 행동, 외모, 음성, 감정 등을 통해 전달하는 것

83 CRM에 대한 설명으로 틀린 것은?

① CRM은 고객점유율보다 시장점유율을 중시한다.
② CRM은 고객과 일대일관계를 중시한다.
③ CRM은 통합된 멀티채널을 활용한다.
④ CRM은 상호적 서비스를 제공한다.

> **TIPS!**
>
> 고객관계관리는 고객에 대한 지속적인 서비스를 제공하는 것으로 고객유지, 고객점유율, 고객관계에 중점을 둔다.

84 라포(rapport) 에 대한 설명으로 옳지 않은 것은?

① 상대방에 대한 관심을 가짐으로서 형성될 수 있다.
② 성공적인 상담을 이끌어 가기 위하여 라포형성은 매우 중요하다.
③ 상담 시 고객마다 응대하는 방법이 다르므로 항상 중요하게 생각하지 않아도 무방하다.
④ 상담사가 따뜻한 관심을 가지고 상대방을 대할 때 라포가 형성될 수 있다.

> **TIPS!**
>
> 라포는 상담이나 교육을 위한 전제로 신뢰와 친근감을 형성하므로 항상 중요하게 생각해야 한다.

85 CRM 도입에 따른 기대효과로 가장 거리가 먼 것은?

① 고객 DB의 분산
② 고객 DB의 적극적 활용
③ 고객서비스 프로세스 개선
④ 다양한 고객요구에 대한 적극적 대처

> **TIPS!**
>
> CRM 도입에 따라 고객 DB의 확보가 가능하다.

86 기업에서 고객만족을 위해 고객서비스를 중요하게 고려해야 하는 이유로 가장 옳은 것은?

① 전반적인 고객서비스에 대한 고객의 기대가 핵심제품에 대한 기대보다 높기 때문이다.
② 인터넷의 대중화로 판매자와 고객 간의 대면기회가 감소하고 있기 때문이다.
③ 내부고객에 대한 고객서비스가 외부고객에 대한 고객서비스로 연결되기 때문이다.
④ 제품의 물리적 품질에 큰 차이가 없으면 소비자들은 고객서비스를 통해 전체 품질을 평가하기 때문이다.

> **TIPS!**
>
> 고객서비스가 중요한 이유
> • 서비스는 제2의 상품이다.
> • 기업간, 점포간 수준높은 경쟁 수단이다.
> • 서비스 수준이 회사매출과 회사에 대한 고객 이미지를 좌우한다.
> • 안정된 수익기반이 되는 단골고객을 만드는 원동력이다.
> • 시장의 성숙기나 과다 경쟁시대에 있어서 경쟁력 우위는 서비스 차별화에 있다.

87 까다로운 고객을 설득하는 방법 중 공감을 표시하는 말로 적당하지 않은 것은?

① "고객님 말씀을 충분히 이해합니다."
② "제 말을 이해하지 못하시는 것 같습니다."
③ "현재 최선을 다해 방법을 찾고 있습니다."
④ "정말 뭐라 말씀드려야 할지 모를 정도로 면목이 없습니다."

> **TIPS!**
>
> 까다롭고 깐깐한 고객에게 잘못을 지적받을 때에는 "제 말을 이해하지 못하시는 것 같습니다."와 같이 반론을 펴기보다는 "지적해 주셔서 감사합니다."하고 받아들이는 자세를 보여야한다.

Answer 82.④ 83.① 84.③ 85.① 86.④ 87.②

88 CRM을 실현하기 위한 정보기술에 해당되지 않는 것은?

① 고객만족지수　　　　　　　　　　② 데이터마이닝

③ 마케팅 채널　　　　　　　　　　　④ 데이터 웨어하우스

> **TIPS!**
>
> CRM의 정보기술은 고객과의 관계를 관리하기 위하여 고객정보를 분석하고 컴퓨터 등 정보기술 및 이에 기반한 과학적인 마케팅 활동을 한다. 고객만족지수는 고객지향적 특성에 가깝다.

89 구매 전 상담에서 제품정보를 제공하는 목적과 가장 거리가 먼 것은?

① 기업의 좋은 이미지를 형성하려는 목적이다.

② 경쟁제품과 비교할 수 있도록 하는 것이다.

③ 소비자가 충동 구매할 수 있게 만드는 것이다.

④ 소비자가 지불하는 제품 값과 품질의 합리성을 설명하는 것이다.

> **TIPS!**
>
> 구매 전 상담은 소비자들에게 정보와 조언을 제공하여 소비자들의 문제를 해결하거나 최선의 선택을 돕는 것이다. 다양한 정보와 조언을 제공함으로써 소비자생활의 질적 향상을 돕는다.

90 다음 중 수다쟁이형 고객의 상담요령으로 가장 적합한 것은?

① 근거가 되는 구체적 자료를 제시한다.

② 맞장구와 함께 천천히 용건에 접근한다.

③ 묻는 말에 대답하고 의사 표현은 하지 않는다.

④ 한 가지 상품을 제시하고, 고객을 대신하여 결정을 내린다.

> **TIPS!**
>
> ① 분석형
> ③ 유아독존형
> ④ 우유부단형

91 고객의 반론을 극복하기 위한 방법과 가장 거리가 먼 것은?

① 참을성 있게 공감적 경청을 한다.

② 최대한 회사의 입장에서 고객을 설득한다.

③ 거절이나 반론에 대한 두려움을 없앤다.

④ 고객의 니즈를 집중적으로 분석하여 관심을 유도한다.

> **TIPS!**
>
> 고객의 반론을 극복하기 위한 방법
> • 거절이나 반론에 대한 두려움을 없앤다.
> • 실질적·현실적인 혜택을 베푼다.
> • 고객의 니즈를 집중적으로 분석하여 관심을 유도한다.
> • 인간적인 신뢰성으로 설득한다.
> • 참을성 있게 공감적 경청을 한다.
> • 최대한 고객의 입장에서 이해하려고 한다.

92 다음에서 설명하는 상담의 기능으로 옳은 것은?

> 대화를 할 때 상대방의 도움이나 구매행동, 우호적인 참여를 획득하기 위해 권유 등의 말을 하게 되는 기능으로서 이 기능은 상대방에게 행동의 변화를 요구하게 되며 특히, 의식이나 신조를 바꾸게 하고 그것을 실행하도록 요구할 수 있는 간접적인 명령 형태이다.

① 친화적인 기능

② 사고형성의 기능

③ 정서표현의 기능

④ 명령·설득의 기능

> **TIPS!**
>
> 명령·설득의 기능은 상대방의 도움이나 구매행동, 우호적인 참여를 획득하기 위해 권유 등의 말을 하는 기능으로, 상대방에게 행동의 변화를 요구하게 된다.

93 고객과의 상담과정에서 재진술을 하는 목적이나 효과로 가장 거리가 먼 것은?

① 고객의 이야기를 적극적으로 듣고 있다는 신뢰감을 줄 수 있다.

② 고객의 문제 또는 욕구를 명확하게 이해할 수 있다.

③ 상담사가 잘못 이해했던 부분을 발견할 수 있다.

④ 고객은 더 이상 자신의 문제나 욕구를 설명할 필요가 없게 된다.

> **TIPS!**
>
> 고객에 대한 상담은 항상 객관적인 입장에서 행해져야 하고, 고객 불만에 대한 책임소재가 명확히 파악되어야 한다. 고객에 대한 반응을 보이는 것은 고객의 이야기를 적극적으로 경청하고 있다는 신뢰감을 줄 수 있고, 이러한 과정에서 텔레마케터는 고객의 상담내용을 좀 더 자세히 파악할 수 있다.

94 개방형 질문에 관한 설명으로 옳지 않은 것은?

① 고객으로부터 많은 의견과 정보를 기대할 수 있다.

② 개방형 질문은 비교적 상담 후반에 사용하는 것이 효과적이다.

③ 개방형 질문은 답변하는 사람에 따라 말의 내용과 분량이 달라진다.

④ 개방형 질문에 대한 고객의 답변에 이어 필요하다면 다른 내용을 추가로 질문함으로써 고객의 욕구를 명확하게 파악할 수 있게 된다.

> **TIPS!**
>
> 개방형 질문은 모든 가능한 응답의 범주를 모르거나 응답자가 어떻게 응답하는가를 탐색적으로 살펴보고자 할 때 적합하며, 질문지에 열거하기에는 응답범주가 너무 많을 경우에 사용하면 좋다.

95 커뮤니케이션 과정에서 전달과 수신 사이에 발생하며 의사소통을 왜곡시키는 요인을 의미하는 것은?

① 잡음(noise) ② 해독(decoding)
③ 피드백(feedback) ④ 부호화(encoding)

> **TIPS!**
>
> 잡음은 정확한 정보의 수용을 방해하는 생리적이거나 심리적인 요인들인 신체적 특성, 주의력 부족, 메시지의 명확도나 메시지의 시끄러움과 같은 환경적 요인들이다.

23 포지셔닝 전략을 개발하기 위한 기업 내부의 분석정보가 아닌 것은?

① 성장률
② 인적자원
③ 시장점유율
④ 기술상의 노하우

> **TIPS!**
>
> 제품의 속성 및 소매점의 특성, 제품이나 소매점이 제공하는 편익, 고객의 특정계층, 경쟁제품이나 경쟁점과 직접 대비하여 포지셔닝 전략을 세울 수 있다. 이 경우 제품의 기술상의 노하우, 시장 성장률, 인적자원이 기업 내부의 분석정보이다.

24 시장세분화의 기준 중 추구하는 편익, 상표충성도, 가격민감도 등의 변수를 지니는 것은?

① 지리적 변수
② 인구통계적 변수
③ 심리분석적 변수
④ 행동분석적 변수

> **TIPS!**
>
> 세분화 변수의 종류
>
> | 세분화 기준 | 변수 |
> |---|---|
> | 지리적 변수 | 지역, 인구밀도, 도시의 크기, 기후 등 |
> | 인구통계적 변수 | 나이, 성별, 가족규모, 가족수명주기, 소득, 직업, 교육수준, 종교 등 |
> | 심리분석적 변수 | 사회계층, 생활양식, 개성 등 |
> | 행동분석적 변수 | 추구하는 편익, 사용량, 제품에 대한 태도, 상표 충성도, 상품구매단계, 가격에 대한 민감도 등 |

25 소비자가 제품 구매 후 우편으로 영수증을 비롯한 필요한 증명서를 기업에게 보내면 기업이 구매가격의 일정률에 해당하는 현금을 반환해주는 것을 말하는 판매촉진 수단은?

① 리베이트
② 프리미엄
③ 가격할인쿠폰
④ 마일리지 서비스

> **TIPS!**
>
> 리베이트는 소비자가 구매 후 구매영수증과 같은 증거서류를 기업에게 제시할 경우 해당 제품에 대해 할인하여 금액을 환불해 주는 방법으로, 쿠폰과 비슷하지만 가격할인이 구매시점이 아니라 증거서류의 제시 시점이라는 점에서 다르다.

Answer 20.③ 21.③ 22.① 23.③ 24.④ 25.①

26 자료의 성격에 따라 1차 자료와 2차 자료로 구분할 때 2차 자료에 해당하는 것은?

① 원 자료(Raw data)
② 현장자료(Field data)
③ 실사자료(Survey data)
④ 신디케이트 자료(Syndicated data)

> **TIPS!**
>
> 2차 자료는 현재의 조사목적에 도움을 줄 수 있는 기존의 모든 자료를 말하므로 기존에 만들어진 신디케이트 자료는 2차 자료에 해당한다. 신디케이트 자료는 상업자료라고도 하며 외부의 독립적인 조사기관들이 영리를 목적으로 특정한 자료를 수집하여 특정한 기업이나 기관으로 판매하는 상업적인 자료를 말한다.

27 다음 설명에 가장 적합한 조사유형은?

> S은행 내부 직원들의 회사만족도를 조사하기 위하여 3,000명의 직원들을 대상으로 10일간 조사를 실시하고자 한다. 문항에 대한 이해 부족으로 생길 수 있는 응답오류를 최소화 하면서 적은 비용으로 조사를 할 수 있는 방법을 생각하고 있다.

① 면접조사   ② 방문조사
③ 관찰조사   ④ 집단설문조사

> **TIPS!**
>
> ① 교육을 받은 조사원이 직접 응답자와 1대 1의 대면접촉을 통해 자료를 수집하는 방법으로 질문내용을 상세하게 응답자에게 설명해 줄 수 있으며 응답률을 높일 수 있다.
> ② 전화를 통해 응답자들로부터 자료를 수집하는 방법으로 응답자들은 전화번호부를 이용해 선정된다.
> ③ 응답자가 우편으로 발송된 설문지에 응답하도록 한 후 이를 반송용 봉투를 이용하여 회수함으로써 자료를 수집하는 방법이다.

28 사전조사에 대한 설명으로 옳지 않은 것은?

① 본 조사에 앞서 조사방법과 조사과정이 적절한지 등을 검토하기 위하여 실시한다.

② 마케팅 문제에 대한 사전정보가 적은 경우 전반적인 환경을 파악하기 위한 탐색적인 방법이다.

③ 사전조사는 본 조사에서 오차를 줄일 수 있도록 본 조사의 50% 정도의 규모로 실시하는 경우가 많다.

④ 표본설계에서 표본크기를 정하고자 할 때 모분산을 모르는 경우에 이를 추정하기 위해서 실시한다.

> **TIPS!**
>
> 설문지의 초안이 완성된 후 조사대상이 되는 모든 계층의 응답자들에게 본조사가 들어가기 전 간이조사를 실시하여 미리 문제점이 무엇인지 파악해 보는 절차를 사전조사라 한다.

29 표본추출법을 결정한 후 표본크기를 결정할 때 고려해야할 사항으로 옳지 않은 것은?

① 조사자가 표본을 통해 얻은 통계량에 대해 표본오류가 적길 원한다면 표본의 크기를 크게 한다.

② 조사자가 통계량을 바탕으로 추정한 신뢰 구간에 보다 확신, 신뢰를 갖길 원할 때 표본의 크기를 크게 한다.

③ 표본의 크기가 커질수록 시간과 비용이 상승하게 되므로 조사에서 사용 가능한 예산 범위를 고려하여 표본의 크기를 정해야 한다.

④ 조사자가 밝히고자 하는 모수에 대한 모집단 내 차이가 미비하고 유사한 특징을 보인다면 표본의 크기를 크게 하여 정확성을 높인다.

> **TIPS!**
>
> 조사자가 밝히고자 하는 모수에 대한 모집단 내 차이가 미비하고 서로 유사한 특징을 보인다면 표본의 크기를 작게 하여 정확성을 높인다.

Answer 26.④ 27.④ 28.③ 29.④

30 시장조사에 활용되는 측정척도에 대한 설명으로 옳지 않은 것은?

① 서열척도는 순서(순위, 등급)에 대한 정보를 포함하는 자료이다.

② 비율척도는 모든 산술계산이 가능하며 절대영점이 존재하지 않는 유일한 척도이다.

③ 등간척도는 명목자료와 서열자료에 포함된 정보와 측정값 간의 양적 차이에 관한 정보를 포함한다.

④ 명목척도는 숫자에 의해 양적인 개념이 전혀 내포되어 있지 않으며 단지 확인과 분류에 관한 정보만을 내포한다.

> **TIPS!**
>
> 비율척도는 가장 포괄적인 정보를 제공하는 최상위 수준의 측정척도로 등간척도의 모든 정보를 제공하면서 절대영점을 가진다. (소득, 시간, 체중, 가격 등)

31 마케팅 조사를 수행하기 위한 첫 번째 단계는?

① 현재 당면하고 있는 문제를 파악하여야 한다.

② 조사의 결론이 왜 그렇게 되었는가의 원인을 규명한다.

③ 조사에서 채택된 가설을 엄격하게 검증하여야 한다.

④ 과거 연구 성과나 이론으로부터 유도된 가설이나 리서치 설계를 활용한다.

> **TIPS!**
>
> 마케팅 조사의 단계 : 문제와 조사목적 확립→탐색조사→본격 조사기획→실제조사→자료분석과 보고서 제시

32 자료를 수집할 때 의사소통방법을 이용한 것이 아닌 것은?

① 관찰법 ② 대인면접법

③ 전화면접법 ④ 우편면접법

> **TIPS!**
>
> 관찰법이란 질문과 답변을 통하여 정보를 수집하는 의사소통방법이 아니라 응답자의 행동과 태도를 조사자가 관찰하고 기록함으로써 정보를 수집하는 방법이다.

33 다음 ( )에 들어갈 알맞은 용어는?

> 반복해서 여러 번 측정을 해도 그 측정값이 비슷하게 나온다면 (   )이 있다고 할 수 있다.

① 신뢰성

② 타당성

③ 민감성

④ 선별성

> **⚡ TIPS!**
>
> 신뢰도는 오차가 없다면 1이 되며 오차가 클수록 신뢰도는 0에 가까워진다. 즉, 신뢰도가 높다는 말은 측정오차가 작은 상태라 할 수 있다.

34 비확률표본추출방법에 해당하는 것은?

① 편의표본추출법

② 층화표본추출법

③ 군집표본추출법

④ 단순무작위표본추출법

> **⚡ TIPS!**
>
> 비확률표본추출방법에는 편의표본추출법, 판단표본추출법, 할당표본추출법 등이 있다.

35 면접조사 방법과 비교한 전화조사 방법의 장점으로 틀린 것은?

① 전화조사 방법은 면접조사 방법에 비해 시간과 비용을 절약할 수 있다.

② 면접원을 용무가 없는 사람으로 생각하고 방문을 금지하는 경우가 있지만 전화는 이러한 상황을 극복할 수 있다.

③ 면접조사는 면접원들이 조사결과에 영향을 미쳐 각각 다른 결과를 가져올 수 있으나 전화조사는 그럴 위험이 비교적 적다.

④ 전화조사는 면접조사보다 응답자가 긴 시간을 할애할 수 있어 구체적이고 자세한 조사를 할 수 있다.

> **⚡ TIPS!**
>
> 면접조사는 전화조사보다 응답자가 긴 시간을 할애할 수 있어 구체적이고 자세한 조사를 할 수 있다.

Answer 30.② 31.① 32.① 33.① 34.① 35.④

36 다음 설문을 보고 연구자가 고려해야 할 사항은?

> Q. 당신은 2019년에 방문한 커피숍 브랜드는 몇 개 입니까?
>
> ① 1개   ② 3개   ③ 5개   ④ 10개

① 응답 항목들 간의 내용이 중복되어서는 안된다.
② 응답자에게 지나치게 자세한 응답을 요구해서는 안된다.
③ 응답자가 대답하기 곤란할 질문들에 대해서는 직접적인 질문을 피하도록 한다.
④ 응답자가 응답할 수 있는 모든 경우의 수를 고려하여야 한다.

> **TIPS!**
> 위 설문과 같은 폐쇄형 질문에는 응답자가 몇 개의 한정된 응답지 가운데 선택해야 하므로 응답자의 충분한 의견반영이 곤란하다. 그렇기 때문에 응답자가 응답할 수 있는 모든 경우의 수를 고려하여야 한다.

37 다음 2차 자료의 종류 중 내부자료(internal data)는?

① 정부기관 발행물
② 기업 내 회계자료
③ 민간 연구소 연구자료
④ 국책 연구소 간행 자료

> **TIPS!**
> 내부적 2차 자료는 조사를 실시하고 있는 기업·조직내부에서 보유하고 있는 자료이다. 내부자료에는 기업의 재무제표, 영업부의 판매기록, 원가 및 재고, 고객의 반응 등 일상적인 업무수행활동을 통해 얻어진 각종 보고자료 및 이전의 마케팅조사자료 등이 있다.

38 총 학생 수가 2,000명인 학교에서 800명을 표집할 때의 표집률은?

① 20%

② 40%

③ 80%

④ 100%

 TIPS!

표집률이란 모집단에서 개별 요소가 선택될 비율이다. (800/200)×100 = 40%가 된다.

39 다음 중 대구, 부산, 전주에 있는 주부들을 대상으로 자주 이용하는 대형마트를 단 기간 내 조사 완료해야 할 때 가장 적합한 자료수집방법은?

① 방문조사

② 면접조사

③ 전화조사

④ 관찰조사

 TIPS!

전화조사의 특징: 전국적 조사 가능, 시간과 비용의 절약, 합리적 자료수집 방법 등

40 확률표본추출방법과 비교한 비확률표본 추출방법의 특징으로 볼 수 없는 것은?

① 시간과 비용이 적게 든다.

② 표본오차의 추정이 가능하다.

③ 인위적 표본추출이 가능하다.

④ 연구대상이 표본으로 추출될 확률이 알려져 있지 않다.

TIPS!

비확률표출 vs 확률표출

확률표출	비확률표출
연구대상이 표출될 확률이 알려져 있을 때	알려져 있지 않을 때
무작위 표출	인위적 표출
표본오차의 추정가능	불가능
시간과 비용이 많이 듦	적게 듦

Answer 36.④ 37.② 38.② 39.③ 40.②

41 우편조사법의 특징으로 옳지 않은 것은?

① 대인면접법에 비해 비용이 많이 든다.
② 지역에 제한 받지 않고 조사가 가능하다.
③ 대인면접법보다 상대적으로 응답률이 낮다.
④ 전화조사법에 비해 자료수집기간이 길다.

> **TIPS!**
> 우편조사법은 응답자 1인당 조사비가 적게 들며 설문지의 인쇄비와 발송 및 회수를 위한 우편료 정도로 자료수집비용이 적게든다.

42 다음 사례의 조사유형으로 가장 적합한 것은?

> 2002년 월드컵 4강 진출을 경험한 20명의 고등학생을 선정하여 시간경과에 따른 축구경기에 대한 관심의 변화를 매년 반복조사하여 마케팅전략수립에 활용했다.

① 횡단조사   ② 추세조사
③ 코호트조사   ④ 패널조사

> **TIPS!**
> 패널조사란 특정 응답자 집단을 정하여 놓고 그들로부터 상당한 장시간을 두고 지속적으로 필요한 정보를 얻어내는 조사방법이다.

43 시장조사의 역할로 옳지 않은 것은?

① 의사결정능력 제고
② 기업지향적 경영활동 지원
③ 문제해결을 위한 조직적 탐색
④ 고객의 심리적, 행동적인 특성 파악

> **TIPS!**
> 시장조사를 함으로써 고객의 심리적, 행동적 특성과 행동에 대해 이해를 하여 고객지향적인 마케팅활동을 가능하게 한다.

44 다음 중 우편조사 시 설문지의 회수율을 높일 수 있는 방법과 거리가 먼 것은?

① 설문 조사에 대한 참여를 극대화하기 위해 대중매체를 이용하여 홍보를 지속적으로 한다.

② 설문지 응답자 중 추첨을 통해 선물을 보내드린다는 사실을 적어서 설문지와 함께 보낸다.

③ 설문 내용에 하나라도 체크가 되지 않은 부분이 있다면 응답자에게 다시 발송됨을 설문지에 명기한다.

④ 설문지를 다 작성하여 우편을 보낸 모든 응답자에게 관할 지역에서 제공하는 편의시설 이용권을 발송 해 준다.

> **TIPS!**
>
> ③번과 같은 방법은 오히려 회수율을 낮추는 요인이 될 수 있다. 응답을 함으로써 고객에게 이익이 될 수 있다는 인식을 심어주어 회수율을 높이는 것이 좋다.

45 모집단으로부터 매 k번째 표본을 추출해 내는 표집방법은?

① 군집표본추출법(cluster sampling)

② 편의표본추출법(convenience sampling)

③ 계통표본추출법(systematic sampling)

④ 단순무작위표본추출법(simple random sampling)

> **TIPS!**
>
> 계통표본추출법이란 모집단의 규모를 먼저 파악한 후 그에 따라 표본의 규모를 결정하여 하나씩 무작위로 추출하는 방법을 말한다.

46 측정의 신뢰성을 높이는 방법에 대한 설명으로 옳지 않은 것은?

① 측정항목의 모호성을 제거한다.

② 동일한 개념이나 속성의 측정항목 수를 줄인다.

③ 중요한 질문의 경우 동일하거나 유사한 질문을 2회 이상 한다.

④ 조사대상자가 잘 모르거나 전혀 관심이 없는 내용은 측정하지 않는다.

> **TIPS!**
>
> 신뢰성이란 같은 검사를 반복 시행했을 때 측정값이 일관성 있게 나타나는 정도를 의미하며, 신뢰성을 높이기 위해서는 동일한 개념이나 속성의 측정항목 수를 늘린다.

Answer 41.① 42.④ 43.② 44.③ 45.③ 46.②

47 응답자에 대해 조사자가 지켜야 할 사항으로 옳지 않은 것은?

① 조사를 통해 모아진 응답자들의 개인 자료를 함부로 사용하거나 공개해서는 안된다.

② 응답자가 조사에 참여하는 동안 신체적, 심리적으로 해로운 상황이 없도록 해야 한다.

③ 조사자는 응답자에게 조사 참여 여부를 강요하지 않고 응답자가 스스로 결정하도록 해야 한다.

④ 특수성이 있는 경우 응답자가 참여하는 조사 목적, 정보를 제공받는 곳 등의 내용을 알려주지 않아도 된다.

⊙ TIPS!

특수성이 있는 경우 더욱더 응답자에게 조사 목적과 정보를 제공받는 곳 등의 정보를 정확히 알려야 한다.

48 설문지의 외형 결정에 관한 설명으로 옳지 않은 것은?

① 설문지의 관리를 쉽게 할 수 있도록 외형을 결정하여야 한다.

② 응답자가 작성하는 경우에는 응답하기 쉽도록 문항을 배치하고 시각적인 효과를 고려하여 여백을 아주 적게 두는 것이 좋다.

③ 응답자들이 설문지를 중요한 것으로 인지하여 자발적인 협조를 할 수 있도록 설문지의 형태를 결정하여야 한다.

④ 응답자의 기록이 조사자에 의해 이루어지는지, 응답자가 직접 기록하는지에 따라서도 설문지의 형태는 차이가 나게 된다.

⊙ TIPS!

응답자가 작성하는 경우에는 응답하기 쉽도록 문항을 배치하고 시각적인 효과를 고려하여 어느정도의 여백을 두는 것이 좋다. 조사에 있어서는 똑같은 질문내용에 대해서도 질문지의 외관적인 인상에 따라 응답자의 협조 · 조사의 진행에 많은 차이가 있으므로 많은 주의를 기울여야 한다.

49 다음 중 일반적인 설문지 작성과정을 순서대로 나열한 것은?

> A. 질문(문항)작성
> C. 설문인쇄
> E. 질문순서결정
>
> B. 사전 테스트
> D. 질문내용결정

① A > B > C > E > D
② B > A > E > D > C
③ C > E > D > A > B
④ D > A > E > B > C

> 🍏 TIPS!
>
> 설문지 작성과정 : 질문내용결정 → 질문(문항)작성 → 질문순서결정 → 사전 테스트 → 설문인쇄

50 다음 ( )에 알맞은 탐색조사의 종류는?

> (　　　)은(는) 조사자가 흥미를 가지고 있는 주제에 관하여 목표집단 소비자들과의 자유로운 토론을 통하여 조사
> 문제에 대한 시사점을 얻어내는 조사방법이다.

① 사례조사
② 횡단조사
③ 전문가의견조사
④ 표적집단면접법

> 🍏 TIPS!
>
> 표적집단면접법은 심층면접의 변형된 형태로 조사자가 소수의 응답자에게 토론을 벌이게 하여 필요한 정보를 획
> 득하는 방법이다.

제3과목 텔레마케팅 관리

51 임금을 임금형태와 임금체계로 나눌 때 임금체계에 따른 분류에 해당하지 않는 것은?

① 연공급
② 시간급
③ 직무급
④ 직능급

> **TIPS!**
> 임금체계는 임금지급항목의 구성내용 및 개별 근로자의 임금을 결정하는 기준을 말한다. 임금체계에는 연공급, 직무급, 직능급 등이 있으며 임금형태에는 시간급, 업적급, 성과급제 등이 있다.

52 피들러(Fidler)의 상황리더십이론에서 제시한 상황호의성 변수로 볼 수 없는 것은?

① 과업구조
② 지위권력
③ 구성원의 성숙도
④ 리더와 구성원과의 관계

> **TIPS!**
> 피들러는 리더십의 유형을 LPCI점수에 따라 관계형 · 과업형으로 구분하고, 리더와 부하의 관계, 과업구조, 리더의 직위권한을 상황변수로 정하여 상황에 적합한 효과적인 리더십을 발견하려고 하였다.

53 수행하고 있는 업무를 중심으로 콜센터를 구분하는 경우에 해당하지 않는 것은?

① 혼합형 콜센터
② 인바운드형 콜센터
③ 아웃바운드형 콜센터
④ CTI시스템 자동화 콜센터

> **TIPS!**
> CTI(Computer Telephony Integration) : 컴퓨터 및 전화를 서로 결합하여 회사 내로 인입되는 전화를 효과적으로 분산 관리하는 시스템을 말한다.

54 리더십의 유형을 의사결정 방식과 태도에 따라 구분할 때 의사결정 방식에 따른 구분이 아닌 것은?

① 독재형 리더십

② 민주형 리더십

③ 직무중심형 리더십

④ 자유방임형 리더십

 TIPS!

의사결정 방식의 리더십에는 독재형, 민주형, 자유방임형에 해당한다.

55 전통적인 마케팅과 비교하여 텔레마케팅이 지향하는 마케팅 전략으로 가장 적합한 것은?

① 판매 중심적 마케팅 전략

② 고객 중심적 마케팅 전략

③ 제품 중심적 마케팅 전략

④ 기업 중심적 마케팅 전략

TIPS!

최근 텔레마케팅은 지금까지의 판매방식, 즉 대중매체와 함께 발전해 온 매스마케팅과 달리 생산자와 소비자 간에 1대 1의 판매방식으로 이루어지는 마케팅활동을 의미한다.

56 다음에서 설명하고 있는 텔레마케팅의 유형과 대상의 관계가 올바르게 나열된 것은?

> A 화장품 회사의 영업사원 B씨는 자신의 고객에게 카탈로그를 보내고 고객들로부터 무료 전화가 오면 화장품을 판매한다.

① 인바운드(Inbound), 기업 대 소비자(B to C)

② 인바운드(Inbound), 기업 대 기업(B to B)

③ 아웃바운드(Outbound), 기업 대 소비자(B to C)

④ 아웃바운드(Outbound), 기업 대 기업(B to B)

TIPS!

지문은 고객으로부터 기업에 전화가 오는 인바운드 텔레마케팅의 형태이다.

B to C(Business To Customer)은 기업이 제공하는 물품 및 서비스가 소비자에게 직접적으로 제공되는 거래 형태를 의미한다.

Answer 51.② 52.③ 53.④ 54.③ 55.② 56.①

57 텔레마케팅 조직의 특성과 가장 거리가 먼 것은?

① 타 부서와의 연계성이 낮다.
② 시스템의 운영능력이 필요하다.
③ 성과분석이 실시간으로 가능하다.
④ 반복되는 업무로 매너리즘에 빠지기 쉽다.

 TIPS!

타부서와의 긴밀한 업무협조를 통해 정책의 일관성을 유지하는 것이 좋다. 그렇기 때문에 타 부서와의 연계성이 높다.

58 다음 중 일반적인 역할연기(role playing)의 진행 순서로 옳은 것은?

① 상황설정 > 스크립트 및 매뉴얼 수정 > 역할 내용의 평가 > 연기 실시 > 반복 훈련 및 효과상승 체크
② 상황 설정 > 스크립트 및 매뉴얼 수정 > 연기 실시 > 역할 내용의 평가 > 반복 훈련 및 효과상승 체크
③ 상황 설정 > 연기 실시 > 역할내용의 평가 > 반복훈련 및 효과 상승 체크 > 스크립트 및 매뉴얼 수정
④ 상황 설정 > 연기 실시 > 역할내용의 평가 > 스크립트 및 매뉴얼 수정 > 반복훈련 및 효과 상승 체크

TIPS!

역할연기의 단계

상황 설정 → 연기 실시 → 역할내용의 평가 → 스크립트 및 매뉴얼 수정 → 반복훈련 및 효과 상승 체크

59 콜센터 업무의 세분화, 전문화로 인해 전체 과업이 분화되면 능률 도모를 위해 관련된 과업을 모아 수평적으로 그룹을 형성하는 콜센터 조직설계의 기본과정은?

① 일반화   ② 부문화
③ 조직도   ④ 집권화

TIPS!

조직의 전체과업이 분화되면 능률을 도모하기 위하여 관련 과업을 모아 그룹을 형성할 필요가 있는데, 이 형성 과정을 '부문화'라고 한다. 즉, 분업은 전문가를 만들어내는데, 그 전문가 중에서 유사한 직무를 수행하는 집단으로 집단화하는 것을 부문화라고 한다.

60 신입 텔레마케터를 선발 할 때 사용되는 인사선발도구와 가장 거리가 먼 것은?

① 인성검사
② 적성검사
③ 학력평가
④ 인지능력검사

> **TIPS!**
>
> 학력평가는 인사선발도구와 매우 관련이 적다.

61 콜센터 문화에 영향을 미치는 기업적 요인에 해당되지 않는 것은?

① 근로 급여조건
② 기업의 지명도
③ 상담원에 대한 직업의 매력도
④ 상담원과 슈퍼바이저의 인간적 친밀감

> **TIPS!**
>
> 상담원이라는 직업에 대한 매력도는 기업적 요인보다 사회적 요인에 해당한다.

62 상담원의 보상계획 수립 시 고려해야 할 사항으로 가장 거리가 먼 것은?

① 동종 업계 벤치마킹 및 산업평균을 최우선 반영한다.
② 급여 계획과 인센티브 정책 마련 시 직원을 참여시킨다.
③ 금전적 보상과 비금전적 보상을 적절한 비율로 설정한다.
④ 정확하고 객관적으로 측정된 성과분석 자료를 활용한다.

> **TIPS!**
>
> 상담원의 보상계획 수립 시 보상을 받는 상담원의 의견을 최우선으로 반영해야 한다.

Answer 57.① 58.④ 59.② 60.③ 61.③ 62.①

63 콜센터의 효율적 운영방안과 가장 거리가 먼 것은?

① 고객상담을 종합적으로 처리할 수 있는 전문 인력을 배치한다.

② 고객의 특수한 요구 발생 시 스스로 판단하여 처리하도록 한다.

③ 고객이 요구하는 사항은 가능한 원스톱(one-stop)으로 처리하는 것을 지향한다.

④ 고객위주의 상담 스크립트를 개발하고 상담 내용을 데이터베이스화 하여 경영활동에 반영한다.

> **TIPS!**
>
> 발생할 수 있는 고객의 특수한 요구에 대비하여 상담 스크립트를 준비하여 텔레마케터 스스로 판단하지 않도록 한다.

64 콜센터의 조직구성원 중 텔레마케터에 대한 교육훈련 및 성과관리 업무를 주로 수행하는 사람은?

① 센터장

② OJT 담당자

③ 슈퍼바이저

④ 통화품질관리자

> **TIPS!**
>
> 슈퍼바이저는 텔레마케팅의 교육, 훈련, 관리에서 스크립트 작성, 리스트 세분화, 판매전략의 기획 입안, 운영코스트의 관리, 활용 등 여러 직무를 수행한다.

65 콜센터에서 재택근무자를 운영할 경우의 장점이 아닌 것은?

① 직원 관리가 용이하다.

② 설비비용을 절약할 수 있다.

③ 우수 직원을 유인하고 유지할 수 있다.

④ 기상악화 등으로 인한 위험 요소를 감소 시킨다.

> **TIPS!**
>
> 콜센터에서 재택근무자를 운영할 경우 해당 텔레마케터를 관리하기 위해서는 일일이 메신저나 통화를 하여 확인할 수 있으므로 직원 관리가 어렵다.

66 콜센터 리더의 역할로 볼 수 없는 것은?

① 상호신뢰감 구축
② 원활한 의사소통
③ 각 직무별 촉매자
④ 독재적 리더십 발휘

> **TIPS!**
>
> 독재적 리더십은 오히려 콜센터 내의 반감을 일으키거나 의사소통에 장애를 만든다.

67 다음에서 설명하는 콜센터 리더의 유형은?

> 이 리더의 유형은 상담원과 수시로 상의하고 그들의 제안과 의견을 신중히 고려함은 물론 정보와 권한을 공유하며 합리적인 의사결정을 구하며, 관계지향성은 높지만 과업지향성은 낮은 특성을 가진다.

① 지시형 리더(directive leader)
② 위양형 리더(delegating leader)
③ 참가형 리더(participative leader)
④ 성취지향형 리더(achievement-oriented leader)

> **TIPS!**
>
> 참가형(민주형) 리더는 과업을 계획하고 수행하는 데 있어서 부하와 함께 책임을 공유하고, 인간에 대하여 높은 관심을 갖는 형이다. 맥그리거의 Y이론에 입각하여 모든 정책이 집단토의나 결정에 의해서 이루어진다.

68 C통신사에서는 신규제품의 홍보를 위한 DM 2000건을 발송하여 주문 32건, 문의 58건을 접수하였다. 이 경우 아웃바운드 콜센터의 CRR은 얼마인가?

① 1.6%
② 2.9%
③ 3.2%
④ 4.5%

> **TIPS!**
>
> CRR = (총반응수/총발신수)×100
> 따라서, (32 + 58 / 2000)×100 = 4.5

69 조직의 성과관리를 위한 개인평가방법을 상사평가방식과 다면평가방식으로 구분할 때 상사평가방식의 특징으로 볼 수 없는 것은?

① 상사의 책임감 강화
② 간편한 작업 난이도
③ 평가결과의 공정성 확보
④ 중심화, 관대화 오류발생 가능성

 TIPS!

상사가 직접 조직구성원들을 평가하는 상사평가방식은 상사의 주관적인 생각이 개입될 수 있으므로 평가결과에 대해 공정성이 부족할 수 있다.

70 콜센터 상담사나 각 팀별 성과향상을 위한 활동으로 적합하지 않은 것은?

① 개인, 팀별로 적절한 동기부여를 시킬 수 있는 프로그램을 운영한다.
② 성과 측정시 공정성과 객관성을 유지하도록 최대한 노력한다.
③ 합리적인 급여체계를 구축하여 근무 집중도를 향상시키고 이직률을 낮추어야한다.
④ 교통이 혼잡하지 않은 시외 지역에 사무실을 두고 쾌적한 근무 환경을 제공한다.

TIPS!

교통이 혼잡하지 않은 시외 지역에 사무실을 둔다고 하여 콜센터 상담사의 성과향상이 된다고 보기는 어렵다.

71 다음 중 콜센터 관리자에게 요구되는 자질과 가장 거리가 먼 것은?

A. 리더십　　　　　　　　　　　　　　　　B. 시스템 프로그래밍 능력
C. 상황 대응 능력　　　　　　　　　　　　D. 예술적 감각(감성)

① A, C　　　　　　　　　　　　　　　　② B, D
③ B, C　　　　　　　　　　　　　　　　④ A, B

TIPS!

콜센터 관리자는 리더십을 통하여 조직구성원의 협동을 확보할 수 있어야 하고, 어느 상황이 발생하더라고 상황에 따라 대응할 수 있는 능력이 있어야 한다.

72 상담원 코칭 시 관리자가 지켜야 할 올바른 태도로 볼 수 없는 것은?

① 코칭 시작 시 상담원과 친밀감 형성을 먼저 한다.
② 장점에 대한 칭찬을 곁들이면서 문제점에 대한 지적을 하고 동의를 구한다.
③ 문제 코칭사항에 대해 상담원의 의견을 듣기보다 해결책을 바로 제시해준다.
④ 문제점의 지적과 함께 개선 방안에 대해 제시하거나 토의한다.

> **TIPS!**

상담원 코칭 시 문제 코칭사항에 대해 상담원의 의견을 충분히 듣고 의견을 전제로하여 해결책을 제시해준다.

73 서비스의 전략적인 측면에서 본 콜센터의 역할로 옳지 않은 것은?

① 서비스 및 고객 니즈를 정확히 이해하고 이에 대해 피드백을 줄 수 있어야 한다.
② 콜센터는 철저한 서비스 실행 조직으로서 기업 전체에 미칠 영향을 중요시해야 한다.
③ 고객에게 신속한 서비스를 제공하기 위해서 커뮤니케이션 채널을 단순화시켜야 한다.
④ 기업의 서비스 전략을 효과적으로 수행하기 위한 콜센터 성과지표(KPI)를 가지고 있어야 한다.

> **TIPS!**

고객에게 신속한 서비스를 제공하기 위해서 커뮤니케이션 채널을 다양화시켜야 한다.

74 텔레마케팅 조직구성원의 역할이 잘못 연결된 것은?

① 교육담당자 – 텔레마케터의 경력개발을 위한 교육 프로그램을 개발한다.
② 모니터링담당자 – 텔레마케터가 고객과 통화한 내용을 분석한다.
③ 시스템담당자 – 텔레마케터가 효율적으로 업무를 할 수 있도록 스크립트를 개발한다.
④ 슈퍼바이저 – 텔레마케터의 스케줄을 관리한다.

> **TIPS!**

감독자는 텔레마케팅 업무가 효율적으로 운영되도록 지휘·지도하는 중간관리책임자로서, 텔레마케터가 효율적으로 업무를 할 수 있도록 스크립트를 개발한다.

Answer 69.③ 70.④ 71.② 72.③ 73.③ 74.③

75 콜센터의 역할 및 기능과 가장 거리가 먼 것은?

① 비용절감

② 수익증대

③ 고객관리

④ 고객정보 분산

 TIPS!

콜센터의 역할 및 기능 : 기업의 비용절감, 수익증대, 고객관리, 고객정보 수집

76 다음 ( )에 들어갈 알맞은 것은?

> CRM의 구체적인 실행을 지원하는 시스템으로 기존의 전사적 자원 관리 시스템이 조직 내부의 관리 효율화를 담당하는 시스템임에 반하여 (   )은 조직과 고객 간의 관계 향상, 즉, 전사적 자원 관리 시스템의 기능 중에서 고객 접촉과 관련된 기능을 강화하여 조직의 전방위 업무를 지원하는 시스템이다.

① 운영 CRM
② 협업 CRM
③ e-CRM
④ 분석 CRM

> **TIPS!**
> 운영 CRM은 데이터웨어하우스나 데이터마트에 해당하는 부문으로서 고객에 대한 정보를 종합하고, 고객의 취향과 정보형태를 지속적으로 축적해 가는 과정을 말한다.

77 면대면 고객 응대 시 비언어적인 긍정적 행동 단서가 아닌 것은?

① 미소 짓기
② 짧게 직접 눈 마주치기
③ 소비자와 대화 시 고개를 끄덕이기
④ 소비자에게 손가락 또는 물건으로 지적하기

> **TIPS!**
> 소비자에게 손가락질 또는 물건으로 지적하는 행동은 비언어적인 부정적 행동 단서가 된다.

Answer 75.④ 76.① 77.④

78 다음 중 커뮤니케이션의 원칙과 가장 거리가 먼 것은?

① 지속성
② 명료성
③ 신뢰성
④ 표현, 전달 내용의 다양성

 TIPS!

레드필드(C.E. Redfield) 커뮤니케이션의 7원칙 : 명료성, 일관성(신뢰성), 적기적시성, 분포성, 적당성, 적응성과 통일성, 관심과 수용

79 우유부단한 소비자를 상담하는 전략과 가장 거리가 먼 것은?

① 폐쇄형 질문을 많이 한다.
② 의사결정 과정을 안내한다.
③ 선택할 수 있는 대안을 제시한다.
④ 인내심을 가지고 차분히 안내한다.

TIPS!

우유부단형 소비자는 논리 정연하게 설명하며, 요점을 간결하게 근거를 명확히 한다.

80 콜센터에서의 우량고객에 대한 고객관리 방법으로 옳지 않은 것은?

① 우량고객 전담 상담원을 두어 고객응대를 한다.
② ARS를 거치지 않고 상담원과 바로 연결되도록 한다.
③ 우량고객에 대해서는 장시간 장황하고 세밀하게 응대한다.
④ 우량고객에 해당하는 별도의 혜택을 제공한다.

TIPS!

장시간동안 장황하게 통화하는 것은 오히려 기업에 대해 더 실증이 날 수 있다. 우량고객에 대해서는 짧고 굵게 (세밀하게) 응대해야 한다.

81 다음 중 의사전달을 위한 표현방법에 대한 설명으로 옳지 않은 것은?

① "잔디밭에 들어가지 마시오."는 부정형 표현방법이다.
② "실내에서 조용히 해 주시겠습니까?"는 청유형 표현방법이다.
③ "서류를 가져와야 합니다."는 감탄형 표현방법이다.
④ "옆 계단에서 담배를 피울 수 있습니다. 담배는 그곳에서 부탁드립니다."는 긍정형 표현방법이다.

> **TIPS!**
>
> "서류를 가져와야 합니다."는 지시형 표현방법이다.

82 호감가는 음성의 조건과 가장 거리가 먼 것은?

① 비음
② 억양
③ 속도
④ 목소리

> **TIPS!**
>
> 비음은 상대방에게 불쾌감을 줄 수 있으므로 호감가는 음성의 조건과는 거리가 멀다.

83 기업측면에서 본 고객 로열티에 의한 효과로 옳지 않은 것은?

① 수익 증대
② 우량고객 확보
③ 비용의 절감
④ 삶의 질 향상

> **TIPS!**
>
> 기업입장에서의 고객 로열티에 따른 효과
> • 수익의 증대
> • 비용의 절감
> • 우량 고객 확보

Answer 78.④ 79.① 80.③ 81.③ 82.① 83.④

84 고객 응대에 있어서 MOT(Moments Of Truth, 결정적 순간, 진실의 순간)의 의미로 가장 적합한 것은?

① 고객이 만족할 만한 응대가 끝난 시점

② 고객이 제품을 구매하여 처음 사용해 보는 순간

③ 고객과 기업이 상호 접촉하여 커뮤니케이션을 하는 매 순간

④ 고객이 제품 사용을 통해 제품의 장,단점을 실제로 깨닫는 순간

> **TIPS!**
> 고객접점(MOT) 순간은 고객이 서비스 품질에 대한 강한 인상을 가지게 되는 시점을 의미한다.

85 고객관계관리(CRM : Customer Relationship Management)를 위한 필요사항이 아닌 것은?

① 고객통합데이터베이스 구축

② 데이터베이스 마케팅의 기능 축소

③ 고객특성 분석을 위한 데이터마이닝 도구 준비

④ 마케팅 활동 대비를 위한 캠페인 관리용 도구 필요

> **TIPS!**
> 전략적인 CRM을 위한 전제조건 : 고객 통합 데이터베이스가 구축, 고객 특성을 분석하기 위한 데이터 마이닝 도구 필요, 마케팅 활동을 대비하기 위한 캠페인 관리용 도구가 필요

86 상담 화법에 대한 설명으로 옳지 않은 것은?

① 상담 화법은 의사소통의 과정이다.

② 말하기의 대부분은 음성언어로 이루어진다.

③ 상담 화법은 대인 커뮤니케이션과 밀접한 상관관계를 지니고 있다.

④ 상담 화법은 대화상대, 대화목적에 따라 변화되지 않아야 한다.

> **TIPS!**
> 고객은대의 필수요소는 대화상대와 접촉하여, 대화목적과 대화내용을 거쳐 최종적으로 메시지를 전달하는 것이다. 즉 대화상대, 대화목적에 따라 상담 화법이 변한다.

87 고객 불만처리의 중요성에 대한 설명으로 옳지 않은 것은?

① 기업의 좋은 이미지를 구축할 수 있다.
② 경영에 대한 유용한 정보를 얻게 된다.
③ 고객 불만의 해결은 기업이윤을 감소시킨다.
④ 고객 불만을 잘 처리하면 고객유지율이 향상된다.

> **TIPS!**
>
> 고객이 불만을 가지고 있다는 것은 그만큼 제품이나 서비스에 기대하고 있는 바가 크다는 것을 역설적으로 나타내주는 것이므로 고객불만처리에 소요된 비용은 기업의 이윤을 감소시키는 것이 아니라 장기적으로는 이윤을 증가시키게 해준다.

88 스트레스 관리에 대한 설명으로 옳지 않은 것은?

① 자신의 스트레스 수준을 아는 것이다.
② 스트레스를 극복하기 위한 대처 방식이다.
③ 자신의 스트레스 증상을 알고 스스로 조절한다.
④ 고객의 스트레스 누적상태를 파악하는 것이 주 목적이다.

> **TIPS!**
>
> 텔레마케터의 스트레스 누적상태를 파악하는 것이 주 목적이다.

89 소비자의 욕구가 다양해지고 기업 간의 경쟁이 치열하기 때문에 고객만족 경영이 필수적이 되었다. 이러한 경영 환경의 변화에 관한 설명으로 틀린 것은?

① 산업화 사회에서 정보화 사회로 변하였다.
② 시장의 중심이 소비자에서 생산자로 변하였다.
③ 규모의 경제에 따른 경쟁에서 부가가치로 변하였다.
④ 소비자 요구가 소유 개념에서 개성 개념으로 변하였다.

> **TIPS!**
>
> 시장의 중심이 생산자에서 소비자로 변하였다.

Answer 84.③ 85.② 86.④ 87.③ 88.④ 89.②

90 CRM(고객관계관리)에 대한 설명으로 옳지 않은 것은?

① 고객유지보다는 고객획득에 중점을 둔다.
② 시장점유율보다 고객점유율에 비중을 둔다.
③ 제품판매보다는 고객관계관리에 중점을 둔다.
④ 고객로열티 극대화를 중시한다.

> **TIPS!**
>
> 고객관계관리란 고객에 대한 지속적인 서비스를 제공하는 것으로 고객유지, 고객점유율, 고객관계에 중점을 두며 고객정보, 사내 프로세스, 전략, 조직 등 경영전반에 걸친 관리체계이며, 이는 정보기술이 밑받침되어 구성되는 것이다.

91 고객 유형 중 '유아독존형' 고객에게 가장 효과적인 응대방법은?

① 여유있게 설명한다.
② 체면과 프라이드를 높여준다.
③ 묻는 말에 대답하고 의사를 존중한다.
④ 천천히 부드러우며 조용한 목소리로 응대한다.

> **TIPS!**
>
> 유아독존형 고객에게는 묻는 말에 대답하고 의사를 존중하는 것이 가장 효과적인 응대방법이다.

92 기업의 CRM 전략 수행에 있어서 콜센터가 중심적 역할을 수행하게 된 배경으로 적절하지 않은 것은?

① 일대일(1:1) 마케팅 기법이 발달되었다.
② 고객데이터나 관련 데이터를 과학적인 분석기법으로 처리가 가능해졌다.
③ 정보나 영업지식을 영업부서 내에서만 활용하도록 변화되었다.
④ 마케팅 자동화, 또는 SFA(Sales Force Automation)를 할 수 있게 되어 영업 비용을 줄일 수 있게 되었다.

> **TIPS!**
>
> 콜센터에서 수집한 정보나 영업지식을 기반으로 여러 부서에서 공유함으로써 기업은 고객관계관리 전략을 더 효과적으로 수행할 수 있다.

93 제품에 불만족한 소비자를 상담할 시 필요한 상담처리 기술로 옳지 않은 것은?

① 참을성 있게 공감적 경청을 한다.

② 차분하게 목소리를 상대적으로 낮추어 응대한다.

③ 가능한 문제해결을 위해 최선을 다하고 있음을 전한다.

④ 형사 고발 등 법적으로 대응하겠다는 엄포를 놓아 강경 응대한다.

 TIPS!

불만족한 고객과 상담시 충분한 배려를 하면서 개방형 질문을 통해 고객의 불만사항을 자세히 알아내야 한다.

94 CRM의 기본 분류 방법 중 프로세스 관점에 따른 분류가 아닌 것은?

① 분석 CRM

② 운영 CRM

③ 협업 CRM

④ 브랜드 CRM

TIPS!

CRM의 분석방법 : 협업적 CRM, 분석적 CRM, 운영적 CRM 등

95 고객의사결정 단계별 상담에서 구매 전 상담에 해당하는 것은?

① 상품 유통 후 혹시 발생할 지도 모르는 고객의 불만을 사전에 예방하는 차원에서의 상담

② 소비자가 재화와 서비스를 사용하고 이용하는 과정에서 고객의 욕구와 기대에 어긋났을 때 발생하는 모든 일 들을 도와주는 상담

③ 재화와 서비스의 사용에 관한 정보 제공, 소비자의 불만 및 피해구제, 이를 통한 소비자의 의견 반영 등에 관한 상담

④ 제품이나 서비스의 매출 증대를 위해 텔레마케팅 시스템을 도입하여 소비자에게 구매에 관한 정보와 조언을 제공하는 상담

TIPS!

구매 전 상담은 구매선택과 관련된 상담뿐만 아니라 소비 생활 전반과 관련된 다양한 정보와 조언을 제공함으로 써 소비 생활의 질적 향상을 도모하는데 그 목적이 있다. 텔레마케터는 충분한 정보를 수집하고 충분한 교육을 수료하여 자신 있고 확실한 정보를 제공해야만 매출증대를 이룰 수 있다.

Answer 90.① 91.③ 92.③ 93.④ 94.④ 95.④

96 고객접점별로 고객이 느끼는 정신적, 육체적 상황을 의미하는 용어는?

① CPA(Call Progress Analysis)
② CSP(Customer Situation Performance)
③ CSR(Customer Service Representative)
④ CAT(Computer Assisted Telemarketing)

 TIPS!

고객이 느끼는 정신적, 육체적 상황을 의미하는 용어는 "CSP"이다.

97 고객이 가지고 있는 경계심과 망설임을 없애는 방법과 가장 거리가 먼 것은?

① 고객의 자발적인 참여를 유도한다.
② 고객에게 객관적인 자료를 제시한다.
③ 고객에게 업무중심의 고객응대를 한다.
④ 고객에게 타사와의 비교분석에 대해 설명한다.

TIPS!

고객에게 고객중심 응대를 하는 것이 고객의 경계심과 망설임을 없애는 방법이다.

98 매슬로우 (Maslow)의 욕구 5단계 중 생리적 욕구에 대한 설명으로 옳은 것은?

① 생활의 안정, 신체적인 안정, 생명의 안전, 자신의 직책상의 안정을 추구한다.
② 친화의 욕구, 애정의 욕구, 소속의 욕구 등으로 표현하기도 한다.
③ 좋은 직업을 갖기 위해 남보다 더 열심히 공부하거나, 봉급과 수당을 많이 받기 위해 더 열심히 일한다.
④ 상대방의 불만이나 불평의 말을 우선 상대방의 입장에서 인정해 주고 객관적 입장에서 회사의 입장을 이해시키는 것이 필요하다.

TIPS!

① 안전의 욕구
② 애정과 소속의 욕구
④ 존중의 욕구

99 다음 중 텔레마케팅에서 상대적으로 중요도가 가장 낮은 대화 요소는?

① 감성 화법

② 시각적인 요소

③ 목소리 음색과 톤

④ 사용하는 단어와 문장

 TIPS!

전화 상담으로 이루어지는 텔레마케팅에서 시각적인 요소는 상대적으로 중요도가 낮은 대화 요소이다.

100 설득 커뮤니케이션에 대한 설명으로 옳지 않은 것은?

① 어떤 목표를 달성하기 위하여 수용자들에게 의도된 행동을 유발시키는 역동적 과정이다.

② 설득이란 다른 사람의 의지를 유발시키기 위해 감성에 이성을 결부시키는 수단이다.

③ 누가, 무엇을, 어떤 매체를 통하여, 누구에게 말하여, 어떤 효과를 얻는가를 고려하면 효과적이다.

④ 설득 커뮤니케이션은 PR 커뮤니케이션의 하위 개념이며 광고를 통해 의사전달을 한다.

TIPS!

설득 커뮤니케이션은 PR 커뮤니케이션의 상위 개념이며 광고를 통해 의사전달을 한다.

 **제1과목 판매관리**

1 다음 중 아웃바운드 텔레마케팅의 특성으로 옳은 것은?

① 고정고객관리는 신규고객 획득에 비해 시간과 비용이 더 많이 소요된다.

② 아웃바운드가 인바운드보다 더 고도의 기술을 요하며 마케팅 전략, 통합기법 등의 노하우, 텔레마케터의 자질 등에 큰 영향을 받는다.

③ 아웃바운드 텔레마케팅은 고객들에게 직접적으로 전화를 거는 소극적인 마케팅에 해당한다.

④ 아웃바운드는 무차별적 전화세일즈처럼 전화를 걸기 위한 사전준비가 필요하지 않다.

> **TIPS!**
>
> ① 고정고객관리는 신규고객 획득에 비해 시간과 비용면에서 더 경제적이고 효과도 높다.
>
> ③ 아웃바운드 텔레마케팅은 고객들에게 직접적으로 전화를 거는 면에서 적극적이면서도 공격적인 마케팅에 해당한다.
>
> ④ 아웃바운드는 무차별적 전화세일즈와는 달리 전화를 걸기위한 사전준비가 필요하다.

2 판매 전략을 위한 시장세분화 변수 중 지리적 변수에 해당하지 않는 것은?

① 기후

② 인구밀도

③ 가족수명주기

④ 지역

> **TIPS!**
>
> 가족수명주기는 인구통계적 변수에 해당한다.
>
> ※ 세분화 변수의 종류
> - **지리적 변수** : 지역, 인구밀도, 도시의 크기, 기후 등
> - **인구통계적 변수** : 나이, 성별, 가족규모, 가족수명주기, 소득, 직업, 교육수준, 종교 등
> - **심리분석적 변수** : 사회계층, 생활양식, 개성 등
> - **행태적 변수** : 추구하는 편익, 사용량, 제품에 대한 태도, 상표 충성도, 상품구매단계, 가격에 대한 민감도 등

3 유통경로의 설계과정을 바르게 나열한 것은?

> ㉠ 유통경로의 목표 설정
> ㉡ 주요 경로대안의 식별
> ㉢ 고객욕구의 분석
> ㉣ 경로대안의 평가

① ㉢→㉡→㉠→㉣
② ㉠→㉢→㉡→㉣
③ ㉢→㉠→㉡→㉣
④ ㉠→㉡→㉢→㉣

> **TIPS!**
>
> 유통경로의 설계과정은 고객욕구의 분석 → 유통경로의 목표 설정 → 주요 경로대안의 식별 → 경로대안의 평가를 거친다.

4 아웃바운드 텔레마케팅의 성공 요인로 가장 옳지 않은 것은?

① 정확한 대상고객의 선정
② 기업 니즈에 맞는 전용상품과 특화된 서비스 발굴
③ 전문적인 텔레마케터
④ 브랜드 품질의 확보와 신뢰성

> **TIPS!**
>
> 아웃바운드 텔레마케팅의 성공 요인으로는 체계적인 사전준비, 정확한 대상고객의 선정, 전문적인 텔레마케터의 필요성, 고객 니즈에 맞는 전용상품 및 특화된 서비스 발굴 등이 있다.

Answer 1.② 2.③ 3.③ 4.②

5 자사 또는 경쟁사의 소비자들에게 현재 사용중인 제품을 반납하고 자사의 제품을 구입하는 조건으로 할인혜택을 제공하는 것을 말하는 판매촉진 수단은?

① 리베이트
② 마일리지 서비스
③ 보상판매
④ 보너스팩

 TIPS!

보상판매는 기존고객만을 대상으로 낮은 가격을 제공하고 신규고객에 대해서는 정상가로 판매하기 때문에 가격차별의 일종이라고 볼 수 있다. 주로 PC, 휴대용 단말기 등 내구재 시장에서 많이 사용된다.

6 마케팅 인텔리전스 시스템에 포함되지 않는 것은?

① 경쟁사의 보고서
② 인구통계학적 특성
③ 위장고객
④ 판매자

 TIPS!

마케팅 인텔리전스 시스템은 기업 조직의 의사결정에 있어 영향을 미칠 수 있는 기업의 외부 정보 등을 수집하는 시스템을 말한다. 관리사, 판매자, 위장고객, 경쟁사의 보고서 등이 마케팅인텔리전스 시스템에 해당한다.

7 다음 중 고가격정책이 유리한 경우가 아닌 것은?

① 시장수요의 가격탄력성이 높을 때
② 소량다품종생산인 경우
③ 진입장벽이 높아 경쟁기업의 진입이 어려울 경우
④ 시장에 경쟁자의 수가 적을 것으로 예상되는 경우

TIPS!

시장수요의 가격탄력성이 높을 때 저가전략이 유리하다.

8 다음 중 서비스(Service)의 특징이 아닌 것은?

① 비분리성
② 무형성
③ 소멸성
④ 동질성

> **TIPS!**
>
> 서비스의 특징 : 비분리성, 무형성, 소멸성, 이질성
>
> 서비스는 규격화되어 있는 상태가 아니라 직원에 의해 전달된다. 그렇기 때문에 언제나 일정한 규격이나 품질을 유지하는 것은 어렵고, 고객의 유형에 따라 서비스는 다르게 제공될 수 있다.

9 인바운드 상담 시 ( )안에 들어가는 말로 가장 적절한 것은?

상담준비 → 전화응답 → ( ) → 문제해결 → 동의와 확인 → 종결

---

① 상담원 소개
② 고객의 니즈 파악
③ 고객 대기
④ 고객의 신분확인

> **TIPS!**
>
> 고객의 전화에 응답을 한 후 주의 깊은 경청을 통하여 고객의 니즈를 파악해야 한다. 또한 고객과 통화하는 동안 적절한 호응을 하도록 한다.

10 기업의 환경분석을 통해 강점과 약점, 기회와 위협 요인을 규정하고 이를 토대로 마케팅 전략을 수립하는 기법은?

① BCG 매트릭스
② 5 Force 분석
③ SWOT 분석
④ 소비자 분석

> **TIPS!**
>
> SWOT 분석은 기업을 강점(Strength), 약점(Weakness), 기회(Opportunities), 위협(Threats)의 4가지 상황별, 요인별로 분석하여 이를 토대로 마케팅 전략을 수립하는 기법을 말한다.

Answer 5.③ 6.② 7.① 8.④ 9.② 10.③

11 다음 유통경로의 원칙 중 중간상의 역할부담을 중시하여 결국 비용부담을 줄이는 원칙을 무엇이라고 하는가?

① 총 거래 수 최소화 원칙

② 변동비 우위의 원칙

③ 집중저장의 원칙

④ 분업의 원칙

> **TIPS!**
>
> • **총 거래 수 최소화 원칙**: 유통경로를 설정할 때 거래의 총량을 줄여, 제조업자, 소비자 양측에게 실질적인 비용부담을 감소시키게 하는 원칙
> • **분업의 원칙**: 중간상을 통해 유통에도 분업을 이루고자 하는 원칙
> • **집중저장의 원칙**: 도매상은 상당량의 브랜드 제품을 대량으로 보관하므로 유통경로 상에 가능하며 많은 수의 도매상을 개입시킴으로 각 경로 구성원에 의해 보관되는 제품의 수량이 감소될 수 있다는 원칙

12 가격결정에 영향을 미치는 외부요인으로 옳지 않은 것은?

① 기업의 가격정책

② 제도적 요인

③ 경쟁자의 상황

④ 수요상황

> **TIPS!**
>
> 마케팅목표, 기업의 가격정책, 조직의 특성, 원가 등은 가격결정에 영향을 미치는 내부 요인에 해당한다.

13 다음 중 코틀러(P.kotler) 교수의 3가지 제품수준에 해당하지 않는 것은?

① 전략제품

② 확장제품

③ 핵심제품

④ 유형제품

> **TIPS!**
>
> 코틀러 교수는 제품의 개념을 3가지 수준인 핵심제품, 형태상(실체적)제품, 확장제품으로 구분하였다.

14 다음 중 편의품에 대한 설명으로 옳지 않은 것은?

① 대표적으로 양말, 라면 등 일상생활에서 쉽게 접할 수 있는 것들이 있다.
② 편의품을 구매할 때 가장 가까운 곳에 위치한 점포에서 선택하는 경우가 많다.
③ 구매하는 기간이 빈번하고, 가격이 비싸지 않다.
④ 제품 구매 시 여러 가지 대안을 비교하고 수고와 노력을 아끼지 않는다.

> **TIPS!**
>
> 선매품에 대한 설명으로, 선매품을 제품을 구매하는 데 있어 여러 가지 다양한 대안을 비교하고 수고와 노력을 아끼지 않는 제품으로 선매품의 선택기준을 제품이 지닌 속성, 가격이 된다.

15 소비자 구매 의사결정 과정의 순서로 옳은 것은?

A. 대안 평가	B. 자극
C. 선택	D. 정보 탐색
E. 문제 인식	F. 구매후 평가

① B - E - D - A - C - F
② C - D - B - E - A - F
③ E - B - D - A - C - F
④ A - B - C - D - E - F

> **TIPS!**
>
> 소비자의 구매 의사결정 과정 : 자극 → 문제 인식 → 정보 탐색 → 대안 평가 → 선택 → 구매 후 평가

16 다음 경영정보 시스템에서 아래의 내용들이 해당하는 단계는?

- 자재 관리
- 판매유통
- 회계
- 마케팅
- 재무

① 기본시스템수준　　　　　　　　　② 일상영업수준
③ 전술수준　　　　　　　　　　　　④ 전략수준

> **TIPS!**
> 주어진 내용들은 조직의 의사결정을 받들어 실제 업무를 처리하게 되는 단계에서 이루어지는 업무수준의 단계에 대한 내용이다.

17 다음 중 현대적 마케팅의 특징과 가장 거리가 먼 것은?

① 생산자 지향성　　　　　　　　　② 소비자 지향성
③ 사회적 책임 회피　　　　　　　　④ 전사적 마케팅 지향성

> **TIPS!**
> 현대적 마케팅의 특징으로 기업의 사회적 책임 지향성이 있다. 기업의 사회적 책임은 기업의 이해 당사자들이 기업에게 기대하거나 요구하는 사회적 의무들을 충족하기 위하여 수행하는 활동을 말한다.

18 다음 중 인바운드 텔레마케팅의 활용 방안으로 가장 옳지 않은 것은?

① 고객의 불만이나 클레임 접수　　　② 해피콜
③ 각종 상담서비스　　　　　　　　④ 자료 및 샘플청구

> **TIPS!**
> 해피콜은 소비자와의 최종 커뮤니케이션 단계로 고객이 상품이나 서비스에 만족여부 등을 확인하는 단계로 기업에서 소비자에게 전화를 거는 아웃바운드 텔레마케팅에 적합하다.

19 고객에 대한 구매제안 유형 중 고객의 구매이력 등의 관리를 통해 기존에 구매한 고객에게 다른 상품을 구입하도록 하는 제안은?

① 업셀링(UP-selling)

② Negative Option

③ 크로스셀링

④ Positive Option

> **TIPS!**
>
> 교차판매(cross-selling)은 직접 찾아오거나 전화를 건 소비자들에게 다른 상품이나 서비스의 구매를 유도하는 것으로 고객이 불쾌해하거나 거북하게 생각하지 않도록 공손하면서도 치밀하게 이루어져야 한다.

20 다음 중 잠재고객의 대상으로 거리가 먼 것은?

① 웹상에서 비록 회원가입은 하지 않았으나 자주 클릭하여 접촉을 하거나 하였다고 예측, 판단되는 고객

② 회사에 리스크를 초래하였거나 신용상태, 가입자격 등이 미달되는 고객

③ 현재는 다른 경쟁업체를 이용하고 있으나 해당 기업의 제품이나 서비스에 대해 알고 이어 향후 자사 고객으로 확보할 수 있다고 판단되는 고객

④ 특정 제품이나 서비스에 대해 문의를 하는 고객 또는 이 같은 고객이 자신의 신분이나 연락처를 밝히는 경우

> **TIPS!**
>
> 잠재 고객이란 현재는 자사의 고객은 아니지만 잠재적으로 고객이 될 가능성이 있는 구매자를 말한다.

21 유통경로에 대한 설명으로 옳은 것은?

① 판매자가 소비자에게 상품을 배달할 때 가장 빠른 이동 경로를 의미한다.

② 상품이 생산자에서 소비자에게 직접 또는 중간상인을 통하여 판매되는 경로를 의미한다.

③ 상품이 대리점에서 제품생산 본사로 전달되는 것을 말한다.

④ 제품 생산 시 한 공정에서 다른 공정으로 이동하는 경로를 말한다.

> **TIPS!**
>
> 유통경로는 제품이나 서비스가 다양한 경로를 거쳐 최종고객에게 전달되거나 소비되는 경로를 말하며, 어떤 상품을 최종 구매자가 쉽게 구입할 수 있도록 만들어 주는 과정이다.

Answer 16.② 17.④ 18.③ 19.③ 20.② 21.②

22 다음 중 기업의 자원이 제약되어 있을 때 한 개 또는 소수의 세분시장에서 시장점유율을 확대하려는 전략은?

① 집중화 마케팅
② 차별화 마케팅
③ 다이렉트 마케팅
④ 노이즈 마케팅

> **TIPS!**
> • **집중화 마케팅** : 중간상을 배제하고 소비자에게 직접 판매하는 즉, 소매업자에 대한 제조업자의 직접 판매를 포함하는 마케팅 전략을 말한다.
> • **차별화 마케팅** : 두 개 또는 그 이상의 세분시장을 표적시장으로 선정하고 각각의 세분시장에 적합한 제품과 마케팅 프로그램을 개발하여 공략하는 전략을 말한다.
> • **노이즈 마케팅** : 전체 시장 구성원이 원하는 것의 차이를 인식하여 시장을 세분하고 그 결과로 도출된 세분시장들 중에서 하나의 표적시장을 선정하여 마케팅노력을 집중시키는 전략을 말한다.

23 표적시장을 선택하기에 앞서 효과적인 시장세분화를 위해 충족되어야 하는 요건이 아닌 것은?

① 행동가능성
② 실질성
③ 접근가능성
④ 표현가능성

> **TIPS!**
> 효과적인 세분화의 조건
> • **측정가능성** : 세분시장의 규모와 구매력이 측정될 수 있는 정도
> • **접근가능성** : 세분시장에 도달할 수 있고 그 시장에서 어느 정도 영업할 수 있느냐의 정도
> • **실질성** : 어떤 세분시장의 규모가 충분히 크고, 이익이 발생할 가능성이 큰 정도
> • **행동가능성** : 세분시장으로 유인하고, 그 세분시장에서 영업활동을 할 수 있도록 구성되어질 수 있는 효과적인 프로그램의 정도

34 마케팅 조사 설계 시 내적 타당성을 저해하는 요소에 해당되지 않는 것은?

① 통계적 회귀

② 반작용 효과

③ 특정사건의 영향

④ 사전검사의 영향

> **TIPS!**

반작용 효과는 외적 타당성을 저해하는 요소이다. 내적 타당도를 저해하는 요인에는 외적사건(history), 성장효과 (maturation), 검사효과(testing effect), 도구효과, 통계적 회귀, 표본의 편중, 중도탈락, 치료의 모방 등이 있다.

※ 내적타당성과 외적타당성

ⓐ 내적 타당성(Internal validity) : 측정된 종속변수의 변화가 실제로 독립변수(실험변수)의 조작에 의해 일어났는지의 여부를 의미한다.

ⓑ 외적 타당성(External validity) : 실험에 의해 나타난 인과관계의 일반화 여부를 말한다. 만약 실험결과가 실험실밖의 다른 집단, 상황 또는 시점에서도 적용될 수 있다면 이 실험은 외적 타당성이 있다고 말할 수 있다.

35 조사대상자의 언어능력과 지적(교육)수준에 따라 신뢰도의 격차가 크게 발생할 수 있는 척도는?

① 리커트 척도(likert scale)

② 거트만 척도(guttman scale)

③ 서스톤 척도(thurstone scale)

④ 의미분화 척도(semantic differential scale)

> **TIPS!**

의미분화척도(어의구별척도)는 어떤 개념에 함축되어 있는 의미를 평가하기 위해 사용된다. 개념에 대한 생각 다양 한 문항으로 제시하되, 각 문항을 형용사의 쌍으로 하고 극단에 서로 상반되는 형용사 배치하여 평가한다. 어의차가 애매한 경우가 많아 평가자 집단 선별에 어려움이 따르며 평가자 집단 선별이 제대로 이루어지지 않은 경우 신뢰도에 큰 차이가 발생하게 된다.

Answer 32.③ 33.① 34.② 35.④

36 다음 설문 문항이 범하고 있는 주요 오류에 대한 설명으로 옳은 것은?

> 당신은 맥주를 얼마나 자주 드십니까?
>
> ㉠ 매일 마신다.   ㉡ 자주 마신다.
> ㉢ 종종 마신다.   ㉣ 거의 안 마신다.
> ㉤ 전혀 안 마신다.

① 하나의 항목으로 두 가지 내용을 질문하고 있다.
② 대답을 유도하는 질문을 한다.
③ 가능한 응답을 모두 제시하지 않고 있다.
④ 응답 항목들 간의 내용이 중복되고 있다.

 TIPS!

'매일', '자주', '종종'의 단어들로 인해 내용이 중복되는 항목이라고 할 수 있다.

37 다음 중 과학적 조사방법의 특성으로 옳지 않은 것은?

① 과학적 조사방법을 통해 시장조사과정과 분석과정에서 오류를 최소화하도록 해야 한다.
② 과학적 조사방법으로 시장의 문제점을 발견하고, 원인규명을 통하여 시장문제를 예측할 수 있다.
③ 과학적 조사방법은 개인적 경험, 직관, 감성을 근거로 자료를 수집하여 시장문제를 분석한다.
④ 조사자는 시장문제를 구성하고 있는 요소들을 구분하고 그 상호관계를 분석함으로써 시장문제의 원인을 파악하고 해결방안을 모색한다.

TIPS!

과학적 조사방법에서는 개인적 경험, 직관, 감성 등은 과학지식의 습득을 저해하는 요인으로 본다.

38 총 직원의 수가 1,000명인 회사에서 200명을 표집할 때의 표집률은?

① 20%

② 40%

③ 60%

④ 80%

> **TIPS!**
>
> 표집률은 모집단에서 개별 요소가 선택될 비율이다.
> (200 / 1000)×100 = 20%

39 특정상품에 대한 만족도를 조사하기 위하여 정확성이 공인된 체중계를 사용하여 체중계에 표시된 몸무게로 만족도를 측정하였다. 이러한 측정에 관하여 올바르게 나타낸 것은?

① 신뢰도와 타당도가 모두 낮다.

② 신뢰도와 타당도가 모두 높다.

③ 신뢰도는 높지만 타당도가 낮다.

④ 신뢰도는 낮지만 타당도는 높다.

> **TIPS!**
>
> 만족도를 체중계로 조사했으므로 타당도가 낮다. 측정 도구로 일관성 있게 측정하였으므로 신뢰도는 높다.
> ※ 타당도와 신뢰도
> • 타당도 : '측정하고자 하는 개념을 얼마나 정확히 측정하였는가'를 말한다. 즉, 타당도는 측정한 값과 대상의 진정 한 값과의 일치 정도를 의미한다. 타당한 측정도구는 측정하고자 하는 바를 정확하게 측정해야 한다.
> • 신뢰도 : 측정하고자 하는 현상을 일관성 있게 측정하려는 능력으로 안정성, 일관성, 예측가능성, 정확성 등으로 표현할 수 있는 것을 의미하는 것으로 동일한 개념이나 속성을 측정하기 위한 항목이 있어야 한다.

Answer 36.④ 37.③ 38.① 39.③

40 다음이 설명하고 있는 것은?

> 마케팅 조사설계의 기본요소로서 일반적으로 마케팅 관리자가 통제하는 변수이다. 이 변수는 관찰하고자 하는 현상의 원인이라고 가정한 변수이다.

① 종속변수   ② 독립변수
③ 외생변수   ④ 결과변수

> 🍠 **TIPS!**
> ① **종속변수**: 서로 관계가 있는 둘 이상의 변수가 있을 때, 어느 한쪽의 영향을 받아서 변하는 변수
> ③ **외생변수**: 연구의 대상이 되는 현상과 관련된 실험변수와 결과변수 이외의 기타 변수들로써, 결과변수에 영향을 미칠 수 있는 변수들을 말한다.
> ④ **결과변수**: 우리가 주로 관심이 있는 결과, 성과에 대한 것이다.

41 전화조사에서 무응답 오류의 의미로 옳은 것은?

① 응답자의 거절이나 비접촉으로 나타나는 오료
② 데이터 분석에서 나타나는 오류
③ 조사와 관련 없는 응답자를 선정하여 나타나는 오류
④ 부적절한 질문으로 인하여 나타나는 오류

> 🍠 **TIPS!**
> 무응답 오류는 응답자의 거절이나 비접촉으로 나타나는 오류이다.

42 조사의 유형에 대한 설명으로 적절하지 않은 것은?

① 우편조사: 조사 대상을 다양하게 할 수 있다.
② 집단설문조사: 한 번에 많은 응답자의 반응을 얻을 수 있으므로 시간을 단축시킬 수 있다.
③ 면접조사: 다수의 면접원이 조사에 참여하기 때문에 조사결과의 객관성이 유지된다.
④ 전화조사: 특정표본 추출에 한계가 있다.

> 🍠 **TIPS!**
> 조사원의 개인차에 의한 편견과 부정의 소지가 있다는 것이 면접 조사의 단점이다.

43 다음 중 설문지 조사에 적합한 질문 문항은?

① 지난 주 당신의 주당 근로시간은 총 몇 시간이었습니까?
② 당신의 A마트 점포방문시간은 몇 시간입니까?
③ 당신이 특정 정육점만을 간다고 한다면 그 이유는 무엇입니까?
④ 당신의 소득은 얼마입니까?

> **TIPS!**
>
> 설문지의 문항이 구체적인 ①번이 설문지 조사에 가장 적합한 질문이다.

44 응답자들에게 느낌이나 믿음을 간접적으로 투사하게 하여 응답자의 심리상태를 알아내는 투사법에 해당하지 않은 것은?

① 문장완성법
② 단어연상법
③ 심층면접법
④ 역할행동법

> **TIPS!**
>
> ① 문장완성법: 응답자들에게 완성되지 않은 문장을 제시하고 이를 채우도록 요구하는 방법
> ② 단어연상법: 응답자들에게 단어들을 한 번에 하나씩 제시하고, 그 단어와 관련하여 첫 번째로 떠오르는 단어를 적거나, 말하도록 요구하는 방법
> ④ 역할행동법: 응답자들에게 상황을 제시하고 그 상황에 처했을 경우에 대한 느낌이나 믿음 등을 말하게 하는 방법

45 자료 수집을 위해 사용된 방법론의 타당성을 확인하기 위한 것으로 가장 거리가 먼 것은?

① 출판시기
② 응답률과 질
③ 설문지 설계와 관리
④ 표본의 크기와 질

> **TIPS!**
>
> 출판시기는 신뢰성을 확인하기 위한 것이다.
> • 타당성: 측정값을 얼마나 정확하게 옳게 측정하였는가를 나타내는 것이다.
> • 신뢰성: 그 측정값이 옳든 틀리든, 얼마나 일관된 값을 가지는가를 보는 것이다.

Answer 40.② 41.① 42.③ 43.① 44.③ 45.①

46 시장조사를 위한 면접조사의 주요 단점으로 틀린 것은?

① 면접자를 훈련하는 데 많은 비용이 소요된다.

② 면접을 적용할 수 있는 지리적인 한계가 있다.

③ 언어적인 커뮤니케이션만을 통해 자료를 수집한다.

④ 응답자들이 자신의 익명성 보장에 대해 염려할 소지가 있다.

> **TIPS!**
>
> 면접조사는 언어적인 커뮤니케이션뿐만 아니라 감각기관을 통한 비언어적인 커뮤니케이션을 통해서도 자료를 수집한다.

47 최소의 경비와 노력으로 광범위한 지역과 대상을 표본으로 삼을 수 있는 자료수집방법은?

① 관찰방법
② 면접조사법
③ 전화조사법
④ 우편조사법

> **TIPS!**
>
> 우편조사법
> • 장점 : 응답자 1인당 조사비가 적게 들며 응답자가 조사문제에 대해 관심이 있는 경우에는 설문지의 양이 길어도 답변을 해 주는 경우가 많다. 자료수집비용은 설문지의 인쇄비와 발송 및 회수를 위한 우편료 정도이며, 조사원 수당을 절약할 수 있다.
> • 단점 : 응답자가 질문내용을 이해하지 못한 경우 보충설명이 불가능하며 응답률이 낮다.

48 마케팅 믹스의 4P 중 제품(product) 결정과 관련된 시장조사의 역할과 목적으로 틀린 것은?

① 제품 판매에 적합한 유통경로를 파악할 수 있다.

② 브랜드명의 결정, 패키지, 로고 대안들에 대한 테스트를 할 수 있다.

③ 타겟 소비자가 제품으로부터 기대하는 편익이 무엇인지 알 수 있다.

④ 기존 제품에 새로 추가할 속성이나 변경해야 할 속성을 파악할 수 있다.

> **TIPS!**
>
> ①번은 유통전략에 해당한다.

49 측정도구의 타당도 평가방법에 대한 설명으로 틀린 것은?

① 한 측정치를 기준으로 다른 측정치와의 상관관계를 추정한다.

② 크론바하 알파값을 산출하여 문항상호 간의 일관성을 측정한다.

③ 개념타당도는 측정하고자 하는 개념이 실제로 적절하게 측정되었는가를 의미한다.

④ 내용타당도는 점수 또는 척도가 일반화하려고 하는 개념을 어느 정도 잘 반영해주는가 를 의미한다.

TIPS!

크론바하 알파계수를 사용하는 것은 신뢰도를 측정할 때이다.

50 시장조사의 용어에 대한 설명으로 옳지 않은 것은?

① 독립변수란 종속변수의 결과로 측정된 변수를 말한다.

② 신뢰수준이란 신뢰구간이 모집단의 모수를 포함하는 확률을 말한다.

③ 가중치란 각각의 데이터에 대하여 서로의 상관관계를 고려하여 적용된다.

④ 코딩이란 각각의 질문에 응답한 결과를 보통 숫자로 변환하는 과정을 말한다.

TIPS!

독립변수는 다른 변수의 변화와는 관계없이 독립적으로 변화하고 이에 따라 다른 변수의 값을 결정하는 변수를 말한다.

Answer 46.③ 47.④ 48.① 49.② 50.①

제3과목 텔레마케팅관리

51 상담원들의 이직관리에 대한 사항으로 옳지 않은 것은?

① 이직의 원인을 지속적으로 모니터링하고 개선한다.
② 즐겁게 일하는 콜센터 분위기를 조성한다.
③ 상담원에게 콜센터의 비전을 제시하고 동기부여 한다.
④ 상담원을 제외한 관리자와 스텝의 말만 충분히 고려한다.

> **TIPS!**
>
> 상담원들의 이직관리를 위하여 관리자와 스텝 및 상담원들과의 의사소통이 충분히 이루어져야 한다.

52 통화 품질 관리자(QAA)의 업무능력과 가장 밀접한 관계가 있는 것은?

① 세일즈 능력   ② 인사관리 능력
③ 콜 분배 능력   ④ 경청 능력

> **TIPS!**
>
> QAA(Quality Assurance Analyst) : 통화품질 관리자는 상담원의 통화내용을 듣고 분석하여 통화목적에 가장 적합하 도록 관리한다.

53 다음과 같은 업무를 수행하는 사람은?

> 텔레마케팅 업무가 효율적으로 운영되도록 지휘, 지도를 하며 교육을 직접 담당하는 경우가 많으므로 강의기법, 교육매뉴얼 연구도 뛰어나야 한다. 또한 텔레마케팅 판촉전개, 스크립트 작성, 고객리스트 관리 등 텔레마케팅 수행의 실질적인 관리자이다.

① 경영   ② 수퍼바이저
③ 고객   ④ 텔레마케터

> **TIPS!**
>
> 수퍼바이저는 콜센터 업무교육 및 훈련의 책임을 맡게 되는 중간관리자이다.

54 고객의 전화가 상담사에게 연결되는 동시에 상담사의 컴퓨터 화면에 고객 정보가 나타나는 기능은?

① 라우팅(Routing)

② 다이얼링(Dialing)

③ 스크린 팝(Screen Pop)

④ 음성 사서함(Voice Mail)

> **TIPS!**
>
> ③ 걸려오는 전화에 수반하는 호출자에 대한 정보를 자동적으로 띄우는 CTI 기능이다.
> ④ 오디오를 지원하는 인터넷 전자우편 시스템이다.
> ② 직접 인워드 다이얼링은 관할 전화국에서 전화번호 대역의 일부를 한 회사의 사설교환기에 전화가 걸리도록 할당하 는 서비스이다.
> ① 어떤 네트워크 안에 통신 데이터를 보낼 경로를 선택하는 과정이다.

55 텔레마케팅 조직의 성과보상 방법으로 적합하지 않은 것은?

① 텔레마케터의 성과보상은 공정하게 이루어져야 한다.

② 텔레마케터의 성과 결과에 대한 정기적인 피드백이 필요하다.

③ 텔레마케터의 성과지표는 조직의 성과지표와 연계되어 있어야 한다.

④ 텔레마케터의 성과지표는 정성적인 지표보다는 정량적인 지표 위주로만 선정해야 한다.

> **TIPS!**
>
> 텔레마케터의 성과지표는 정상적인 지표와 정량적인 지표를 기반으로 공정하게 선정해야 한다.

56 텔레마케터의 임무와 역할에 대한 설명으로 가장 거리가 먼 것은?

① 텔레마케터는 고객응대에 최선을 다하여 고객만족을 달성해야 한다.

② 텔레마케터는 조직보다는 오직 자신의 이익추구에 최선을 다해야 한다.

③ 텔레마케터는 회사의 대표자라는 자부심과 사명을 가지고 업무에 임해야 한다.

④ 적절한 응대화법을 구사하여 고객의 고충을 해결해 주고 설득하여 구매의욕을 높이도록 한다.

> **TIPS!**
>
> 텔레마케터는 자신보다는 조직의 이익추구에 최선을 다해야 한다.

Answer 51.④ 52.④ 53.② 54.③ 55.④ 56.②

57 변화적 리더십의 예로 볼 수 없는 것은?

① A는 어떤 장애물도 스스로의 능력으로 극복할 수 있다고 나를 신뢰한다.

② B는 내가 고민해 온 고질적인 문제를 새로운 관점에서 생각해볼 수 있게 해준다.

③ C는 내가 필요한 경우 나를 코치해준다.

④ D는 내가 실수를 저질렀을 때만 관여한다.

 TIPS!

거래적 리더십에 관한 예이다.

※ **변화적 리더십**: 부하의 현재 욕구수준을 중심으로 한 교환관계에 의한 것이 아니고 부하의 욕구수준을 높여 더 높은 수준의 욕구에 호소함으로써 리더는 부하들로 하여금 자신의 이익을 초월하여 조직의 이익을 위해 공헌하도록 동기부여하는 리더 십이다.

58 텔레마케터의 상담품질 관리를 위해 모니터링 평가와 코칭 업무를 담당하는 사람을 표현하는 용어는?

① QC(Quality Control)

② QAA(Quality Assurance Analyst)

③ ATT(Average talk time)

④ CMS(Call Management System)

 TIPS!

통화품질관리자는 상담 통화 품질 관리, 고객 상담 모니터링. 모니터링 후 코칭, 상담원 교육 등의 역할을 한다.

59 서비스 품질 성과지표가 아닌 것은?

① 콜 전환율

② 모니터링 접수

③ 포기율

④ 첫 번째 콜 해결율

 TIPS!

인입콜 중 상담사가 응답 전에 고객이 전화를 끊은 콜의 비율로 서비스 품질 성과지표에 해당하지 않는다.

60 한국산업표준(KS)에서 정한 상담원 교육훈련 강사선발 요건으로 틀린 것은?

① 고등학교 졸업 후 7년 이상의 전문분야 및 콜센터 경력자

② 전문대학 졸업 후 5년 이상의 전문분야 및 콜센터 경력자

③ 대학 졸업 후 3년 이상의 전문분야 및 콜센터 경력자

④ 실습을 겸한 최소 500시간 이상의 강사교육을 이수한 콜센터 경력자

> **TIPS!**
>
> 실습을 겸한 최소 600시간 이상의 강사교육을 이수한 콜센터 경력자이다.

61 리더십의 필수 요소가 아닌 것은?

① 장기적인 비전 제시

② 창조적인 도전 중시

③ 위험을 회피하기 보다 감수

④ 사람보다는 일 중심의 관리

> **TIPS!**
>
> 콜 예측량 모델링을 위한 콜센터 지표
>
> • 평균통화시간(초) : 일정시간 동안에 모든 상담원이 모든 호와 통화하는 데 소요되는 평균시간을 말한다.
> • 평균통화처리시간(초) : 평균통화시간과 평균마무리처리시간을 합한 것이다.
> • 평균응대속도(초) : 고객이 상담원과 대화 이전에 대기하고 있는 총시간을 응답한 총통화수로 나눈 값을 말한다.
> • 평균마무리처리시간(초) : 평균통화시간 이후 상담내용을 별도로 마무리 처리하는 데 소요되는 평균적인 시간을 말 한다.

62 텔레마케터 전문 인력채용 시 면접기준으로 부적절한 것은?

① 품성, 조직 적응력

② 음성표현, 구술능력

③ 청취, 이해력

④ 세일즈경력, 경제력

> **TIPS!**
>
> 지원자의 경제력은 텔레마케터 채용 시 면접 기준에 해당하지 않는다.

Answer 57.④ 58.② 59.③ 60.④ 61.④ 62.④

63 인바운드 콜센터의 인입콜 데이터 산정기준에 대한 설명으로 적합하지 않은 것은?

① 퍼펙트 콜 수를 기준으로 산정한다.
② 인입되는 모든 콜은 동일한 기준과 방법으로만 산정하며 시간별, 요인별 특성은 감안하지 않는다.
③ 먼저 걸려온 전화가 먼저 처리되는 순서를 준수하여 보다 정밀하고 객관적으로 산정되도록 한다.
④ 상담원의 결근, 휴식, 식사, 개인적 부재 등의 부재성을 배제한 상태에서 산정된 데이터를 기준으로 한다.

> **TIPS!**
> 인입되는 콜을 산정할 때는 시간별, 요일별 특성을 감안해야 한다.

64 텔레마케팅에서 효과적인 코칭의 목적과 가장 거리가 먼 것은?

① 특정 행동에 대한 감시 감독
② 모니터링 결과에 대한 커뮤니케이션
③ 텔레마케터의 업무수행능력 강화과정
④ 특정부문에 대한 피드백을 제공하고 지도 교정해 가는 과정

> **TIPS!**
> 텔레마케터에 대한 코칭의 목적
> • 목표부여 및 관리
> • 자질 향상을 위한 지원
> • 상담원의 역할 인식
> • 텔레마케터로서의 집중적인 학습 및 자기계발

65 텔레마케팅에 대한 설명으로 가장 적합한 것은?

① 일방향의 커뮤니케이션이다.
② 텔레폰과 마케팅의 결합어이다.
③ 고객반응에 대한 효과측정이 용이하다.
④ 무작위의 고객 데이터베이스를 사용한다.

> **TIPS!**
> 텔레마케팅은 전화를 활용한 마케팅 커뮤니케이션이며, 명확한 타겟을 설정해서 고객 데이터베이스화하여 활용하는, 쌍방향 커뮤니케이션의 방식이다. 고객과 마케터 간의 쌍방향 커뮤니케이션으로 인해 마케터는 고객의 반응에 대한 효율적인 측정이 용이해진다.

66 회원가입, 캠페인, 이벤트 등을 실시할 때 사전에 보내진 메일을 수신한 고객에게 전화고지를 해서 개봉 촉진 또는 반응 효과를 향상시키기 위해 실시하는 것은?

① Cold Call
② Pre-call
③ Handled Call
④ Pay-per-call

 TIPS!

Pre-Call : 기업이 준비한 각종 행사나 이벤트 및 캠페인 등과 관련하여 미리 보낸 메일 등을 받은 고객에게 전화를 해서 메일 등의 개봉을 촉구하게 하는 것을 말한다.

67 텔레마케팅을 위한 스크립트의 작성방법 중 응답되는 내용을 "예/아니오" 식으로 나누고 이에 따라 다음의 질문이나 설명이 뒤따르도록 작성하는 방식은?

① 혼합식
② 회화식
③ 브랜치식
④ 질문식

TIPS!

브랜치식은 예/아니오 라는 각각의 노드에서 분기하여 실행되고 그 후에 각 노드(가지)에 대한 질문 또는 설명 등이 나오도록 하는 방식이다.

68 조직 내에서 교육의 필요성 분석 중 과업분석에 대한 설명으로 올바른 것은?

① 과업분석은 조직 내에서 누가 교육을 받아야 하는지를 알아보는 것이다.
② 과업분석은 개인이 과업수행에 요구되는 지식, 기술, 태도에 대한 조사가 필요하다.
③ 과업분석은 교육이 조직의 문제해결을 위한 올바른 해결책인지를 분석하는 것이다.
④ 과업분석은 교육에서 배운 기술을 실제 직무로 전이시키는데 미치는 요인에 대한 조사 이다.

TIPS!

과업분석은 실제 업무를 수행하게 되는 구성원 개인이 업무수행을 함에 있어서 필요로 하는 각종 지식이나 스킬 등을 조사해나가는 것이다.

Answer 63.② 64.① 65.③ 66.② 67.③ 68.②

69 콜센터 성과측정 중 고객 접근가능성 여부를 측정하는 지표로 가장 거리가 먼 것은?

① Average Speed of Answer

② Response Rate

③ Service Level

④ First call Resolution

 TIPS!

한 번의 전화로 문제를 해결하는 1차 처리율(FCR)은 고객 접근가능성 여부를 측정하는 지표로 거리가 멀다.

70 기존의 콜센터와 웹 콜센터의 차이점으로 올바른 것은?

① 웹 콜센터는 기존의 콜센터에 비해 실시간 응대율이 떨어진다.

② 기존의 콜센터에 비해 웹 콜센터는 고객 불만을 효과적으로 해결할 수 있다.

③ 기존의 콜센터는 웹 콜센터에 비해 기업의 마케팅 활동을 효과적으로 수행할 수 있다.

④ 기존의 콜센터는 PSTN(공중망)을 통하여 고객과 접촉하나, 웹 콜센터는 IP를 통하여 고객과 접촉한다.

TIPS!

• PSTN : 공공 통신 사업자가 운영하는 공중 전화 교환망을 말한다. 교환국을 통해 불특정 다수의 가입자들에게 음성전화나 자료 교환 서비스를 제공한다.

• IP : PC통신망을 통해 정보를 제공해주고 대가를 받는 사업자를 말한다.

71 리더십 상황 이론의 설명이 잘못된 것은?

① 상황 이론은 리더십유형에 관한 유용한 데이터를 제공한다.

② 상황 이론은 리더(leader)가 리더십을 적절한 상황에 적합시키는 이론이다.

③ 상황 이론은 리더가 모든 상황에서 리더십을 발휘할 수 있다는 이론이다.

④ 상황 이론은 리더(leader)의 행동유형과 여러 상황특성 간의 관계에 대한 이론이다.

 TIPS!

리더의 효과성은 리더의 특성이나 행위와 함께 상황적 조건에 따라 달라진다는 리더십 이론이다.

72 텔레마케팅 성장 배경에 관한 설명 중 '신용카드 보급으로 고객 정보의 취득과 수요 창출의 효과'를 고려한 측면은?

① 생산자 측면

② 소비자 측면

③ 사회적 측면

④ 기술적 측면

> **TIPS!**
>
> ③ 정보처리 기술의 발달로 컴퓨터 보급이 확대되어 고객 데이터베이스 구축 및 접근이 용이하게 되었다. 그리하여 보 다 정밀한 시장 세분화로 전략적 활용이 가능해졌으며, 정보통신 기술의 발달로 전화를 이용해 소비자와의 접촉이 용이해졌을 뿐만 아니라 다양한 형태의 고객접촉이 가능해졌다.

73 다음 ( )에 들어갈 알맞은 용어는?

> ( )은/는 신규 종업원에게는 직무환경에 자신의 능력을 적응시켜 효과적 직무수행에 도움을 주고 기존 종업원에게는 새로운 기술과 능력을 증진시켜 변화하는 환경에 능동적으로 대처하게 한다.

① 보상관리

② 교육훈련

③ 인사이동

④ 경력개발

> **TIPS!**
>
> 교육훈련은 기업에 소속된 모든 종업원들의 지식·기술·태도를 향상시킴으로써 기업을 발전시키는 것을 목적으로 한다. 기업의 교육훈련은 기업의 목표를 달성하기 위한 수단으로 필요하며, 인적 자원의 수준을 예측하고, 장래에 예상되는 높은 수준의 업무수행이 가능하도록 종업원들의 자질과 능력을 개발하며, 미래의 기업을 경영할 유능한 후계자를 양성하고자 한다.

74 교환기 및 CTI 장비에서 측정할 수 없는 성과지표는?

① 통화 포기율

② 서비스 레벨

③ 평균 통화시간

④ 통화품질 만족도

> **TIPS!**
>
> CTI 장비로는 통화품질 만족도를 측정할 수 없다

Answer 69.④ 70.④ 71.③ 72.③ 73.② 74.④

75 다음 ( )안에 들어갈 알맞은 것은?

> 컴퓨터의 저장용량 및 데이터 처리성능이 발전하면서 기업은 방대한 양의 고객관련 데이터를 (A)에 저장하고 (B)과(와) 같은 통계프로그램을 활용하는 고객분석이 가능해짐에 따라 CRM이 등장할 수 있었다.

① A – 데이터베이스, B – 데이터마이닝
② A – 데이터웨어하우스, B – 데이터베이스
③ A – 데이터마이닝, B – 데이터웨어하우스
④ A – 데이터웨어하우스, B – 데이터마이닝

> ➤ TIPS!
>
> 데이터웨어하우스와 데이터마이닝
> • 데이터웨어하우스 : 사용자의 의사 결정에 도움을 주기 위하여, 다양한 운영 시스템에서 추출, 변환, 통합되고 요약된 데이터베이스를 말한다.
> • 데이터마이닝 : 많은 데이터 가운데 숨겨져 있는 유용한 상관관계를 발견하여, 미래에 실행 가능한 정보를 추출해 내고 의사 결정에 이용하는 과정을 말한다.

76 다음의 고객관련 내용을 토대로 고객의 커뮤니케이션 유형을 진단할 때 이 고객과의 상담을 성공적으로 이끌기 위해 표현되는 응대화법으로 가장 적절한 것은?

> 고객 : 그 회사 상품 중 몇 가지 구입하고 싶은 게 있어서 전화했어요…. 물건을 빨리 받아 봤으면 좋겠어요….
> 그런데 저는 전화로 신용카드번호를 불러주고 결제하는 건 좀 내키지 않는데….

① 그러면 좀 더 생각해 보시고 다시 전화 주시기 바랍니다.
② 요즘은 거의 모든 고객들이 전화로 신용카드 번호를 불러주십니다. 문제없습니다.
③ 카드결제가 가장 빠르지만 내키지 않으시면 온라인으로 송금을 해주시거나 직접 방문하셔서 구입하시는 방법도 있습니다.
④ 다른 방법은 전화주문만큼 빠르지 않습니다. 카드결제를 하셔야 빨리 상품을 받으실 수 있으니 카드결제를 하시기 바랍니다.

77 다음 중 CRM을 통한 기업의 핵심과제로 가장 거리가 먼 것은?

① 특정사업에 적합한 소비자 가치를 규명한다.
② 기업이 원하는 방법으로 고객가치를 충족한다.
③ 고객에 대한 이해를 바탕으로 시스템을 구축한다.
④ 각 고객집단이 가진 가치의 상대적 중요성을 인지한다.

78 고객응대시 요구되는 지식 중 구매고객층, 구매목적, 구매시기 등의 내용이 포함된 것은?

① 제품 및 서비스 지식
② 고객시장에 관한 지식
③ 고객의 구매심리에 관한 지식
④ 생산, 유통과정과 품질에 관한 지식

Answer 75.④ 76.③ 77.② 78.③

79 CRM의 등장배경이 되는 마케팅 패러다임의 변화로 틀린 것은?

① one-to-one 마케팅에서 mass 마케팅으로의 변화

② 생산자 중심에서 고객중심으로의 변화

③ 10인 1색에서 1인 10색으로의 변화

④ 양적 사고에서 질적 사고로의 변화

TIPS!

매스 마케팅(Mass Marketing)이란 불특정 다수를 대상으로 상품을 선전하거나 판매를 촉진하는 마케팅 전략을 말 한다. 즉 기업이 전체 시장에 표준화된 제품과 서비스를 제공하는데 사용하는 전략으로 우리가 알고 있던 대량생산과 대량유통, 대량판매 형식이 바로 매스 마케팅의 일환으로 볼 수 있다. 현재와 같이 수요보다 공급이 훨씬 초과되는 시장상황에서는 매스 마케팅이 더이상 효율적이지 못한 방식이기 때문에 각각의 소비자들을 자신의 고객으로 만들고, 이를 장기간 유지하고자 하는 경영방식의 고객관계관리(CRM)가 대두되었다.

80 커뮤니케이션의 기본요소에 대한 설명으로 옳지 않은 것은?

① 해석 및 수신자(Decoding&Receiver) : 일방적인 커뮤니케이션에서는 전달하려는 내용과 수신자가 받아들이는 내용 사이에 왜곡의 가능성이 높다.

② 메시지 및 매체 : 전달자가 수신자에게 전하려는 내용이며, 부호화의 결과이고 커뮤니케이션의 경로이다.

③ 부호화(Encoding) : 상징물이나 신호 등에는 전달자의 의도가 하나의 부호로 실려 있게 되는데 눈으로 보이지 않는 체계이므로 전달자와 수신자간의 보다 깊은 심리적인 교감이 필요하다.

④ 전달자(Communicator) : 전달의도가 커뮤니케이션의 시발점이 된다.

TIPS!

커뮤니케이션의 기본요소 의사소통 모델요인

• 환경 : 상담원의 메시지를 보내고 받는 환경, 즉 사무실, 상점, 집단이나 개별환경은 메시지의 효율성에 영향을 준다.

• 송신자 : 상담원은 고객과 메시지를 시작하면서 송신자의 역할을 맡는다. 반대로 고객이 반응을 보일 때에는 고객이 송신자가 된다.

• 수신자 : 처음에 상담원은 고객이 보내는 메시지의 수신자가 된다. 그러나 일단 상담원이 피드백을 하게 되면, 상담원의 역할은 송신자로 바뀐다.

• 메시지 : 메시지는 상담원이나 고객이 전달하고자 하는 생각이나 개념이다.

• 통로 : 상담원의 메시지를 이전하기 위해 선택하는 방법인 전화, 대면접촉, 팩스, 이메일이나 기타 통신수단을 말한다.

• 부호화 : 상담원의 메시지를 고객이 효과적으로 이해할 수 있는 형태로 바꾸기 위해서 부호화된다. 메시지를 해독할 수 있는 고객의 능력을 정확하게 파악하지 못하면 혼란과 오해를 일으킬 수 있다.

• 해독 : 해독은 상담원과 고객이 되돌려 받은 메시지의 의미를 해석함으로써 친밀한 생각으로 전환하는 것이다.

- **피드백** : 피드백은 양방향 의사소통 과정의 가장 중요한 요소 가운데 하나로 피드백이 없다면 상담원은 독백을 하는 것과 마찬가지이다.
- **여과** : 여과는 받은 메시지를 왜곡시키거나 영향을 미치는 요인들이다. 여과에는 태도, 관심, 경향, 기대, 교육 및 신념과 가치 등이 포함된다.
- **잡음** : 잡음은 정확한 정보의 수용을 방해하는 생리적이거나 심리적인 요인들인 신체적 특성, 주의력 부족, 메시지의 명확도나 메시지의 시끄러움과 같은 환경적 요인들이다.

81 커뮤니케이션에 있어서 발신자와 수신자가 어떤 메시지에 대해 공감을 하는 과정을 무엇이라고 하는가?

① 피드백
② 메시지
③ 기호화
④ 이해

> **TIPS!**
>
> - **기호화** : 상담원의 메시지를 고객이 효과적으로 이해할 수 있는 형태로 바꾸기 위해서 부호화된다. 메시지를 해독할 수 있는 고객의 능력을 정확하게 파악하지 못하면 혼란과 오해를 일으킬 수 있다.
> - **피드백** : 양방향 의사소통 과정의 가장 중요한 요소 가운데 하나로 피드백이 없다면 상담원은 독백을 하는 것과 마찬가지이다.
> - **메시지** : 상담원이나 고객이 전달하고자 하는 생각이나 개념이다.

82 상담자가 상담 초기에 파악해야 하는 고객의 기본적 상담 자료와 가장 거리가 먼 것은?

① 상담 목적
② 고객 인적사항
③ 이전 상담 경험
④ 상담 후 고객만족도

> **TIPS!**
>
> 상담초기에는 고객만족도를 확인하기 어렵다.

Answer 79.① 80.① 81.④ 82.④

83 고객의 구체적 욕구를 파악하기 위한 질문기법이 아닌 것은?

① 구체적으로 질문한다.

② 가능하면 긍정적인 질문을 한다.

③ 고객의 틀린 말은 즉각적으로 바르게 고쳐주거나 평가해준다.

④ 더 좋은 서비스를 제공하기 위해 소비자가 확실히 원하는 것을 찾아내는 질문을 한다.

 TIPS!

고객의 말을 고치거나 평가하기 보다는 인정하며 수용하는 분위기를 조성한다.

84 상품을 구매한 고객대상 응대 유형으로 틀린 것은?

① 지불, 환불, 교환에 관한 응대

② 구매행동을 위한 대안 제시

③ 구매 만족여부 확인 및 해피콜

④ 고객의 불만과 문제접수 및 해결

TIPS!

구매행동을 위한 대안 제시는 상품을 구매하기 전이나 구매하는 고객을 위한 응대이다.

85 고객상담 시 고객과의 공감대를 형성하는 방법과 가장 거리가 먼 것은?

① 고객을 진심으로 칭찬한다.

② 공통적인 화제로 성의 있게 대화한다.

③ 인사는 격식에 따라서 위엄 있게 한다.

④ 고객의 신분에 맞는 존칭어를 구사한다.

TIPS!

인사는 가장 편한 느낌이 들게 하는 것이 보편적이다.

86 성공적인 텔레마케팅을 위한 세일즈 화법과 가장 거리가 먼 것은?

① 고객과 보조를 맞추어가며 응대한다.

② 고객의 말을 성의 있게 경청한다.

③ 고객이 필요로 하는 정보를 제공해준다.

④ 고객이 계속 말하고자 할 때는 적절히 중단시킨다.

> **TIPS!**
>
> 텔레마케터는 고객의 의견이 자신의 의견과 다르더라도 그들의 의견을 존중하고 이야기 도중에 말을 끊지 말아야 한다. 말을 끊으면 관계형성에 부정적인 영향을 미친다. 서로에 대한 신뢰를 전제로 하면 좋은 텔레마케터가 될 것이다.

87 고객응대 시 잘못된 응대와 그에 따른 효과적인 대응방법이 잘못 연결된 것은?

① 진정하세요. → 죄송합니다.

② 저는 모릅니다. → 제가 알아보겠습니다.

③ 제 잘못이 아닙니다. → 저희 관리자와 상의하십시오.

④ 다시 전화 주십시오. → 제가 다시 전화 드리겠습니다.

> **TIPS!**
>
> 제 잘못이 아닙니다. → 이 문제를 어떻게 처리할 수 있을지 연구해 봅시다.

88 경청(Listening)에 대한 설명으로 옳지 않은 것은?

① 심리적 잡음은 경청의 방해요소가 된다.

② 경청은 수동적이며 인지적인 과정이다.

③ 경청이 어려운 이유 중 하나는 집중력의 부족이다.

④ 경청의 과정은 언어적 측면, 음성적 측면 모두에 집중하는 것이다.

> **TIPS!**
>
> 경청은 집중하려는 능동적인 노력이 수반된다.

Answer 83.③ 84.② 85.③ 86.④ 87.③ 88.②

89 다음 대상에 따른 분류 중 B2B(Business to Business) CRM의 설명으로 틀린 것은?

① B2B 프로그램의 경우 기업과 소비자 모두를 대상으로 하기 때문에 개별 소비자 프로그램에 비해 범위가 넓다.

② B2B CRM은 B2C(Business to Consumer) CRM에 비해서 고려해야 할 범위가 일반적으로 좁다고 할 수 있다.

③ B2B 고객과의 관계 관리는 기업의 특성을 고려한 가치 있는 해법을 찾는 것이 과제이다.

④ 기업 대 기업의 판매는 본질적으로 기업이 아닌 실체적인 개별 인간과의 거래이므로 실체적 인간이 바라는 요구에 대응하는 것이 B2B CRM의 핵심이다.

> **TIPS!**
>
> B2B와 B2C가 고려해야 할 범위는 일반적으로 차이가 없다.

90 다음은 고객의 행동별에 따른 단계 중 어디에 해당하는가?

> 자사의 제품이나 서비스를 필요로 하고 구매능력이 있는 자로서, 비록 자사의 제품을 사거나 서비스를 이용하지 않았더라도 자사의 서비스에 대해 알고 있거나 추천을 받은 자

① 탈락고객

② 옹호고객

③ 구매가능자

④ 구매용의자

> **TIPS!**
>
> • **구매용의자** : 자사의 제품이나 서비스를 이용할 것인지 여부가 불확실하고 애매하게 느껴지는 사람
> • **옹호고객** : 자사의 제품이나 서비스를 모두 이용하는 사람
> • **탈락고객** : 자사의 제품이나 서비스를 이용하지 않는 고객으로 제외되는 사람

91 불만고객의 상담원칙이 아닌 것은?

① 불만의 정도나 깊이를 파악한다.

② 상담원의 개인감정을 표출하지 않는다.

③ 회사의 규정과 기준에 대해 우선 설명한다.

④ 고객의 가치관을 바꾸려고 하지 않는다.

> **TIPS!**
>
> 변명에 앞서 고객의 입장을 동감하고 사과해야 한다.

92 고객의 구체적인 욕구를 파악하기 위한 질문기법에 해당되는 것은?

① 폐쇄형 질문을 연속하여 한다.

② 가급적이면 긍정적인 질문을 한다.

③ 고객의 말을 평가하며 질문한다.

④ 반론을 제시하며 구체적으로 질문한다.

> **TIPS!**
>
> ③, ④ 상대방의 말을 평가하거나 비판하지 말아야 한다.
> ① 폐쇄형이 아닌 구체적으로 질문해야 한다.

93 성공적인 상담진행을 위한 의사소통 전략으로 가장 거리가 먼 것은?

① 길고 기술적인 단어를 사용하여 전문성을 높인다.

② 소비자의 이름을 사용한다.

③ 대화내용에 대한 피드백을 주고받는다.

④ 긍정적인 내용은 "나" 혹은 "우리"라는 메시지를 사용한다.

> **TIPS!**
>
> 고객의 수준에 맞는 어휘를 사용해야 한다.

94 고객과의 상담고정에서 재진술을 하는 목적이나 효과로 가장 거리가 먼 것은?

① 고객은 더 이상 자신의 문제나 욕구를 설명할 필요가 없게 된다.

② 고객의 이야기를 적극적으로 듣고 있다는 신뢰감을 줄 수 있다.

③ 고객의 문제 또는 욕구를 명확하게 이해할 수 있다.

④ 상담사가 잘못 이해했던 부분을 발견할 수 있다.

> **TIPS!**
>
> 고객에 대한 상담은 항상 객관적인 입장에서 행해져야 하고, 고객 불만에 대한 책임소재가 명확히 파악되어야한다. 고객에 대한 반응을 보이는 것은 고객의 이야기를 적극적으로 경청하고 있다는 신뢰감을 줄 수 있고, 이러한 과정에서 텔레마케터는 고객의 상담내용을 좀 더 자세히 파악할 수 있다.

Answer 89.② 90.③ 91.③ 92.② 93.① 94.①

95 고객관계관리의 변화과정에 대한 설명으로 틀린 것은?

① 고객이 수동적·선택적 구매자에서 능동적 구매자로 변화되었다.
② 고객과의 관계가 일시적인 관계에서 장기적인 관계로 변화되었다.
③ 고객관리가 영업과 판매부서 위주에서 전사적 관리로 변화되었다.
④ 고객과의 관계가 개별고객과 쌍방향 의사소통에서 그룹화된 고객과의 일방적 관계로 변화되었다.

 TIPS!

고객과의 관계가 그룹화된 고객과의 일방적 관계에서 개별고객과의 쌍방향 의사소통으로 변화되었다.

96 고객 불평불만을 처리함으로써 얻을 수 있는 효과로 틀린 것은?

① 마케팅 및 경영활동에 유용한 정보로 활용할 수 있다.
② 고객유지율 증가로 장기적, 지속적인 이윤을 높일 수 있다.
③ 고객으로부터 신뢰를 얻음으로써 구전효과를 얻을 수 있다.
④ 법적처리 등 사후 비용이 더욱 늘어나 장기적으로 회사의 손실을 초래할 수 있다.

TIPS!

법적처리 등 사후 비용이 줄어들어 장기적으로 회사의 큰 손실을 방지할 수 있다.

97 전화 상담에서 필요한 말하기 기법에 관한 설명으로 틀린 것은?

① 명확한 발음을 하기 위해 큰소리로 반복해서 연습하는 것이 필요하다.
② 전화로 이야기할 때에도 미소를 지으며, 중요한 단어를 강조하여 말한다.
③ 어조를 과장하여 억양에 변화를 주는 것은 소비자의 집중력을 약화시키므로 바람직하 지 않다.
④ 소비자가 말하는 속도에 보조를 맞추되, 상담원은 되도록 천천히 말하는 습관을 갖는 것이 좋다.

TIPS!

억양변화는 소비자의 집중력을 높일 수 있다. 음석의 톤, 억양, 울림, 발음, 속도 등을 적절하게 조절하는 것은 고객에게 신뢰를 얻어 성공적인 커뮤니케이션을 이끌 수 있다.

98 효과적인 의사소통이 이루어지기 위해 지켜져야 하는 사항으로 틀린 것은?

① 서로 나누는 의사소통에 진실이 담겨 있어야 한다.
② 의사소통시 최대한 많은 양의 정보를 제공하는 것이 좋다.
③ 서로에게 말하고자 하는 의도가 분명히 드러나도록 한다.
④ 의사소통의 목적을 파악하고 그 목적에 맞는 의사소통을 해야 한다.

> **TIPS!**
>
> 의사소통 시 그 양이 과다할 경우에는 의사소통에 혼란이 생길 수 있다.

99 고객에게 걸려온 전화를 다른 사람에게 돌려주어야 하는 경우 취해야 할 행동으로 옳지 못한 것은?

① 전화를 돌려준 후 신속히 끊어야 한다.
② 전화를 받을 사람에게 전화를 돌려도 괜찮은지 물어본다.
③ 전화를 다른 사람에게 돌려야 하는 이유와 받을 사람이 누구인지 말해준다.
④ 전화를 돌려받을 사람에게 전화를 건 사람의 이름과 용건을 말해준다.

> **TIPS!**
>
> 전화를 돌려준 후 통화가 연결되는 것을 확인하고 전화를 끊는다.

100 새로운 패러다인의 요구에 의해 고객관계관리(CRM)의 중요성이 부각되었다. 고객관계관리가 기업운영에 있어서 중요하게 등장한 이유로 거리가 먼 것은?

① 컴퓨터 및 IT기술의 급격한 발전으로 인해 기업의 외적인 환경이 형성되었다.
② 광고를 비롯한 마케팅커뮤니케이션 방식에서 획일적인 매스마케팅 방식의 요구가 커졌다.
③ 고객의 기대와 요구가 다양해지고 끊임없이 더 나은 서비스나 차별화된 대우를 요구하게 되었다.
④ 시장의 규제완화로 인하여 새로운 시장으로의 진입 기회가 늘어남에 따라 동일 업종에서의 경쟁이 치열하게 되었다.

> **TIPS!**
>
> 광고를 비롯한 마케팅커뮤니케이션 방식에서 쌍방향 매스마케팅 방식의 요구가 커졌다.

Answer 95.④ 96.④ 97.③ 98.② 99.① 100.②

MEMO

MEMO

여러분을
응원합니다

목표를 위해 나아가는 수험생 여러분을 성심껏 돕기 위해서 서원각에서는 최고의 수험서 개발에 심혈을 기울이고 있습 니다. 희망찬 미래를 위해서 노력하는 모든 수험생 여러분을 응원합니다.

공무원 대비서   취업 대비서   군 관련 시리즈   자격증 시리즈   동영상 강의

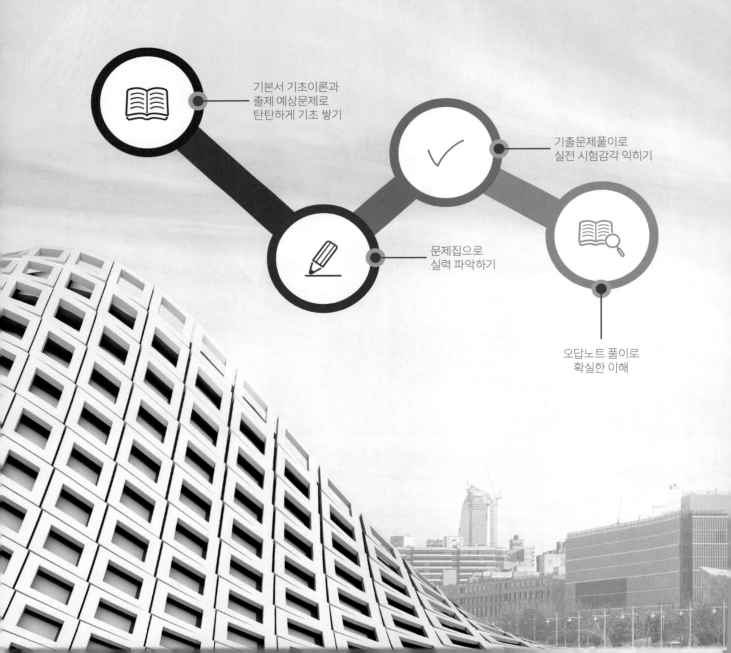

서원각과 함께하는
공무원 시험대비

기본서 기초이론과
출제 예상문제로
탄탄하게 기초 쌓기

기출문제풀이로
실전 시험감각 익히기

문제집으로
실력 파악하기

오답노트 풀이로
확실한 이해

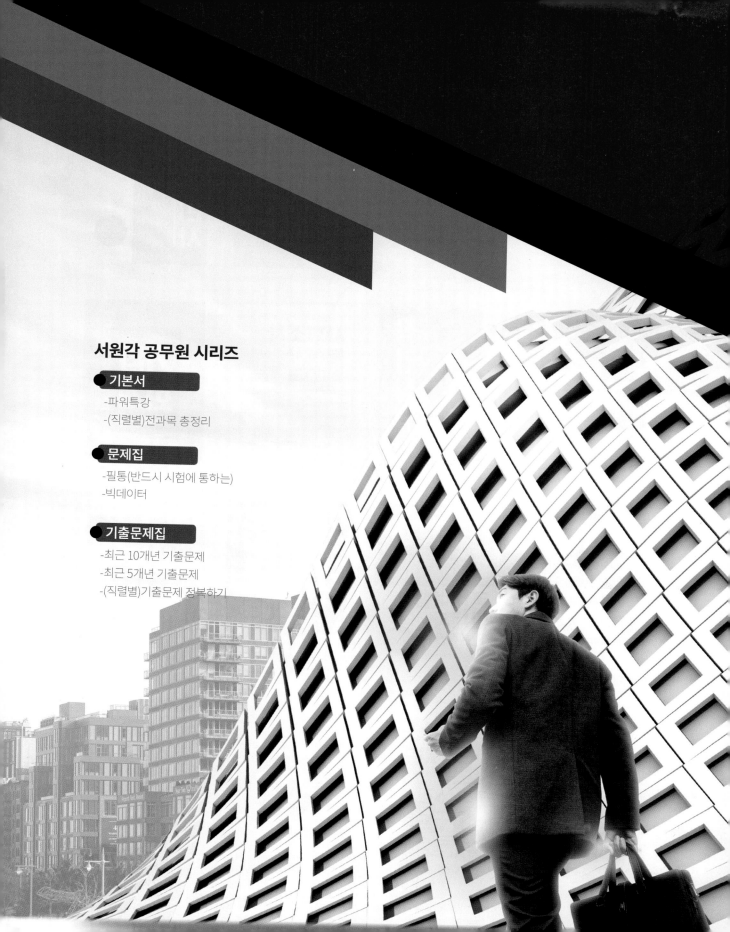

서원각 공무원 시리즈

기본서
　-파워특강
　-(직렬별)전과목 총정리

문제집
　-필통(반드시 시험에 통하는)
　-빅데이터

기출문제집
　-최근 10개년 기출문제
　-최근 5개년 기출문제
　-(직렬별)기출문제 정복하기

자격증 BEST SELLER

매경TEST 출제예상문제

TESAT 종합본

청소년상담사 3급

임상심리사 2급 필기

유통관리사 2급 종합기본서

직업상담사 1급 필기·실기

사회조사분석사 사회통계 2급

초보자 30일 완성 기업회계 3급

관광통역안내사 실전모의고사

국내여행안내사 기출문제

손해사정사 1차 시험

건축기사 기출문제 정복하기

건강운동관리사

2급 스포츠지도사

택시운전 자격시험 실전문제

수산물품질관리사